21世纪通识教育系列教材

社会统计学

(第3版)

尹海洁　李树林　/　编著

Social Statistics

中国人民大学出版社
· 北京 ·

图书在版编目（CIP）数据

社会统计学/尹海洁，李树林编著．--3版．--北京：中国人民大学出版社，2023.7
21世纪通识教育系列教材
ISBN 978-7-300-31931-5

Ⅰ.①社… Ⅱ.①尹… ②李… Ⅲ.①社会统计-高等学校-教材 Ⅳ.①C91-03

中国国家版本馆CIP数据核字（2023）第130268号

21世纪通识教育系列教材
社会统计学（第3版）
尹海洁　李树林　编著
Shehui Tongjixue

出版发行	中国人民大学出版社		
社　　址	北京中关村大街31号	**邮政编码**	100080
电　　话	010－62511242（总编室）		010－62511770（质管部）
	010－82501766（邮购部）		010－62514148（门市部）
	010－62515195（发行公司）		010－62515275（盗版举报）
网　　址	http://www.crup.com.cn		
经　　销	新华书店		
印　　刷	北京市鑫霸印务有限公司	**版　　次**	2013年9月第1版
开　　本	787 mm×1092 mm　1/16		2023年7月第3版
印　　张	24.5 插页1	**印　　次**	2023年7月第1次印刷
字　　数	570 000	**定　　价**	69.00元

第3版前言

本教材第2版于2016年出版后，受到了学界和学生的普遍认可，2020年即已售罄。本教材编写的初衷之一是让学生在学习统计学知识的同时对数据中国形成一定的认识。通过对真实数据的应用，感受统计分析方法的实用性特征。因此书中的例题、习题中大量应用了统计年鉴等公开的数据资料。为使学生对数据中国的认识与时俱进，第3版教材对数据以及依据数据绘制的图表进行了更新，例题、习题部分也做了必要的更改。

本教材的第1章至第15章主要由尹海洁编写，第16章、全部习题、附表主要由李树林编写。教材的再版修订过程也是教材的不断完善过程。因此，希望使用本教材的师生将学习感受、问题与困惑反馈给我们，我们会在后续的修订中采纳这些意见和建议，为广大师生奉献更好的教材。E-mail：yhjie@hit. edu. cn。

尹海洁

第1版前言

在二十多年的教学生涯中，笔者一直致力于把学生培养成为社会统计的高手。然而，对于社会学专业的学生而言，这是一门颇有难度的课程。需要找到一种途径，让学生既能够很好地理解统计原理，正确地使用统计分析方法，又不被那些既严谨又极晦涩的数学公式和数理逻辑的推演绊倒。在这个过程中笔者悟出了两个要点：一是要在教学中突出社会统计学的应用性特征。社会统计学是一种分析工具。作为应用者，最重要的是能够正确使用统计方法来分析问题。过于数学化或数理统计化的内容会淡化它的应用特征，所以不应要求应用者一定要搞清数学工具是如何制造出来的，那是数学家的工作。二是要透过数学公式，挖掘构建数学工具的统计思想。任何一个统计公式不过是一种统计思想实现的数学手段而已，而统计思想都是具体、明确且容易理解的。笔者以这两个要点作为指导思想，对教学内容的选取、各章节之间的逻辑安排都做了较大的调整，还从自己的研究中提取了具有实际应用背景的例子。经过多年的探索和积累，取得了一定的经验，可以使“社会统计学”成为学生乐于学，也能学得好的一门课程。

笔者将自己多年的教案进行整理，于2006年着手编写本教材。撰写一本严谨的教材需要花费很多的精力与时间，幸好有哈工大经济系教授经济统计课程的李树林老师和笔者共同完成这项工作。我们详细地讨论了每一章的内容，甚至对每一个符号、每一个角标的使用都进行了仔细的斟酌。初稿完成于2008年。在后来的教学过程中，每次发现问题，我们都会对书稿进行修改。到2013年，书稿已经增删五次。集笔者多年教学经验与对统计学教学的研究于一体，本书至少有以下特点。

（1）以类别、序列和尺度三个测量层次的变量为维度安排教材内容。在统计学中，变量的测量层次不同，相应的分析方法也不同。与其他应用统计学相比，社会统计学最突出的特点是以变量的测量层次为维度来组织内容。本书彰显了这一优点。一般认为，变量分为定类、定序、定距、定比四个层次。但考虑到定距变量和定比变量在统计方法的应用上差异不大，统计软件中给出的是类别、序列和尺度三种变量，我们也以这三种变量为维度来展开内容，以与统计软件保持一致。

（2）阐明每一种分析方法的统计思想。学生之所以感到统计学难学，是因为对以数理逻辑为基础的数学概念、公式推导接受起来有一定的困难。实际上，统计分析方法是在应用中产生和构建的，经过高度抽象以后才成为数学模型。只要把高度抽象的数学语言转换成为具体的、清晰的统计思想，学生接受起来是没有太大障碍的。为使社会学专业的学生能够很好地理解统计学原理，我们在讲解每一种方法之前都先阐明该方法的统计思想，然后说明其数学实现过程，进而用实例讲解其应用特点。由于统计思想很容易理解，因此在此基础上学习统计方法相对比较容易。

（3）梳理和构建了描述统计的知识体系。应用统计根据数据是否来源于随机样本可以分为描述统计和推论统计两大部分。描述统计要说明的是变量的分布特征或者变量之间的关系。以往的统计学教材中只介绍单变量的描述统计。实际上，对多变量之间关系的分析也属于描述统计。我们从单变量分布的描述与两个变量关系的描述两个维度，运用图表描述与特征值描述两种方法归纳和梳理了描述统计的内容，使描述统计成为既相对独立又较为完整的知识体系。

（4）将描述统计与推论统计分开讲解。以往的统计学教材在进入对两个变量之间关系的分析阶段后，都不再区分描述统计与推论统计。这样容易让学生产生误解，认为只要分析变量之间的关系就必须根据显著性水平来得出结论。这实际上是对推论统计的误用。对总体数据或非随机样本数据，只应用描述统计即可。只有对随机样本数据才应用推论统计的方法来推论总体。将这两部分分开讲解能够防止学生对推论统计的误用。

（5）做到了与社会统计软件的对接。目前，大多数社会学和社会工作专业都开设了有关 SPSS 统计软件的课程。本书编写中所使用的专业术语尽可能与统计软件相一致。教材内容也与统计软件中统计分析部分的内容相呼应。读完本书，再学习统计软件应用课程，可使学生将统计理论与统计软件的应用很好地结合起来。

（6）增加了非参数检验的内容。非参数检验对总体的分布没有任何要求，因此它比参数检验有更广泛的应用，尤其是在总体分布不满足参数检验的要求时，只能应用非参数检验的方法。但在社会统计学的应用中，非参数检验方法没有得到应有的重视，究其原因，是在教学中重视得不够。本书对常用的非参数检验方法均有较为详细的介绍，弥补了以往社会统计学教材在这方面的遗漏。

（7）增加了时间序列分析。目前统计学教材介绍的都是由一次调查所获取的截面数据的分析方法，对描述社会现象动态变化的时间序列数据的分析方法鲜有介绍。在统计年鉴以及各种专门的年鉴中都有大量的时间序列数据，对这些数据进行分析也是社会学定量研究的重要内容。时间序列分析方法与截面数据的分析方法差异较大。本书引入了这部分内容，有利于学生掌握利用时间序列数据分析事物发展变化规律的方法。

本书在介绍推论统计之前，选取了概率论与数理统计中与推论统计关系最密切的内容，编撰为第6章和第7章。这部分内容是推论统计的理论基础。我们也着重从社会学研究应用的角度来阐述概率论与数理统计的内容。有了这部分内容做铺垫，即便是没有学过概率论与数理统计的学生，也能够较好地掌握推论统计的内容。

在编写本书的过程中，我们既参考了国内应用较多的社会统计学教材，也参考了经济统计的教材，还参考了国外统计学教材。尤其是非参数检验部分，因为国内教材介绍得较少，所以主要参考了国外的教材。完成本书的教学内容大约需要 80 个学时，教师可以根据学生的基础和教学安排进行合理的取舍。

尽管已经过五次修改，但对目前的书稿，笔者仍不甚满意。一本好的教材不仅要融入教师多年的教学经验以及作者对内容的深刻理解和体会，还要能经得起教学的检验。笔者认为本书在这些方面还有完善的空间，将在以后的教学中不断发现和改进教材中的不足。笔者怀着忐忑的心情将本书提供给同行学者和广大学生，希望能对提高文科学生统计分析的水平和能力有所帮助，也希望使用本书的教师能够不吝赐教，就书中存在的问题与我们联系。Email：yhjie@hit. edu. cn.

尹海洁

目　录

中篇 概率论基础

下篇 推论统计

第 1 章 导 论

第 1 节 社会学研究的过程及统计学的应用

社会学是一门研究社会现象、社会问题发生、发展以及变化规律的科学。说它是一门科学，是因为它大量使用实证的方法进行研究。也就是说，社会学这门学科的科学性不是体现在它的研究对象或研究内容上，而是体现在研究方法上。在现代社会学研究中，统计调查、定量分析是应用最为广泛的研究方法。社会统计学也是社会学定量研究中的支柱性技术。实际上，统计学不是仅仅作为一门技术，在收集完资料，进行统计分析时才进入社会学研究过程的，而是作为一种思想贯穿社会学研究的始终。我们可以通过对社会学研究过程的阐释来明确统计学在这个过程中所起的重要作用。

一、确定研究课题

社会学研究的大部分课题都来源于社会现实，有很多是需要解决的实际问题。因此社会学的研究具有很强的时代感，其研究结果可以直接为社会服务。研究者应本着重要性、创造性和可行性的原则来选择研究课题。但是，如何选题，选择什么样的课题，与研究者的学科基础和方法论倾向有很大的关系。不同的问题可能就界定了不同的方法。当然，同一问题也可以使用不同的方法进行研究。一般来说，研究课题确定之初，研究类型已被基本界定。如果是定量研究，就意味着必须用统计学的方法来对数据资料进行分析；即使是定性研究，也可能涉及用量化的方法来描述事物。例如，小群体研究属于定性研究，可以使用参与研究的方法，但对群体成员之间的关系网络特征却可以采用定量的方法来描述。对于一个既可以进行定性研究又可以进行定量研究的课题，具有良好统计学基础的学者更倾向于选择定量研究的方法。这是因为统计调查的大样本对总体具有很好的代表性，而且用数据语言来描述事物具有更高的精确性，假设检验的研究逻辑也使得研究结论更具有可信性。也就是说，统计分析作为一种思想，在研究者选题的过程中起到一定的作用。

二、探索性调查

研究课题确定以后，通常要进行文献检索。阅读大量文献的目的是了解该课题所属领域中相关的研究成果、研究的最新动态、最前沿的问题和研究的最高水平，以使自己的研究在前人研究的基础上有所创新。接下来应该进行探索性研究，目的是了解研究对象，并对所研究问题的状况、特点、存在的原因、可能的发展趋势进行初步的分析，寻求研究的切入点、重点，确定研究方法。探索性研究大多采用参与观察、非结构性访谈的方式收集资料，属于定性研究。但这种定性研究的目的却是为理论假设的提出和概念的操作化打下基础，同时也为大范围的统计调查打下基础。

三、理论假设的提出与概念的操作化

社会问题的研究大体上可以分为两类：一类是描述性研究；一类是解释性研究。描述性研究是对事物状况或水平的研究，解释性研究则是对事物之间相互关系、社会问题存在以及发展变化原因的研究。解释性研究需要提出理论假设。理论假设是对所研究的问题做出的尝试性解答，用来指导研究设计并确定研究方向。但这种尝试性的解答并不是盲目做出的，而是在研究者前期研究的基础上做出的，或是基于通过探索性研究发现的事物所具有的某些人们尚不知晓的特征或事物之间的某些关系做出的。但探索性研究是特定的小规模、小范围研究，在这样的研究中发现的一些特征或事物之间的关系在大的总体中是否存在还需要进一步的检验，因此这些发现只能作为理论假设提出，并通过后续的、大规模的调查予以检验。

不论是描述性研究还是解释性研究都会涉及一些抽象概念，比如社会地位、学术水平、社会声望，等等。这些抽象概念的实际含义虽然都能够为人们所理解，但在实证研究中却很难对它们进行具体的描述。这就需要将抽象概念具体化，这个过程就是操作化的过程。操作化就是将抽象概念与具体的社会现象相联系，将抽象概念转化为具体可测量的变量或指标的过程。描述性研究就是对这些操作化的结果进行定量的描述和分析，而解释性研究所涉及的至少是两个抽象概念之间关系的命题。将抽象概念操作化以后，还要根据理论假设对变量之间的关系提出具体的研究假设，这些研究假设可以转化为具体的统计假设，从而可以用统计调查的结果加以检验。可以说，抽象概念的操作化是定量分析的基础和前提。

四、测量工具的设计

社会测量是社会现象数量化的过程。社会现象本身并不是以数量的形式存在的。事物的数量特征是人类为了精确地认识事物，使用一定的测量工具对事物进行测量，并把测量结果作为一种特征赋予客观事物而形成的。要想用数学的方法对事物进行精确的定量分析，首先要将社会现象数量化，这就是社会测量的过程。社会测量的对象必须是具体的事物，而不是抽象的概念。也就是说，社会测量只有在操作化的基础上才能进行。通过社会测量，为原本没有数量表现的社会现象赋予数量化的特征，将操作化的概念转化成具有不同取值的变量，这使得对社会现象和社会问题进行定量分析成为可能。社会测量除了要明确测量对象之外，还要有测量工具。自然现象的测量工具都是实物性的，如天平、米尺、仪表等。由于社会测量的水平很低，还没有制造出仪器或仪表类的工具，而且测量内容有很多是非物质形态的，如人的思想、态度，因此，目前社会测量还主要依赖量表、问卷等工具对社会现象进行比较粗略的量化。社会测量是定量研究的前提。

在统计调查中，测量工具也就是资料收集的工具。使用什么样的工具来收集资料是由资料收集方法决定的。如果采用自填式问卷或结构性访谈的方法收集资料，问卷或结构性访谈提纲就是收集资料的工具。如果采用结构式观察的方法收集资料，观察卡片就是收集资料的工具。这些测量工具中的每一个问题都是一个变量，而问题的答案便是变量的取值。一个个体对某个问题的回答或选择便是对这个个体的测量结果。有些事物比较简单，只用一个问题便可以获得测量结果，这就是单变量问题。有些事物比较复杂，需要从不同角度使用多个问题才能够进行很好的描述，这就是多变量问题。如果描述一个事物的多个问题回答方式相同，回答结果可以汇总，则这样一组问题可以视为量表。用量表测量事物比用单变量测量事物更准确、更细致。

五、调查的实施

调查的实施过程就是使用测量工具对被测事物进行测量从而获取数据资料的过程。这个过程在社会学研究中表现为由调查对象来填答问卷，或者由访问员将询问的结果记录在问卷上。调查实施过程中的一个重要问题就是确保资料的准确性。这对调查员的责任心有着极高的要求，同时要求有完善的检查督导体系。如果调查对象填答不认真，或者调查员不负责任，甚至有极个别的作假，将会造成很大的工作误差，甚至制造出垃圾数据。这不仅会使后续的统计工作失去意义，而且有可能得出错误的结论。

六、审核、录入与录入误差的消除

问卷回收以后，研究人员必须逐份审核，目的在于发现填答中的问题。对于有问题的问卷，能回访的回访，不能回访的作为无效问卷处理。审核是一项极其枯燥乏味的工作，却是保证数据质量必不可少的重要环节。审核合格的问卷可交由录入员进行计算机录入。数据录入阶段也是容易产生误差的阶段。耐心细致的人，录入误差会小一些；粗心大意的人，录入误差会大一些。人的身体状况不好、心情不好等都会造成较大的录入误差。平均来说，录入误差的比例在 5%左右。在进行统计分析之前，应设法将录入误差消除。传统的方法是校对。但是在计算机数据文件的单元格与问卷的答案之间进行校对是一项耗时的工作，甚至比录入花费的时间还要多，而且一次校对以后还剩下多少错误数据也是不得而知的。比较好的方法是并行录入对比纠错。即将原始数据按照相同的格式和结构录入两遍，然后将对应的变量和单元格内容进行对比。如果对应数据相等，则认为录入正确；如果对应数据不等，则说明至少有一个人的录入是错误的。具体操作方法见尹海洁、刘耳所著的《社会统计软件 SPSS 15.0 FOR WINDOWS 简明教程》（社会科学文献出版社，2008）。

七、统计分析与理论假设的检验

数据录入计算机以后便可进入统计分析阶段。如果是描述性研究，则要对关键变量的分布情况进行统计分析，用定量的方法准确地说明事物的特征或状况。如果是解释性研究，则要根据理论假设的内容，对变量之间的关系进行分析，并比较分析结果与理论假设是否一致。如果定量分析结果与理论假设一致，理论假设被证实，则说明理论假设是正确的；如果定量分析结果与理论假设相反，理论假设被证伪，则说明理论假设是错误的；如果理论假设被部分地证实，则需要修正理论假设并结合调查结果得出结论。

从上述对社会调查过程与统计分析的关系的阐释中可以发现，统计分析方法是在调查资料收集以后的数据分析阶段才得到直接应用的，但这并不意味着社会学研究者可以不懂统计分析，只需借助统计学家的工作便可完成社会学研究。实际上，统计分析作为一种思想贯穿社会学研究的始终。统计学思想从研究课题的选择及研究类型的确定阶段就进入了研究过程。一些研究课题可以进行定性研究，也可以进行定量研究。选择哪种研究类型，取决于研究者的方法论倾向和统计学基础。只有具备良好统计学基础的学者才能够很好地运用统计学方法来进行社会学研究。统计学思想对研究设计也具有一定的指导作用。在理论假设的提出及操作化过程中，研究者必须考虑理论假设可以衍生出什么样的统计假设，用什么样的统计结果来检验假设，将社会现象转化成什么层次的变量可以满足假设检验的要求，以及对于一定的测量结果采用什么样的统计方法进行分析，等等。只有在统计学思想指导下进行的研究设计才能满足后续的使用统计分析方法的要求。因此统计分析绝不是一项阶段性的工作，而是作为一种思想，贯穿社会学研究的始终，决定着社会学研究的类型和特征。

第2节　统计分析方法在社会学研究中的作用

一、统计分析方法应用水平是社会学研究科学性的重要标志

数学方法因其描述事物的精确性、分析事物之间关系的准确性而在众多的学科中得到广泛的应用。在自然科学领域几乎找不到不使用数学方法的学科。马克思对数学方法的应用给予了高度重视。保尔·拉法格在《回忆马克思恩格斯》中谈到，马克思认为，一种科学只有在成功地运用数学时，才算达到了真正完善的地步。[①] 由于社会科学大多是从早期的社会哲学中分化出来的，很多学科的研究方法以思辨为主，加上社会科学研究对象的特殊性，其对数学方法的应用比自然科学落后很多。在社会科学中，有一批学科率先使用了数学方法，从而使其研究结论的科学性得到了普遍认可，社会学便是其中之一。社会学的实证研究从学科创始阶段就与统计学建立了密不可分的联系，迪尔凯姆的《自杀论》便是用统计分析的方法进行理论提升的典范。社会学家用统计的方法对社会现象进行定量描述，对事物之间的关系进行定量分析，是社会学研究从思辨走向实证的一个突出特点。尤其是随机抽样方法的应用，使得通过一个具有一定容量的样本来研究一个庞大的总体成为可能，而这种可能性存在的依据便是数理统计的抽样理论。统计分析方法已经成为社会学家认识和分析社会现象的最有效手段之一。由于统计分析要进行大量的、繁杂的计算，因

---

① 拉法格，等．回忆马克思恩格斯．北京：人民出版社，1973：7.

此一些分析方法的应用受到了很大的限制。计算机技术的发展和普及很好地解决了这一问题，优秀的统计软件可以帮助我们在瞬间完成大量复杂的计算。可以说，统计软件的出现大大促进了统计学方法的应用，也将社会学研究的科学性提高到了一个新的阶段。

二、统计分析方法应用的目的是发现和描述社会现象的统计规律

（一）社会调查资料的特点

在社会学研究中，调查单位和分析单位往往都是比较小的个体，如个人、家庭等。社会测量的目的是将这些个体的特征转化为数量，调查过程也就是向这些个体收集资料的过程。通过调查收集得到的资料有以下两个特征。

1. 随机性

客观现象可以分为确定性现象和非确定性现象。如在一个大气压下水到零度必然结冰，这是确定性现象。但哪一天刮风、哪一天下雨就是非确定性现象。如果我们研究的现象在一定条件下有多种状态，出现哪一种状态是不确定的，这样的现象就是非确定性现象。非确定性现象也称随机现象。社会现象大多是非确定性现象。如果我们要研究两个现象之间的关系，这也表现为确定性与非确定性关系。在真空中下落的物体，其下落速度与下落时间的关系是确定性关系，只要下落时间确定了，对应的下落速度也就随之确定了。而身高与体重的关系就是非确定性关系。虽然高个子的平均体重会大于矮个子，但身高相同的人体重却不同。非确定性现象和非确定性关系的存在，使我们不能像预言水到零度必然结冰那样去预言人到一定年龄必然结婚，同样，也不能像通过分析一滴水的成分而知道所有水的成分那样，通过抽查一个人的情况而知道所有人的情况。

由于我们在研究影响现象的某一个或某几个因素时，对该现象起作用的其他因素仍然存在，仍然影响着它的状态，因此在一定条件下，某事物会处于什么样的状态是随机的。随机性主要表现在个体上。某一个体之所以区别于其他个体，是因为其某些特征与其他个体有别。社会统计学中的变量就是指在个体上具有不同取值的特征。任何一个变量都会有多个取值，从研究者的角度看，某个个体在某个变量上的取值是不确定的，它可能是变量取值集合中的任何一个，这就是数据资料的随机性，也称不确定性。

2. 统计规律性

随机现象虽然是不确定的，但并不是无法研究的，对大量的随机现象进行统计时，往往可以发现一定的规律性。对于一个孕妇来说，生男孩还是生女孩纯属偶然，但考察大量出生婴儿的性别比例，就可以发现性别比例是一个基本恒定的数，是 100 女：105 男。[①] 每个人的身高都有不同的表现，但通过对大量人的身高进行测量可以发现，中国乡村 18 岁男性的平均身高为 171.0 厘米，18 岁女性的平均身高则为 158.1 厘米；中国城镇 18 岁男性的平均身高为 171.9 厘米，18 岁女性的平均身高则为 159.8 厘米。[②] 这种规律会随着观察数目的增多而凸显出来。通过对大量个体的观察所得到的这些具有稳定性的规律就是随机现象的统计规律性。正因为如此，随机现象是可以研究的，研究的目的不是认识个

---

① 温勇，尹勤. 人口统计学. 南京：东南大学出版社，2006：21.

② 国家体育总局. 第二次国民体质监测报告. 北京：人民体育出版社，2007：131－132.

体，而是认识总体。对社会现象进行统计分析的主要目的不是用定量的方法来描述个体，而是通过对大量个体特征的统计分析来描述和分析社会现象的统计规律。

比如，某个孕妇生男孩还是生女孩不是社会学家关注的问题，但通过观察大量出生婴儿的性别，获取出生婴儿的性别比例却是社会学家关注的重要问题。某个人能挣多少钱不是社会学家关注的问题，但通过对大量人口的收入进行统计，明确人均收入、不同行业的收入、不同阶层的收入却是社会学家关注的重要问题。社会统计学就是通过大量观察记录个体特征并对其结果进行统计分析，达到了解和把握社会整体的目的。

（二）统计学是发现和彰显统计规律的有效工具

统计规律是客观存在的事实，但它往往又隐藏在大量数据之中，要通过大量的观察、精细的统计分析才能发现。社会现象的统计规律是对资料的简化、浓缩和概括。使用社会统计学的方法可以使庞杂的资料得到简化，将大量的数据浓缩为几个特征值。研究者可以通过计算百分比、平均数、标准差等特征值对单变量进行描述，从而弄清楚变量的状态、水平和分布特征；也可以通过计算相关系数、回归系数、相关比率等描述变量之间关系的特征值对多变量进行分析，从而明确各变量之间的内在联系。也就是说，使用统计分析方法可以帮助研究者从纷繁复杂的资料中提取有用的信息，并得出相应的结论。

社会学研究常常要面临庞大的总体。除了像人口普查那样由国家组织进行的全面调查外，绝大部分社会学研究都不可能访遍或穷尽研究对象，只能利用有限的资料来推及总体。尤其是在研究总体无限或难以界定的情况下，人们根本无法对整个总体进行研究。社会统计学是利用科学的手段，帮助社会学研究冲破各种因素的束缚，使用有限的样本对总体进行推断的一整套社会研究的科学方法。社会统计学的出现使得社会学研究的普遍化和概括性成为可能。

三、统计学在社会学研究中的地位

在现代社会科学研究中，用定量的方法描述和分析社会现象与社会问题已渐成趋势。社会现象与社会问题的随机性使得统计分析方法的应用在社会科学的定量研究中具有突出的地位。现代统计分析技术在社会科学各个学科中的应用水平已经成为该学科科学性的重要标志。数学模型的广泛应用、统计调查的大量实施，使我国社会科学的研究水平有了较大幅度的提高。

社会统计学不包括构造和建立指标那样的测量问题，它是在所有测量中的条件都得到满足的情况下所进行的数值运算和技术处理。虽然社会统计学是在建立初步的社会分析计划之初进入社会学研究过程的，但其在分析资料阶段才被直接使用。这并不是说社会学的研究者不需要任何社会统计学的知识素养就可以轻而易举地进行整个研究，只需在资料收集起来以后推给统计学家便可了事。实际上，资料分析过程中可能会遇到的各种各样的问题，均应在分析之前的研究阶段预料到，并采取相应措施予以应对。从这个意义上讲，社会统计学方法实质上贯穿整个社会学研究的始终。

一个值得注意的问题是，研究者不要奢望能用社会统计学极其精确的统计分析去弥补某些不严密的研究设计和实施过程。统计方法仅仅是一种工具，无法代替缜密的思考。它虽然是一种行之有效的工具，但不是万能的，不能夸大它的作用，从而混淆了它与社会学理论本身和经验研究之间的关系。

第 3 节 抽样方法与统计分析方法的选择

从研究范围来分类，社会调查可以分为全面调查与非全面调查。全面调查也称普查，是对所有的研究对象无一遗漏地进行调查。这种调查可以获得全面准确的研究资料。但由于调查涉及的面大，动用的人力、物力多，调查过程持续的时间长，花费大，因此只有政府组织才能进行这种了解国情国力的大型调查。对庞大的研究对象，科学家们一直致力于通过研究其中的一小部分来形成对整体的正确认识，这就是抽样调查。

一、总体、个体与样本

（一）总体与个体

总体（population）是研究对象的全体。个体（case）也称个案，是构成总体的最小单位，也就是具体的调查分析对象。在社会学研究中最常见的总体是由社会中的某些个人组成的，这些个人便是构成总体的元素，也就是个体。比如，对某省大学生的择业倾向进行研究时，该省所有在校大学生的集合就是研究的总体，而每一个在校大学生便是一个个体。又比如，研究某城市居民的家庭生活质量，那么，该市所有居民家庭的集合就构成了研究的总体，而其中的每户家庭就是这个总体中的一个个体。

在社会学研究中，每一项调查都包括很多内容。比如第七次全国人口普查的调查内容分为长表和短表两部分。长表中按户登记的有 19 项，按人登记的有 29 项。短表为人口信息，共包含有 13 个项目。调查中的一个问题就是统计分析中的一个变量。对于一个变量而言，来自总体中全部个案的数据称为这个变量的总体观察值。

（二）样本

样本（sample）指的是从总体中抽出的用于实施调查研究的对象的集合。比如，从某省总数为 12.8 万人的大学生总体中，按一定方式抽取出 1 000 名大学生进行调查，这 1 000 名大学生就是一个样本。在社会调查中除了普查之外，所有的研究都是针对样本进行的。一般的问卷调查都是多变量调查。对于一个变量而言，样本中全部个体的数据称为这个变量的样本观察值。

二、推论统计与随机样本的对应性

如果在抽样过程中应用了随机原则①，获得的样本就称为随机样本。如果在抽样过程中没有遵循随机原则，所获得的样本就是非随机样本。有些统计分析方法对这两类样本都适用，但有些统计分析方法只适用于随机样本。

社会统计学的内容可以分为两大部分，即描述统计与推论统计。描述统计是使用一定的方法对大量的数据进行归纳概括，以展现数据中存在的统计规律；推论统计则是用数理逻辑推理的方法，将对样本的分析结论推广到总体。

对于全面调查，只使用描述统计即可。因为调查结果已经是对总体的描述，不再需要

① 抽样的随机原则是指总体中每个个体进入样本的机会均等。

统计推论。对于非全面调查，则要区分不同的情况。如果是非随机抽样调查，只能应用描述统计。如果希望通过对样本的调查来推论总体的情况，就要应用推论统计。推论统计并非对所有的调查均适用，应用推论统计的前提是样本为随机样本。描述统计的方法适用于一切调查的定量分析。也就是说，无论进行的是全面调查还是非全面调查，无论是随机抽样还是非随机抽样，都可以对调查结果进行描述统计分析。但如果进行的是非全面调查，采用的又是非随机抽样，那么这种分析结果仅限于对样本的说明，不能推广到总体。只有在随机抽样的条件下，才能应用推论统计的方法将样本结论推广到总体。

第4节　变量的层次及统计分析方法的选择

一、变量的层次

通过社会测量可以将社会现象数量化。但是，测量中使用的测量工具的精细化程度不同，测量结果所形成的变量的层次也不同。根据变量的取值特征和统计分析时方法应用的特征，变量可以划分为两大类。

（一）类别变量

采用一定的方法对社会现象进行分类，并给每个类别赋予一定的数值，这样形成的变量就是类别变量。根据取值是否可以比较大小，类别变量分为无序类别变量和有序类别变量。

1. 无序类别变量

无序类别变量也称定类变量（nominal variable），是测量层次最低的变量。这种变量仅仅是对被测事物进行了分类，并用数字作为标记不同类别的符号。因此，这类变量也称名义变量。变量的取值虽然被赋予了数字标志，但这些数字只有符号意义，没有数据意义，各个取值之间不能进行大小的比较，也不能进行数学运算。如性别变量通常用1表示男，2表示女。此时的1和2只能作为性别的标志，没有数据大小的意义，对1和2进行加减乘除运算的结果也没有任何意义。由于社会测量的水平还比较低，很多社会现象只能达到定类测量的程度。问卷调查的结果也会形成大量的定类变量，如职业、家庭类型、婚姻状况、学习的专业、人际关系类型、地区类别，等等。

2. 有序类别变量

有序类别变量是比无序类别变量高一等级的变量，也称定序变量或序列变量（ordinal variable）。这类变量不仅对被测事物进行了分类，而且划分出了高低不同的等级。这类变量的取值已经具有一定的数据特征，可以进行高低大小的比较。但由于这类测量没有单位，两个类别之间具体相差多少是不得而知的。如用1，2，3，4，5，6，7分别表示文盲、小学、初中、高中、大专、本科、研究生，对人们的文化程度进行量化，此时的数据便具有大小的意义，我们可以知道高中比初中的文化程度高，对应的数据便是4比3大。但由于没有具体的单位来测量，高多少是无法知道的。在社会调查中，这类变量也大量存在，如职称、职务级别、学生的年级等。问卷中用五个等级或三个等级进行的态度测量和满意度测量的变量均属于有序类别变量。

（二）尺度变量

如果测量工具有了单位，那么测量结果就不仅能够比较大小，而且能够知道大了多少或小了多少。这样的测量就是尺度测量，可以进行尺度测量的变量就是尺度变量（scale variable）。根据测量工具是否具有绝对零，尺度变量分为定距变量和定比变量。

1. 定距变量

定距测量的测量工具有了单位，就可以利用得到的测量结果比较被测事物的具体差异了。测量的结果是定距变量。这类变量的取值具有准确的数据意义，任何两个数据之间的差异都可以准确度量。但定距变量没有绝对零，即使存在零值，这个零也是相对零。如使用摄氏温度计对温度的测量便是定距测量，温度这个变量便是定距变量。对于定距变量，变量值之间的加减运算是有意义的，如 3 度加 2 度等于 5 度，这个 5 度有很明确的实际意义。但是，由于没有绝对零，变量值之间的比率运算是没有意义的，例如，不能认为 10 度是 5 度的两倍。因为零度是人们确定的冰水的温度，并不是没有温度，所以这个零是相对零。在社会调查中，使用量表对事物进行测量时，形成的大多是定距变量。如智商的测量，当某人的智商为零时，可以认为他是痴呆，但并不意味着他完全没有智力。由于定距变量没有绝对零，因此，定距变量的取值之间可以进行差异的比较，但不能进行倍数的比较。

2. 定比变量

定比测量是最高层次的测量，它不仅有相等的单位可以比较被测事物间的数量差异，而且可以对被测事物间的倍数进行比较。测量的结果是定比变量。对于定比变量，变量取值之间和的运算、差的运算以及倍数的运算都具有实际意义。如两个人的收入分别为 2 000 元和 4 000 元，两者的和说明两个人共收入 6 000 元，两者的差说明后者比前者多挣 2 000 元，用 4 000 元除以 2 000 元，所得的结果说明后者的收入是前者的两倍。在社会学研究中，常用的定比变量有年龄、收入、住房面积等。

（三）不同层次变量的功能及转换

上述几个层次变量的功能并不是完全独立的。高层次变量包含了低层次变量的功能。如用货币单位来测量人的收入，收入是尺度变量。如果把收入划分为收入段，收入就是定序变量。不同层次变量所具有的功能如表 1-1 所示。

表 1-1 不同层次变量的功能

变量层次 变量的功能	定类变量	定序变量	定距变量	定比变量
分类	√	√	√	√
排序		√	√	√
差异比较			√	√
倍数比较				√

由于对某一事物进行测量时可以使用不同层次的测量工具，因此对同一事物进行测量可能出现多种测量结果。如对文化程度用文盲、小学、初中、高中、大学来测量，它就是定序变量，用受教育年限来测量就是尺度变量。也就是说，对某一个概念进行操作

化以后，所形成的变量并不是唯一的。由于变量的层次越高，测量的精度越高，所能应用的统计分析方法也就越多，因此在设计问卷时，要尽可能多地设计测量层次高的变量。

二、变量层次与统计分析方法的对应性

变量的层次不同，变量取值的量化程度不同，应用的统计分析方法也就不同。

（一）不同层次单变量统计分析方法的选择

任何一项社会调查都要对个体的多项特征进行记录。由于这些特征在不同的个体上具有不同的表现，因此每一个特征就是统计学分析中的一个变量。统计学的分析是基于变量进行的，通过分析众多个体在某个变量上的取值来概括这个变量的特征。在统计学中分析一个变量时不考虑个体在其他变量上的取值，这就是单变量研究。单变量研究可以视为对众多个体某个特征的研究，如对收入的研究，对性别的研究，等等。

对单变量进行统计描述，目的是明确变量的分布特征。对单变量的分布特征可以采用图或表来描述，也可以采用特征值来描述。对于类别变量，可以使用频次分布表、条形图、饼图（也称圆形图）、折线图（也称线图）等来描述其分布状态，使用众数和异众比率描述其集中趋势和离散趋势。对于有序类别变量，还可以用中位数和四分位差或全距描述其集中趋势和离散趋势。对于尺度变量，可以使用频次分布表、直方图、折线图等来描述变量的分布状态，使用算术平均值和方差或标准差描述变量的集中趋势和离散趋势。上述这些单变量描述统计的方法将在第 2 章中详细介绍。

（二）不同层次两个变量关系的统计分析方法的选择

分析两个变量之间的关系是社会学定量研究的重要内容。对两个变量进行分析，目的是明确两个变量之间是否有关系。如果有关系，那么相关的强度如何，相关的方向怎样，等等。分析测量层次不同的变量，应用的统计分析方法也不同。如果要描述两个类别变量之间的关系，可以采用交叉列表和列联相关分析的方法，并采用卡方检验的方法将随机样本的统计结果推广到总体。如果要分析两个有序类别变量之间的关系，可以采用交叉列表和等级相关的方法，并采用卡方检验或 t 检验的方法将随机样本的统计结果推广到总体。如果要分析两个尺度变量之间的关系，可以采用相关分析和回归分析的方法，并采用 t 检验和 F 检验的方法将随机样本的统计结果推广到总体。如果要分析一个尺度变量和一个类别变量之间的关系，而且尺度变量是因变量，类别变量是自变量，可以采用平均值比较的方法，并采用方差分析的方法将随机样本的统计结果推广到总体。此外，还可以采用统计图的方法来描述两个变量之间的关系。具体的方法在相应的章节中有详细的介绍。

习 题

1. 结合社会学研究的过程谈谈统计学在其中所起的作用。
2. 社会调查资料具有哪些特点？
3. 解释总体、个体、样本这几个概念。

4. 变量可以分为哪些类型？
5. 类别变量与尺度变量的区别是什么？
6. 简述不同层次变量的功能。
7. 举例说明统计学在社会学研究中的应用。

上篇

描述统计

任何一项社会调查都会产生大量看上去杂乱无章的数据，如果将这些数据无规则地堆砌在一起，则不论这些数据多么有价值，都无法给人们提供有用的信息。因此，需要运用一定的方法对数据进行系统处理，将淹没在大量数据中的统计规律以一定的方式展现出来，这就是描述统计的过程。

简单地说，描述统计就是对调查结果数据进行系统的整理、分类、浓缩、概括，以便将变量的分布特征以及变量之间的关系清晰明了地展现出来。描述统计的方法大体分为变量的分布特征描述和统计特征值描述两类。变量的分布特征主要用统计图和统计表来描述。特征值描述则通过计算具有代表性的统计量来概括地说明变量的分布状况或变量之间的关系。

第2章 单变量的描述统计分析

第1节 单变量的分布及其描述方法

单变量的描述统计就是用统计表、统计图和统计特征值将变量的状态、水平和分布特征表现出来的方法。

一、变量及其分布

（一）变量的特征

研究对象的每个个体都具有很多属性和特征。比如，每个人都有身高、体重、年龄、学历等特征。这些在不同个体上具有不同表现的特征就称为变量。统计学中变量的定义与物理学中变量的定义不尽相同。物理学中的变量是指某个个体特征随时间发生变化，这个特征叫作变量。如一颗射出的子弹飞行距离随时间发生变化，飞行速度随时间发生变化，子弹的飞行距离和飞行速度都可以视为变量。统计学中的变量在同一个体上是相对稳定的，在不同个体上表现出变化。如人的文化程度就某个人而言在调查时是确定的，但在不同人的身上有不同的表现。这类变量也称随机变量。例如，家庭类型可以分为：

（1）核心家庭：由一对夫妻或加上其他未婚成员构成的家庭。

（2）直系家庭：由一对夫妻和他们的父母及子女组成的家庭，家庭中应包括三代人，或者两对不同辈分的夫妻。

（3）大家庭：含有三对及以上夫妻的家庭。

（4）断代家庭：由祖辈与未婚孙辈两代人构成的家庭。

（5）单亲家庭：由父母一方与未婚子女构成的家庭。

（6）单身家庭：由一个成年人构成的家庭。

（7）其他家庭。

如果把家庭类型视为一个变量，上述7个分类就是这个变量的取值。变量的取值有两个特征：一是完备性。完备性是指变量的取值必须涵盖全部的个体，也就是每个个体的特征都应成为变量的取值。上述对家庭类型划分的前6项包含了绝大部分的家庭类型，但有些特殊的类型没有被包含进去，如只有未婚的兄弟姐妹在一起生活的家庭。为使家庭类型这一变量具有完备性，应在变量取值中增加"其他家庭"一项。二是互斥性。互斥性是指变量的取值之间不能有交集。若在上述分类中增加一项"空巢家庭"，将由一对老夫妻构成的家庭区分出来，似乎也合理。但在上述核心家庭的定义中就包含了空巢家庭，当然也包含了婚后无子女的丁克家庭，此时增加"空巢家庭"就会造成变量取值的不互斥。如果在研究中需要研究空巢家庭情况，可将空巢家庭列出，并对其进行操作性定义，即空巢家庭：由一对有子女但不与子女共同生活的夫妻构成的家庭。但这样界定空巢家庭后就需要对上述核心家庭进行重新界定，即核心家庭：由一对夫妻和他们的未婚子女构成的家庭。这样界定核心家庭后，丁克家庭便不包含其中了。如研究需要，可将丁克家庭作为一个选项列出。如不需要，可将其归入其他家庭。

变量的上述两个特征保证了任何一个个体只能具有变量的一个取值。如果是无序变量，每个个体都会被归到一定的类别中。如果是有序类别变量，每个个体只能具有一个等级。当然，每个类别或等级中可能包含很多个体。如果是尺度变量，每个个体的值都要包含在变量的取值范围之内。

（二）变量的分布

变量的分布是指个体在变量取值上的分布。对于一组观察值，一般用频次分布、频率分布和累计频率分布三种方法描述变量的分布。

1. 频次分布

变量取值与取值上拥有的个体数的集合称为频次分布。如果变量 x 有 m 个取值，分别为 x_1，x_2，…，x_m，每个取值上拥有的个体数分别为 n_1，n_2，…，n_m，则这个变量的频次分布可以表示为：

$$(x_1, n_1)$$
$$(x_2, n_2)$$
$$\vdots$$
$$(x_m, n_m)$$

也可以表示为：

$$(x_i, n_i), \quad i=1,2,\cdots,m$$

如在某城市调查了1 000户家庭，7种家庭类型户数的频次分布为：

（核心家庭，707户）
（直系家庭，182户）
（大家庭，7户）
（断代家庭，9户）
（单亲家庭，37户）

（单身家庭，15户）
（其他家庭，43户）

2. 频率分布

变量取值与取值上拥有的个体数的频率的集合称为频率分布。设 $n=n_1+n_2+\cdots+n_m$，则频率分布可以表示为：

$$\left(x_1,\frac{n_1}{n}\right)$$
$$\left(x_2,\frac{n_2}{n}\right)$$
$$\vdots$$
$$\left(x_m,\frac{n_m}{n}\right)$$

也可以表示为：

$$\left(x_i,\frac{n_i}{n}\right),\quad i=1,2,\cdots,m$$

将频率分布的频率乘以100%，就是百分比。

如上述1 000户家庭，7种家庭类型户数的频率分布为：

（核心家庭，0.707）
（直系家庭，0.182）
（大家庭，0.007）
（断代家庭，0.009）
（单亲家庭，0.037）
（单身家庭，0.015）
（其他家庭，0.043）

3. 累计频率分布

将上述频率分布中的频率按照变量取值的排列顺序逐项累加，就形成了累计频率分布。累计频率分布可以表示为：

$$\left(x_1,\frac{n_1}{n}\right)$$
$$\left(x_2,\frac{n_1+n_2}{n}\right)$$
$$\vdots$$
$$\left(x_m,\frac{n_1+n_2+\cdots+n_m}{n}\right)$$

也可以表示为：

$$\left(x_i,\frac{n_1+n_2+\cdots+n_i}{n}\right),\quad i=1,2,\cdots,m$$

如上述1 000户家庭，7种家庭类型户数的累计频率分布为：

(核心家庭,0.707)
(直系家庭,0.889)
(大家庭,0.896)
(断代家庭,0.905)
(单亲家庭,0.942)
(单身家庭,0.957)
(其他家庭,1)

通过上述三种分布可以清楚地展现数据的分布特征和统计规律。

上述变量分布的表示方法只适用于类别变量。例如，文化程度、职业、职称等。这样的变量只有少数几个取值，因此描述变量的分布比较容易。对于取值很多的尺度变量，上述描述分布的方法就不再适用了，如以元为单位来描述人们的月收入。目前，个人月收入的分布范围可能是从零元到几十万元。这个变量有几十万个取值，如果调查人数为数千人，则每个取值上平均不到一个人，如果按上述方法列出每个取值以及该取值所对应的人数，则不仅工作量很大，而且显示不出统计规律，可以说毫无意义。通常将变量的取值划分成段，如年龄段、收入段，再累计该段中的人数来表示变量的分布。

变量的分布可以用统计表或统计图来描述。变量的测量层次不同，选用的图表也不同。

二、统计表

表现数据分布的最常用方法就是统计表。简单地说，统计表就是将数据按照一定的顺序排列在由横行、纵列交叉结合而成的表格上。统计表能系统地组织和合理地安排大量的数据资料，使之清晰、明了，便于对照、比较和计算。

（一）统计表的结构

统计表可以分为横表与竖表，应用较多的是竖表。竖表的结构如表2-1所示。上下看可分为表头和表身。最上面的一行是表头。表头是标题栏，大多为文字，用以向下说明对应列的数据特征。下面的部分是表身，表身的内容以数据为主。左右看可分为主词和宾词。最左侧一列是主词，其他列是宾词。主词一般是变量名称及其取值，用以向右说明宾词的数据特征。表中每一个数据所在的位置称为一个单元格。将竖表的内容转置，表头变为主词，表身变为宾词，原来的主词则变为表头，即成为横表。

为使统计表能清晰、明了、紧凑地反映数据的特征，制作统计表时应遵循以下几条原则：

(1) 每个表的正上方必须有标题，用以简明、扼要、准确地说明表的内容。

(2) 表的左上方应有表的编号。

(3) 数字部分的横行间一般不标画线条，两侧不画纵线，呈开口式。

(4) 数字书写要工整，小数点对齐。

(5) 当某项数字缺少时用“—”表示。

(6) 如有对表的其他说明可在表的下面写出表注，如表2-1中的资料来源。

表的编号　　表的标题

表 2－1　2019 年中国就业人员受教育程度构成

受教育程度	人数（万人） （频次）	百分比 （频率×%）	累计百分比 （累计频率×%）
未上过学	1 704	2.2	2.2
小学	12 163	15.7	17.9
初中	31 453	40.6	58.5
高中	14 487	18.7	77.2
大学专科	9 297	12.0	89.2
大学本科	7 515	9.7	98.9
研究生	852	1.1	100.0
总计	77 471	100.0	

表头　表身

主词　　宾词

资料来源：国家统计局人口和就业统计司，人力资源和社会保障部规划财务司．中国劳动统计年鉴：2020. 北京：中国统计出版社，2020：57.

（二）描述类别变量分布特征的统计表——简单表

简单表是指主词按变量的取值一一列出的统计表。如表 2－1 就是一个简单表。简单表适用于表现类别变量的分布。主词是类别变量的取值，宾词是各个取值出现的频次、频率或百分比及累计频率或累计百分比等。表 2－2 是一个变量只有两个取值的简单表。

表 2－2　2019 年中国人口性别分布

性别	人数（万人）	占总人口比重（%）
男	71 527	51.09
女	68 478	48.91

说明：表中数据是根据 2019 年全国人口变动情况抽样调查样本数据推算所得，抽样比率为 0.78‰。
资料来源：国家统计局．中国统计年鉴：2020. 北京：中国统计出版社，2020：31.

（三）描述尺度变量分布特征的统计表——分组表

1. 分组表的特点

对于尺度变量，由于其取值很多，甚至有无穷多个，用简单表无法展现其分布特征和统计规律，这时可以采用分组表。分组表的主词是将变量的取值按一定的标准分组或分段形成的（见表 2－3）。主词中每个组的最大值称为组上限，最小值称为组下限，以第二组为例，9 为组上限，5 为组下限。

表 2－3　2019 年全国分年龄段的人口数

年龄段	人口数	百分比	年龄段	人口数	百分比
0～4	62 722	5.74	25～29	81 741	7.49
5～9	60 701	5.56	30～34	93 971	8.61
10～14	59 844	5.48	35～39	77 703	7.12
15～19	55 822	5.11	40～44	77 044	7.06
20～24	61 519	5.63	45～49	95 621	8.76

续表

年龄段	人口数	百分比	年龄段	人口数	百分比
50～54	93 125	8.53	75～79	22 610	2.07
55～59	74 068	6.78	80～84	14 322	1.31
60～64	60 712	5.56	85～89	7 036	0.64
65～69	55 086	5.05	90～94	2 113	0.19
70～74	35 665	3.27	95～99	450	0.04

说明：表中数据是根据2019年全国人口变动情况抽样调查样本数据推算所得，抽样比率为0.78‰。
资料来源：国家统计局．中国统计年鉴：2020．北京：中国统计出版社，2020：33.

2. 分组表的制作

分组表的制作与简单表不同。由于尺度变量的取值很多，分组的多少、组限的确定都会影响对变量分布特征的展现。制作分组表的步骤如下：

（1）确定全距。全距就是变量观察值的最大值与最小值之差。变量的所有观察值都在全距的范围内分布。例如，在某市调查了883人的住房面积，最小的为15平方米，最大的为176平方米，则这883人的住房面积的全距为161平方米。

（2）确定组数与组距。组数与组距的确定对于分组表的制作非常关键。组数过多或过少都不能很好地反映变量的分布特征。要根据全距的大小和观察值的个数综合考虑。观察值多，分组可以相对多一些。组距要考虑到计算方便，一般以2，3，5，10或它们的倍数作为组距。在上述住房面积的例子中，可以考虑以20为组距，大约分为10组。

（3）确定各组的上下限。确定组限的原则是：最低组的下限要小于最小的观察值，最高组的上限要大于最大的观察值。尺度变量的取值数据有两种。一种是离散型数据，如年龄，通常取整数，在相邻的两个数之间不存在其他的数据。另一种是连续型数据，如身高。如果测量的单位可以达到无穷小，理论上，任何两个数之间都有无穷多个数。使用这两类数据制作分组表时，组限的确定有一定的差异。如果是连续型数据，如上述住房面积的例子，上一组的下限与下一组的上限为同一个值（见表2－4）。此时，每一组的上下限中，有一个为实，而另一个为虚。习惯上以组的上限为实，下限为虚。如表2－4中的60既是40～60组的上限，又是60～80组的下限。如果40～60组中的60是实的，则60～80组中的60就是虚的，这个60代表的意义比真正的60多了一个无穷小。在这种情况下，取值与组上限相同的个体划归本组，与组下限相同的个体划归下一组。如住房面积恰好为60的个体应划归40～60组。如果是离散型数据，相邻组的上下限不能为同一数据。组上下限的确定如表2－3所示。

表2－4　居民住房面积分布

住房面积（平方米）	频次	频率	累计频率
20以下	2	0.002	0.002
20～40	132	0.150	0.152
40～60	430	0.487	0.639
60～80	198	0.224	0.863
80～100	76	0.086	0.949
100～120	30	0.034	0.983

续表

住房面积（平方米）	频次	频率	累计频率
120～140	9	0.010	0.993
140～160	2	0.002	0.995
160～180	4	0.005	1.000
合计	883	1.000	

(4) 登记各组中个体的频次，计算频率。上述工作完成以后，便将个体按照变量取值的大小划分到各组中，按照需要统计出频次、频率及累计频率等数据，并将统计出的数据置于相应的单元格内，绘制成分组表，如表 2－4 所示。

三、统计图

统计图就是用图的形式来表示变量的分布特征。它比统计表更直观、生动、容易记忆，但缺点是不如统计表精确。变量的测量层次不同，使用的图形也不尽相同。不同类型的图形表示数据大小的方式不同。

用图形表示数据的分布特征时有一定的规范和要求。每个图的正下方都要有图的编号和图的名称以简明扼要地说明图的内容。如有其他说明，要在图的下面写出图注。如果图中有多种绘图元素，要用图例予以说明。

（一）描述类别变量分布特征的统计图

1. 条形图

条形图是用条形的长短或高低来表示数据大小的统计图。在图中，条的宽度没有意义，条与条之间是分离的。用条形图来描述类别变量的分布时，以类别变量的取值为横轴的分类标志，以纵轴表示频次或频率。图 2－1 是根据表 2－1 的频率分布数据制作的条形图。条形图在比较数据大小时能给人留下非常直观的印象。

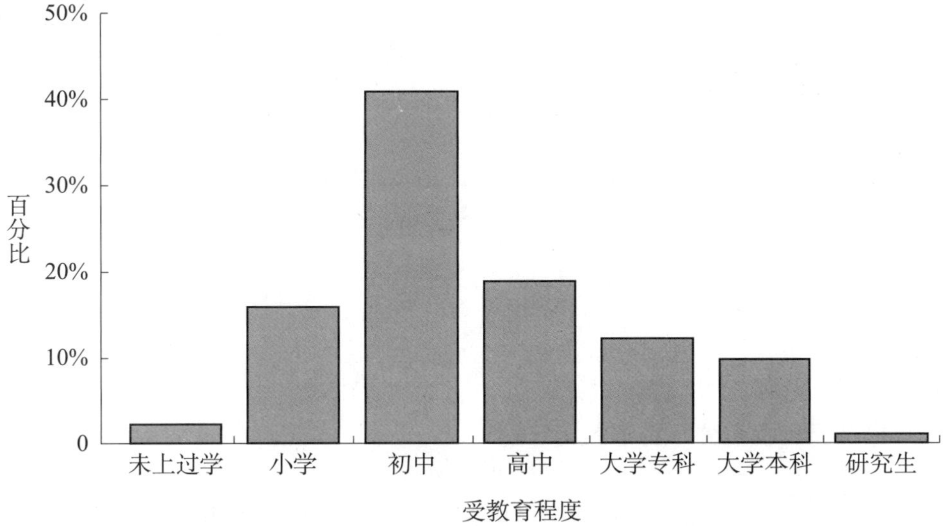

图 2－1　2019 年中国就业人员受教育程度分布条形图

2. 饼图

饼图一般用于描述类别变量中各类别所占的比例。饼图以一个圆为整体，以每一部分所占的比例来分割圆心角，圆心角所对应的扇形即表示每一部分所占的比例。图 2-2 是根据表 2-1 的数据制作的饼图。

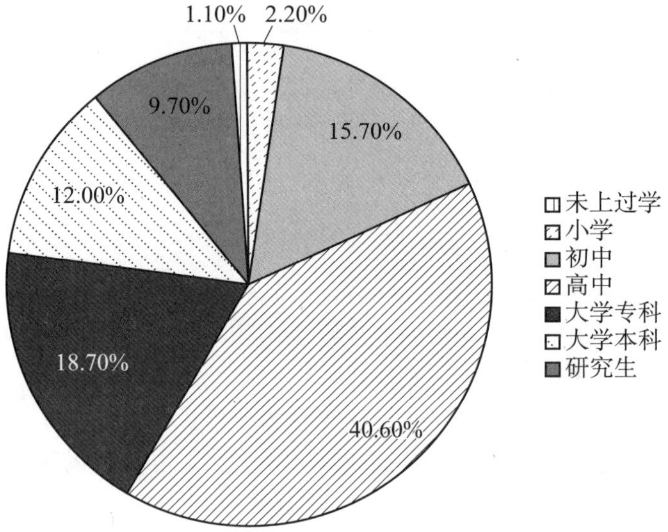

图 2-2　2019 年中国就业人员受教育程度分布饼图

3. 折线图

折线图是在坐标系内用折线或连续曲线表示事物分布或变化的图形。图 2-3 是根据表 2-1 的数据制作的折线图。

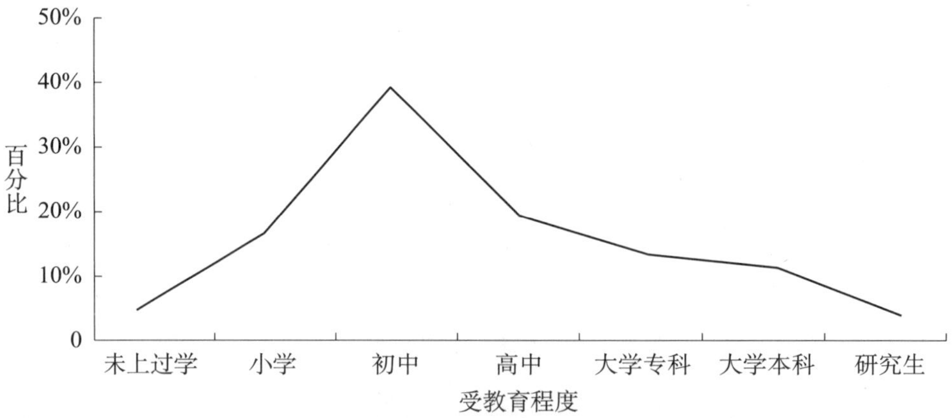

图 2-3　2019 年中国就业人员受教育程度折线图

（二）描述尺度变量分布特征的统计图

1. 直方图

在描述尺度变量的分布时，直方图也用条形的长短或高低来表示数据的大小。但与条形图不同的是，在直方图中，条的宽度表示分组的组距，条与条之间无间隔。直方图以尺度变量为横轴，以分组的组限为横轴的数据标志，以纵轴表示频次或频率。分组表的数据就可以用直方图来表示。根据表 2－4 的频率分布数据制作的直方图如图 2－4 所示。

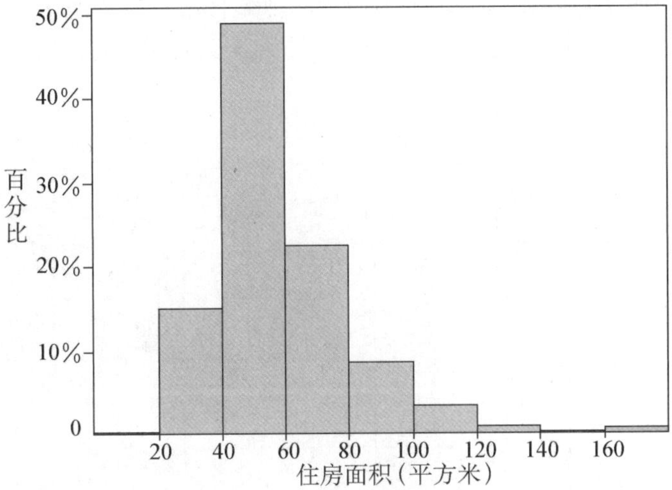

图 2－4 住房面积分布直方图

直方图的典型应用便是人口金字塔。人口金字塔是一种横的直方图，纵轴是以 5 岁为组距的分段的年龄，横轴是人数。人口金字塔是由男性年龄分布和女性年龄分布两个直方图合并而成的。图 2－5 是中国 2019 年的人口金字塔。图中的左半部分是男性的年龄分布，右半部分是女性的年龄分布。通过金字塔的形状以及每条长度的变化可以看出中国人口年龄的分布特征。

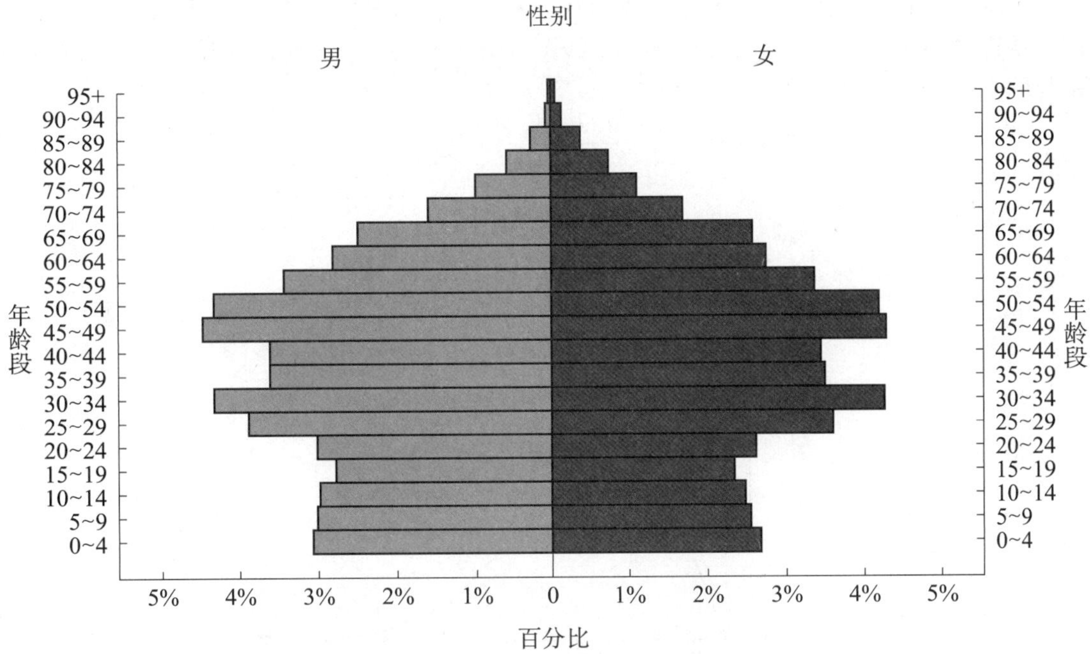

图 2－5 2019 年中国人口金字塔

说明：本图根据 2019 年全国人口变动情况抽样调查数据（抽样比为 0.78‰）绘制．

资料来源：国家统计局．中国统计年鉴：2020. 北京：中国统计出版社，2020：37.

2. 累计频率直方图

以尺度变量为横轴，以分组的组限为横轴的数据标志，以纵轴表示累计频率制作的直方图就是累计频率直方图。根据表 2-4 的累计频率分布数据制作的累计频率直方图如图 2-6 所示。

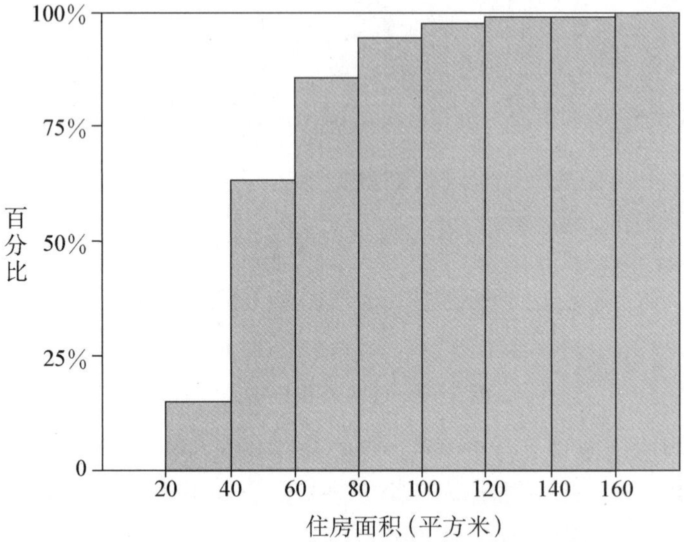

图 2-6　住房面积累计频率直方图

3. 折线图

尺度变量的分布也可以用折线图来描述。将直方图或累计频率直方图条形顶部的中点用直线连接即构成描述尺度变量分布的折线图。图 2-7 是与图 2-4 对应的折线图，图 2-8 是与图 2-6 对应的折线图。

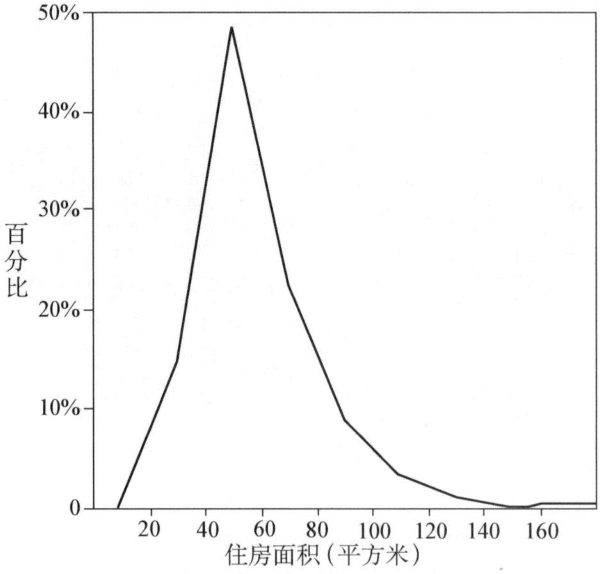

图 2-7　住房面积分布折线图

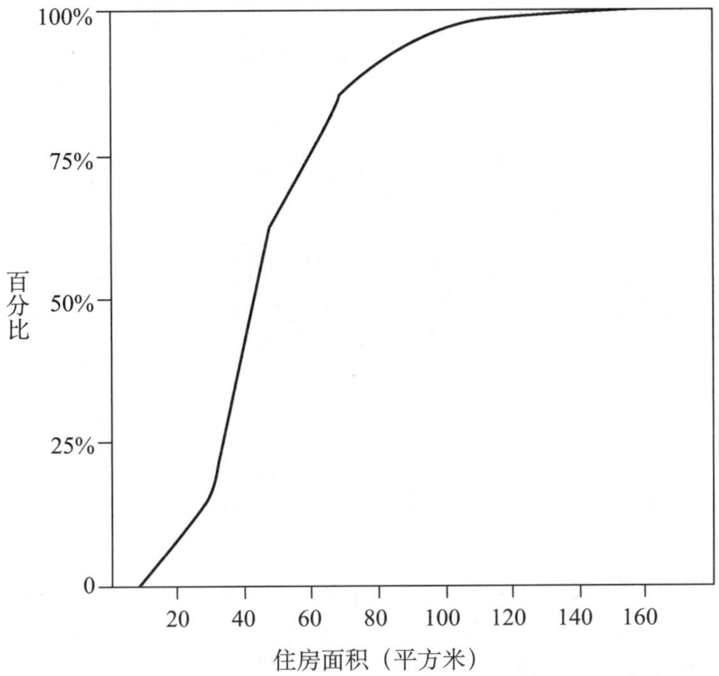

图 2-8　住房面积累计频率折线图

4. 点状分布图

直方图虽然能够比较好地展现尺度变量的分布特征，但由于它是通过分组的方法将尺度变量的数据转化成顺序变量的，因此每组内部的数据值无法展现。如果数据量足够大，则可以用点状分布图来详细地展现变量的分布特征。点状分布图以尺度变量为横轴，用点的累计展现变量取值上的个体数。图 2-9 是 883 名被调查者住房面积的点状分布图。与直方图相比，点状分布图能够更细致地展现变量的分布特征。

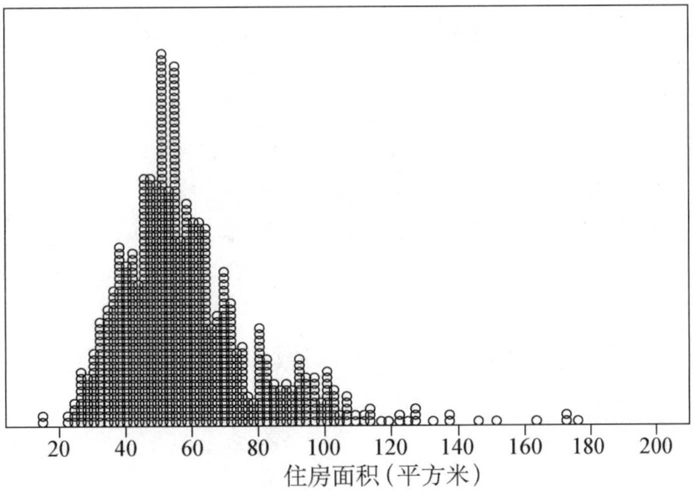

图 2-9　居民住房面积的点状分布图

第2节　集中趋势

用图和表的形式虽然能够很好地展现变量的分布状况，但是不够简洁，尤其是将不同的总体或样本进行比较时，使用图或表难以得出清晰的结论。况且在很多情况下，我们不可能对所有的数据都有详尽的了解。在对不同总体进行比较时，也不可能一一比较每个数据，这就需要对变量的全部取值进行概括，找出一个典型的统计特征值来代表全体数据。

集中趋势就是概括地说明变量的状态或水平的统计特征值。由于测量层次不同，变量取值的数据特征不同，用于概括变量状态的集中趋势也不同。

一、众　数

众数（M_o）是根据频次来确定的集中趋势量值。在一个变量的取值中，出现频次最多的变量取值就是众数。如在表2-1中，初中是2019年中国就业人员受教育程度的众数。

一般认为，用出现频次最高的变量取值来概括变量的状态，代表性最好。日常生活中使用众数来概括变量状态的做法很常见。例如，一个有多种产业的城市，如果重工业的从业人数最多，就称为重工业城市。

关于众数，有以下几点需要注意：

（1）众数适用于任何层次的变量，只要频次分布已知就可以找到众数。但众数主要用于概括和描述类别变量。

（2）对于分组的尺度变量，出现频次最高的组称为众数组，可以用众数组的组中值（组中值$=\frac{组上限+组下限}{2}$）近似地代替众数。[①] 在表2-4中，可以近似认为50平方米是住房面积的众数。由于尺度变量有更好的测量集中趋势的特征值，因此一般不使用众数。

（3）众数较适用于单峰分布的情况。在多峰分布的情况下，因为众数不唯一，所以通常不使用它来概括变量分布的状态。

二、中位数

中位数（M_e）是位于数列中点的数值，它恰好把全部数据分为两半，比它大的数据与比它小的数据个数正好相等。因为确定中位数需要比较数据的大小，所以只有测量层次在定序以上的变量才可以使用。但如果一个序列变量的取值很少，也不适合用中位数作为集中趋势来概括全部数据。实际上，中位数适用于取值很多的序列变量和尺度变量。

（一）未分组数据中位数的计算

对于原始数据，只要将数据按大小顺序排成数列便可以找到中位数。

当数据总数为奇数时，中位数是第$\frac{N+1}{2}$个数，如由2，4，6，8，10，12，14组成的

---

① 分组数据的众数可以精确计算，但计算出来的众数只是一个理论众数，并非实际上取值最多的数据。参见李金昌，苏为华．统计学．北京：机械工业出版社，2007：72。

数列有 7 个数，$\frac{7+1}{2}=4$，第 4 个数是 8，则 8 就是中位数。

当数据总数为偶数时，在$\frac{N+1}{2}$的地方没有数值，则中位数为：

$$M_e=\frac{x_{(\frac{N}{2})}+x_{(\frac{N}{2}+1)}}{2} \tag{2-1}$$

式中，$x_{(\frac{N}{2})}$ 为排好序后第$\frac{N}{2}$个数据的值；$x_{(\frac{N}{2}+1)}$ 为排好序后第$\frac{N}{2}+1$ 个数据的值。

如在由 2，4，6，8，10，12，14，16 组成的数列中

$$x_{(\frac{N}{2})}=x_{(4)}=8,\quad x_{(\frac{N}{2}+1)}=x_{(5)}=10$$

中位数 $M_e=\frac{8+10}{2}=9$，9 虽然不是数列中的数据，但它恰好把数列分为两半。

（二）分组数据中位数的计算

在分组数据中，因为没有了数据的原始值，所以无法直接寻找中位数，需要先找到中位数组，第$\frac{N}{2}$个数据所在的组为中位数组。确定中位数组以后，利用式（2-2）计算中位数：

$$M_e=L+\frac{\frac{N}{2}-Cf\uparrow}{n}h \tag{2-2}$$

式中，L 是中位数组的下限；h 是组距；n 是中位数组的频次；N 为数据总个数；$Cf\uparrow$ 是 L 以下的累计频次。

例 2-1

根据表 2-4 的数据计算中位数。

解：由表 2-4 可知，$N=883$，第 442 个数据在 40～60 组中，所以 40～60 组是中位数所在的组。

$$L=40,\quad h=20,\quad n=430,\quad Cf\uparrow=134$$

$$M_e=L+\frac{\frac{N}{2}-Cf\uparrow}{n}h=40+\frac{\frac{883}{2}-134}{430}\times 20=54.3(\text{平方米})$$

即住房面积的中位数为 54.3 平方米。

三、算术平均值

算术平均值简称平均值，是全部数据的平均水平。算术平均值主要适用于尺度变量。

（一）未分组数据算术平均值的计算

1. 根据原始数据计算

对于一组观察值，可以用原始数据来直接计算算术平均值。计算公式为：

$$\bar{x}=\frac{\sum_{i=1}^{n}x_i}{n} \tag{2-3}$$

式中，$\bar{x}$ 为平均值；$\sum_{i=1}^{n}x_i$ 为所有观察值的总和；n 为观察值的个数。

例 2-2

已知 5 名女性的身高分别为：1.58，1.60，1.64，1.56，1.52（单位：米）；5 名男性的身高分别为：1.68，1.72，1.76，1.64，1.60（单位：米）。分别计算他们的平均身高。

解：由题意已知，$n_{女}=n_{男}=5$。

$$\bar{x}_{女}=\frac{\sum_{i=1}^{5}x_i}{5}=\frac{1.58+1.60+1.64+1.56+1.52}{5}=1.58(米)$$

同理 $$\bar{x}_{男}=\frac{\sum_{i=1}^{5}x_i}{5}=\frac{1.68+1.72+1.76+1.64+1.60}{5}=1.68(米)$$

即这 5 名女性的平均身高为 1.58 米，5 名男性的平均身高为 1.68 米，这些男性平均身高比女性高 0.1 米。

2. 根据频次分布计算

如果变量的取值比较少，数据已经存在于频次分布表中，则可根据频次分布表中的数据计算算术平均值。设变量有 k 个取值 x_i（$i=1, 2, \cdots, k$），每个取值出现的频次为 n_i（$i=1, 2, \cdots, k$）。利用频次分布数据计算平均值的公式为：

$$\bar{x}=\frac{\sum_{i=1}^{k}n_ix_i}{\sum_{i=1}^{k}n_i}=\frac{n_1x_1+n_2x_2+\cdots+n_kx_k}{n_1+n_2+\cdots+n_k} \tag{2-4}$$

例 2-3

表 2-5 是某社区志愿者的年龄分布情况。

表 2－5　某社区志愿者的年龄分布情况

年龄（岁）	16	17	18	19	20
人数	1	8	14	5	2

要求：计算他们的平均年龄。

解：$\bar{x}=\dfrac{\sum\limits_{i=1}^{5}n_ix_i}{\sum\limits_{i=1}^{5}n_i}$

$=\dfrac{16\times1+17\times8+18\times14+19\times5+20\times2}{1+8+14+5+2}$

$=\dfrac{539}{30}=18$（岁）

即他们的平均年龄为 18 岁。

（二）分组数据平均值的计算

如果数据存在于分组表中，则以组中值来代替原始值计算分组数据的平均值。设数据分为 k 组，每一组的组中值（组中值$=\dfrac{\text{组上限}+\text{组下限}}{2}$）为 b_i（$i=1,2,\cdots,k$），每组的频次为 n_i（$i=1,2,\cdots,k$）。分组数据平均值的计算公式为：

$$\bar{x}=\frac{\sum\limits_{i=1}^{k}n_ib_i}{\sum\limits_{i=1}^{k}n_i} \qquad (2-5)$$

例 2－4

根据表 2－4 的数据计算被调查者住房面积的平均值。

解：该统计表中的最低组没有组下限，为计算方便可以设最低组的组下限为 0。根据各组的上下限计算各组的组中值为：

$$b_1=\frac{0+20}{2}=10$$

同理可得 $b_2=30$，$b_3=50$，$b_4=70$，$b_5=90$，$b_6=110$，$b_7=130$，$b_8=150$，$b_9=170$。

$$\bar{x}=\frac{\sum\limits_{i=1}^{9}n_ib_i}{\sum\limits_{i=1}^{9}n_i}$$

$$= \frac{2 \times 10 + 132 \times 30 + \cdots + 2 \times 150 + 4 \times 170}{2 + 132 + 430 + 198 + 76 + 30 + 9 + 2 + 4}$$

$$= \frac{51\,630}{883} = 58.47(\text{平方米})$$

即被调查者的平均住房面积是 58.47 平方米。

四、众数、中位数和算术平均值的比较

这三个集中趋势特征值都是通过一个数值来描述数据的整体特征以简化资料的。一般来说，算术平均值适用于尺度变量，中位数适用于定序以上层次变量，而众数适用于所有的变量。但是，对于测量层次一定的变量应选择代表性最好的特征值。例如，对于尺度变量，有众数、中位数和算术平均值三个集中趋势量可以使用。但因为众数和中位数都是用变量的一个值来概括全部数据，所以其代表性较差；而求算术平均值时所有的数据都参与了计算，所以算术平均值是概括性最好、代表性最强的集中趋势量。而且，由于尺度变量大多取值很多，有时可能呈现多峰分布，因此一般不用众数来描述，也很少用中位数来描述。对于定序变量，有众数和中位数两个集中趋势量可以使用，由于中位数体现了数据能够比较大小的功能，因此一般情况下，认为中位数的代表性要好于众数。而无序类别变量只能使用众数来描述。

第 3 节　离散趋势

对于一个变量的一组观察值，仅用集中趋势来描述是不够的。首先，变量的取值范围不同，集中趋势的代表性不同。1978 年，中国职工年平均工资为 615 元，2008 年则是 29 229 元。[①] 因为 1978 年职工年工资的分布在 216～3 600 元间，而 2008 年职工年工资的分布在 6 900 元到数万元间，所以我们有理由认为 1978 年的 615 元对当年职工工资总体的代表性强于 2008 年 29 229 元的代表性。其次，即使变量的取值范围相同，变量的分布特征也不同，集中趋势的代表性也不同。图 2-10 反映的是某学校两个班级的数学考试成绩分布。计算得出这两个班级的数学成绩的平均值均为 82.64 分。变量值的分布范围均为 60～100 分。如果据此就说这两个班级学生的数学成绩相同，则是不正确的。从图 2-10 可以看出，一班的成绩呈双峰分布，说明学生的学习状况出现了两极分化，而二班学生的成绩分布较集中。可以说，82.64 分的平均成绩对二班的代表性好于一班。由此看来，还需要找到一些表示数据分散程度的统计特征值，这些特征值被称为离散趋势。

---

① 中华人民共和国国家统计局. 中国统计年鉴：2009. 北京：中国统计出版社，2009：147.

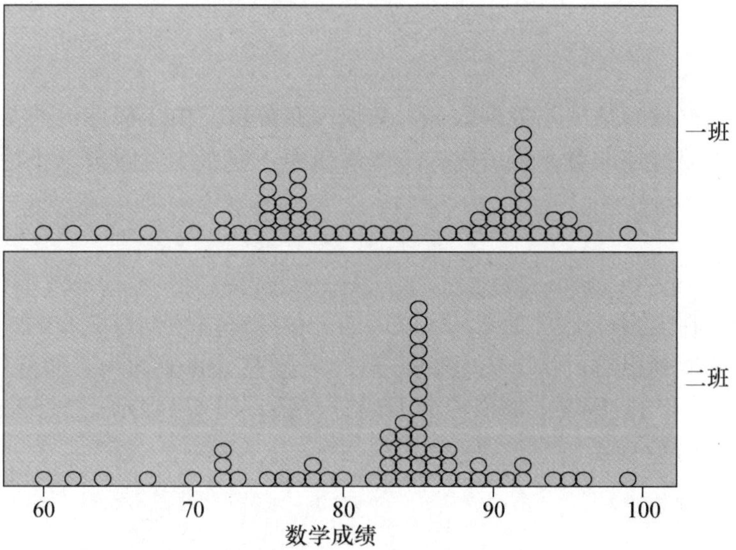

图 2-10　两个班级的数学成绩分布

一、异众比率

当用众数表示变量的集中趋势时，我们并不知道非众数的频次在总体中的比例。非众数的频次占的比例越小，众数的代表性就越好；相反，非众数的频次所占的比例越大，众数的代表性就越差。异众比率（γ）就是非众数在数据总数 N 中所占的比例：

$$\gamma=\frac{N-f_{M_o}}{N} \tag{2-6}$$

式中，f_{M_o} 为众数的频次；N 为数据总个数。

异众比率是表明众数代表性的统计特征值。当 $\gamma=0$ 时，说明变量只有一个取值，那就是众数，此时，众数的代表性最强。当 $\gamma\to1$ 时，表示资料十分分散，众数几乎没有代表性。

例 2-5

根据表 2-1 计算 2019 年中国就业人员受教育程度分布的异众比率。

解：已知 $f_{M_o}=31\ 453$（万人），$N=77\ 471$（万人）。

$$\gamma=\frac{N-f_{M_o}}{N}=\frac{77\ 471-31\ 453}{77\ 471}=0.594$$

即 2014 年中国就业人员受教育程度分布的异众比率为 0.594。

二、极差（全距）

极差是变量的取值范围，是配合中位数或平均值说明数据离散程度的统计特征值。极

差一般用 R 表示。

$$R=最大值-最小值$$

极差小表示数据分布集中，极差大表示数据分布分散。由于极差的值是由两个端点决定的，因此个别远离群体的奇异值会极大地改变极差，以至于有时极差不能真实地反映全部数据的离散程度。

三、四分位差

对于测量层次在定序以上的变量，可以用四分位差来描述变量分布的离散趋势。将数据按大小顺序排成数列以后，从下向上数处于25%位置上的值称为下四分位数，用 Q_{25} 表示；从下向上数处于75%位置上的值称为上四分位数，用 Q_{75} 表示。上下四分位数之差即为四分位差，一般用 Q 表示。

$$Q=Q_{75}-Q_{25} \qquad (2-7)$$

四分位差反映了中间50%数据的分散程度，它既比较好地说明了数据的离散状况，又减少了极端数据造成的影响。由于中位数处于中间位置，因此四分位差在一定程度上说明了中位数的代表性。

（一）未分组数据四分位差的计算

计算四分位差要先计算上下四分位数。首先要确定四分位数的位置。根据四分位数的定义可得：

$$Q_{25}的位置=\frac{n}{4} \qquad (2-8)$$

$$Q_{75}的位置=\frac{3n}{4} \qquad (2-9)$$

如果四分位数所在位置是整数，四分位数就是该位置上的值。如果是小数，且小数位是0.5，则四分位数取该位置两侧值的平均值。如果是在0.25或0.75的位置上，则四分位数等于该位置下侧值加上按比例分摊位置两侧数值的差值。具体计算方法见例2-6。

计算出上下四分位数后，可根据式（2-7）计算四分位差。

例2-6

下面的一组数据是某单位49名职工的住房面积（单位：平方米），计算住房面积分布的四分位差。

33　42　42　48　48　52　55　58　62　65　65　65　66　66　66　66　68　68
68　68　68　70　70　70　72　72　72　72　75　75　75　76　76　78　85　87
90　92　95　98　103　109　110　112　118　125　130　178　179

解： $n=49$

Q_{25}的位置 $=\frac{n}{4}=\frac{49}{4}=12.25$，第12.25个数据两侧的数据是65和66。

下四分位数为：

$$Q_{25}=65+0.25\times(66-65)=65.25\text{（平方米）}$$

Q_{75}的位置$=\frac{3n}{4}=\frac{3\times49}{4}=36.75$，第 36.75 个数据两侧的数据是 87 和 90。

上四分位数为：

$$Q_{75}=87+0.75\times(90-87)=89.25\text{（平方米）}$$

四分位差为：

$$Q=Q_{75}-Q_{25}=89.25-65.25=24\text{（平方米）}$$

即这个单位员工住房面积中间 50%数据的离散范围为 24 平方米。

（二）分组数据四分位差的计算

对于分组数据，上下四分位数的计算与中位数的计算方法基本相同。计算公式为：

$$\text{下四分位数 } Q_{25}=L+\frac{\frac{N}{4}-Cf\uparrow}{n}h \tag{2-10}$$

式中，L 是处于 25%位置上的值所在组的下限；n 是处于 25%位置上的值所在组的频次；$Cf\uparrow$是 L 以下的累计频次；h 为组距；N 为数据个数。

$$\text{上四分位数 } Q_{75}=L+\frac{\frac{3N}{4}-Cf\uparrow}{n}h \tag{2-11}$$

式中，L 是处于 75%位置上的值所在组的下限；n 是处于 75%位置上的值所在组的频次；$Cf\uparrow$是 L 以下的累计频次；h 为组距；N 为数据个数。

计算出上下四分位数后，可根据式（2-7）计算四分位差。

例 2-7

用表 2-4 中的数据计算居民家庭住房面积分布的四分位差。

解：（1）求下四分位数。

从下向上数 25%的位置为：883×25%=221，第 221 个数据在 40～60 平方米的组。

$$L=40,\quad n=430,\quad Cf\uparrow=134,\quad h=20,\quad N=883$$

$$Q_{25}=L+\frac{\frac{N}{4}-Cf\uparrow}{n}h=40+\frac{\frac{883}{4}-134}{430}\times20=44.03\text{（平方米）}$$

（2）求上四分位数。

从下向上数 75%的位置为：883×75%=662，第 662 个数据在 60～80 平方米的组。

$L=60$，　$n=198$，　$Cf\uparrow=564$，　$h=20$，　$N=883$

$$Q_{75}=L+\frac{\frac{3N}{4}-Cf\uparrow}{n}h=60+\frac{\frac{3}{4}\times 883-564}{198}\times 20=69.92(\text{平方米})$$

（3）求四分位差。

$$Q=Q_{75}-Q_{25}=69.92-44.03=25.89(\text{平方米})$$

上述计算结果说明，调查样本中有50%的人住房面积分布在44.03～69.92平方米间，他们住房面积的最大差距是25.89平方米。

四、方差与标准差

虽然极差和四分位差能够比较好地表明数据的离散情况，但是它们只给出了数据的分布范围，只利用了数据的部分信息。两组极差和四分位差都相等的数据分布情况可能差别很大。对于尺度变量，概括其离散程度最好的特征值是方差和标准差。为使方差与标准差的实际意义更明确，先介绍离差与平均差。

（一）离差、平均差

离差是变量的一个观察值 x_i 与变量平均值 $\bar{x}$ 之间的差。若用 d 表示离差，则 $d=x_i-\bar{x}$，它反映的是个体相对于平均值的离散情况。如果把所有的离差加在一起再平均，应该就能反映平均离散情况。但因为离差有正有负，一个变量的全部观察值的离差加在一起后正负抵消，恰好为零，所以不能反映离散情况。平均差则是离差绝对值的平均值，也称平均离差，用 D 表示。如果观察值共有 n 个，则平均差的计算公式为：

$$D=\frac{\sum_{i=1}^{n}|x_i-\bar{x}|}{n} \qquad (2-12)$$

平均差虽然能够很好地反映数据的离散情况，但因其中包含绝对值，所以在理论推导中的应用受到限制。

（二）方差、标准差

方差和标准差是用平方的方法消除了离差中的绝对值后形成的统计特征值。方差是离差平方的平均值，标准差是方差的平方根。用 σ^2 表示方差，σ 表示标准差。方差和标准差的计算公式为：

$$\text{方差}\ \sigma^2=\frac{\sum_{i=1}^{n}(x_i-\bar{x})^2}{n} \qquad (2-13)$$

$$\text{标准差}\ \sigma=\sqrt{\frac{\sum_{i=1}^{n}(x_i-\bar{x})^2}{n}} \qquad (2-14)$$

式中，x_i 是第 i 个观察值；$\bar{x}$ 是平均值；n 是数据的总个数。

1. 用原始数据计算方差、标准差

式（2－13）和式（2－14）便是用原始数据计算方差和标准差的公式。

例 2－8

五名学生的数学成绩分别为 72 分、81 分、86 分、69 分、57 分，计算这五名学生数学成绩分布的方差和标准差。

解：$\bar{x}=\dfrac{72+81+86+69+57}{5}=73$（分）

$$x_1-\bar{x}=72-73=-1,\quad x_2-\bar{x}=81-73=8,\quad x_3-\bar{x}=86-73=13$$

$$x_4-\bar{x}=69-73=-4,\quad x_5-\bar{x}=57-73=-16$$

$$\sum_{i=1}^{5}(x_i-\bar{x})^2=(-1)^2+8^2+13^2+(-4)^2+(-16)^2=506$$

$$\sigma^2=\frac{506}{5}=101.2$$

$$\sigma=\sqrt{\frac{506}{5}}=\sqrt{101.2}=10.06(\text{分})$$

2. 用频次分布数据计算方差、标准差

如果变量的取值不是很多，则通常以频次分布表的形式展现数据的分布特征。频次分布表已经将取值相同的个体进行了归类。可以直接利用频次分布表的数据计算方差和标准差。设变量有 k 个取值，每个取值出现的频次为 n_i。利用频次分布数据计算方差和标准差的公式为：

$$\text{方差}\ \sigma^2=\frac{\sum_{i=1}^{k}(x_i-\bar{x})^2 n_i}{\sum_{i=1}^{k}n_i} \tag{2-15}$$

$$\text{标准差}\ \sigma=\sqrt{\frac{\sum_{i=1}^{k}(x_i-\bar{x})^2 n_i}{\sum_{i=1}^{k}n_i}} \tag{2-16}$$

式中，x_i 是第 i 个观察值；$\bar{x}$ 是平均值。

例 2－9

计算例 2－3 中志愿者年龄分布的方差和标准差。

解：根据例 2－3 的题意及计算结果可知：$\bar{x}=18$，$k=5$。

$$\sigma^2=\frac{\sum_{i=1}^{5}(x_i-\bar{x})^2 n_i}{\sum_{i=1}^{5} n_i}$$

$$=\frac{(16-18)^2\times1+(17-18)^2\times8+(18-18)^2\times14+(19-18)^2\times5+(20-18)^2\times2}{1+8+14+5+2}$$

$$=\frac{4+8+0+5+8}{30}=0.833$$

$$\sigma=\sqrt{\sigma^2}=\sqrt{0.833}=0.913\text{（岁）}$$

3. 用分组数据计算方差和标准差

分组表中的数据已经没有了数据的原始值。可以用每一组的组中值代替该组的变量值计算方差和标准差。用分组数据计算方差和标准差的公式为：

$$\text{方差 }\sigma^2=\frac{\sum_{i=1}^{k}(b_i-\bar{x})^2 n_i}{\sum_{i=1}^{k} n_i} \qquad (2-17)$$

$$\text{标准差 }\sigma=\sqrt{\frac{\sum_{i=1}^{k}(b_i-\bar{x})^2 n_i}{\sum_{i=1}^{k} n_i}} \qquad (2-18)$$

式中，b_i 为第 i 组的组中值（组中值$=\frac{\text{组上限}+\text{组下限}}{2}$）；$\bar{x}$ 为平均值；n_i 为第 i 组的频次；k 为组数。

例 2-10

根据表 2-4 的数据计算居民住房面积分布的方差与标准差。

解：根据例 2-4 的计算，$\bar{x}=58.47$，$(b_i-\bar{x})^2 n_i$ 部分的计算见表 2-6 中的第四、第五、第六列。

表 2-6　居民住房面积分布及方差计算

住房面积（平方米）	频次 n_i	组中值 b_i	$b_i-\bar{x}$	$(b_i-\bar{x})^2$	$(b_i-\bar{x})^2 n_i$
20 以下	2	10	−48.47	2 349.34	4 698.68
20～40	132	30	−28.47	810.54	106 991.40
40～60	430	50	−8.47	71.74	30 848.59
60～80	198	70	11.53	132.94	26 322.30
80～100	76	90	31.53	994.14	75 554.71

续表

住房面积（平方米）	频次 n_i	组中值 b_i	$b_i-\bar{x}$	$(b_i-\bar{x})^2$	$(b_i-\bar{x})^2n_i$
100～120	30	110	51.53	2 655.34	79 660.23
120～140	9	130	71.53	5 116.54	46 048.87
140～160	2	150	91.53	8 377.74	16 755.48
160～180	4	170	111.53	12 438.94	49 755.76

$$\sum_{i=1}^{9}(b_i-\bar{x})^2n_i = 4\,698.68+106\,991.40+30\,848.59+26\,322.30+75\,554.71$$
$$+79\,660.23+46\,048.87+16\,755.48+49\,755.76$$
$$=436\,636.02$$

$$\sigma^2=\frac{\sum_{i=1}^{9}(b_i-\bar{x})^2n_i}{\sum_{i=1}^{9}n_i}=\frac{436\,636.02}{883}=494.49$$

$$\sigma=\sqrt{\sigma^2}=22.24(\text{平方米})$$

习　题

1. 2019 年中国中等职业教育在校学生数如下表所示：

2019 年中国中等职业教育在校学生数

项目	在校生数（人）
普通中专	7 035 872
成人中专	1 068 475
职业高中	4 057 316
技工学校	3 603 050

资料来源：国家统计局．中国统计年鉴：2020. 北京：中国统计出版社，2020：674.

要求：

（1）绘制 2019 年中国中等职业教育在校学生数的条形图；

（2）找出众数并计算异众比率。

2. 某社区 465 名 60 周岁及以上老人养老情况如下表所示：

某社区 60 周岁及以上老人养老情况

养老类型	人数（人）
与配偶或保姆居住	225
与子女同住	165

续表

养老类型	人数（人）
养老院养老	32
其他	43
合计	465

要求：

（1）绘制该社区60周岁及以上老人养老情况的条形图；

（2）绘制该社区60周岁及以上老人养老情况的饼图；

（3）找出该社区60周岁及以上老人养老情况的众数。

3. 某班50名学生的统计学考试成绩数据如下表所示：

某班50名学生的统计学考试成绩

44	52	57	60	60	62	63	65	67	67
68	69	70	70	72	73	73	73	74	74
75	75	75	76	76	77	78	78	79	79
80	81	81	83	84	84	85	85	85	86
87	87	87	88	89	90	91	92	95	98

要求：对上面的数据进行适当的分组，编制频数和百分比分布表，并绘制直方图和饼图。

4. 下表是36名网络用户的年龄数据：

36名网络用户的年龄　　单位：周岁

19	23	41	15	21	20	27	20	29	36	19	22
23	31	25	22	19	34	17	24	18	16	24	23
30	23	32	19	23	25	40	35	23	27	22	33

要求：

（1）计算众数、中位数；

（2）计算四分位差；

（3）计算平均值和标准差。

5. 某社区100名20～40周岁居民的月收入情况如下表所示：

某社区20～40周岁居民的月收入

收入（元）	人数（人）
8 000以上	5
6 000～8 000	12
4 000～6 000	31
2 000～4 000	45
2 000以下	7

要求：计算他们月收入的中位数、平均值及标准差。

第 3 章

两个类别变量关系的描述统计

在社会学定量研究中，不仅要描述变量的分布，概括变量的状态，还要分析变量之间的关系。比如，分析性别与体育爱好的关系、职业与政治参与的关系、文化程度与生育子女数量的关系、收入与住房面积的关系，等等。不同的变量，其测量层次不同，相应地，对变量之间关系的分析方法也不同。

如果要分析的对象是两个类别变量，如性别与职业、性别与文化程度、文化程度与生活满意度，既可以采用交叉列表的方法从两个变量的交叉分布角度来分析它们之间的关系，也可以采用分类图的方法直观地表现它们之间的关系，还可以用相关系数精确地描述它们之间关系的强度。

第 1 节　列联表分析

一、两个类别变量相关的概念

为说明两个类别变量之间的关系，我们先举一个例子。调查发现，城市老年人中男性愿意去老年公寓养老的比例是 46%，而女性愿意去老年公寓养老的比例则是 62%。我们就可以说，样本数据表明，城市老年人是否愿意去老年公寓养老与性别相关。如果有两个类别变量，当一个变量取不同类别时，另一个变量的分布有显著差异，则认为两个类别变量相关；当一个变量取不同类别时，另一个变量的分布没有显著差异，则认为这两个变量不相关。如果上例的调查结果是男女老年人中都只有 40%的人愿意去老年公寓养老，则认为老年人是否愿意去老年公寓养老与性别不相关。两个类别变量之间的关系要通过两个变量的交叉分布来描述，这种分析方法称为交叉列表分析，构成的表格称为交叉表或列联表。两个类别变量之间的相关称为列联相关。

二、列联表的结构

列联表是统计表的一种，它与简单表和分组表的不同之处是在一个表中表现了两个不同变量的分布。这种表有时也称复合表。表的主词和表头分别是两个变量的取值。表身中单元格的数据是两个变量交叉后的频次或频率分布。表3-1是第二次全国残疾人抽样调查中黑龙江省不同性别残疾人文化程度分布的列联表。

表3-1　黑龙江省不同性别残疾人文化程度的频次分布

性别 \ 文化程度	未上过学	小学	初中	高中	中专	大专	大学	合计
男	540	842	641	178	38	24	13	2 276
女	722	570	346	69	24	12	3	1 746
合计	1 262	1 412	987	247	62	36	16	4 022

资料来源：第二次全国残疾人抽样调查黑龙江省数据。

三、列联表的种类

设 x 与 y 是两个类别变量，x 分为 r 类，即 x_1，x_2，…，x_r，y 分为 c 类，即 y_1，y_2，…，y_c，数据总个数为 n。根据列联表中单元格数据的不同，列联表可以分为频次分布的列联表和频率分布的列联表。

（一）频次分布的列联表

设 n_{ij} 为 $x=x_i$，$y=y_j$ 时的频次，则频次分布的列联表的一般形式如表3-2所示。其中，n_{i*} 是对应第 i 行的频次和；n_{*j} 是对应第 j 列的频次和。

表3-2　频次分布的列联表

x \ y	y_1	y_2	…	y_j	…	y_c	合计
x_1	n_{11}	n_{12}	…	n_{1j}	…	n_{1c}	n_{1*}
x_2	n_{21}	n_{22}	…	n_{2j}	…	n_{2c}	n_{2*}
⋮	⋮	⋮	⋮	⋮	⋮	⋮	⋮
x_i	n_{i1}	n_{i2}	…	n_{ij}	…	n_{ic}	n_{i*}
⋮	⋮	⋮	⋮	⋮	⋮	⋮	⋮
x_r	n_{r1}	n_{r2}	…	n_{rj}	…	n_{rc}	n_{r*}
合计	n_{*1}	n_{*2}	…	n_{*j}	…	n_{*c}	n

（二）频率分布的列联表

设 p_{ij} 为 $x=x_i$，$y=y_j$ 时的频率，则频率分布的列联表的一般形式如表3-3所示。其中，$p_{ij}=\frac{n_{ij}}{n}$；p_{i*} 是对应第 i 行的频率和，$p_{i*}=\frac{n_{i*}}{n}$；p_{*j} 是对应第 j 列的频率和，$p_{*j}=\frac{n_{*j}}{n}$。

表 3-3　频率分布的列联表

x \ y	y_1	y_2	…	y_j	…	y_c	合计
x_1	p_{11}	p_{12}	…	p_{1j}	…	p_{1c}	p_{1*}
x_2	p_{21}	p_{22}	…	p_{2j}	…	p_{2c}	p_{2*}
⋮	⋮	⋮	⋮	⋮	⋮	⋮	⋮
x_i	p_{i1}	p_{i2}	…	p_{ij}	…	p_{ic}	p_{i*}
⋮	⋮	⋮	⋮	⋮	⋮	⋮	⋮
x_r	p_{r1}	p_{r2}	…	p_{rj}	…	p_{rc}	p_{r*}
合计	p_{*1}	p_{*2}	…	p_{*j}	…	p_{*c}	1

根据表 3-1 可求得其频率分布的列联表（见表 3-4）。

表 3-4　不同性别残疾人文化程度的频率分布

性别 \ 文化程度	未上过学	小学	初中	高中	中专	大专	大学	合计
男	0.134	0.209	0.159	0.044	0.009	0.006	0.003	0.566
女	0.18	0.142	0.086	0.017	0.006	0.003	0.001	0.434
合计	0.314	0.351	0.245	0.061	0.015	0.009	0.004	1

资料来源：第二次全国残疾人抽样调查黑龙江省数据.

四、列联表中的分布

列联表中间部分的数据 n_{ij} 或 p_{ij} 都是由两个变量共同决定的，称为联合分布。

列联表中最下面一行 n_{*j} 或 p_{*j} 是变量 y 的分布，称为 y 的边缘分布。最右面一列 n_{i*} 或 p_{i*} 是变量 x 的分布，称为 x 的边缘分布。

如果将一个变量取固定值，则另一个变量的分布就是条件分布。在表 3-2 中，每一行的数据是在变量 x 取固定值时变量 y 的频次的条件分布，每一列的数据是在变量 y 取固定值时变量 x 的频次的条件分布。使用条件分布的目的是看当一个变量取不同类别时另一个变量的分布是否有差异。这种差异通过频次分布难以展现，所以条件分布大多采用频率分布。

用单元格的频次除以对应列的总频次，即 n_{ij}/n_{*j} 构成的分布称为关于 x 的条件分布，也就是 y 取固定值时 x 的分布，如表 3-5 所示。

表 3-5　关于 x 的条件分布

x \ y	y_1	y_2	…	y_j	…	y_c	合计
x_1	$\frac{n_{11}}{n_{*1}}$	$\frac{n_{12}}{n_{*2}}$	…	$\frac{n_{1j}}{n_{*j}}$	…	$\frac{n_{1c}}{n_{*c}}$	$\frac{n_{1*}}{n}$
x_2	$\frac{n_{21}}{n_{*1}}$	$\frac{n_{22}}{n_{*2}}$	…	$\frac{n_{2j}}{n_{*j}}$	…	$\frac{n_{2c}}{n_{*c}}$	$\frac{n_{2*}}{n}$
⋮	⋮	⋮	⋮	⋮	⋮	⋮	⋮

续表

x \ y	y_1	y_2	…	y_j	…	y_c	合计
x_i	$\frac{n_{i1}}{n_{*1}}$	$\frac{n_{i2}}{n_{*2}}$	…	$\frac{n_{ij}}{n_{*j}}$	…	$\frac{n_{ic}}{n_{*c}}$	$\frac{n_{i*}}{n}$
⋮	⋮	⋮	⋮	⋮	⋮	⋮	⋮
x_r	$\frac{n_{r1}}{n_{*1}}$	$\frac{n_{r2}}{n_{*2}}$	…	$\frac{n_{rj}}{n_{*j}}$	…	$\frac{n_{rc}}{n_{*c}}$	$\frac{n_{r*}}{n}$

同理，用单元格的频次除以对应行的总频次，即 n_{ij}/n_{i*} 构成的分布称为关于 y 的条件分布，也就是 x 取固定值时 y 的分布，如表 3－6 所示。

表 3－6　关于 y 的条件分布

x \ y	y_1	y_2	…	y_j	…	y_c
x_1	$\frac{n_{11}}{n_{1*}}$	$\frac{n_{12}}{n_{1*}}$	…	$\frac{n_{1j}}{n_{1*}}$	…	$\frac{n_{1c}}{n_{1*}}$
x_2	$\frac{n_{21}}{n_{2*}}$	$\frac{n_{22}}{n_{2*}}$	…	$\frac{n_{2j}}{n_{2*}}$	…	$\frac{n_{2c}}{n_{2*}}$
⋮	⋮	⋮	⋮	⋮	⋮	⋮
x_i	$\frac{n_{i1}}{n_{i*}}$	$\frac{n_{i2}}{n_{i*}}$	…	$\frac{n_{ij}}{n_{i*}}$	…	$\frac{n_{ic}}{n_{i*}}$
⋮	⋮	⋮	⋮	⋮	⋮	⋮
x_r	$\frac{n_{r1}}{n_{r*}}$	$\frac{n_{r2}}{n_{r*}}$	…	$\frac{n_{rj}}{n_{r*}}$	…	$\frac{n_{rc}}{n_{r*}}$
合计	$\frac{n_{*1}}{n}$	$\frac{n_{*2}}{n}$	…	$\frac{n_{*j}}{n}$	…	$\frac{n_{*c}}{n}$

例 3－1

用表 3－1 的数据分别求关于变量文化程度和性别的条件分布。

解：用表 3－1 单元格中的频次除以文化程度的边缘分布，即得到关于性别的条件分布，如表 3－7 所示。

表 3－7　关于性别的条件分布表

性别 \ 文化程度	未上过学	小学	初中	高中	中专	大专	大学	合计
男	$\frac{540}{1\,262}$ =0.428	$\frac{842}{1\,412}$ =0.596	$\frac{641}{987}$ =0.650	$\frac{178}{247}$ =0.721	$\frac{38}{62}$ =0.613	$\frac{24}{36}$ =0.667	$\frac{13}{16}$ =0.812 5	$\frac{2\,276}{4\,022}$ =0.566
女	$\frac{722}{1\,262}$ =0.572	$\frac{570}{1\,412}$ =0.404	$\frac{346}{987}$ =0.351	$\frac{69}{247}$ =0.279	$\frac{24}{62}$ =0.387	$\frac{12}{36}$ =0.333	$\frac{3}{16}$ =0.187 5	$\frac{1\,746}{4\,022}$ =0.434

可见，未上过学的 1 262 名残疾人中，42.8%为男性，57.2%为女性；而在其他各种文化程度的残疾人中，男性的比例都高于女性。这说明不同文化程度的残疾人中男女所占的比例有较大差异。

用表 3 - 1 单元格中的频次除以性别的边缘分布，即得到关于文化程度的条件分布，如表 3 - 8 所示。

表 3 - 8　关于文化程度的条件分布表

性别 \ 文化程度	未上过学	小学	初中	高中	中专	大专	大学
男	$\frac{540}{2\,276}$ =0.237	$\frac{842}{2\,276}$ =0.370	$\frac{641}{2\,276}$ =0.282	$\frac{178}{2\,276}$ =0.078	$\frac{38}{2\,276}$ =0.017	$\frac{24}{2\,276}$ =0.011	$\frac{13}{2\,276}$ =0.006
女	$\frac{722}{1\,746}$ =0.414	$\frac{570}{1\,746}$ =0.326	$\frac{346}{1\,746}$ =0.198	$\frac{69}{1\,746}$ =0.040	$\frac{24}{1\,746}$ =0.014	$\frac{12}{1\,746}$ =0.007	$\frac{3}{1\,746}$ =0.002
合计	$\frac{1\,262}{4\,022}$ =0.314	$\frac{1\,412}{4\,022}$ =0.351	$\frac{987}{4\,022}$ =0.245	$\frac{247}{4\,022}$ =0.061	$\frac{62}{4\,022}$ =0.015	$\frac{36}{4\,022}$ =0.009	$\frac{16}{4\,022}$ =0.004

可见，在 2 276 名男性残疾人中，未上过学的人数比例为 23.7%。在 1 746 名女性残疾人中，未上过学的人数比例为 41.4%。在男性残疾人中，其他各种文化程度的人数的比例均高于相应的女性的比例，说明不同性别残疾人的受教育程度有较大差异。

五、列联表中变量的相互独立性

在列联表中，可以通过比较条件分布来研究类别变量之间的关系。当一个变量取不同类别时，另一个变量的分布有差异，即说明两个变量是相关的。如表 3 - 7 和表3 - 8 都表明残疾人的受教育程度与性别相关。

如果一个变量取不同值时，另一个变量的条件分布只有微小差异或者根本无差异，则认为两个变量不相关，即两个变量相互独立。从频率分布看，两个变量相互独立的表现是条件分布等于边缘分布。

$$\frac{n_{11}}{n_{*1}}=\frac{n_{12}}{n_{*2}}=\cdots=\frac{n_{1c}}{n_{*c}}=\frac{n_{1*}}{n} \tag{3-1}$$

$$\vdots$$

$$\frac{n_{r1}}{n_{*1}}=\frac{n_{r2}}{n_{*2}}=\cdots=\frac{n_{rc}}{n_{*c}}=\frac{n_{r*}}{n}$$

列联表中两个变量的相互独立可以表达为：

$$\frac{n_{ij}}{n_{*j}}=\frac{n_{i*}}{n} \tag{3-2}$$

将式（3-2）等号左侧的分子、分母同乘以 n 得

$$\frac{nn_{ij}}{nn_{*j}}=\frac{n_{i*}}{n}$$

上式可以变换为：

$$\frac{n_{ij}}{n}=\frac{n_{i*}}{n}\times\frac{n_{*j}}{n} \tag{3-3}$$

即
$$p_{ij}=p_{i*}\times p_{*j} \tag{3-4}$$

式（3-4）说明，若两个变量相互独立，则在频率分布的列联表中，联合分布等于边缘分布的乘积。其一般形式如表3-9所示。

表3-9　两个变量相互独立的列联表

x \ y	y_1	y_2	…	y_j	…	y_c	合计
x_1	$p_{11}=p_{1*}\ p_{*1}$	$p_{12}=p_{1*}\ p_{*2}$	…	$p_{1j}=p_{1*}\ p_{*j}$	…	$p_{1c}=p_{1*}\ p_{*c}$	p_{1*}
x_2	$p_{21}=p_{2*}\ p_{*1}$	$p_{22}=p_{2*}\ p_{*2}$	…	$p_{2j}=p_{2*}\ p_{*j}$	…	$p_{2c}=p_{2*}\ p_{*c}$	p_{2*}
⋮	⋮	⋮	⋮	⋮	⋮	⋮	⋮
x_i	$p_{i1}=p_{i*}\ p_{*1}$	$p_{i2}=p_{i*}\ p_{*2}$	…	$p_{ij}=p_{i*}\ p_{*j}$	…	$p_{ic}=p_{i*}\ p_{*c}$	p_{i*}
⋮	⋮	⋮	⋮	⋮	⋮	⋮	⋮
x_r	$p_{r1}=p_{r*}\ p_{*1}$	$p_{r2}=p_{r*}\ p_{*2}$	…	$p_{rj}=p_{r*}\ p_{*j}$	…	$p_{rc}=p_{r*}\ p_{*c}$	p_{r*}
合计	p_{*1}	p_{*2}	…	p_{*j}	…	p_{*c}	1

第2节　分类图

两个类别变量之间的关系不仅可以通过交叉列表的方法来描述，而且可以通过统计图的方法来描述。常用的有分类条形图、分类饼图和折线图等。

一、分类条形图

使用分类条形图来描述两个变量之间的关系时，通常以一个变量的取值作为横轴上的标志点，以另一个变量的取值来分类；以不同标志点上分类变量的频次或频率作为条的长度绘制条形图。如果在每个标志点上分类变量各个条长基本相等，则说明两个变量基本不相关。根据表3-8的数据可以绘制相应的分类条形图（见图3-1）。从图中可以更加直观地看出，不同性别的残疾人在各个文化程度上的比例都有显著的差异，这说明残疾人的文化程度与性别相关。

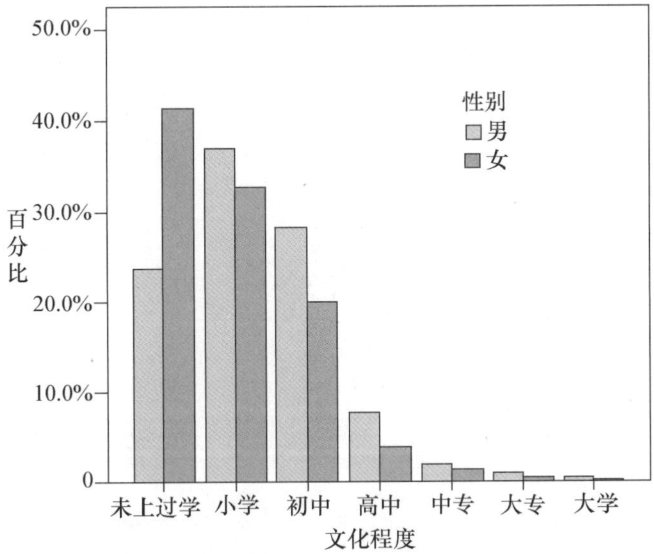

图 3-1　不同性别的残疾人文化程度分布的条形图

二、分类饼图

饼图主要用于描述变量各个取值上的个体数在总数中所占的比例。用分类饼图描述两个变量之间的关系时，以一个变量作为分类标志，绘制在分类变量取不同值时，另一个变量分布的多个饼图。饼图中的圆形可以分开画，也可以从大到小叠在一起。如果在不同的圆形中各个扇形所占的比例基本相同，就可以认为两个变量不相关。根据表 3-8 的数据可以绘制相应的分类饼图，如图 3-2 所示。

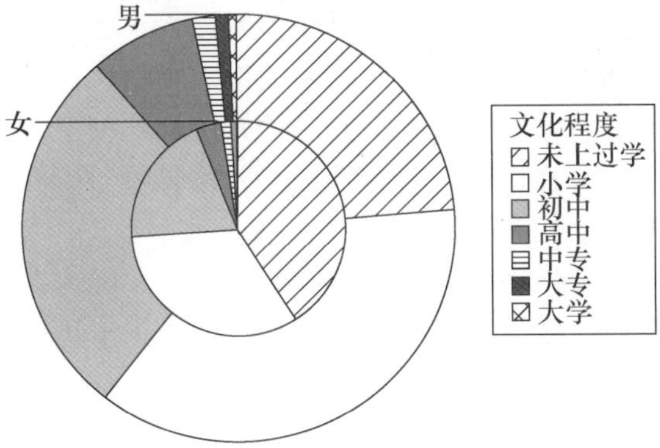

图 3-2　不同性别的残疾人文化程度分布的饼图

三、折线图

用折线图描述两个变量的关系，是通过在坐标系内绘制分类变量取不同值时另一个变量分布的多条折线来描述两个类别变量之间的相关关系的。如果这些折线基本重合，或者相差不大，则认为两个变量不相关。根据表 3-8 的数据也可以绘制相应的折线图，如图 3-3 所示。

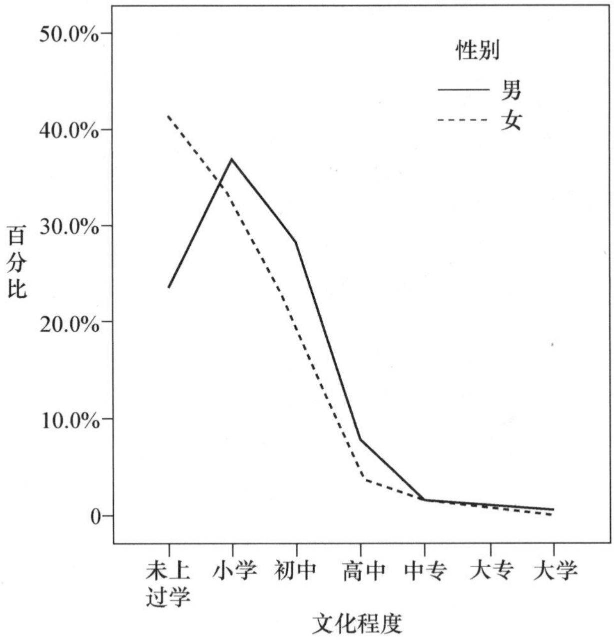

图3-3　不同性别的残疾人文化程度分布的折线图

第3节　列联相关系数

用图和表的方法可以粗略地说明两个变量之间是否相关，但难以对两个变量的关系进行精确的度量。为准确、清晰地描述变量之间关系的强度和方向，统计学家根据不同测量层次的变量构建了一系列的统计指标，这就是相关系数。

两个无序类别变量之间的关系可以用列联相关系数来描述。在多年的统计实践中，统计学家构建了多个列联相关系数。概括起来有两种方法，一种是基于消减误差比例的方法来构建，另一种是基于卡方值来构建。后者将在卡方检验中予以介绍，本节只介绍基于消减误差比例的方法构建的列联相关系数。

列联相关系数是描述两个类别变量之间关系的特征值。因为有更好的特征值来描述两个有序类别变量之间关系的强度，所以列联相关系数主要用于描述两个无序类别变量，以及一个无序类别变量与一个有序类别变量之间的关系。

一、消减误差比例的统计思想

消减误差比例的基本思想是：在没有任何可参考信息的情况下猜测一个事物时会有很强的盲目性，而借助一个与被猜测的事物有关的事物来进行猜测，就会减少盲目性，提高猜测的准确性。如果两个变量相关，则借助一个变量去猜测另一个变量时会消减猜测误差。消减的误差大，说明两个变量之间的密切程度高；消减的误差小，说明两个变量之间的密切程度低。这样，消减的误差的大小便可以作为测量两个变量之间关系密切程度的指标。

设两个变量 x 和 y，观察的个体数为 n。现直接猜测每个个体在变量 y 上的取值，这是一种盲目猜测，必然产生误差。猜测 n 个个体所产生的总误差为 E_1。如果每个个体在变量 x 上的取值是已知的，则可以借助个体在变量 x 上的取值来猜测其在变量 y 上的取值，此时所产生的总误差为 E_2。消减误差比例（percent reduce error，PRE）的计算公式为：

$$PRE=\frac{E_1-E_2}{E_1} \tag{3-5}$$

若 x 与 y 完全不相关，则借助 x 来猜测 y 所产生的误差与直接猜测 y 产生的误差相同，此时 $E_1=E_2$，$PRE=0$；若 x 与 y 完全相关，借助 x 能够准确地猜测 y，不产生任何误差，此时 $E_2=0$，$PRE=1$。

可见，PRE 是一个取值在 0 和 1 之间的相对数。其值越接近于 1，说明两个变量的相关性越强；其值越接近于 0，说明两个变量的相关性越弱。

比如，有 4 名学生，某次考试成绩的平均分是 80 分。如果猜测每名学生的考分，唯一可以参考的信息就是平均成绩，只能猜测每人都得 80 分。实际上，这 4 名学生的成绩是 90 分、85 分、75 分、70 分。猜测所产生的总误差是：

$$E_1=(90-80)+(85-80)+(80-75)+(80-70)=30(\text{分})$$

假设前两名学生是女生，平均成绩是 87.5 分，后两名学生是男生，平均成绩是 72.5 分。现在再来猜测这 4 名学生的成绩时就可以以性别为参考。女生的成绩都猜测为 87.5 分，男生的成绩都猜测为 72.5 分。这样猜测所产生的总误差是：

$$E_2=(90-87.5)+(87.5-85)+(75-72.5)+(72.5-70)=10(\text{分})$$

消减误差比例为：

$$PRE=\frac{E_1-E_2}{E_1}=\frac{30-10}{30}=0.67$$

借助性别来猜测学生的成绩可以消减 67%的误差，这说明性别与学习成绩有较强的相关关系。

如果 4 名学生的成绩是两名女生都得 85 分，两名男生都得 75 分，总平均成绩仍为 80 分，计算的 E_1，E_2 和消减误差比例分别为：

$$E_1=2\times(85-80)+2\times(80-75)=20(\text{分})$$
$$E_2=2\times(85-85)+2\times(75-75)=0(\text{分})$$
$$PRE=\frac{E_1-E_2}{E_1}=\frac{20-0}{20}=1$$

这是性别与学习成绩完全相关的情形。此时，借助性别可以准确地猜测学生的成绩。

二、λ 系数

λ 系数就是基于消减误差比例的思想构建的列联相关系数。利用消减误差比例的思想构建相关系数的关键是确定 E_1 和 E_2，现举一例予以说明。在某城市社区随机抽取了 200 名 60 岁以上的老年人，男女各 100 名，他们对去老年公寓养老的态度分布如表 3－10 所示。从表 3－10 中可以看出，老年人是否愿意去老年公寓养老与性别是相关的。要计算这两个变量的相关系数，应先定义 E_1 和 E_2。

表 3－10　不同性别老年人对去老年公寓养老的态度

性别＼态度	愿意	不愿意	合计
男	30	70	100
女	60	40	100
合计	90	110	200

假设只知道样本中有 90 人愿意去老年公寓养老，110 人不愿意去。在这种情况下要猜测每一个人的态度，可以猜测为所有的人都不愿意去老年公寓养老。这样能猜对 110 人，猜错 90 人。此时形成的误差 E_1 为：

$$E_1=200-110=90(\text{人})$$

如果在知道了不同性别的老年人对去老年公寓养老的态度分布的情况下再对每个人的态度进行猜测，猜测的方法是，所有的男性均猜测为不愿意，所有的女性均猜测为愿意。这样能猜对 130 人，猜错 70 人。此时形成的误差 E_2 为：

$$E_2=(100-70)+(100-60)=70(\text{人})$$

消减误差比例为：

$$PRE=\frac{E_1-E_2}{E_1}=\frac{90-70}{90}=0.22$$

即利用性别来猜测老年人对去老年公寓养老的态度可以消减 22％的误差。根据上述定义 E_1，E_2 的方法可以推导出计算列联表中两个变量之间 λ 系数的公式。下面用列联表的一般表达式来阐释 λ 系数的计算方法。

假设在表 3－2 中只知道类别变量 y 的分布，即表 3－2 中 y 的边缘分布是已知的。要猜测每个个体 y 的取值，唯一可参考的就是变量 y 的分布。此时用众数来猜测所有个体要比用其他取值来猜测产生的误差小。

设变量 y 的众数的频次为 $\max(n_{*j})$，猜测误差 E_1 为：

$$E_1=n-\max(n_{*j}) \tag{3-6}$$

如果已知 x 与 y 有关，就可以根据 x 取不同值时 y 分布的众数来猜测每个个体的 y 值，即根据条件分布的众数来猜测 y，也就是用表 3－2 中每一行的众数来猜测该行个体的 y 值。

设每一行的众数分别为 $\max(n_{1j})$，$\max(n_{2j})$，…，$\max(n_{rj})$　($j=1, 2, \cdots, c$)，猜测误差 E_2 为：

$$E_2 = n - \sum_{i=1}^{r} \max(n_{ij}) \tag{3-7}$$

则用变量 x 来猜测 y 的消减误差比例即为 λ_y 系数。

$$\begin{aligned}\lambda_y &= \frac{E_1 - E_2}{E_1} = \frac{n - \max(n_{*j}) - \left[n - \sum_{i=1}^{r} \max(n_{ij})\right]}{n - \max(n_{*j})} \\ &= \frac{\sum_{i=1}^{r} \max(n_{ij}) - \max(n_{*j})}{n - \max(n_{*j})}\end{aligned} \tag{3-8}$$

$$\lambda_y = \frac{\text{每行最高频次之和} - y\text{ 边缘分布的最高频次}}{\text{个体总数} - y\text{ 边缘分布的最高频次}}$$

当 x 与 y 不相关时，边缘频率分布等于条件频率分布，所有的众数都在同一列，因此有

$$\sum_{i=1}^{r} \max(n_{ij}) = \max(n_{*j}), \quad \lambda_y = 0$$

当变量 x 与 y 完全相关时，表 3-2 中的每一行都只有一个不为 0 的频次，因此有

$$\sum_{i=1}^{r} \max(n_{ij}) = n, \quad \lambda_y = 1$$

从上述 λ_y 系数的计算可以看出，消减误差比例是基于借助 x 猜测 y 来定义的。如果借助 y 来猜测 x，定义的 E_1，E_2 是不同的，计算出的 λ 系数也是不同的，即 λ 系数具有不对称性。

借助 y 来猜测 x 的计算公式为：

$$\begin{aligned}\lambda_x &= \frac{E_1 - E_2}{E_1} = \frac{n - \max(n_{i*}) - \left[n - \sum_{j=1}^{c} \max(n_{ij})\right]}{n - \max(n_{i*})} \\ &= \frac{\sum_{j=1}^{c} \max(n_{ij}) - \max(n_{i*})}{n - \max(n_{i*})}\end{aligned} \tag{3-9}$$

$$\lambda_x = \frac{\text{每列最高频次之和} - x\text{ 边缘分布的最高频次}}{\text{个体总数} - x\text{ 边缘分布的最高频次}}$$

如果两个变量之间具有明确意义上的因果关系，习惯上将 x 设为自变量，将 y 设为因变量。如果两个变量之间的因果关系不太明确，可以计算 λ_y 和 λ_x 的加权平均值来作为两个变量的列联相关系数。计算方法如下：

$$\lambda = \frac{n - \max(n_{i*})}{2n - \max(n_{i*}) - \max(n_{*j})}\lambda_x + \frac{n - \max(n_{*j})}{2n - \max(n_{i*}) - \max(n_{*j})}\lambda_y \tag{3-10}$$

例 3－2

计算表 3－1 中残疾人的文化程度与性别的 λ 系数。

解：由交叉列表可以看出，这些残疾人的文化程度与性别相关。

设性别为 x，文化程度为 y，则

$$\lambda_y=\frac{\sum_{i=1}^{r}\max(n_{ij})-\max(n_{*j})}{n-\max(n_{*j})}$$

$$=\frac{842+722-1\,412}{4\,022-1\,412}=\frac{152}{2\,610}=0.058$$

$$\lambda_x=\frac{\sum_{j=1}^{c}\max(n_{ij})-\max(n_{i*})}{n-\max(n_{i*})}$$

$$=\frac{722+842+641+178+38+24+13-2\,276}{4\,022-2\,276}=\frac{182}{1\,746}=0.104$$

$$\lambda=\frac{n-\max(n_{i*})}{2n-\max(n_{i*})-\max(n_{*j})}\lambda_x+\frac{n-\max(n_{*j})}{2n-\max(n_{i*})-\max(n_{*j})}\lambda_y$$

$$=\frac{4\,022-2\,276}{2\times4\,022-1\,412-2\,276}\times0.104+\frac{4\,022-1\,412}{2\times4\,022-1\,412-2\,276}\times0.058$$

$$=\frac{1\,746}{4\,356}\times0.104+\frac{2\,610}{4\,356}\times0.058=0.076$$

可见，残疾人的文化程度与性别虽然相关，但相关的强度并不大。

例 3－3

为研究残疾人的残疾类型与性别的关系，在某省随机抽取了 4 028 名残疾人，其残疾类型与性别的交叉分布如表 3－11 所示（括号中的数据为百分比）。

表 3－11　残疾人的残疾类型与性别的列联表

性别 \ 残疾类型	视力残疾	听力残疾	语言残疾	肢体残疾	智力残疾	精神残疾	多重残疾	合计
男	242 (10.6)	386 (16.9)	38 (1.7)	1 010 (44.3)	181 (7.9)	107 (4.7)	315 (13.8)	2 279 (100)
女	286 (16.4)	273 (15.6)	17 (1.0)	678 (38.8)	113 (6.5)	145 (8.3)	237 (13.6)	1 749 (100)
合计	528 (13.1)	659 (16.4)	55 (1.4)	1 688 (41.9)	294 (7.3)	252 (6.3)	552 (13.7)	4 028 (100)

要求：计算残疾人的残疾类型与性别的列联相关系数。

解：从括号中的百分比可以看出，女性视力残疾、精神残疾的百分比高于男性，而听力残疾、语言残疾、肢体残疾、智力残疾、多重残疾的百分比都低于男性。下面计算残疾类型与性别的列联相关系数。

设性别为 x，残疾类型为 y，则

$$\lambda_y=\frac{\sum_{i=1}^{r}\max(n_{ij})-\max(n_{*j})}{n-\max(n_{*j})}=\frac{1\,010+678-1\,688}{4\,028-1\,688}=0$$

$\lambda_y=0$，说明残疾类型与性别不相关。

求 λ 系数的 E_1，E_2 定义简洁、明确，计算简单，有较多的应用。其缺点是只使用了各行或各列的众数，没有充分利用所有数据的信息。

三、古德曼-克鲁斯卡尔 τ 系数

古德曼-克鲁斯卡尔 τ 系数（Goodman-Kruskal Tau）也是基于消减误差比例的思想构建的列联相关系数，但是对 E_1，E_2 的定义与 λ 系数中的有所不同。下面仍以表 3－10 中不同性别老年人对去老年公寓养老的态度为例，说明 τ 系数计算中 E_1，E_2 的定义方法。

在不知道 x 与 y 有关的情况下，猜测每个个体的 y 值时，只能参考 y 的边缘分布。为更多地利用 y 变量边缘分布的信息，不再用众数对 y 进行猜测，改用 y 边缘分布的比例进行猜测。具体做法是，将表 3－10 中的 200 人随机地分为 90 人和 110 人两组。将 90 人这一组的个体都猜测为愿意去老年公寓养老，对于这组人猜错的人数为：

$$90\times\left(1-\frac{90}{200}\right)$$

将 110 人这一组的个体都猜测为不愿意去老年公寓养老。对于这组人猜错的人数为：

$$110\times\left(1-\frac{110}{200}\right)$$

这样猜测产生的误差 E_1 为：

$$E_1=90\times\left(1-\frac{90}{200}\right)+110\times\left(1-\frac{110}{200}\right)=200-\frac{90^2+110^2}{200}=99(\text{人})$$

当知道 x 与 y 有关后，将男性的 100 人随机分为 30 人和 70 人两组。将 30 人这一组的个体都猜测为愿意去老年公寓养老，而将 70 人这一组的个体都猜测为不愿意去老年公寓养老。对于男性猜错的人数为：

$$30\times\left(1-\frac{30}{100}\right)+70\times\left(1-\frac{70}{100}\right)=100-\frac{30^2+70^2}{100}=42(\text{人})$$

同理，将女性的 100 人随机分为 60 人和 40 人两组。将 60 人这一组的个体都猜测为

愿意去老年公寓养老，而将 40 人这一组的个体都猜测为不愿意去老年公寓养老。对于女性猜错的人数为：

$$60\times\left(1-\frac{60}{100}\right)+40\times\left(1-\frac{40}{100}\right)=100-\frac{60^2+40^2}{100}=48(\text{人})$$

这样猜测产生的误差 E_2 为：

$$E_2=\left(100-\frac{30^2+70^2}{100}\right)+\left(100-\frac{60^2+40^2}{100}\right)=90(\text{人})$$

消减误差比例为：

$$PRE=\frac{E_1-E_2}{E_1}=\frac{99-90}{99}=0.09$$

依据上面方法计算出的 PRE 就是 τ 相关系数。对于表 3-2，概括来说

$$\begin{aligned}E_1&=n_{*1}\left(1-\frac{n_{*1}}{n}\right)+n_{*2}\left(1-\frac{n_{*2}}{n}\right)+\cdots+n_{*c}\left(1-\frac{n_{*c}}{n}\right)\\&=n-\frac{1}{n}\sum_{j=1}^{c}n_{*j}^2\end{aligned}\tag{3-11}$$

$$\begin{aligned}E_2&=\left(n_{1*}-\frac{1}{n_{1*}}\sum_{j=1}^{c}n_{1j}^2\right)+\left(n_{2*}-\frac{1}{n_{2*}}\sum_{j=1}^{c}n_{2j}^2\right)+\cdots+\left(n_{r*}-\frac{1}{n_{r*}}\sum_{j=1}^{c}n_{rj}^2\right)\\&=n-\sum_{i=1}^{r}\sum_{j=1}^{c}\frac{n_{ij}^2}{n_{i*}}\end{aligned}\tag{3-12}$$

$$\begin{aligned}\tau_y&=\frac{E_1-E_2}{E_1}=\frac{n-\frac{1}{n}\sum_{j=1}^{c}n_{*j}^2-\left(n-\sum_{i=1}^{r}\sum_{j=1}^{c}\frac{n_{ij}^2}{n_{i*}}\right)}{n-\frac{1}{n}\sum_{j=1}^{c}n_{*j}^2}\\&=\frac{\sum_{i=1}^{r}\sum_{j=1}^{c}\frac{n_{ij}^2}{n_{i*}}-\frac{1}{n}\sum_{j=1}^{c}n_{*j}^2}{n-\frac{1}{n}\sum_{j=1}^{c}n_{*j}^2}\end{aligned}\tag{3-13}$$

如果借助 y 来猜测 x，定义的 E_1，E_2 是不同的，计算出的 τ 系数也是不同的，即 τ 系数也具有不对称性。

借助 y 来猜测 x 的 τ 系数计算公式为：

$$\begin{aligned}\tau_x&=\frac{E_1-E_2}{E_1}=\frac{n-\frac{1}{n}\sum_{i=1}^{r}n_{i*}^2-\left(n-\sum_{j=1}^{c}\sum_{i=1}^{r}\frac{n_{ij}^2}{n_{*j}}\right)}{n-\frac{1}{n}\sum_{i=1}^{r}n_{i*}^2}\\&=\frac{\sum_{j=1}^{c}\sum_{i=1}^{r}\frac{n_{ij}^2}{n_{*j}}-\frac{1}{n}\sum_{i=1}^{r}n_{i*}^2}{n-\frac{1}{n}\sum_{i=1}^{r}n_{i*}^2}\end{aligned}\tag{3-14}$$

例 3-4

计算表 3-1 中残疾人的文化程度与性别的 τ 系数。

解：设文化程度为 y，性别为 x，则

$$E_1 = n - \frac{1}{n}\sum_{j=1}^{c} n_{*j}^2$$

$$= 4\,022 - \frac{1}{4\,022} \times (1\,262^2 + 1\,412^2 + 987^2 + 247^2 + 62^2 + 36^2 + 16^2)$$

$$= 2\,871.59\ (人)$$

$$E_2 = n - \sum_{i=1}^{r}\sum_{j=1}^{c} \frac{n_{ij}^2}{n_{i*}}$$

$$= 4\,022 - \left(\frac{540^2 + 842^2 + 641^2 + 178^2 + 38^2 + 24^2 + 13^2}{2\,276} + \frac{722^2 + 570^2 + 346^2 + 69^2 + 24^2 + 12^2 + 3^2}{1\,746}\right)$$

$$= 2\,830.62\ (人)$$

$$\tau = \frac{E_1 - E_2}{E_1} = \frac{2\,871.59 - 2\,830.62}{2\,871.59} = 0.014$$

与 λ 系数相比，τ 系数的 E_1，E_2 定义得稍微复杂一些，但 τ 系数比较充分地利用了数据的信息。一般认为，表明变量之间相关程度的 τ 系数比 λ 系数更准确。

第 4 节　等级相关系数

一、等级相关的概念

等级相关指的是两个有序类别变量之间的相关。如果有两个有序类别变量，当一个变量取不同等级时，另一个变量的分布有较大差异，则认为这两个有序类别变量存在等级相关。例如，高校通常将学生评教作为评价教师教学水平的一种方式。某高校对学生评教是否认真进行了调查，发现一年级的学生中评教非常认真的占 43%，比较认真的占 32%，不太认真的占 20%，很不认真的占 5%。但随着年级的增高，评教非常认真和比较认真的学生所占的比例越来越低，不太认真和很不认真的学生所占的比例越来越高。这说明学生的年级与评教的认真程度相关。

两个有序类别变量之间的关系同样可以用分类条形图、分类饼图和折线图进行描述。变量之间关系的强度则可以用等级相关系数来描述。由于有序类别变量的取值具有比较大小的意义，变量的变化具有方向性，因此，相关系数也具有方向性。如果两个变量的变化方向一致，则说明两个变量正相关；如果两个变量的变化方向相反，则说明两个变量负相关。等级相关系数的符号表明相关的方向。

二、斯皮尔曼等级相关系数

（一）构建斯皮尔曼等级相关系数的统计思想

斯皮尔曼（Spearman）等级相关系数是根据每个个体在两个变量上的等级差值来测量两个变量的相关程度的。将两个变量对应的两组数据分别排序后，每个个体在两个变量上分别获得了一个等级。如果两个变量有比较强的正相关关系，个体的两个等级差就会比较小，所有个体的两个等级差值的平方和也会比较小；反之，如果两个变量有比较强的负相关关系，个体的两个等级差就会比较大，所有个体的两个等级差值的平方和也会比较大。因此，所有个体的两个等级差值的平方和可以用来测量两个变量的等级相关关系。

（二）斯皮尔曼等级相关系数的计算

1. 无相同等级的斯皮尔曼等级相关系数的计算

设变量 x 与 y 均为有序类别变量，且不含相同等级。也就是说，在任何一个变量上都不存在两个个体取值相同的情况，每个个体占有一个等级。斯皮尔曼等级相关系数的计算公式为：

$$r_s = 1 - \frac{6\sum_{i=1}^{n} d_i^2}{n(n^2-1)} \tag{3-15}$$

式中，d_i 为第 i 个个体在两个变量上的等级差；n 为个体总数，也是等级总数。

例 3-5

表 3-12 列出了 14 名学生的数学成绩与物理成绩。

表 3-12　学生的数学成绩与物理成绩（一）

序号	数学成绩 x	数学排名 d_x	物理成绩 y	物理排名 d_y	$d=d_x-d_y$	d^2
1	99	1	96	1	0	0
2	95	2	92	3	−1	1
3	92	3	87	5	−2	4
4	91	4	88	4	0	0
5	87	5	93	2	3	9
6	85	6	81	6	0	0
7	84	7	73	11	−4	16
8	82	8	79	7	1	1
9	78	9	78	8	1	1
10	73	10	77	9	1	1
11	71	11	68	12	−1	1
12	70	12	74	10	2	4
13	66	13	60	14	−1	1
14	62	14	64	13	1	1

要求：计算学生的数学成绩与物理成绩的斯皮尔曼等级相关系数。

解：个体在两个变量上的等级差及等级差平方的计算见表 3-12 右侧的两列。由斯皮尔曼等级相关系数公式可得

$$r_s = 1 - \frac{6\sum_{i=1}^{n} d_i^2}{n(n^2-1)}$$

$$= 1 - \frac{6\times(1+4+9+16+1+1+1+1+4+1+1)}{14\times(14^2-1)} = 0.912$$

这说明表 3-12 中学生的数学成绩与物理成绩的正相关程度很高。

当两个变量完全正相关时，任意个体在两个变量上的等级差值 d_i 为 0，d_i^2 为 0，$r_s=1$；当两个变量完全负相关时，$r_s=-1$。① 即 r_s 的取值范围为 $[-1, 1]$。

2. 有相同等级的斯皮尔曼等级相关系数的计算

如果在一个变量中两个个体的取值相等，就会出现相同等级。在统计学中，相同等级也称"结"（tie）。对于结的处理一般是采用具有相同等级的个体所应占有的平均等级作为它们的共同等级。这样就能保证个体数与等级数基本一致。当相同等级不太多时，也可以计算斯皮尔曼等级相关系数。

例 3-6

表 3-13 列出了 14 名学生的数学成绩与物理成绩，但其中含有相同等级。

表 3-13　学生的数学成绩与物理成绩（二）

序号	数学成绩 x	数学排名 d_x	物理成绩 y	物理排名 d_y	$d=d_x-d_y$	d^2
1	99	1	96	1	0	0
2	95	2	92	3	−1	1
3	92	3	88	4.5	−1.5	2.25
4	91	4	88	4.5	0.5	0.25
5	87	5	93	2	3	9
6	85	6.5	81	6	0.5	0.25
7	85	6.5	73	11	−4.5	20.25
8	82	8	78	8	0	0
9	78	9	78	8	−1	1
10	73	10	78	8	2	4
11	70	11.5	68	12	−0.5	0.25
12	70	11.5	74	10	1.5	2.25
13	66	13	60	13.5	−0.5	0.25
14	62	14	60	13.5	0.5	0.25

① 相关的数学推导参见卢淑华．社会统计学．3 版．北京：北京大学出版社，2005：311-312.

要求：计算学生的数学成绩与物理成绩的斯皮尔曼等级相关系数。（注意表中结的处理。）

解：个体在两个变量上的等级差及等级差平方的计算见表 3-13 右侧的两列。由斯皮尔曼等级相关系数公式可得

$$r_s = 1-\frac{6\sum_{i=1}^{N} d_i^2}{n(n^2-1)}$$

$$=1-\frac{6\times(1+2.25+0.25+9+0.25+20.25+1+4+0.25+2.25+0.25+0.25)}{14\times(14^2-1)}$$

$$=0.91$$

这说明表 3-13 中学生的数学成绩与物理成绩的正相关程度很高。

由于斯皮尔曼等级相关系数要求没有相同等级，因此当变量的取值不是很多但个体数很多时，这个要求是难以满足的。以年龄为例，年龄的取值只有 100 多个，如果调查的个体为 1 000 人，必然会有很多同龄的人，这些同龄人自然会有相同的等级。从这个角度看，斯皮尔曼等级相关系数主要适用于小样本中的变量以及取值很多的尺度变量之间关系的计算。

三、Gamma 等级相关系数

社会调查中的有序类别变量大多仅有几个取值，而样本数往往成百上千，这必然导致大量的数据处于相同等级。在这种情况下，可以用 Gamma 等级相关系数来描述两个有序类别变量之间的相关程度。Gamma 等级相关系数是用同序对与异序对的数量差来测量两个变量的相关程度的。

（一）同序对、异序对与同分对

设两个变量 x 和 y，若 $x_i>x_j$ 时，$y_i>y_j$，则称 i 与 j 两个个体为同序对；若 $x_i>x_j$ 时，$y_i<y_j$，则称 i 与 j 两个个体为异序对；若 $x_i=x_j$ 或 $y_i=y_j$，则称 i 与 j 两个个体为同分对。

在表 3-14 中，序号为 1 与 3、1 与 4、1 与 5、1 与 6、1 与 7 的个体均为同序对。序号为 1 与 2、5 与 6 的个体是异序对，序号为 3 与 4、5 与 7 的个体是同分对。

在列联表中存在大量的同序对与异序对。现以 3×3 交叉列表为例，说明同序对与异序对的计算方法，其他结构的列联表也可以参考使用。设列联表表 3-15 中两个定序变量 x 和 y 的取值情况为 $x_3>x_2>x_1$ 且 $y_3>y_2>y_1$。

表 3-14　学生的数学成绩与物理成绩

序号	数学成绩 x	物理成绩 y
1	99	96
2	95	98
3	85	86
4	85	81
5	77	72
6	71	78
7	64	72

表 3-15　3×3 列联表

	y_1	y_2	y_3
x_1	n_{11}	n_{12}	n_{13}
x_2	n_{21}	n_{22}	n_{23}
x_3	n_{31}	n_{32}	n_{33}

n_{11}，n_{12}和 n_{13}的个体在变量 x 上取值相同，均为 x_1，属于同分对；n_{11}，n_{21}和 n_{31}的个体在变量 y 上取值相同，均为 y_1，也属于同分对。可见，在列联表中同一行或同一列的个体均构成同分对。

n_{22}，n_{32}，n_{23}，n_{33}的个体在变量 x 和 y 上的取值都大于 n_{11}对应的取值，因此，它们与 n_{11}的个体可以构成同序对。同理，n_{21}与 n_{32}，n_{33}的个体构成同序对；n_{12}与 n_{23}，n_{33}的个体构成同序对；n_{22}与 n_{33}的个体也构成同序对。

设 n_s 为同序对数目，则 3×3 列联表中同序对数为：

$$n_s = n_{11}\times(n_{22}+n_{32}+n_{23}+n_{33})+n_{21}\times(n_{32}+n_{33}) + n_{12}\times(n_{23}+n_{33})+n_{22}\times n_{33} \tag{3-16}$$

n_{21}，n_{22}，n_{31}和 n_{32}的个体在变量 x 上的取值都大于 n_{13}，而在变量 y 上的取值都小于 n_{13}，因此，它们与 n_{13}的个体构成异序对。同理，n_{12}的个体可以与 n_{21}，n_{31}的个体构成异序对；n_{23}的个体可以与 n_{31}，n_{32}的个体构成异序对；n_{22}的个体可以与 n_{31}的个体构成异序对。

设 n_d 为异序对数目，则 3×3 列联表中异序对数为：

$$n_d = n_{13}\times(n_{21}+n_{22}+n_{31}+n_{32})+n_{12}\times(n_{21}+n_{31}) + n_{23}\times(n_{31}+n_{32})+n_{22}\times n_{31} \tag{3-17}$$

(二) Gamma 等级相关系数的计算

明确了同序对与异序对的概念后可以看出，在两个变量的分布中，如果同序对多而异序对少，则表明两个变量之间存在正相关关系；如果异序对多而同序对少，则表明两个变量之间存在负相关关系。按照这种思想构建的 Gamma 等级相关系数的计算公式为：

$$G=\frac{n_s-n_d}{n_s+n_d} \tag{3-18}$$

当两个变量完全正相关时，$n_d=0$，$G=1$；当两个变量完全负相关时，$n_s=0$，$G=-1$。也就是说，G 的取值范围为 $[-1, 1]$。Gamma 等级相关系数不仅表明了两个有序类别变量相关程度的大小，而且表明了相关的方向。

例 3-7

表 3-16 是 882 名不同文化程度的城市居民对周围环境满意度的调查结果。

表 3-16　文化程度与环境满意度的交叉列表

对居住地周围的环境状况的满意度 y / 文化程度 x	不满意	不好说	满意
初中及以下	99	203	40
高中、中专	111	199	31
大专及以上	94	91	14

要求：计算文化程度与环境满意度的Gamma等级相关系数。

解：由Gamma等级相关系数的计算公式可知：

$$n_s=99\times(199+31+91+14)+203\times(31+14)+111\times(91+14)+199\times14$$
$$=56\,741$$
$$n_d=40\times(111+199+94+91)+203\times(111+94)+31\times(94+91)+199\times94$$
$$=85\,856$$
$$G=\frac{n_s-n_d}{n_s+n_d}=\frac{56\,741-85\,856}{56\,741+85\,856}=-0.204$$

可见，这些居民的文化程度与环境满意度呈现较弱的负相关关系。

四、肯德尔 τ 系数

在Gamma等级相关系数的计算中，只考虑了同序对与异序对的作用，对同分对的作用没有予以考虑。这在同分对非常多的情况下会使计算出的相关系数偏大。统计学家肯德尔（Kendall）对此进行了修正。

肯德尔 τ 相关系数的分子仍然是同序对数 n_s 与异序对数 n_d 的差，只是分母作了修正。采用不同的修正方法，可构建不同的等级相关系数。现仅介绍计算方法简洁的Kendall's Tau-c系数。通常将Kendall's Tau-c系数表示为 τ_c。

对于由两个定序变量构成的 $r\times c$ 列联表，τ_c 的计算公式为：

$$\tau_c=\frac{n_s-n_d}{\frac{1}{2}n^2\left(\frac{m-1}{m}\right)} \tag{3-19}$$

式中，n 为样本总数；$m=\min(r,\ c)$。

例3-8

计算例3-7中城市居民的文化程度与环境满意度的Kendall's Tau-c等级相关系数。

解：由例3-7的计算可知：$n_s=56\,741$，$n_d=85\,856$。

这是一个3×3交叉列表，所以 $m=\min(3,\ 3)=3$，代入Kendall's Tau-c等级相关系数计算公式得

$$\tau_c=\frac{n_s-n_d}{\frac{1}{2}n^2\left(\frac{m-1}{m}\right)}=\frac{56\,741-85\,856}{\frac{1}{2}\times882^2\times\left(\frac{3-1}{3}\right)}=\frac{-29\,115}{259\,308}=-0.112$$

计算结果表明，这些居民的文化程度与环境满意度呈现出较弱的负相关关系。

由上式可见，利用同一组数据计算出的Gamma等级相关系数的绝对数要大于Kendall's Tau-c系数。

五、Somer's d 系数

Somer's d 系数的分子仍然是同序对数 n_s 与异序对数 n_d 的差，分母经过了两个方向上的修正，并给出了 d_{yx} 和 d_{xy} 两个相关系数。d_{yx} 可以视为变量 y 与变量 x 的相关，d_{xy} 可以视为变量 x 与变量 y 的相关。两个相关系数的计算公式为：

$$d_{yx}=\frac{n_s-n_d}{n_s+n_d+n_y} \tag{3-20}$$

$$d_{xy}=\frac{n_s-n_d}{n_s+n_d+n_x} \tag{3-21}$$

式中，n_y 是变量 y 的同分对数；n_x 是变量 x 的同分对数。在 n_y 和 n_x 中都不包括在变量 x 和 y 上同时同分的对数。在 3×3 列联表中，n_x 和 n_y 的计算公式如下：

$$\begin{aligned}n_x=&n_{11}(n_{12}+n_{13})+n_{12}n_{13}+n_{21}(n_{22}+n_{23})\\&+n_{22}n_{23}+n_{31}(n_{32}+n_{33})+n_{32}n_{33}\end{aligned} \tag{3-22}$$

$$\begin{aligned}n_y=&n_{11}(n_{21}+n_{31})+n_{21}n_{31}+n_{12}(n_{22}+n_{32})\\&+n_{22}n_{32}+n_{13}(n_{23}+n_{33})+n_{23}n_{33}\end{aligned} \tag{3-23}$$

通常将两个相关系数的均值作为两个变量的相关系数，即

$$d=\frac{d_{yx}+d_{xy}}{2} \tag{3-24}$$

例 3-9

计算例 3-7 中城市居民文化程度与环境满意度的 Somer's d 系数。

解：由例 3-7 的计算可知：$n_s=56\,741$，$n_d=85\,856$。

由式（3-22）、式（3-23）、式（3-20）、式（3-21）及式（3-24）得

$$\begin{aligned}n_x&=99\times(203+40)+203\times40+111\times(199+31)+199\times31\\&\quad+94\times(91+14)+91\times14\\&=75\,020\end{aligned}$$

$$\begin{aligned}n_y&=99\times(111+94)+111\times94+203\times(199+91)+199\times91\\&\quad+40\times(31+14)+31\times14\\&=109\,942\end{aligned}$$

$$d_{yx}=\frac{n_s-n_d}{n_s+n_d+n_y}=\frac{56\,741-85\,856}{56\,741+85\,856+109\,942}=-0.115$$

$$d_{xy}=\frac{n_s-n_d}{n_s+n_d+n_x}=\frac{56\,741-85\,856}{56\,741+85\,856+75\,020}=-0.134$$

$$d=\frac{d_{yx}+d_{xy}}{2}=\frac{-0.115+(-0.134)}{2}=-0.125$$

计算结果仍表明，两者之间存在较弱的负相关关系。

习　题

1. 下表是某综合性大学入学的3 025名新生的性别与生源地情况。

某综合性大学入学新生的性别与生源地情况

地区＼性别	女	男	合计
东部	1 035	628	1 663
中部	579	356	935
西部	262	165	427
合计	1 876	1 149	3 025

要求：根据表中数据计算不同地区新生性别频率的条件分布，绘制相应的分类条形图和折线图，并比较不同地区新生性别分布的特点。

2. 下表是某学校不同性别的学生对乒乓球运动是否感兴趣的调查结果。

某学校学生对乒乓球运动是否感兴趣的调查结果

性别＼兴趣	喜欢乒乓球	不喜欢乒乓球
男	240	22
女	196	42
合计	436	64

要求：

（1）绘制分类条形图，并判断这些学生对乒乓球的兴趣是否与他们的性别有关；

（2）用 λ 和 τ 系数来衡量相关程度。

3. 下表是某学校不同性别的学生对足球运动是否感兴趣的调查结果。

某学校学生对足球运动是否感兴趣的调查结果

性别＼兴趣	喜欢足球	不喜欢足球
男	185	77
女	42	196
合计	227	273

要求：

（1）绘制分类条形图，并判断这些学生对足球的兴趣是否与他们的性别有关；

（2）用 λ 和 τ 系数来衡量相关程度。

4. 下表是10名同学在百米短跑与立定跳远测试中的成绩。

10名同学的百米短跑与立定跳远成绩

学生编号	百米短跑成绩（秒）	立定跳远成绩（米）
1	12.8	2.8
2	13.5	2.3
3	13.2	2.4
4	12.9	2.5
5	12.7	1.8
6	11.9	2.8
7	13.6	2.5
8	12.5	1.9
9	12.8	2.7
10	12.3	2.0

要求：计算他们这两项成绩的斯皮尔曼等级相关系数。

5. 以下是一个女性关爱团体关于某地区100名已婚女性对夫妻关系满意度与对同事关系满意度的调查结果。

夫妻关系满意度与同事关系满意度调查结果

夫妻关系满意度 \ 同事关系满意度	不满意	一般	满意	合计
不满意	12	5	10	27
一般	3	8	14	25
满意	11	5	32	48
合计	26	18	56	100

要求：计算这100名已婚女性对夫妻关系满意度与对同事关系满意度的Gamma等级相关系数、Kendall's Tau-c等级相关系数和Somer's d 系数。

第 4 章 两个尺度变量关系的描述统计

社会调查中涉及的尺度变量有两个特点：一是数据分布的全距大；二是变量的取值多。如果制作列联表，则会产生分布极其分散的巨型表格，无法展现变量之间的关系特征。换言之，尺度变量之间的关系不适合用列联表来描述。

一般来说，尺度变量之间的相关关系既可以用散点图来形象地描述，又可以用相关系数来概括地描述。如果变量之间存在因果关系，还可以用回归方程来描述因变量随自变量变化的情况。

第 1 节　相关分析

一、相关概念

两个尺度变量之间的相关关系指的是两个变量在变化过程中数量上的依存关系。如果一个变量变化时另一个变量也会出现相应的变化，则这两个变量之间存在相关关系。如果一个变量变大时另一个变量也随之变大，或者一个变量变小时另一个变量也随之变小，则这两个变量之间存在正相关关系；反之，如果一个变量变大时另一个变量随之变小，或者一个变量变小时另一个变量随之变大，则这两个变量之间存在负相关关系。如果两个变量的变化不存在上述依存性，则认为两个变量不相关。

相关关系在自然界和人类社会中普遍存在。由于任何事物的变化都是由多种因素造成的，因此当我们只研究其中的某一个或某几个，而对其他影响因素没有加以控制时，两个变量之间就表现为相关关系。如收入与消费之间的关系、数学成绩与物理成绩之间的关系，等等。

二、相关散点图

散点图可以形象地描述两个尺度变量的相关状况和相关强度。设有两个尺度变量 x 和

y。以 x 为横坐标，以 y 为纵坐标，根据任意个体 x 和 y 的取值可以在坐标系中确定一个点。众多个体在坐标系中呈现一种点状分布，这样的图形就是散点图。

散点的分布状态可以表明变量之间的相关性。图 4－1 中的散点沿着一个方向分布得很密集，表明变量 x 与 y 之间存在很强的正相关关系。图 4－2 中的散点表明变量 x 与 y 之间存在较弱的正相关关系。图 4－3 中的散点表明变量 x 与 y 之间不存在相关关系。图 4－4 中的散点则表明变量 x 与 y 之间存在很强的负相关关系。

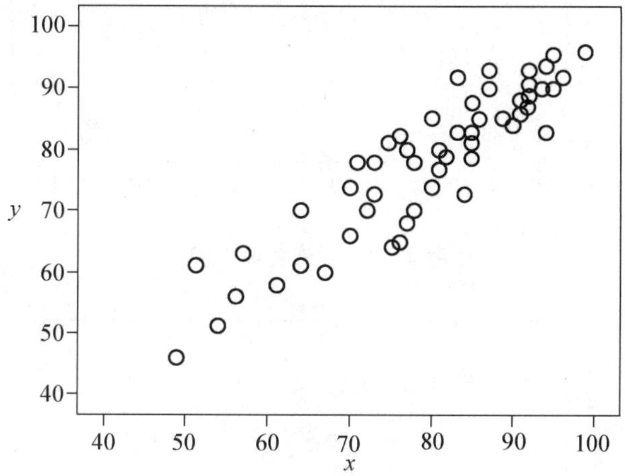

图 4－1　强（正）相关散点图

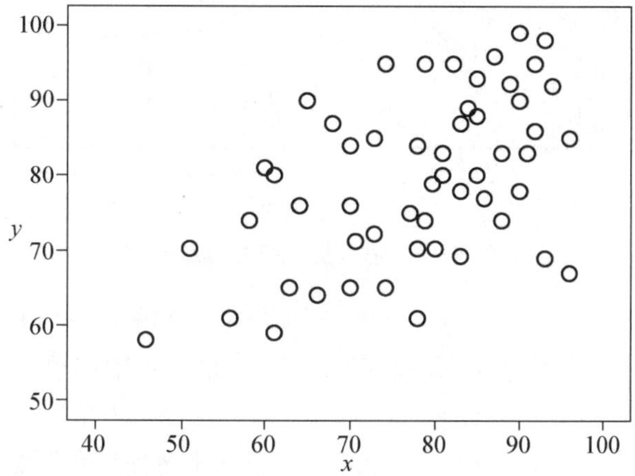

图 4－2　弱（正）相关散点图

三、皮尔逊相关系数

（一）皮尔逊相关系数构建的统计思想

用散点图来描述两个尺度变量之间的相关强度虽然形象，但不精确。精确描述变量之间相关强度的特征值是皮尔逊（Pearson）相关系数。设有两个尺度变量 x 和 y，(x_i, y_i) $(i=1, 2, \cdots, n)$ 是第 i 个个体在变量 x 和 y 上的取值，n 是个体数。由这两个变量的观

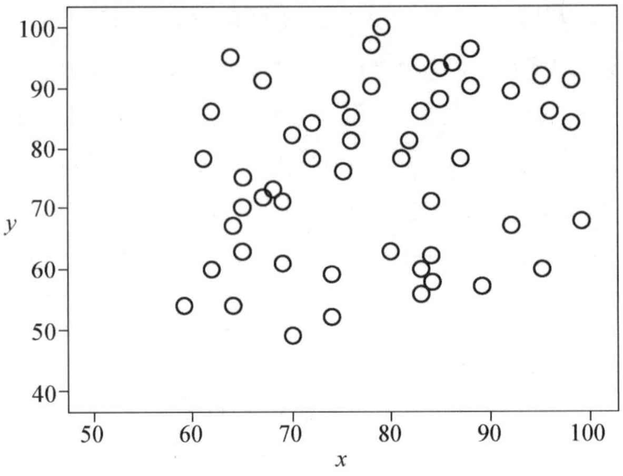

图 4-3　零相关散点图

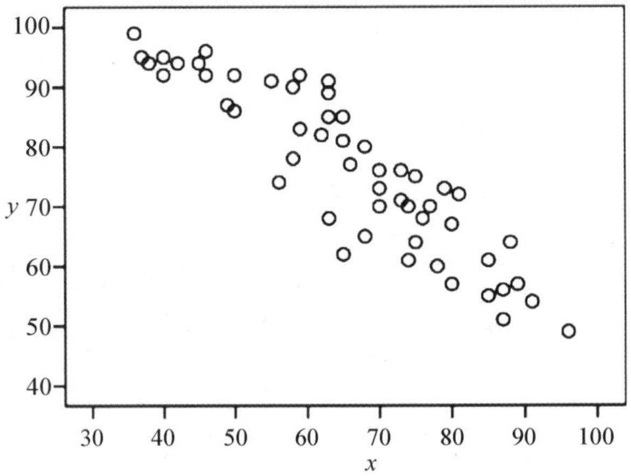

图 4-4　强（负）相关散点图

察值绘制的散点图如图 4-5 所示。图 4-5 中的竖线是变量 x 的均值，横线是变量 y 的均值。这两条线将图中的散点划分到四个区域。在右上区域中的任意点（x_i，y_i）都满足 $(x_i-\bar{x})\geqslant 0$，$(y_i-\bar{y})\geqslant 0$，$(x_i-\bar{x})(y_i-\bar{y})\geqslant 0$。在左下区域中的任意点（$x_i$，$y_i$）都满足 $(x_i-\bar{x})\leqslant 0$，$(y_i-\bar{y})\leqslant 0$，$(x_i-\bar{x})(y_i-\bar{y})\geqslant 0$。在左上区域中的任意点（$x_i$，$y_i$）都满足 $(x_i-\bar{x})\leqslant 0$，$(y_i-\bar{y})\geqslant 0$，$(x_i-\bar{x})(y_i-\bar{y})\leqslant 0$。在右下区域中的任意点（$x_i$，$y_i$）都满足 $(x_i-\bar{x})\geqslant 0$，$(y_i-\bar{y})\leqslant 0$，$(x_i-\bar{x})(y_i-\bar{y})\leqslant 0$。从图中可以看出，如果 x 与 y 正相关，大部分散点分布在右上和左下两个区域内，此时 $\sum_{i=1}^{n}(x_i-\bar{x})(y_i-\bar{y})>0$。如果 x 与 y 负相关，大部分散点分布在左上和右下两个区域内，此时 $\sum_{i=1}^{n}(x_i-\bar{x})(y_i-\bar{y})<0$。由此可以看出，$\sum_{i=1}^{n}(x_i-\bar{x})(y_i-\bar{y})$ 的值可以表明相关的方向。

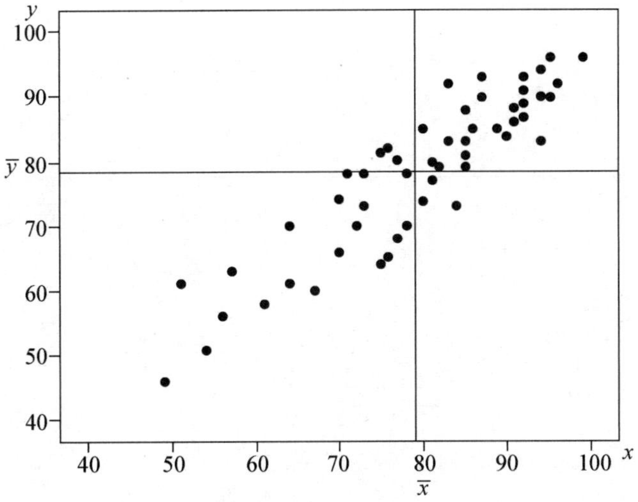

图 4 - 5　相关散点图

实际上，$\sum_{i=1}^{n}(x_i-\bar{x})(y_i-\bar{y})$ 的值还可以表明相关程度的大小。如果点的分布如图 4 - 3 所示，则在求和过程中会由于正负值互相抵消而使 $\sum_{i=1}^{n}(x_i-\bar{x})(y_i-\bar{y})$ 的绝对值很小。若存在正相关或负相关关系，则相互抵消掉的部分很少，$\sum_{i=1}^{n}(x_i-\bar{x})(y_i-\bar{y})$ 的绝对值就较大。相关性越强，$\sum_{i=1}^{n}(x_i-\bar{x})(y_i-\bar{y})$ 的绝对值就越大。统计学中将 $\sum_{i=1}^{n}(x_i-\bar{x})(y_i-\bar{y})$ 称为协方差。协方差的大小受变量单位影响。将协方差标准化就构成了描述变量相关程度的相关系数，这个相关系数也称皮尔逊相关系数，通常用 r 表示。r 的计算公式如下：

$$r=\frac{\sum_{i=1}^{n}(x_i-\bar{x})(y_i-\bar{y})}{\sqrt{\sum_{i=1}^{n}(x_i-\bar{x})^2\sum_{i=1}^{n}(y_i-\bar{y})^2}} \tag{4-1}$$

整理后可以得到一个常用的导出公式

$$r=\frac{\sum_{i=1}^{n}x_iy_i-n\bar{x}\bar{y}}{\sqrt{\sum_{i=1}^{n}x_i^2-n\bar{x}^2}\sqrt{\sum_{i=1}^{n}y_i^2-n\bar{y}^2}} \tag{4-2}$$

用式（4 - 2）计算比用式（4 - 1）计算相对简单一些。

（二）皮尔逊相关系数的计算

例 4-1

表 4-1 列出了 10 名学生的数学成绩与物理成绩。

表 4-1　10 名学生的数学成绩与物理成绩

序号	数学成绩 x_i	物理成绩 y_i	$x_i-\bar{x}$	$(x_i-\bar{x})^2$	$y_i-\bar{y}$	$(y_i-\bar{y})^2$	$(x_i-\bar{x})(y_i-\bar{y})$
1	61	58	−19.30	372.49	−20.60	424.36	397.58
2	70	66	−10.30	106.09	−12.60	158.76	129.78
3	75	81	−5.30	28.09	2.40	5.76	−12.72
4	77	68	−3.30	10.89	−10.60	112.36	34.98
5	80	85	−0.30	0.09	6.40	40.96	−1.92
6	82	79	1.70	2.89	0.40	0.16	0.68
7	83	83	2.70	7.29	4.40	19.36	11.88
8	89	85	8.70	75.69	6.40	40.96	55.68
9	92	87	11.70	136.89	8.40	70.56	98.28
10	94	94	13.70	187.69	15.40	237.16	210.98

要求：计算这两科成绩的皮尔逊相关系数。

解： $\bar{x}=\dfrac{\sum_{i=1}^{10}x_i}{n}=\dfrac{61+70+75+77+80+82+83+89+92+94}{10}=80.3(\text{分})$

$$\bar{y}=\frac{\sum_{i=1}^{10}y_i}{n}=\frac{58+66+81+68+85+79+83+85+87+94}{10}=78.6(\text{分})$$

对$(x_i-\bar{x})^2$，$(y_i-\bar{y})^2$，$(x_i-\bar{x})(y_i-\bar{y})$ 的计算见表 4-1 中的第四至第八列。

$$\begin{aligned}\sum_{i=1}^{n}(x_i-\bar{x})(y_i-\bar{y})&=397.58+129.78-12.72+34.98-1.92+0.68\\&\quad+11.88+55.68+98.28+210.98\\&=925.2\end{aligned}$$

$$\begin{aligned}\sum_{i=1}^{n}(x_i-\bar{x})^2&=372.49+106.09+28.09+10.89+0.09+2.89+7.29\\&\quad+75.69+136.89+187.69\\&=928.1\end{aligned}$$

$$\begin{aligned}\sum_{i=1}^{n}(y_i-\bar{y})^2&=424.36+158.76+5.76+112.36+40.96+0.16\\&\quad+19.36+40.96+70.56+237.16\\&=1\,110.4\end{aligned}$$

$$r=\frac{\sum_{i=1}^{n}(x_i-\overline{x})(y_i-\overline{y})}{\sqrt{\sum_{i=1}^{n}(x_i-\overline{x})^2\sum_{i=1}^{n}(y_i-\overline{y})^2}}=\frac{925.2}{\sqrt{928.1\times 1\,110.4}}=0.911$$

计算结果说明，这 10 名学生的数学成绩与物理成绩有很强的相关关系。

例 4－2

表 4－2 列出了 11 个家庭的月收入与住房面积数据。

表 4－2　月收入与住房面积

编号	月收入 x_i（千元）	住房面积 y_i（平方米）	x_i^2	y_i^2	x_iy_i
1	1.2	30	1.44	900	36.0
2	2.2	36	4.84	1 296	79.2
3	1.5	46	2.25	2 116	69.0
4	4.0	52	16.00	2 704	208.0
5	2.6	54	6.76	2 916	140.4
6	4.2	60	17.64	3 600	252.0
7	3.4	67	11.56	4 489	227.8
8	4.6	75	21.16	5 625	345.0
9	5.2	86	27.04	7 396	447.2
10	6.5	90	42.25	8 100	585.0
11	5.8	95	33.64	9 025	551.0

要求：计算住房面积与家庭月收入的皮尔逊相关系数。

解：由题意可得 $n=11$。

现根据导出公式（4－2）计算皮尔逊相关系数。x^2，y^2 和 xy 的计算见表 4－2 中的第四至第六列。

$$\overline{x}=\frac{\sum_{i=1}^{11}x_i}{n}$$

$$=\frac{1.2+2.2+1.5+4.0+2.6+4.2+3.4+4.6+5.2+6.5+5.8}{11}$$

$$=3.75\text{（千元）}$$

$$\bar{y}=\frac{\sum_{i=1}^{11} y_i}{n}$$

$$=\frac{30+36+46+52+54+60+67+75+86+90+95}{11}$$

$$=62.82\text{（平方米）}$$

$$\sum_{i=1}^{n} x_i^2=1.44+4.84+2.25+16.00+6.76+17.64+11.56+21.16+27.04+42.25+33.64=184.58$$

$$\sum_{i=1}^{n} y_i^2=900+1\,296+2\,116+2\,704+2\,916+3\,600+4\,489+5\,625+7\,396+8\,100+9\,025=48\,167$$

$$\sum_{i=1}^{n} x_i y_i=36.0+79.2+69.0+208.0+140.4+252.0+227.8+345.0+447.2+585.0+551.0=2\,940.6$$

$$r=\frac{\sum_{i=1}^{n} x_i y_i-n\bar{x}\bar{y}}{\sqrt{\sum_{i=1}^{n} x_i^2-n\bar{x}^2}\sqrt{\sum_{i=1}^{n} y_i^2-n\bar{y}^2}}$$

$$=\frac{2\,940.6-11\times 3.75\times 62.82}{\sqrt{184.58-11\times 3.75^2}\sqrt{48\,167-11\times 62.82^2}}=0.926\,2$$

计算结果说明，这11个家庭的月收入与住房面积有很强的正相关性。

例4-3

表4-3是从党的十八大以后被查处的腐败落马的省部级官员中随机抽取的24人，制作这些贪腐官员的首次贪腐年龄与腐败生存期的相关散点图并计算皮尔逊相关系数。

表4-3　腐败落马官员首次贪腐年龄与腐败生存期

编号	首次贪腐年龄 x_i	腐败生存期 y_i	编号	首次贪腐年龄 x_i	腐败生存期 y_i
1	35	18	5	37	23
2	37	16	6	38	22
3	37	19	7	40	22
4	37	19	8	41	17

续表

编号	首次贪腐年龄 x_i	腐败生存期 y_i	编号	首次贪腐年龄 x_i	腐败生存期 y_i
9	41	17	17	47	12
10	44	16	18	47	14
11	44	13	19	47	18
12	44	17	20	48	11
13	46	17	21	49	10
14	46	19	22	52	12
15	46	12	23	54	12
16	46	15	24	54	8

解：(1) 制作首次贪腐年龄与腐败生存期的相关散点图，如图 4－6 所示。

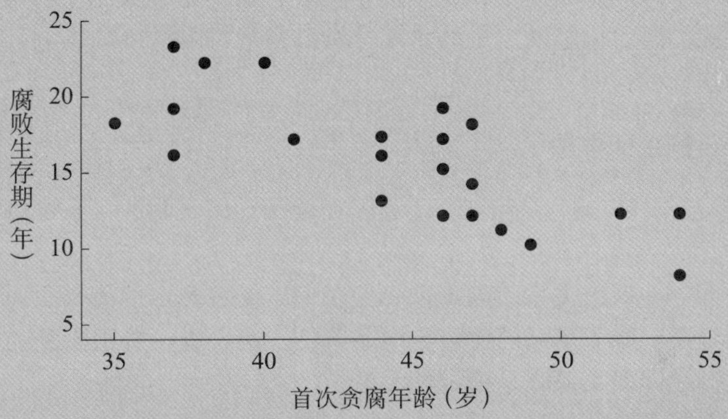

图 4－6　落马官员的首次贪腐年龄与腐败生存期的相关散点图

(2) 计算落马官员的首次贪腐年龄与腐败生存期的皮尔逊相关系数。

$$\bar{x}=\frac{\sum_{i=1}^{24}x_i}{24}=\frac{35+37+\cdots+54+54}{24}=44.07\text{（岁）}$$

$$\bar{y}=\frac{\sum_{i=1}^{24}y_i}{24}=\frac{18+16+\cdots+12+8}{24}=15.79\text{（年）}$$

$$\sum_{i=1}^{24}x_i^2=35^2+37^2+\cdots+54^2+54^2=47\ 247$$

$$\sum_{i=1}^{24}y_i^2=18^2+16^2+\cdots+12^2+8^2=6\ 347$$

$$\sum_{i=1}^{24}x_iy_i=35\times18+37\times16+\cdots+54\times12+54\times8=16\ 301$$

$$r=\frac{\sum_{i=1}^{n}x_iy_i-n\overline{x}\overline{y}}{\sqrt{\sum_{i=1}^{n}x_i^2-n\overline{x}^2}\sqrt{\sum_{i=1}^{n}y_i^2-n\overline{y}^2}}$$

$$=\frac{16\ 301-24\times 44.04\times 15.79}{\sqrt{47\ 247-24\times 44.04^2}\sqrt{6\ 347-24\times 15.79^2}}=-0.779$$

计算结果说明，落马官员首次贪腐时的年龄与腐败生存期呈较强的负相关。

第2节　回归分析

相关分析的结果只能说明两个变量是否有关系。如果能够从定性的角度判定变量之间存在因果关系，我们还希望能从定量的角度分析自变量对因变量的影响。采用回归分析的方法就可以达到这样的目的。

一、回归分析的统计思想

设有两个变量 x，y，x 为自变量，y 为因变量。它们之间的关系可以分为确定性关系与非确定性关系。

确定性关系即一一对应关系。当 x 取一定值时，y 有确定的值与之对应。例如，购买某种商品支付的金额＝购买商品的数量×商品单价。在这里，购买商品的数量与支付的金额一一对应，它们之间的关系就是确定性关系。

非确定性关系则是一种数量上的依存关系，表现为两个变量相关，但并不一一对应，例如身高与体重的关系。一般而言，身高较高的人体重也相对较重，身高较矮的人体重也相对偏轻。但这并不是绝对的，一定的身高对应着多个体重。如果有两个身高 x_i 和 x_j，且 $x_i<x_j$，我们所说的身高越高体重越重的规律指的是身高为 x_i 的所有人的平均体重要低于身高为 x_j 的所有人的平均体重。

因为影响因变量的因素可能有多个，所以如果只研究其中一个因素对因变量的作用，则这两个变量之间不可能表现为一一对应的关系，而是一种相关关系。

确定性关系可以用函数来描述，即 $y=f(x)$。如果大米的价格是4元/千克，用 x 表示购买大米的数量，y 表示支付的金额，则两个变量的函数关系为 $y=4x$。

非确定性关系也可以采用函数的方法来描述，只是用自变量来估计因变量时会产生一定的误差。如果用函数的方法来描述两个变量之间的关系结构，同时又能够明确自变量对因变量的解释作用有多大，或者产生的误差有多大，就可以用确定性的方法来研究非确定性的变量关系，这就是回归分析的基本思想。

“回归”一词是由英国生物学家F.高尔顿于19世纪首次提出的。高尔顿在研究人类身高遗传时发现：个子特别高的父母，其子女身高有低于父母身高的趋势；而个子特别矮的父母，其子女身高有高于其父母身高的趋势，即特别高或特别矮的父母，其子女的身高有向总体身高的平均值“回归”的趋势。这是统计学上“回归”最初出现时的含义。高尔顿用坐标系中的直线来描述父辈身高与子辈身高的关系，并将这个直线称为回归直线，由此创造了回归分析的方法。①

回归分析是对变量的一组观察值拟合一个函数，将非确定性关系转化为确定性关系进行研究。由于变量之间关系的特征不同，因此拟合的函数也不同。

二、线性回归

（一）线性回归方程的建立

回归分析最简单的方法是对一组观察值拟合一条直线，这种方法叫直线回归分析，也称线性回归分析。拟合的直线叫作回归直线，也称回归方程。回归方程中自变量的系数能够说明当自变量增加一单位时因变量将发生怎样的改变。图 4-7 中的直线 $\hat{y}=-114.3+1.08x$ 即由对 12 个个体的观察值拟合得到的回归直线。

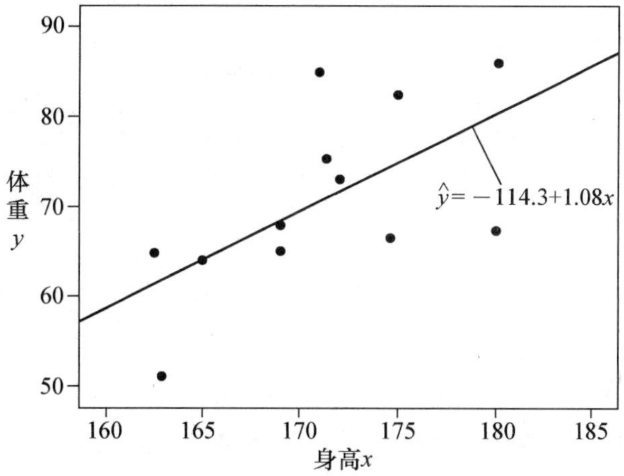

图 4-7　身高与体重的散点图（一）

线性回归方程的一般表达式为：

$$\hat{y}=b_0+b_1x \tag{4-3}$$

在回归方程中，b_0 和 b_1 是未知参数，b_0 是回归直线的截距，b_1 是回归直线的斜率，也称回归系数。这两个参数确定以后，回归方程就被唯一确定了。进行回归分析，首先要建立回归方程，也就是利用变量的一组观察值来求解回归直线的参数 b_0 和 b_1。

设（x_i，y_i）（$i=1$，2，…，n）是变量 x 与 y 的 n 个观察值，$\hat{y}=b_0+b_1x$ 是通过这组观察值拟合的回归直线。如果不加限制，对于一组观察值可以拟合出无数条直线。如何从这些直线中找到一条拟合效果最好的直线呢？可以利用最小二乘法来解决这个问题。

当 $x=x_i$ 时，用回归方程计算出的拟合值 $\hat{y}_i$ 与观察值 y_i 之间的差用 Δ_i 来表示。Δ_i 也称为残差。从图 4-8 中可以看出，残差为：

① 陈希孺. 数理统计学简史. 长沙：湖南教育出版社，2003：158-161.

$$\Delta_i = y_i - \hat{y}_i \tag{4-4}$$

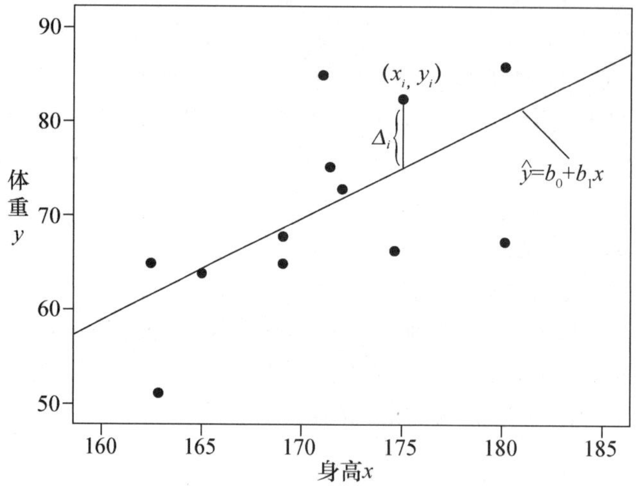

图4-8　身高与体重的散点图（二）

拟合效果最好即意味着，对于所有的 x_i，用回归方程计算出的拟合值 $\hat{y}_i$ 与观察值 y_i 之间的差异的总和最小。这个总和也称总误差。总误差应该是对所有的 Δ_i 求和。但直接对 Δ_i 求和，会出现正负抵消的问题，因此，对 Δ_i^2 求和，其值称为总误差平方和，用 Q 表示。

$$Q = \sum_{i=1}^{n}(y_i - \hat{y}_i)^2 = \sum_{i=1}^{n}(y_i - b_0 - b_1 x_i)^2 \tag{4-5}$$

式中，y_i 和 x_i 为已知的观察值；b_0 和 b_1 是未知参数；Q 是 b_0 和 b_1 的函数。

寻找拟合效果最好的直线的过程，就是求解 b_0 和 b_1，使得 Q 最小的过程。具体如下：

分别求 Q 对 b_0 和 b_1 的偏导数：

$$\frac{\partial Q}{\partial b_0} = \sum_{i=1}^{n} 2(y_i - b_0 - b_1 x_i)(-1) \tag{4-6}$$

$$\frac{\partial Q}{\partial b_1} = \sum_{i=1}^{n} 2(y_i - b_0 - b_1 x_i)(-x_i) \tag{4-7}$$

令偏导数为零，并求解二元一次方程组：

$$\begin{cases} \sum_{i=1}^{n} 2(y_i - b_0 - b_1 x_i)(-1) = 0 \\ \sum_{i=1}^{n} 2(y_i - b_0 - b_1 x_i)(-x_i) = 0 \end{cases} \tag{4-8}$$

通过整理上述方程组，得出求解 b_0 和 b_1 的公式：

$$b_0 = \bar{y} - b_1 \bar{x} \tag{4-9}$$

$$b_1=\frac{\sum_{i=1}^{n}(x_i-\bar{x})(y_i-\bar{y})}{\sum_{i=1}^{n}(x_i-\bar{x})^2}=\frac{\sum_{i=1}^{n}(x_iy_i)-n\bar{x}\,\bar{y}}{\sum_{i=1}^{n}x_i^2-n\bar{x}^2} \tag{4-10}$$

例 4-4

对例 4-2，求解以住房面积为因变量、家庭月收入为自变量的回归方程。

解：在例 4-2 中已求得 $\bar{x}=3.75$（千元），$\bar{y}=62.82$（平方米）。

$(x_i-\bar{x})^2$ 和 $(x_i-\bar{x})(y_i-\bar{y})$ 的计算见表 4-4 中的第六、第七两列。

$$\begin{aligned}\sum_{i=1}^{11}(x_i-\bar{x})^2 &= 6.50+2.40+5.06+0.06+1.32+0.20+0.12+0.72+2.10\\&\quad+7.56+4.20\\&=30.27\end{aligned}$$

$$\begin{aligned}\sum_{i=1}^{11}(x_i-\bar{x})(y_i-\bar{y}) &= 83.69+41.57+37.85-2.71+10.14-1.27\\&\quad-1.46+10.35+33.61+74.75+65.97\\&=352.49\end{aligned}$$

表 4-4　月收入与住房面积

序号	住房面积 y_i（平方米）	月收入 x_i（千元）	$y_i-\bar{y}$	$x_i-\bar{x}$	$(x_i-\bar{x})^2$	$(x_i-\bar{x})(y_i-\bar{y})$
1	30	1.2	−32.82	−2.55	6.50	83.69
2	36	2.2	−26.82	−1.55	2.40	41.57
3	46	1.5	−16.82	−2.25	5.06	37.85
4	52	4.0	−10.82	0.25	0.06	−2.71
5	54	2.6	−8.82	−1.15	1.32	10.14
6	60	4.2	−2.82	0.45	0.20	−1.27
7	67	3.4	4.18	−0.35	0.12	−1.46
8	75	4.6	12.18	0.85	0.72	10.35
9	86	5.2	23.18	1.45	2.10	33.61
10	90	6.5	27.18	2.75	7.56	74.75
11	95	5.8	32.18	2.05	4.20	65.97

$$b_1=\frac{\sum_{i=1}^{n}(y_i-\bar{y})(x_i-\bar{x})}{\sum_{i=1}^{n}(x_i-\bar{x})^2}=\frac{352.49}{30.27}=11.65$$

$b_0=\bar{y}-b_1\bar{x}=62.82-11.65\times3.75=19.2$

$\hat{y}=19.2+11.65x$

回归方程表明，家庭月收入每增加 1 000 元，住房面积会相应增加 11.65 平方米。

例 4-5

对例 4-3，求解以落马官员的腐败生存期为因变量、首次贪腐时的年龄为自变量的回归方程。

解：在例 4-3 中已求得 $\overline{x}=44.07$（岁），$\overline{y}=15.79$（年），

$$\sum_{i=1}^{24} x_i^2 = 47\,247, \quad \sum_{i=1}^{24} x_i y_i = 16\,301$$

$$b_1 = \frac{\sum_{i=1}^{n} x_i y_i - n\overline{x}\,\overline{y}}{\sum_{i=1}^{n} x_i^2 - n\overline{x}^2} = \frac{16\,301 - 24\times 44.07\times 15.79}{47\,247 - 24\times 44.07^2} = -0.562$$

$$b_0 = \overline{y} - b_1\overline{x} = 15.79 - (-0.562)44.07 = 40.557$$

$$\hat{y} = 40.557 - 0.562x$$

回归方程表明，首次贪腐时的年龄每增加 1 岁，其腐败生存期会减短 0.562 年。

（二）线性回归方程的拟合优度

使用最小二乘法可以根据两个变量 x 与 y 的任何一组数据拟合一条直线，不论 x 与 y 之间是否存在关系。在图 4-9 中，用圆点数据和用三角点数据拟合出的是同一条直线 $\hat{y}=25+10x$。可以看出，对于圆点数据，用回归直线进行拟合时产生的误差较小；对于三角点数据，则产生的误差较大。也就是说，这条回归直线对前者有很好的拟合优度，对于后者则有较差的拟合优度。因此，进行回归分析不能只建立回归方程，还要明确回归方程的拟合优度。

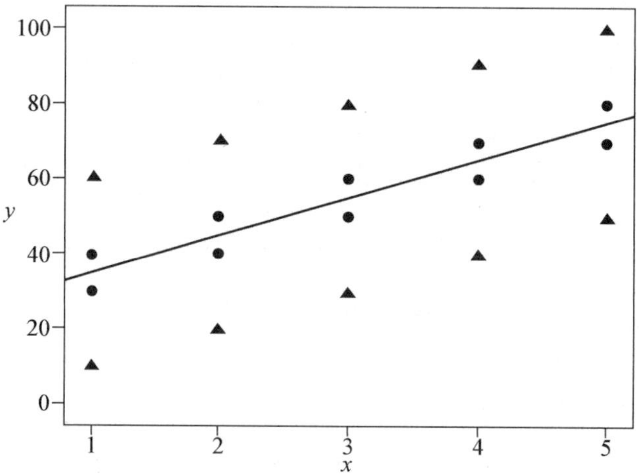

图 4-9　拟合优度比较散点图

拟合优度是根据消减误差比例的思想计算的。当其他条件未知时，一般用变量 y 的均

值 $\bar{y}$ 来猜测每个个体的 y 值，这时产生的误差平方和为 $\sum_{i=1}^{n}(y_i-\bar{y})^2$。若利用回归方程来猜测 y 值，产生的误差平方和为 $\sum_{i=1}^{n}(y_i-\hat{y}_i)^2$。与利用 $\bar{y}$ 进行猜测相比，消减的误差平方和为 $\sum_{i=1}^{n}(\hat{y}_i-\bar{y})^2$，所以消减误差比例为：

$$PRE=\frac{\sum_{i=1}^{n}(\hat{y}_i-\bar{y})^2}{\sum_{i=1}^{n}(y_i-\bar{y})^2} \tag{4-11}$$

这个消减误差比例就是回归方程的拟合优度，用 R^2 来表示。将 $\hat{y}=b_0+b_1x$，以及 b_0 与 b_1 的表达式代入式（4－11），整理后可得

$$R^2=\frac{\left[\sum_{i=1}^{n}(x_i-\bar{x})(y_i-\bar{y})\right]^2}{\sum_{i=1}^{n}(x_i-\bar{x})^2\sum_{i=1}^{n}(y_i-\bar{y})^2}=\frac{\left(\sum_{i=1}^{n}x_iy_i-n\bar{x}\bar{y}\right)^2}{\left(\sum_{i=1}^{n}x_i^2-n\bar{x}^2\right)\left(\sum_{i=1}^{n}y_i^2-n\bar{y}^2\right)} \tag{4-12}$$

可见，R^2 其实就是变量 x 与 y 的皮尔逊相关系数的平方，即 $R^2=r^2$。其值说明回归方程能够减少猜测误差的百分比，或者自变量能够解释因变量变化的百分比。R^2 被称为判定系数。

在图 4－9 中，对于圆点数据，回归方程的判定系数为 0.978；对于三角点数据，回归方程的判定系数为 0.597。也就是说，用回归方程 $\hat{y}=25+10x$ 来拟合圆点数据有很好的拟合优度，自变量可以解释因变量变化的 97.8%；用该方程来拟合三角点数据，拟合优度则比较差，自变量只能解释因变量变化的 59.7%。

例 4－6

计算例 4－4 中求得的回归方程的拟合优度。

解：因为拟合优度 $R^2=r^2$，由例 4－2 得

$$r=0.9262$$

所以　$R^2=r^2=0.9262^2=0.8578$

即家庭月收入可解释住房面积变化的 85.78%。

三、非线性回归

（一）非线性回归方程的建立

如果变量 x 与 y 之间不是简单的线性关系，则用线性回归方程来拟合就不能很好地反映变量之间的关系，用线性回归方程进行预测也得不到很好的预测结果。图 4－10 是历年广州春季商品交易会（简称广交会）的客商来自国家和地区的数量与成交额的相关散点

图。从图中可以看出，x 与 y 之间并不是线性关系，而是非线性关系。这时再用直线来拟合就不能很好地说明两个变量之间的关系了，会产生很大的误差。

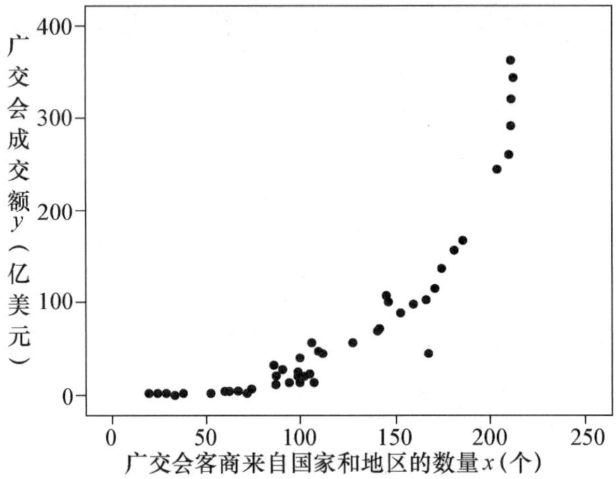

图 4-10　广交会客商来自国家和地区的数量与成交额的散点图

资料来源：中国进出口商品交易会官方网站，http://www.cantonfair.org.cn.

在这种情况下，可以用曲线来拟合 x 与 y 之间的关系，这种方法称为非线性回归。与线性回归方程的建立一样，也可以采用最小二乘法来建立非线性回归方程。如果用二次曲线来拟合变量之间的关系，非线性回归方程为：

$$\hat{y}=b_0+b_1x+b_2x^2 \tag{4-13}$$

设 Q 为总误差平方和，则有

$$Q=\sum_{i=1}^{n}(y_i-\hat{y}_i)^2=\sum_{i=1}^{n}(y_i-b_0-b_1x_i-b_2x_i^2)^2 \tag{4-14}$$

分别求 Q 对 b_0，b_1 和 b_2 的偏导数得

$$\frac{\partial Q}{\partial b_0}=\sum_{i=1}^{n}2(y_i-b_0-b_1x_i-b_2x_i^2)(-1) \tag{4-15}$$

$$\frac{\partial Q}{\partial b_1}=\sum_{i=1}^{n}2(y_i-b_0-b_1x_i-b_2x_i^2)(-x_i) \tag{4-16}$$

$$\frac{\partial Q}{\partial b_2}=\sum_{i=1}^{n}2(y_i-b_0-b_1x_i-b_2x_i^2)(-x_i^2) \tag{4-17}$$

令上述三个导数为 0，得到关于 b_0，b_1 和 b_2 的三元一次方程组：

$$\begin{cases}\sum_{i=1}^{n}2(y_i-b_0-b_1x_i-b_2x_i^2)(-1)=0\\ \sum_{i=1}^{n}2(y_i-b_0-b_1x_i-b_2x_i^2)(-x_i)=0\\ \sum_{i=1}^{n}2(y_i-b_0-b_1x_i-b_2x_i^2)(-x_i^2)=0\end{cases} \tag{4-18}$$

求解上述三元一次方程组可得

$$b_2=-\frac{\left(\sum_{i=1}^{n}y_ix_i^2-\bar{y}\sum_{i=1}^{n}x_i^2\right)\left(\bar{x}\sum_{i=1}^{n}x_i-\sum_{i=1}^{n}x_i^2\right)+\left(\sum_{i=1}^{n}y_ix_i-\bar{y}\sum_{i=1}^{n}x_i\right)\left(\bar{x}\sum_{i=1}^{n}x_i^2-\sum_{i=1}^{n}x_i^3\right)}{\left(\bar{x^2}\sum_{i=1}^{n}x_i-\sum_{i=1}^{n}x_i^3\right)\left(\bar{x}\sum_{i=1}^{n}x_i^2-\sum_{i=1}^{n}x_i^3\right)+\left(\bar{x^2}\sum_{i=1}^{n}x_i^2-\sum_{i=1}^{n}x_i^4\right)\left(\bar{x}\sum_{i=1}^{n}x_i-\sum_{i=1}^{n}x_i^2\right)} \tag{4-19}$$

$$b_1=\frac{\left(\sum_{i=1}^{n}y_ix_i-\bar{y}\sum_{i=1}^{n}x_i\right)}{\left(\bar{x}\sum_{i=1}^{n}x_i-\sum_{i=1}^{n}x_i^2\right)}+\frac{\left(\bar{x}^2\sum_{i=1}^{n}x_i-\sum_{i=1}^{n}x_i^3\right)}{\left(\bar{x}\sum_{i=1}^{n}x_i-\sum_{i=1}^{n}x_i^2\right)}b_2 \tag{4-20}$$

$$b_0=\bar{y}-b_1\bar{x}-b_2\,\bar{x}^2 \tag{4-21}$$

求解 b_0，b_1 和 b_2 的过程由于涉及大量数据高次方的运算，因此计算很麻烦。如果拟合三次曲线或其他复杂的曲线，则计算量更大，这使得非线性回归方程的应用受到了限制。计算机统计分析解决了大量数据计算繁杂的问题，用统计软件进行非线性回归分析的操作也很简单。目前，非线性回归得到了有效的应用。

（二）非线性回归分析的应用

非线性回归首先要根据散点图中的数据分布来选择拟合函数。如果数据分布呈现出明显的曲线特征，选择一个形状与其相近的曲线方程，求解出相应的系数，即可建立非线性回归模型。在统计软件 SPSS 中给出的下面 10 种曲线方程，可作为拟合函数：

（1）Linear：直线。与一元回归分析完全相同，拟合的数学模型为：$y=b_0+b_1x$。

（2）Quadratic：二次曲线。拟合的数学模型为：$y=b_0+b_1x+b_2x^2$。

（3）Compound：复合函数曲线。拟合的数学模型为：$y=b_0+b_1^x$。

（4）Growth：等比级数曲线。拟合的数学模型为：$y=e^{b_0+b_1x}$。

（5）Logarithmic：对数曲线。拟合的数学模型为：$y=b_0+b_1\ln x$。

（6）Cubic：三次曲线。拟合的数学模型为：$y=b_0+b_1x+b_2x^2+b_3x^3$。

（7）S：S 形曲线。拟合的数学模型为：$y=e^{b_0+\frac{b_1}{x}}$。

（8）Expoential：指数函数曲线。拟合的数学模型为：$y=b_0+e^{b_1x}$。

（9）Inverse：反比例函数曲线。拟合的数学模型为：$y=b_0+\frac{b_1}{x}$。

（10）Power：幂函数曲线。拟合的数学模型为：$y=b_0+x^{b_1}$。

非线性回归与线性回归的不同点在于，对于一组观察值可以拟合多种曲线，计算的工作可以交给计算机来完成。研究者根据判定系数 R^2 的大小，可以从中选择拟合优度最好的曲线。根据图 4-10 的数据拟合的直线、二次曲线、三次曲线分别为图 4-11 中的点划线、虚线和实线。计算出的三个拟合函数为：

线性回归模型：$y=-96.538+1.502x$；

二次曲线回归模型：$y=49.487-1.632x+0.013x^2$；

三次曲线回归模型：$y=-40.112+1.825x-0.022x^2+1.002\times10^{-4}x^3$。

三条曲线的拟合优度如下：直线的 $R^2=0.758$，二次曲线的 $R^2=0.935$，三次曲线的

$R^2=0.961$。由于三次曲线的拟合优度最好，因此选择三次曲线作为最终的回归曲线。

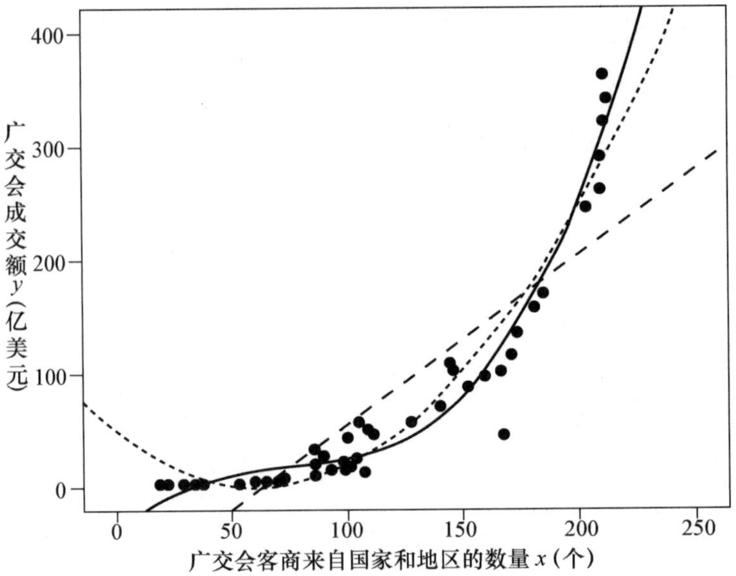

图4-11　曲线拟合图

使用SPSS统计软件进行非线性回归分析的具体操作见尹海洁、刘耳所著的《社会统计软件SPSS 15.0 FOR WINDOWS简明教程》，第158—161页。

习　题

1. 已知8名高三学生的身高与体重的资料如下表所示。

8名高三学生的身高与体重

项目＼学生编号	1	2	3	4	5	6	7	8
身高 x（米）	1.55	1.60	1.65	1.67	1.70	1.75	1.80	1.82
体重 y（千克）	50	52	57	56	60	65	62	70

要求：

(1) 建立以身高 x 为自变量、体重 y 为因变量的一元线性回归方程；

(2) 计算拟合优度。

2. 下表是某住宅小区10个家庭的家庭年收入与人均住宅面积的数据：

某住宅小区10个家庭的家庭年收入与人均住宅面积

项目＼个体编号	1	2	3	4	5	6	7	8	9	10
家庭年收入 x（万元）	3.9	5.8	6.2	6.8	7.5	8.5	9.8	11	15.5	25
人均住宅面积 y（平方米）	10	12	15	13	15	15	30	40	50	30

要求：

(1) 绘制家庭年收入 x 与人均住宅面积 y 的散点图；

(2) 计算家庭年收入 x 与人均住宅面积 y 的相关系数；

(3) 建立以家庭年收入 x 为自变量、人均住宅面积 y 为因变量的线性回归方程；

(4) 计算拟合优度。

3. 某研究机构为了解该市居民受教育年限与收入的关系，有选择地进行了一次小规模调查，其中被调查者受教育年限与月收入的情况如下表所示。

受教育年限与月收入的调查结果

个体编号	受教育年限（年）	月收入（元）	个体编号	受教育年限（年）	月收入（元）	个体编号	受教育年限（年）	月收入（元）
1	6	800	8	12	1 700	15	18	5 700
2	6	1 100	9	12	2 300	16	19	6 100
3	6	900	10	15	2 800	17	19	6 400
4	9	900	11	15	2 200	18	19	5 600
5	9	1 500	12	16	2 800	19	23	6 300
6	9	1 802	13	16	3 800	20	23	6 200
7	12	2 100	14	16	3 400			

要求：

(1) 绘制受教育年限 x 与月收入 y 的散点图；

(2) 计算受教育年限 x 与月收入 y 的相关系数；

(3) 建立以受教育年限 x 为自变量、月收入 y 为因变量的线性回归方程；

(4) 计算拟合优度。

4. 下表是某社区10名残疾人年龄与受教育年限的统计情况。

某社区10名残疾人的年龄与受教育年限情况

项目 \ 编号	1	2	3	4	5	6	7	8	9	10
年龄 x（岁）	16	21	25	32	33	38	45	52	56	63
受教育年限 y（年）	3	9	11	11	15	15	9	8	4	3

要求：选择一条合适的曲线来拟合这些数据。

第 5 章 类别变量与尺度变量关系的描述统计

在社会学研究中经常要分析类别变量与尺度变量之间的关系。如收入与学历是否相关，初婚年龄与地区是否相关，等等。这种变量之间的关系也可以用统计表、统计图和统计特征值来描述。

第 1 节　平均值比较分析

一、平均值比较分析的统计思想

类别变量与尺度变量之间的差异在于，类别变量只有较少的几个取值，尺度变量则有很多取值，有些尺度变量的取值范围还很大。分析类别变量与尺度变量之间关系的方法是比较类别变量取不同值时，尺度变量的平均值是否有差异。如果类别变量取不同值时，尺度变量的平均值有较大差异，则认为类别变量与尺度变量相关；如果类别变量取不同值时，尺度变量的平均值基本相等或差异不大，则认为类别变量与尺度变量不相关。

设存在两个变量 x 和 y，x 为类别变量，有 m 个取值 x_1，x_2，…，x_m；y 为尺度变量。先按照类别变量将数据分为 m 类，然后计算每个类别变量 y 的平均值，可得 $\bar{y}_1$，$\bar{y}_2$，…，$\bar{y}_m$。对这些平均值进行比较，如果差异很大，则认为 x 和 y 相关；如果这些平均值都相等，或者仅有微小差异，则认为 x 和 y 不相关。

例 5－1

某班级进行一次外语水平考试，不同性别学生的成绩如表 5－1 所示。

表 5－1　不同性别学生的考试成绩

性别 x	考试成绩 y（分）														
男	61	65	69	70	74	75	76	82	83	85	89	94	95	98	99
女	59	64	68	70	75	76	78	81	84	85	87	92	94	96	98

问：这个班级学生的外语成绩与性别是否相关？

解：已知 $n_1 = n_2 = 15$。

设男生的平均成绩为 $\bar{y}_1$，女生的平均成绩为 $\bar{y}_2$。

$$\bar{y}_1 = \frac{\sum_{i=1}^{15} y_i}{15}$$

$$= \frac{61+65+69+70+74+75+76+82+83+85+89+94+95+98+99}{15} = 81(\text{分})$$

$$\bar{y}_2 = \frac{\sum_{i=1}^{15} y_i}{15}$$

$$= \frac{59+64+68+70+75+76+78+81+84+85+87+92+94+96+98}{15}$$

$$= 80.47(\text{分})$$

由于男女生的平均成绩差异不大，因此认为这个班级学生的性别与考试成绩不相关，也就是说，男女生的学习成绩基本没有差异。

二、统计表、条形图与折线图

（一）统计表

类别变量与尺度变量之间的关系可以用统计表进行描述。例如，表 5－2 描述的是 2019 年不同地区居民的年人均可支配收入。从表中可以看出，不同地区居民的年人均可支配收入差异很大，可以认为居民的年人均可支配收入与地区相关。

表 5－2　2019 年居民人均可支配收入　　单位：元

地区	人均可支配收入	地区	人均可支配收入	地区	人均可支配收入
北京	67 755.9	安徽	26 415.1	四川	24 703.1
天津	42 404.1	福建	35 616.1	贵州	20 397.4
河北	25 664.7	江西	26 262.4	云南	22 082.4
山西	23 828.5	山东	31 597.0	西藏	19 501.3
内蒙古	30 555.0	河南	23 902.7	陕西	24 666.3
辽宁	31 819.7	湖北	28 319.5	甘肃	19 139.0
吉林	24 562.9	湖南	27 679.7	青海	22 617.7
黑龙江	24 253.6	广东	39 014.3	宁夏	24 411.9

续表

地区	人均可支配收入	地区	人均可支配收入	地区	人均可支配收入
上海	69 441.6	广西	23 328.2	新疆	23 103.4
江苏	41 399.7	海南	26 679.5		
浙江	49 898.8	重庆	28 920.4		

资料来源：国家统计局．中国统计年鉴：2020．北京：中国统计出版社，2020：180.

（二）条形图与折线图

1．条形图

类别变量与尺度变量之间的关系也可以用统计图鲜明地展现出来。将类别变量的每个取值用一个条表示，用条的高度表示属于该类别的所有个体在所研究的尺度变量上的平均值，可以绘制反映两个变量关系的条形图。从根据表 5－2 中的数据绘制的条形图（见图 5－1）中可以看出，北京、天津、上海、江苏、浙江、福建和广东等地区居民的年人均可支配收入明显高于其他地区。这说明地区与居民年人均可支配收入之间存在相关关系，不同地区的居民年人均可支配收入存在较大差异。

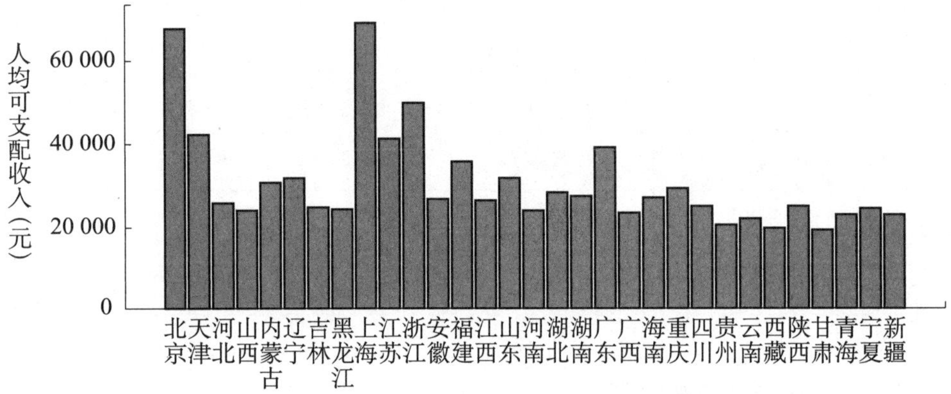

图 5－1　2019 年居民人均可支配收入条形图

2．折线图

将图 5－1 中条形顶端的中点用折线相连，就可以绘制出反映两个变量关系的折线图，如图 5－2 所示。

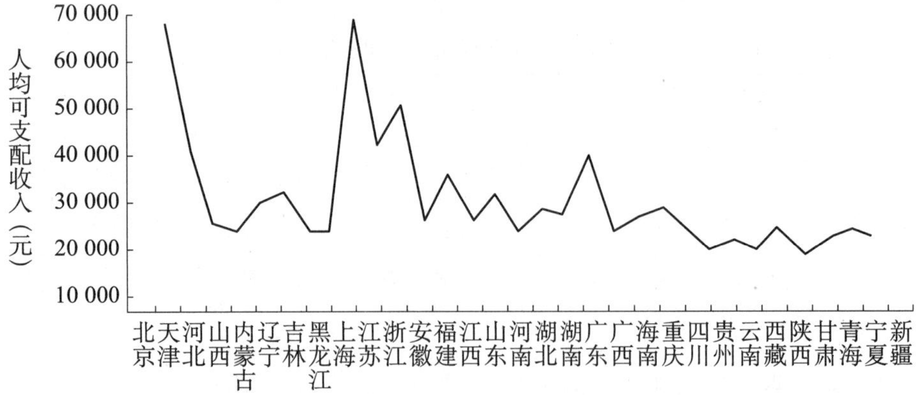

图 5－2　2019 年居民人均可支配收入折线图

第 2 节　相关比率

一、相关比率的构建思想

对不同类别的平均值进行比较只能粗略地说明类别变量与尺度变量之间是否相关，要想精确地说明两个变量的相关程度还要用相关系数。类别变量与尺度变量之间的相关系数称为相关比率，用 *eta* 来表示。相关比率也是基于消减误差比例的思想构建的。

假设已知变量 y 的平均值 $\bar{y}$，要猜测每个个体 y 变量的值 y_i，只能将每个个体的 y 值都猜测为平均值 $\bar{y}$。这时产生的总误差平方和为：

$$E_1 = \sum_{i=1}^{m}\sum_{j=1}^{n_i}(y_{ij} - \bar{y})^2 \tag{5-1}$$

如果知道 y 与一个类别变量 x 相关，且 x 有 m 个取值，每个类别的个体数分别为 n_1，n_2，…，n_m，在 x 的每个类别上 y 的均值分别为 $\bar{y}_1$，$\bar{y}_2$，…，$\bar{y}_m$，这时再猜测每个个体 y 变量的值时要看它属于 x 的哪个类别，并用该类别的均值 $\bar{y}_i$ 来猜测它，此时产生的总误差平方和为：

$$E_2 = \sum_{i=1}^{m}\sum_{j=1}^{n_i}(y_{ij} - \bar{y}_i)^2 \tag{5-2}$$

消减误差比例为：

$$PRE = \frac{E_1 - E_2}{E_1} = \frac{\sum_{i=1}^{m}\sum_{j=1}^{n_i}(y_{ij} - \bar{y})^2 - \sum_{i=1}^{m}\sum_{j=1}^{n_i}(y_{ij} - \bar{y}_i)^2}{\sum_{i=1}^{m}\sum_{j=1}^{n_i}(y_{ij} - \bar{y})^2} \tag{5-3}$$

PRE 即相关比率的平方，相关比率为：

$$eta = \sqrt{\frac{E_1 - E_2}{E_1}} = \sqrt{\frac{\sum_{i=1}^{m}\sum_{j=1}^{n_i}(y_{ij} - \bar{y})^2 - \sum_{i=1}^{m}\sum_{j=1}^{n_i}(y_{ij} - \bar{y}_i)^2}{\sum_{i=1}^{m}\sum_{j=1}^{n_i}(y_{ij} - \bar{y})^2}} \tag{5-4}$$

二、相关比率的计算

例 5-2

在某城市随机抽取 46 位居民，其文化程度与住房面积的分布如表 5-3 所示。

表 5-3　不同文化程度居民的住房面积　　单位：平方米

小学及以下 y_{1j}	初中 y_{2j}	高中 y_{3j}	中专技校 y_{4j}	大专 y_{5j}	大学本科及以上 y_{6j}
26.5	20.4	28.0	36.0	38.7	56.4
36.8	28.2	32.5	44.5	47.3	67.2
40.2	30.1	42.3	48.7	55.5	75.5
45.1	34.7	47.6	57.6	68.0	99.1
70.0	37.2	52.9	68.6	70.8	120.8
	41.0	68.7	76.4	80.2	
	45.5	75.0	107.6	114.7	
	50.6	97.4			
	54.0	98.0			
	58.6				
	69.1				
	70.7				
	80.2				

要求：计算文化程度与住房面积的相关比率。

解：$\bar{y}_1=\frac{\sum_{j=1}^{5}y_{1j}}{5}=\frac{26.5+36.8+40.2+45.1+70.0}{5}=43.72$（平方米）

$$\bar{y}_2=\frac{\sum_{j=1}^{13}y_{2j}}{13}$$

$$=\frac{20.4+28.2+30.1+34.7+37.2+41.0+45.5+50.6+54.0+58.6+69.1+70.7+80.2}{13}$$

$=47.72$(平方米)

$$\bar{y}_3=\frac{\sum_{j=1}^{9}y_{3j}}{9}$$

$$=\frac{28.0+32.5+42.3+47.6+52.9+68.7+75.0+97.4+98.0}{9}=60.27\text{(平方米)}$$

$$\bar{y}_4=\frac{\sum_{j=1}^{7}y_{4j}}{7}=\frac{36.0+44.5+48.7+57.6+68.6+76.4+107.6}{7}=62.77\text{(平方米)}$$

$$\bar{y}_5=\frac{\sum_{j=1}^{7}y_{5j}}{7}=\frac{38.7+47.3+55.5+68.0+70.8+80.2+114.7}{7}=67.89\text{(平方米)}$$

$$\bar{y}_6=\frac{\sum_{j=1}^{5}y_{6j}}{5}=\frac{56.4+67.2+75.5+99.1+120.8}{5}=83.8(\text{平方米})$$

$$\bar{y}=\frac{\sum_{i=1}^{6}\sum_{j=1}^{n_i}y_{ij}}{46}=\frac{26.5+36.8+\cdots+120.8}{46}=59.02(\text{平方米})$$

$$\begin{aligned}E_1&=\sum_{i=1}^{6}\sum_{j=1}^{n_i}(y_{ij}-\bar{y})^2\\&=(26.5-59.02)^2+(36.8-59.02)^2+\cdots+(120.8-59.02)^2\\&=27\,012.61\end{aligned}$$

$$\begin{aligned}E_2&=\sum_{i=1}^{6}\sum_{j=1}^{n_i}(y_{ij}-\bar{y}_i)^2\\&=(26.5-43.72)^2+\cdots+(70.0-43.72)^2+(20.4-47.72)^2+\cdots\\&\quad+(80.2-47.72)^2+(28.0-60.27)^2+\cdots+(98.0-60.27)^2\\&\quad+(36.0-62.77)^2+\cdots+(107.6-62.77)^2+(38.7-67.89)^2+\cdots\\&\quad+(114.7-67.89)^2+(56.4-83.8)^2+\cdots+(120.8-83.8)^2\\&=20\,447.89\end{aligned}$$

$$eta^2=\frac{E_1-E_2}{E_1}=\frac{\sum_{i=1}^{6}\sum_{j=1}^{n_i}(y_{ij}-\bar{y})^2-\sum_{i=1}^{6}\sum_{j=1}^{n_i}(y_{ij}-\bar{y}_i)^2}{\sum_{i=1}^{6}\sum_{j=1}^{n_i}(y_{ij}-\bar{y})^2}$$

$$=\frac{27\,012.61-20\,447.89}{27\,012.61}=0.243$$

$$eta=\sqrt{eta^2}=\sqrt{0.243}=0.493$$

这说明，住房面积与文化程度的相关比率是 0.493。

习　题

1. 下表是某高校三个专业的 18 名研究生入学英语考试成绩。

某高校三个专业的 18 名研究生入学英语考试成绩

专业	成绩（分）					
专业一 y_{1j}	85	92	88	88	90	89
专业二 y_{2j}	82	84	91	78	86	83
专业三 y_{3j}	81	82	87	90	78	80

要求：计算相关比率，说明专业与英语考试成绩是否相关。

2. 下表是15名工人分别使用三种方法装配一件仪器所需时间。

15名工人分别使用三种方法装配一件仪器所需时间

方法	时间（分钟）				
方法一 y_{1j}	12	13	12	15	18
方法二 y_{2j}	15	16	16	20	22
方法三 y_{3j}	16	18	19	24	28

要求：

(1) 绘制三种方法所需平均时间的条形图；

(2) 计算相关比率，说明装配方法与装配时间是否相关。

3. 为了解大学生网购的情况，某学院组织了一次小型调查，被调查的20名学生在过去三个月中的网购次数如下表所示。

按性别整理的调查结果

性别	网购次数										
男 y_{1j}	3	8	6	4	0	5	1	0				
女 y_{2j}	7	8	3	1	9	0	9	10	5	12	3	2

按专业整理的调查结果

专业	网购次数							
专业一 y_{1j}	3	5	0	5				
专业二 y_{2j}	8	4	1	7	8	3	12	3
专业三 y_{3j}	6	0	2	1	9	0	9	10

要求：

(1) 计算性别与网购次数的相关比率，说明被调查者的性别与其网购次数是否相关；

(2) 计算专业与网购次数的相关比率，说明被调查者的专业与其网购次数是否相关。

4. 为了解原居住地区类型与男性居民做家务时间是否有关，在某社区中调查了原居住地分别为城市、县城和农村的16名男性居民，得到他们每周做家务的时间如下表所示。

男性居民做家务时间

原居住地类型	做家务时间（小时）						
城市 y_{1j}	6.0	7.0	3.5	5.0	9.0		
县城 y_{2j}	3.5	3.5	1.0	4.0	2.0	3.5	3.5
农村 y_{3j}	1.0	0.5	2.0	3.5			

要求：计算相关比率，说明被调查者做家务时间与其原居住地区类型之间是否相关。

5. 在东、中、西部三个地区随机抽取了16个环保重点城市，2019年空气质量达到及好于二级的天数数据如下表所示。

环保重点城市空气质量达到及好于二级的天数

单位：小时

东部地区	中部地区	西部地区
240	177	287
304	292	346
309	275	346
257	322	356
293		296
342		277

资料来源：国家统计局．中国统计年鉴：2020．北京：中国统计出版社，2020：245.

要求：

(1) 绘制 2019 年三个地区抽取的环保重点城市空气质量达到及好于二级天数均值的条形图。

(2) 计算相关比率，并说明地区与相应的环保重点城市空气质量达到及好于二级的天数之间是否相关。

中篇

概率论基础

为了既节省人力、物力、财力，又迅速而准确地了解情况，在现代社会学研究中，普遍采用抽样调查的方法。抽样调查可以通过对少量样本的研究达到认识总体的目的。抽样可以分为随机抽样和非随机抽样。如果进行的是非随机抽样，则不能用样本的调查结果定量地推论总体的情况。非随机抽样的调查结果对于认识总体仅具有一定的参考价值。要从定量的角度准确地推论总体，必须进行随机抽样。用随机抽样的结果推论总体是以概率论和数理统计为基础进行的。概率论与数理统计从理论上证明了随机样本与总体的一致性。

第 6 章 概率与随机变量的概率分布

作为研究非确定性现象的数学工具，概率论在众多研究领域得到了广泛的应用。在社会学研究的抽样调查中，通过对概率的分析，可以知道在一定条件下，总体中的各种现象和特征以多大的可能出现在样本中，因此概率论是进行抽样调查的数学基础。推论统计则是研究在发生了某种抽样结果的情况下，判断它来自何种总体的方法。可以认为，推论统计是概率研究的逆问题。要想运用好推论统计这一方法，就必须学好概率论。

第 1 节　概率及其计算

一、随机现象与随机变量

自然界和人类社会中的现象多种多样。有一类现象在一定条件下必然发生，如抛出的石子必然下落，水到零度必然结冰等，这类现象称为确定性现象。还有一类现象，无论怎样控制条件都无法事先知道其确切结果。如从人群中随机抽出一个人，看他的受教育水平；观察某景点在十一长假中的观光人数；了解某人是赞成还是反对在公共场所吸烟；了解某人对自己的婚姻是满意还是不满意；等等。这些现象都是不确定的。不确定的原因是在相同条件下可能出现的结果有多个，而不是一个。如抛一枚硬币，有正面和反面两个结果；抽一张扑克牌看花色，有红桃、黑桃、方片、草花四个结果；射击有无数个弹着点；等等。

确定性现象与非确定性现象之间并不是毫无关系的。随着测量精度的提高，一些确定性现象可能转化为非确定性现象。比如，我们认为一个物体的长度是确定的，用同一把尺子进行多次测量应该得出相同的结果。但是，如果测量工具的精度不同，则得出的测量结果也是不同的。使用同一测量工具在温度不同时得出的测量结果也不同。即在不同条件下，当测量精度足够高时，对同一物体进行多次测量，得到的是一组不同的数据。这时，原来的确定性现象就转化成了非确定性现象。在社会学研究中几乎没有确定性现象，常见的都是非确定性现象。

人们经过长期研究发现，这类非确定性现象就每次观察而言是不确定的，但在大量的重复观察下，其结果都会呈现出某种规律性，这种规律性就称为统计规律性。这类在个别观察中呈现出不确定性，在大量重复试验或观察中又有统计规律性的现象称为随机现象。概率论与数理统计就是研究和揭示随机现象统计规律的科学。

随机现象的结果有多个而不是一个，如果我们把一个随机现象视为一个变量，把这个随机现象的所有结果视为这个变量的取值，则可以把这个随机现象称为随机变量。比如，胎儿性别是一个随机变量，它有男、女两个取值。随机抽出一个人看他的受教育程度，这个变量有文盲、小学、初中、高中、大专、大学、研究生 7 个取值。随机抽出一个人看他的年龄，假如人的最高寿命为 140 岁，这个变量就有 140 个取值。随机抽出一个人看他的月收入，假如在调查范围内人的最高月收入为 10 万元，以元为单位，这个变量就有 10 万个取值；以角为单位，这个变量就有 100 万个取值；以分为单位，这个变量就有 1 000 万个取值。

二、概　率

（一）随机事件

随机变量的每一个取值或者这些取值的集合就是随机事件。猜测胎儿的性别包含两个随机事件：女或男。预测某考生能否考上大学包含两个随机事件：考上、考不上。在一批暖水瓶中随机抽取一只测量其 24 小时后的保温温度，包含从 100℃到常温的所有随机事件。掷一枚骰子看点数包含 6 个随机事件：1 点、2 点、3 点、4 点、5 点、6 点。

对上述随机现象进行试验或观察，会发现它们具有以下共同点：

（1）在相同的条件下可以重复进行。

（2）每次试验或观察的结果不止一个，而且事先能明确所有可能的结果。

（3）试验或观察前不能确定哪个结果会出现。

随机事件是在一次试验或观察中可能出现也可能不出现，但在大量重复试验或观察中出现的情况具有某种规律性的事件。

在试验或观察中必然会发生的事件叫必然事件，如掷骰子的点数小于 7。不论做多少次试验或观察都不能发生的事件叫不可能事件，如暖水瓶中的水温高于 100℃。

（二）概率的定义

概率是某一随机事件在一次试验或观察中出现的可能性，是统计规律的定量表现。若用 E 表示随机事件，则 $P(E)$ 表示的就是随机事件出现的概率。概率的取值在 0 与 1 之间，即 $0\leqslant P(E)\leqslant 1$。概率的值越接近 0，该事件出现的可能性越小；越接近 1，该事件出现的可能性越大。用 S 表示必然事件，则 $P(S)=1$；用 ϕ 表示不可能事件，则 $P(\phi)=0$。

例如，某大学招收新生 3 000 名，其中包含少数民族学生 90 人。现从新生中随机抽取 50 人，其中少数民族学生的人数就是一个随机变量。这个随机变量的取值范围为 0～50，共有 51 个取值。如果随机抽取 150 人，看其中少数民族学生的人数，这个随机变量的取值范围为 0～90，共有 91 个取值，有 10 人为少数民族学生就是一个随机事件。如果任抽 150 人，至少 60 人是汉族学生就是必然事件。如果任抽 150 人，91 人为少数民族学生就是不可能事件。

（三）概率与频率

在相同条件下进行 N 次试验或观察，某随机事件 A 出现 n 次，则称 n 为频次。在 N 次试验或观察中事件 A 出现的次数所占的比例称为频率，用 $f(\mathrm{A})$ 表示。即

$$f(\mathrm{A})=\frac{n}{N} \tag{6-1}$$

用 E 表示随机事件，频率 $f(E)$ 具有如下性质：

（1）$0\leqslant f(E)\leqslant 1$。

（2）对于必然事件 S，$f(S)=1$。对于不可能事件 ϕ，$f(\phi)=0$。

（3）频率具有双重性质，即随机性和规律性。

当试验次数 N 不同时，频率 $f(E)$ 会有不同的值。当试验次数 N 相同，但 N 的取值不够大时，重复做试验或观察，$f(E)$ 也会取不同的值，而且差别较大，这就是频率的随机性。但当 N 足够大时，$f(E)$ 会稳定于一个固定的常数 P，这就是频率的规律性。

现对某社区居民做 15 次随机抽样，抽样人数分别为 10 人、20 人、30 人、40 人、50 人、60 人、70 人、80 人、90 人、100 人、110 人、120 人、130 人、140 人、150 人。设“抽出的居民为女性”为事件 A。抽样人数不同时女性所占的比例 $f(\mathrm{A})$ 的分布如表 6－1 所示。

表 6－1　女性人数及频率的分布

抽样人数 N	女性人数 n	女性频率 $f(\mathrm{A})=\frac{n}{N}$
10	6	0.60
20	9	0.45
30	16	0.53
40	22	0.55
50	23	0.46
60	29	0.48
70	35	0.50
80	42	0.52
90	46	0.51
100	49	0.49
110	55	0.50
120	61	0.51
130	65	0.50
140	69	0.49
150	75	0.50

根据表 6－1 的数据可以绘制出女性频率随抽样人数变化的折线图，如图 6－1 所示。从图中可以看出，随着抽样人数 N 的增大，女性频率 $f(\mathrm{A})$ 趋于 0.50。我们有理由相信，当 $N\to\infty$ 时，$f(\mathrm{A})=0.50$。实际上，这个 0.50 就是在抽样中女性出现的概率。如果进行 N 次试验或观察，随机事件 A 出现的频率为 $f(\mathrm{A})$，而当 $N\to\infty$ 时，$f(\mathrm{A})=P$，则 P 即为

事件A出现的概率。由于N为∞是不可能的，因此当N足够大时，可以把频率作为概率的近似值。表6-2是统计学家蒲丰和皮尔逊所做的经典的大量掷币试验的结果。设A表示“出现正面”的事件。可以看出，当N很大时，$f(A)=0.50$。

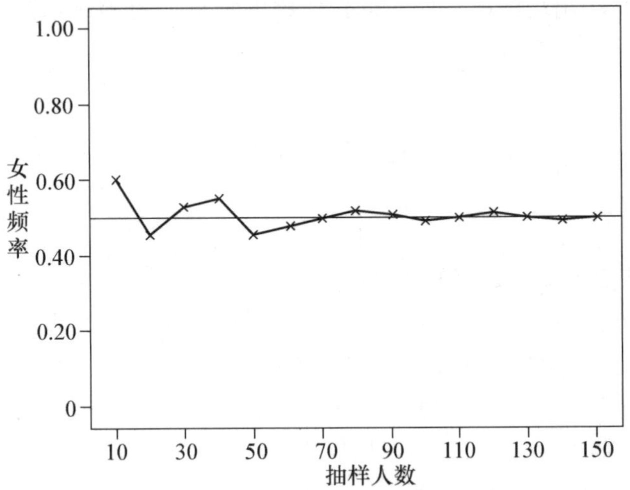

图6-1　女性频率随抽样人数变化的折线图

表6-2　掷币试验正面出现次数的频率分布

试验者	掷币次数 N	出现正面频次 n	频率 $f(A)=\frac{n}{N}$
蒲丰	4 040	2 048	0.506 9
皮尔逊	12 000	6 019	0.501 6
皮尔逊	24 000	12 012	0.500 5

资料来源：卢淑华．社会统计学．3版．北京：北京大学出版社，2005：66.

虽然可以用频率近似地代替概率，但频率和概率是两个意义完全不同的概念。频率是试验值，具有随机性；概率是理论值，具有唯一性，是由事物的本质特征决定的。

三、概率的计算

（一）古典概型

用频率法必须做大量的试验或观察才能获得一个近似的概率，但我们不可能对所有的随机事件都做大量的试验。通过随机事件本身的规律性也可以求得概率，为此先学习几个有关的概念。

一个随机变量的每个取值称为样本点，也称基本事件，所有样本点的集合称为样本空间。如果一个随机变量满足下面两个条件，这个随机变量就称为古典概型：（1）样本空间中只有有限个样本点；（2）每个样本点出现的可能性相同。对于古典概型，如果样本空间中有n个样本点，事件A包含m个样本点，则事件A的概率为：

$$P(A)=\frac{m}{n} \tag{6-2}$$

例 6－1

抛一枚硬币，求正面朝上的概率。

解：基本事件：E_1＝“正面朝上”，E_2＝“反面朝上”，$n=2$。随机事件 A＝“正面朝上”只包含一个样本点，$m=1$。

$$P(A)=\frac{m}{n}=\frac{1}{2}=0.5$$

例 6－2

抛两枚硬币，求两枚都正面朝上的概率。

解：基本事件：E_1＝“两枚正面朝上”；E_2＝“两枚正面朝下”；E_3＝“第一枚正面朝上，第二枚正面朝下”；E_4＝“第一枚正面朝下，第二枚正面朝上”，$n=4$。随机事件 A＝“两枚正面朝上”，$m=1$，故

$$P(A)=\frac{1}{4}=0.25$$

例 6－3

抛两枚硬币，求一枚正面朝上、一枚正面朝下的概率。

解：从例 6－2 中可以看出，$n=4$。随机事件 A＝“一枚正面朝上，一枚正面朝下”，即 A＝“第一枚正面朝上、第二枚正面朝下，或第一枚正面朝下、第二枚正面朝上”，$m=2$，故

$$P(A)=\frac{2}{4}=\frac{1}{2}=0.5$$

例 6－4

全班有 30 名学生，其中有 5 名女生，求任抽一名学生是女生的概率。

解：样本空间中有 30 个样本点，$n=30$。随机事件 A＝“任抽一名是女生”。随机事件 A 中包含 5 个样本点，$m=5$，故

$$P(A)=\frac{5}{30}=\frac{1}{6}=0.167$$

例 6－5

在例 6－4 中，随机抽两名学生，求这两名学生都是女生的概率。

样本空间中包含的样本点数为：

$$n=C_{30}^{2}=\frac{30\times 29}{2\times 1}=\frac{870}{2}=435$$

事件 A＝“两名都是女生”。事件 A 中包含的样本点数为：

$$m=C_{5}^{2}=\frac{5\times 4}{2\times 1}=\frac{20}{2}=10$$

$$P(A)=\frac{10}{435}=0.023$$

（二）概率的加法公式

1. 简化式

有两个事件 A 和 B。如果 A 发生必然导致 B 不发生，则 A 与 B 是互不相容事件。在这种情况下，事件 A 与事件 B 的和的概率等于它们概率的和。

$$P(A+B)=P(A)+P(B) \tag{6-3}$$

如果有 n 个事件 A_1，A_2，…，A_n 互不相容，则有

$$P(A_1+A_2+\cdots+A_n)=P(A_1)+P(A_2)+\cdots+P(A_n) \tag{6-4}$$

例 6-6

在某大学的 3 000 名新生中，有 90 人来自辽宁，60 人来自吉林，60 人来自黑龙江。问：任抽一名新生，他来自东北的概率是多少？

解：设 A_1＝“来自辽宁”，A_2＝“来自吉林”，A_3＝“来自黑龙江”，则

$$P(A_1)=\frac{90}{3\,000}=0.03$$

$$P(A_2)=\frac{60}{3\,000}=0.02$$

$$P(A_3)=\frac{60}{3\,000}=0.02$$

因三个事件满足互不相容条件，故新生来自东北的概率为：

$$P(A_1+A_2+A_3)=P(A_1)+P(A_2)+P(A_3)=0.03+0.02+0.02=0.07$$

2. 一般式

如果事件 A 和事件 B 不满足互不相容的条件，则事件 A 与事件 B 和的概率等于它们概率的和减去它们积的概率。

$$P(A+B)=P(A)+P(B)-P(AB) \tag{6-5}$$

如果三个事件 A，B，C 不满足互不相容的条件，则它们和的概率为：

$$P(A+B+C)=P(A)+P(B)+P(C)-P(AB)-P(BC)-P(AC)+P(ABC) \quad (6-6)$$

例 6 - 7

在某校学生中，父亲达到大学文化程度的占 25%，母亲达到大学文化程度的占 15%，父母双方都达到大学文化程度的占 10%。问：任抽一名学生，父母至少有一位达到大学文化程度的概率是多少？

解：设 A＝“父亲达到大学文化程度”，B＝“母亲达到大学文化程度”，则

$$P(A)=0.25,\quad P(B)=0.15,\quad P(AB)=0.1$$

父母至少有一位达到大学文化程度的概率为：

$$P(A+B)=P(A)+P(B)-P(AB)=0.25+0.15-0.1=0.3$$

在社会学研究中，如果两个随机事件是一个随机变量的两个不同取值，如文化程度为初中和高中，则这两个随机事件肯定是互不相容的，因为随机变量的取值具有互斥性。如果两个随机事件分别是两个随机变量的取值，如例 6 - 7 中父亲的文化程度是一个随机变量，母亲的文化程度也是一个随机变量，则这两个随机变量的取值之间不存在互斥性，父亲文化程度的任意取值与母亲文化程度的任意取值都不满足互不相容的条件。

（三）概率的乘法公式

在社会学研究中，会涉及两个随机事件同时出现的概率，这两个随机事件应是两个不同变量的取值。比如，例 6 - 7 中父母双方的文化程度皆为大学的概率，一个人既是博士又是少数民族的概率，等等。这是两个随机事件积的概率，也就是两个随机事件同时发生的概率。当然，也可以研究多个随机事件同时发生的概率。

1. 概率乘法公式的简化式

首先来看比较简单的情况：要研究的两个或多个随机事件是相互独立的。如果事件 A 发生与否不影响事件 B 的发生，反之亦然，则事件 A 与事件 B 是相互独立的。那么，事件 A 与事件 B 同时发生的概率等于事件 A 发生的概率与事件 B 发生的概率的乘积。

$$P(AB)=P(A)P(B) \quad (6-7)$$

若 n 个事件 A_1，A_2，…，A_n 相互独立，则这 n 个事件同时发生的概率为：

$$P(A_1A_2\cdots A_n)=P(A_1)P(A_2)\cdots P(A_n) \quad (6-8)$$

例 6 - 8

某产院住进两名待产孕妇，两人都生男婴的概率是多少？两人都生女婴的概率是多少？两人生一男一女的概率是多少？（根据统计结果：男婴出生的概率是$\frac{22}{43}$，女婴出生的概率是$\frac{21}{43}$。）

解：设 A_1＝"第1名孕妇生男婴"，A_2＝"第1名孕妇生女婴"，B_1＝"第2名孕妇生男婴"，B_2＝"第2名孕妇生女婴"。

两名孕妇都生男婴的概率：

$$P(A_1B_1)=P(A_1)P(B_1)=\frac{22}{43}\times\frac{22}{43}=0.262$$

两名孕妇都生女婴的概率：

$$P(A_2B_2)=P(A_2)P(B_2)=\frac{21}{43}\times\frac{21}{43}=0.239$$

两名孕妇生一男一女的概率：

$$P(A_1B_2)+P(A_2B_1)=P(A_1)P(B_2)+P(A_2)P(B_1)$$
$$=\frac{22}{43}\times\frac{21}{43}+\frac{21}{43}\times\frac{22}{43}=0.25+0.25=0.5$$

例6－9

某产院住进5名待产孕妇，5人都生男婴的概率是多少？

解：设 A_1＝"第1名孕妇生男婴"，A_2＝"第2名孕妇生男婴"，A_3＝"第3名孕妇生男婴"，A_4＝"第4名孕妇生男婴"，A_5＝"第5名孕妇生男婴"。

$$P(A_1A_2A_3A_4A_5)=P(A_1)P(A_2)P(A_3)P(A_4)P(A_5)=\left(\frac{22}{43}\right)^5=0.035$$

2. 条件概率

设有两个随机事件A与B，如果A发生会影响到B发生的可能性，反之亦然，则A与B就是相互不独立的事件。如果两个随机事件分别是两个不同变量的取值，就可能存在相互不独立的情况。比如，成年人中女性所占的比例是50%，在成年人中随机抽取一人看其是否为女性，这个随机事件的概率是0.5。如果在成年人中随机抽取一人，看其是否为女研究生，这实际上是抽出的人是研究生和是女性这两个随机事件的积事件。如果在成年人中受过研究生教育的人数所占的比例为0.111%，则随机抽取一人为研究生的概率为0.001 11。但在抽取一人是研究生这个事件发生后，是女性的事件发生的概率便不再是0.5了，因为女性在研究生中所占的比例远远低于在一般成年人中所占的比例。为此，我们要研究的是如果两个随机事件相互不独立，则在一个事件已经发生的情况下，另一个事件发生的概率，也就是条件概率。

如果两个随机事件A与B相互不独立，则在事件A发生的条件下，事件B发生的概率为条件概率，表示为 $P(B|A)$。

如果在有研究生学历的人中，女性所占的比例为25%，则在研究生中随机抽一人是女

性的概率为 0.25。如果事件 A 为“抽取一人是研究生”，事件 B 为“在研究生中抽取一人是女性”，则

$$P(B|A)=0.25$$

如果两个随机事件 A 与 B 相互不独立，则事件 A 与事件 B 的积的概率等于其中一个事件发生的概率与在这个事件发生的条件下另一个事件发生的条件概率的乘积，即

$$P(AB)=P(A)P(B|A) \tag{6-9}$$

或

$$P(AB)=P(B)P(A|B) \tag{6-10}$$

如果事件 A_1，A_2，…，A_n 相互不独立，则这些事件同时发生的概率为：

$$P(A_1A_2\cdots A_n)=P(A_1)P(A_2|A_1)P(A_3|A_1A_2)\cdots P(A_n|A_1A_2\cdots A_{n-1}) \tag{6-11}$$

例 6-10

在成年人中女性的比例为 50%，研究生的比例为 0.111%，在研究生中女性的比例为 25%。随机抽取一人，为女研究生的概率是多少？

解：设 A=“随机抽取一人为研究生”，B=“随机抽取一人为女性”。

$$P(A)=0.001\,11,\quad P(B)=0.5,\quad P(B|A)=0.25$$

$$P(AB)=P(A)P(B|A)=0.001\,11\times 0.25=0.000\,28$$

除了随机事件分别是不同变量的取值可能造成相互不独立外，在社会学研究中，不放回抽样也会造成随机事件相互不独立。

例 6-11

一栋居民楼有 48 户居民，有 12 户家中有中小学生。从中抽取 3 户进行调查，3 户中都有中小学生的概率为多大？

解：设 A_1=“抽取的第 1 户家中有中小学生”，A_2=“抽取的第 2 户家中有中小学生”，A_3=“抽取的第 3 户家中有中小学生”。

$$P(A_1)=\frac{12}{48}=\frac{1}{4}=0.25$$

$$P(A_2|A_1)=\frac{11}{47}=0.234$$

$$P(A_3|A_1A_2)=\frac{10}{46}=0.217$$

随机抽取 3 户，3 户中都有中小学生的概率为：

$$P(A_1A_2A_3)=P(A_1)P(A_2|A_1)P(A_3|A_1A_2)-0.25\times 0.234\times 0.217=0.012\,7$$

第2节　随机变量的描述统计

一、随机变量的概率分布

上一节中介绍的概率的计算是研究某一随机事件的统计规律性的方法，它揭示的是随机变量某一个或某几个取值出现的可能性。随机变量概率分布描述的则是随机变量的所有取值及每个取值出现的概率。对随机变量概率分布的研究可以使我们全面地把握随机现象的统计规律性。

（一）随机变量概率分布的意义

在单变量的描述统计中，曾经介绍了变量的频次分布、频率分布和累计频率分布，那是基于调查结果数据进行的，描述的是一组数据的分布。本章中随机变量的概率分布可以理解为在没有进行调查之前对变量的各个取值出现的可能性的统计研究，它所揭示的是随机现象的内在规律性。一个随机变量的所有取值及每个取值所对应的概率的集合就是随机变量的概率分布。随机变量的概率分布可以用数学表达式、概率分布表和概率分布图来表示。

根据随机变量取值的数学特征，可以将其分为离散型随机变量和连续型随机变量。随机变量取值的数学特征不同，其概率分布的描述方法也不同，即描述概率分布的数学表达式、概率分布表和概率分布图不同。

（二）离散型随机变量的概率分布

离散型随机变量是指取值为有限个或可列无限多个的变量。在社会学研究中，取值为无限多个的现象几乎不存在，因此我们只讨论变量的取值为有限个的情况。如果一个随机变量的两个相邻取值之间不存在第三个有实际意义的取值，则这个随机变量就是离散型随机变量。社会研究中的类别变量都是离散型随机变量。在尺度变量中有些可以视为离散型随机变量，比如年龄。设 X[①] 为一个离散型随机变量，它有 k 个取值 x_1，x_2，…，x_k，每个取值出现的概率为 p_1，p_2，…，p_k，则离散型随机变量概率分布的数学表达式为：

$$P(X=x_i)=p_i,\quad i=1,2,\cdots,k \tag{6-12}$$

式（6-12）表示，当随机变量 $X=x_i$ 时所对应的概率为 p_i。只有知道了全部 x_i 的值以及对应的概率 p_i 的值，随机变量的概率分布才是确定的。数据的分布可以用图和表的形式来表示，随机变量的概率分布也可以用图和表的形式来表示。表6-3就是随机变量的概率分布表。

---

① 本书中以大写字母表示随机变量，小写字母表示随机变量的取值。如 X 表示一个随机变量，而 x_1，x_2，…，x_k 表示的是随机变量 X 的 k 个取值。

表 6－3　随机变量的概率分布表

X	x_1	x_2	…	x_k
p_i	p_1	p_2	…	p_k

例 6－12

某城市小区中共有 120 户居民，有 8 户贫困家庭。现从该社区中随机抽取 10 户居民，求抽出贫困户数的概率分布。

解：设 X 为抽出的贫困户的户数，则

$$P(X=0)=\frac{C_8^0C_{112}^{10}}{C_{120}^{10}}=0.487\,6$$

$$P(X=1)=\frac{C_8^1C_{112}^{9}}{C_{120}^{10}}=0.378\,7$$

$$P(X=2)=\frac{C_8^2C_{112}^{8}}{C_{120}^{10}}=0.114\,7$$

$$P(X=3)=\frac{C_8^3C_{112}^{7}}{C_{120}^{10}}=0.017\,5$$

$$P(X=4)=\frac{C_8^4C_{112}^{6}}{C_{120}^{10}}=0.001\,4$$

$$P(X=5)=\frac{C_8^5C_{112}^{5}}{C_{120}^{10}}=0.000\,06$$

$$P(X=6)=\frac{C_8^6C_{112}^{4}}{C_{120}^{10}}=0.000\,002$$

$$P(X=7)=\frac{C_8^7C_{112}^{3}}{C_{120}^{10}}=0.000\,000\,02$$

$$P(X=8)=\frac{C_8^8C_{112}^{2}}{C_{120}^{10}}=0.000\,000\,000\,05$$

上述概率分布可以用概率分布表来表示，如表 6－4 所示。

表 6－4　贫困户数的概率分布表

X	0	1	2	3	4
p_i	0.487 6	0.378 7	0.114 7	0.017 5	0.001 4
X	5	6	7	8	
p_i	0.000 06	0.000 002	0.000 000 02	0.000 000 000 05	

上述概率分布也可以用条形图或折线图来表示，如图 6－2 与图 6－3 所示。

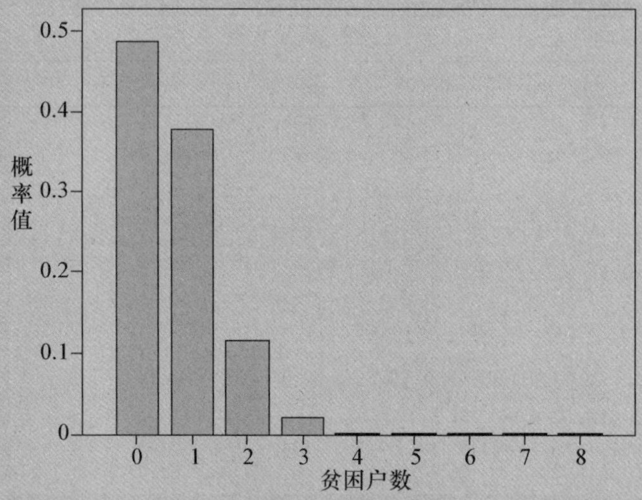

图 6-2　概率分布的条形图

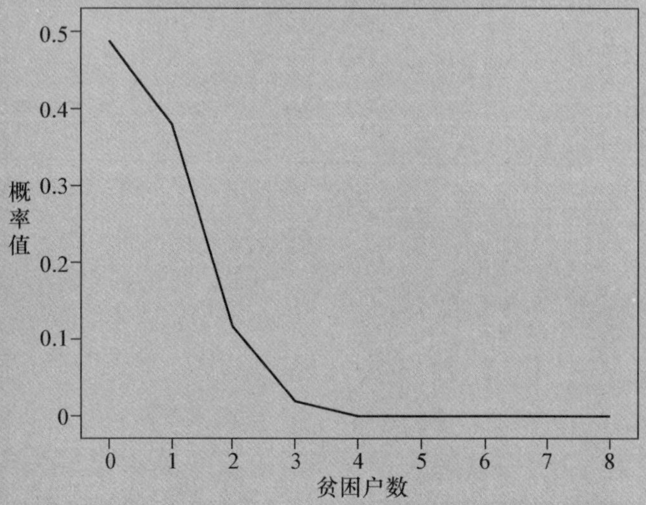

图 6-3　概率分布的折线图

（三）连续型随机变量的概率分布

连续型随机变量可以直观地理解为能够在一个或多个区间内任意取值的随机变量。连续型随机变量在任意两个取值之间都有无穷多个取值。在社会学研究中，只有尺度变量才有可能是连续型随机变量。连续型随机变量与离散型随机变量并不是对立的，它们之间可以相互转化。一个尺度变量能否成为连续型随机变量取决于测量工具的单位。例如，以厘米为单位对身高进行测量，获得的数据 176 和 177 之间没有其他值，是离散型数据；以毫米为单位进行测量，这两个数据之间还有 10 个数据；随着测量单位越来越小，变量的取值个数就越来越多。连续型随机变量是一种理想的描述，只有在测量单位可以是无穷小时，变量才能成为真正的连续型变量。这样的变量在社会调查中不存在。从严格意义上说，社会调查所获取的变量都是离散型随机变量。但是，当一个变量的单位比较小，取值又很多时，我们就认为它是连续型变量。社会学研究中的连续型变量往往都是由调查所获取的数据经过一定的处理产生的，如恩格尔系数、贫困发生率，等等。

由于连续型随机变量有无穷多个取值，无法一一列出，而且每个取值上的概率都是无穷小，因此讨论某个取值出现的概率没有意义，只能讨论取值出现在某个区间内的概率。如果将婴儿出生的时间视为随机变量，则恰在某一时点上出生的人数是难以统计的，某一时点上的出生率也是不能计算的，只能考虑在某一时间段内出生的人数，因此出生率一定是相对于一个时期而言的。同理，对连续型随机变量只能讨论其在一个区间内的概率。

设随机变量 X 在区间$\left[x-\frac{\Delta x}{2},\ x+\frac{\Delta x}{2}\right]$内的概率为：

$$P\left(x-\frac{\Delta x}{2}\leqslant X\leqslant x+\frac{\Delta x}{2}\right) \tag{6-13}$$

对于确定的 x，这个概率值的大小由 Δx 决定。Δx 越小，概率值也越小；Δx 为 0 时，概率值也为 0；Δx 越大，概率值也越大，当 Δx 包含变量 X 的取值范围时，这个概率就等于 1。对于一定的 x，当 Δx 取不同值时，计算出的概率也不同。这样不便于表述变量的分布状态，也不便于比较。为消除 Δx 的影响，可以计算概率密度：

$$\frac{P\left(x-\frac{\Delta x}{2}\leqslant X\leqslant x+\frac{\Delta x}{2}\right)}{\Delta x} \tag{6-14}$$

对这个概率密度求 $\Delta x\to 0$ 的极限，即可得到 $X=x$ 的概率：

$$f(x)=\lim_{\Delta x\to 0}\frac{P\left(x-\frac{\Delta x}{2}\leqslant X\leqslant x+\frac{\Delta x}{2}\right)}{\Delta x} \tag{6-15}$$

$f(x)$ 是随机变量 X 的概率密度函数。概率密度 $f(x)$ 的大小只与 x 有关。有了概率密度可以很好地描述随机变量的概率分布，还可以计算随机变量在任意两点 x_1，x_2 之间出现的概率。

$$P(x_1\leqslant X\leqslant x_2)=\int_{x_1}^{x_2}f(x)\mathrm{d}x \tag{6-16}$$

概率密度函数有如下性质：

（1）$f(x)\geqslant 0$，这是概率的非负性；

（2）$\int_{-\infty}^{+\infty}f(x)\mathrm{d}x=1$，一个变量取遍所有值的概率和为 1。

（四）随机变量的分布函数

对于一组数据可以用累计频率分布来描述其分布特征，同样，对于随机变量也可以用累计概率分布来描述其分布特征，这就是随机变量的分布函数。用 $F(x)$ 来表示随机变量的分布函数，分布函数的定义为：

$$F(x)=P(X\leqslant x) \tag{6-17}$$

即随机变量 X 取值小于等于 x 的概率。

对于离散型随机变量，如果其概率分布已知，只需按变量取值的排列顺序累加各取值

的概率即可求得分布函数。如果随机变量的值域为（$-\infty$，$+\infty$），则分布函数

$$F(x)=P(X\leqslant x)=\sum_{x_i=-\infty}^{x}P(X\leqslant x_i) \tag{6-18}$$

即对取值小于等于 x 的一切 x_i 的概率求和。

对于连续型随机变量，如果其概率密度函数已知，则通过简单定积分即可求得其分布函数。

$$F(x)=P(X\leqslant x)=\int_{-\infty}^{x}f(t)\mathrm{d}t$$

例 6－13

用例 6－12 的计算结果计算对应于 x 的分布函数的值，并绘制分布函数的折线图。

解：采用逐项累加计算得到的分布函数值见表 6－5。

表 6－5　累计概率分布表

X	p_i	$F(x)$
0	0.487 6	0.487 6
1	0.378 7	0.866 3
2	0.114 7	0.981 0
3	0.017 5	0.998 5
4	0.001 4	0.999 9
5	0.000 06	0.999 96
6	0.000 002	0.999 962
7	0.000 000 02	0.999 962 02
8	0.000 000 000 05	0.999 962 020 05

用表 6－5 中分布函数的值绘制的分布函数的折线图如图 6－4 所示。

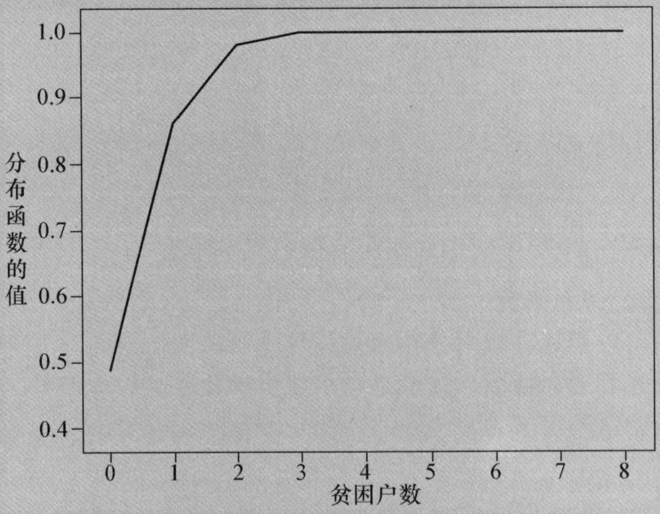

图 6－4　累计概率分布的折线图

二、随机变量的集中趋势与离散趋势

对于变量的一组观察值可以采用集中趋势概括变量的水平，采用离散趋势描述变量分布的离散程度，也就是用能够代表一组数据的特征值来概括数据的分布状况。同样，对于随机变量，不仅要描述它们的分布，还要找到能概括地描述它们的集中趋势和离散趋势的特征值，这些特征值也称为描述随机变量的数字特征或参数。随机变量的特征值与一组数据的特征值是有本质差异的。一组数据的特征值是利用这组数据计算得到的；随机变量的特征值则是观察或试验达到无穷多次时所趋近的数值，是反映随机变量本质特征的理论值。通常，将这些理论上的特征值称为随机变量的参数。

（一）数学期望

描述随机变量状态或水平的参数是数学期望。数学期望实际上就是随机变量取值的平均值。之所以称为数学期望而非平均值，是因为只有在样本观察值达到无穷多时，样本的平均值才等于数学期望。也就是说，数学期望是随机变量理论上的平均值。

1. 离散型随机变量的数学期望

离散型随机变量 X 的概率分布如表 6－6 所示。

表 6－6　离散型随机变量 X 的概率分布

X	x_1	x_2	…	x_n
p_i	p_1	p_2	…	p_n

则其数学期望 $E(X)$ 为：

$$E(X)=x_1p_1+x_2p_2+\cdots+x_np_n=\sum_{i=1}^{n}x_ip_i \tag{6-19}$$

例 6－14

某工厂对生产的产品进行质量检测，方法是随机抽出 100 个产品，观察其中废品的个数。经过多次这样的检测，发现其中的废品个数及出现的概率如表 6－7 所示。求检测的 100 个产品中出现废品个数的数学期望。

表 6－7　废品个数的概率分布

X	0	1	2	3	4	5
p_i	0.3	0.3	0.3	0.09	0.009	0.001

解：根据表 6－7 的数据得

$$\begin{aligned}E(X)&=x_1p_1+x_2p_2+x_3p_3+x_4p_4+x_5p_5\\&=0\times0.3+1\times0.3+2\times0.3+3\times0.09+4\times0.009+5\times0.001\\&=1.211(\text{个})\end{aligned}$$

对于该厂的产品，每抽取 100 个，平均出现的废品数是 1.211 个。

2. 连续型随机变量的数学期望

对于连续型随机变量 X，如果它的概率密度函数为 $f(x)$，则其数学期望 $E(X)$ 为：

$$E(X)=\int_{-\infty}^{+\infty}xf(x)\mathrm{d}x \tag{6-20}$$

3. 数学期望的性质

（1）常数的期望等于该常数。

$$E(c)=c \tag{6-21}$$

（2）随机变量与常数和的期望等于随机变量的期望与该常数的和。

$$E(X+c)=E(X)+c \tag{6-22}$$

（3）常数与随机变量积的期望等于常数与随机变量期望的积。

$$E(cX)=cE(X) \tag{6-23}$$

（4）两个随机变量和的期望等于它们期望的和。

$$E(X+Y)=E(X)+E(Y) \tag{6-24}$$

推广：多个随机变量和的期望等于它们期望的和。

$$E(\sum_{i=1}^{n}X_i)=\sum_{i=1}^{n}E(X_i) \tag{6-25}$$

（5）两个独立随机变量积的期望等于它们期望的积。

$$E(XY)=E(X)E(Y) \tag{6-26}$$

推广：多个独立随机变量积的期望等于它们期望的积。

$$E(X_1X_2\cdots X_n)=E(X_1)E(X_2)\cdots E(X_n) \tag{6-27}$$

（二）方差与标准差

数学期望反映了随机变量的平均取值，但仅用这样一个参数来概括性地描述随机变量是不够的。就像对于一组数据不仅要用平均值描述其集中趋势，还要用方差或标准差描述其离散趋势一样，对于随机变量也需要找到描述其离散程度的特征值，这就是随机变量的方差或标准差。

1. 方差与标准差的计算

方差表现的是随机变量的取值相对于其数学期望的离散情况。随机变量 X 的方差用 $D(X)$ 表示：

$$D(X)=E[X-E(X)]^2 \tag{6-28}$$

将方差计算公式中的平方项展开，经过化简，可以得到计算方差的导出公式：

$$D(X)=E(X^2)-[E(X)]^2 \tag{6-29}$$

求方差时，用导出公式计算比用原始公式计算更方便快捷。

对于离散型随机变量，方差为：

$$D(X)=E[X-E(X)]^2=\sum_{i=1}^{n}p_i[x_i-E(X)]^2 \tag{6-30}$$

对于连续型随机变量，方差为：

$$D(X)=\int_{-\infty}^{+\infty}[x-E(X)]^2f(x)\mathrm{d}x \tag{6-31}$$

由于方差的单位是变量单位的平方，为使标志离散程度特征值的单位与变量的单位相同，将方差开方，并将其结果（取正值）称作随机变量 X 的标准差，表示为：

$$\sqrt{D(X)}=\sigma \tag{6-32}$$

方差和标准差都反映了变量在数学期望周围分布的离散程度，离散程度越高，方差和标准差越大；离散程度越低，方差和标准差越小。

例 6-15

已知随机变量 X 的概率分布如表 6-8 所示，求随机变量 X 的方差。

表 6-8　某随机变量的概率分布

X	1	2	3	4	5	6	7
p_i	0.02	0.1	0.5	0.2	0.11	0.06	0.01

解：根据表 6-8 的数据计算 $E(X)$：

$$\begin{aligned}E(X)&=\sum_{i=1}^{7}x_ip_i\\&=1\times0.02+2\times0.1+3\times0.5+4\times0.2+5\times0.11+6\times0.06+7\times0.01\\&=3.5\end{aligned}$$

根据表 6-8 的数据计算 $x_i-E(X)$，$[x_i-E(X)]^2$ 和 $p_i[x_i-E(X)]^2$ 的值，结果见表 6-9。

表 6-9　随机变量的方差计算

x_i	p_i	$x_i-E(X)$	$[x_i-E(X)]^2$	$p_i[x_i-E(X)]^2$
1	0.02	−2.5	6.25	0.125
2	0.1	−1.5	2.25	0.225
3	0.5	−0.5	0.25	0.125
4	0.2	0.5	0.25	0.05
5	0.11	1.5	2.25	0.247 5
6	0.06	2.5	6.25	0.375
7	0.01	3.5	12.25	0.122 5

该随机变量的方差为：

$$D(X)=E[X-E(X)]^2=\sum_{i=1}^{7}p_i[x_i-E(X)]^2$$
$$=0.125+0.225+0.125+0.05+0.2475+0.375+0.1225$$
$$=1.27$$

2. 方差的性质

（1）常数的方差为零。

$$D(c)=0 \tag{6-33}$$

（2）常数与变量和的方差等于变量的方差。

$$D(X+c)=D(X) \tag{6-34}$$

（3）常数与变量积的方差等于常数的平方与变量方差的积。

$$D(cX)=c^2D(X) \tag{6-35}$$

（4）两个独立随机变量和的方差等于它们方差的和。

$$D(X+Y)=D(X)+D(Y) \tag{6-36}$$

推广：多个独立随机变量和的方差等于它们方差的和。

$$D(\sum_{i=1}^{n}X_i)=\sum_{i=1}^{n}D(X_i) \tag{6-37}$$

（三）矩、偏态与峰态

对于随机变量，除了可以用数学期望概括它们的平均水平，用方差概括它们的离散情况外，还可以用各阶矩来描述它们的分布是否对称、分布曲线是否尖锐。

1. 中心矩

矩是各点对某一固定点的离差幂的平均值。幂指数称为矩的阶数。固定点的选择不同，矩的名称也不同，将固定点选为平均值的矩称为中心矩。

$$\text{一阶中心矩 } \mu_1=E[X-E(X)] \tag{6-38}$$
$$\text{二阶中心矩 } \mu_2=E[X-E(X)]^2 \tag{6-39}$$
$$\text{三阶中心矩 } \mu_3=E[X-E(X)]^3 \tag{6-40}$$
$$\text{四阶中心矩 } \mu_4=E[X-E(X)]^4 \tag{6-41}$$

从上述各阶中心矩可以看出，一阶中心矩是离差，由于正负相互抵消，一阶中心矩为0；二阶中心矩是方差，它反映的是随机变量的分布对于数学期望的离散程度；三阶中心矩可以表示随机变量分布的偏态；四阶中心矩可以表示随机变量分布的峰态。

2. 偏态

描述随机变量的分布是否对称的特征值是偏态（skewness）系数，它是由统计学家皮尔逊于1895年提出的。偏态系数一般用SK表示。随机变量X的偏态系数是利用三阶中心矩计算的。

$$SK=\frac{E[X-E(X)]^3}{\sigma^3}=\frac{\mu_3}{\sigma^3} \tag{6-42}$$

式中，σ 为标准差。从式中可以看出，偏态系数是利用离差三次方的平均值除以标准差的三次方得到的。当分布对称时，离差三次方后再求和，正负可以抵消，偏态系数为 0。当分布不对称时，离差三次方后再求和，正负不能抵消，这样就形成了或正或负的偏态系数 SK。当 $SK>0$ 时，呈现正偏态，概率分布曲线的右尾伸展较远，也称右偏态，如图 6－5 所示；当 $SK<0$ 时，呈现负偏态，概率分布曲线的左尾伸展较远，也称左偏态，如图 6－6 所示。

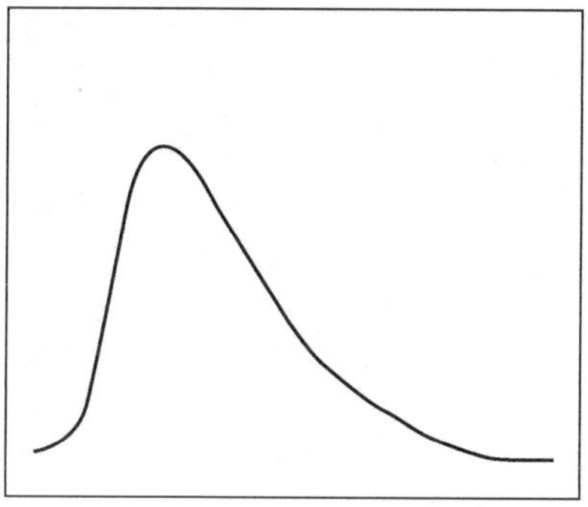

图 6－5　右偏态

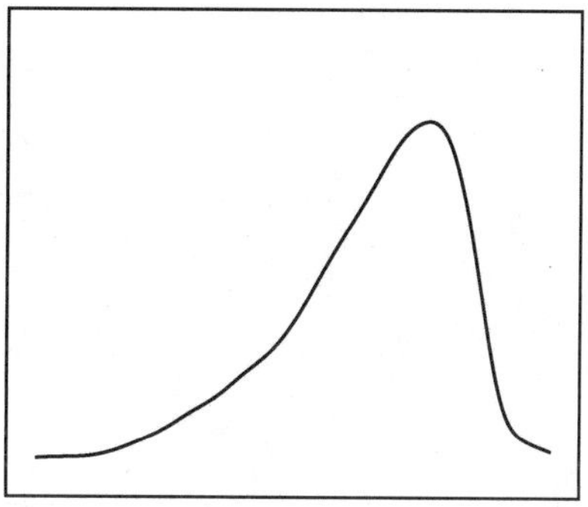

图 6－6　左偏态

例 6－16

用例 6－15 的数据计算偏态系数。

解：$\mu_3=E[X-E(X)]^3=\sum_{i=1}^{7}p_i[x_i-E(X)]^3$

$=0.02\times(-2.5)^3+0.1\times(-1.5)^3+0.5\times(-0.5)^3+0.2\times0.5^3$

$+0.11\times1.5^3+0.06\times2.5^3+0.01\times3.5^3$

$=1.05$

$\sigma=\sqrt{1.27}=1.126\,9$

$$SK=\frac{E[X-E(X)]^3}{\sigma^3}=\frac{1.05}{1.126\,9^3}=0.733\,6$$

因为 $SK>0$，所以随机变量的分布呈右偏态。

3. 峰态

描述随机变量分布的尖锐程度的特征值是峰态（kurtosis）系数。峰态系数也是由统计学家皮尔逊于 1895 年提出的。峰态系数一般用 K 表示。随机变量 X 的峰态系数是利用四阶中心矩计算得到的。

$$K=\frac{E[X-E(X)]^4}{\sigma^4}-3=\frac{\mu_4}{\sigma^4}-3 \qquad (6-43)$$

式中，σ 是标准差。随机变量分布的峰态是与正态分布相比较而言的。在正态分布的情况下，$\frac{\mu_4}{\sigma^4}=3$，因此正态分布的峰态系数 $K=0$。$K>0$ 为尖峰，$K<0$ 为扁平峰，分布的峰态图如图 6－7 所示。

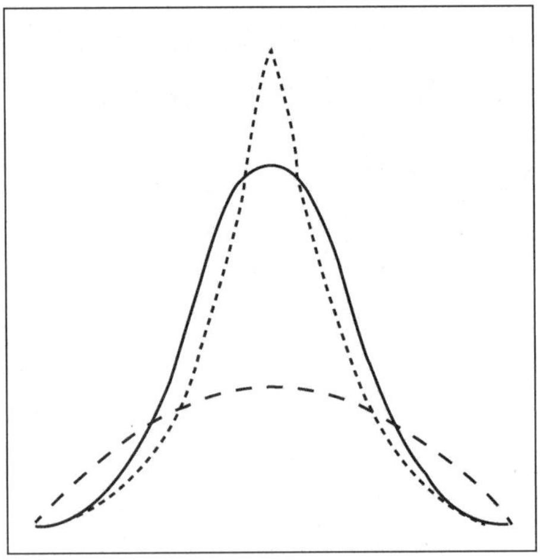

图 6－7　随机变量概率分布的峰态图

例 6－17

用例 6－15 的数据计算峰态系数。

解：$\mu_4=E[X-E(X)]^4=\sum p_i[x_i-E(X)]^4$

$=0.02\times(-2.5)^4+0.1\times(-1.5)^4+0.5\times(-0.5)^4+0.2\times0.5^4$

$+0.11\times1.5^4+0.06\times2.5^4+0.01\times3.5^4$

$=5.7325$

$\sigma=\sqrt{1.27}=1.1269$

$$K=\frac{E[X-E(X)]^4}{\sigma^4}-3=\frac{5.7325}{1.1269^4}-3=0.5542$$

因为 $K>0$，所以随机变量的分布为尖峰。

第 3 节　几种常用离散型随机变量分布的特征

随机变量的集中趋势和离散趋势是描述其分布特征的参数。在这一节中，将介绍几种常用的离散型随机变量分布的特征。

一、两点分布

当变量的取值只有两个时，这个变量的分布称为两点分布。通常用 0 和 1 作为这两个取值的代码，所以也叫 0－1 分布。在社会学研究中，这类变量有很多。翻开任何一张问卷，都会发现大量的两点分布问题。如：

- 你是否喜欢自己的专业？
- 下岗是否影响你们的夫妻感情？
- 你是否赞成只要一个孩子？
- 你是否已婚？
- 你是否有孩子？

上述问题都只有“是”与“否”两个答案。如果把它们视为变量，这些变量都只有两个取值——1 或 0，通常 1 表示“是”，0 表示“否”。这种变量就是两点分布的变量，也叫二分变量，是社会学研究中最常见、最普遍的变量形式。有些高层次的变量在利用某一方法研究时也可简化为二分变量。如以大专为切分点将学历分为高学历和低学历，以 60 岁为年龄切分点将人们分为老年和中青年，等等。用 X 表示两点分布的随机变量，用 1 和 0 表示变量的两个取值，如果将两个取值出现的概率分别记为 p 和 q，即

$$P(X=1)=p,\quad P(X=0)=q$$

则有 $p+q=1$。

两点分布的随机变量的概率分布如表 6－10 所示。

表 6－10　两点分布的概率分布表

X	0	1
P	q	p

两点分布的随机变量的数学期望

$$E(X)=0\cdot q+1\cdot p=p \tag{6-44}$$

两点分布的随机变量的方差

$$\begin{aligned}D(X)&=E(X^2)-[E(X)]^2=0^2\cdot q+1^2\cdot p-p^2=p-p^2\\&=p(1-p)=pq\end{aligned} \tag{6-45}$$

由于二分变量的取值 0 和 1 只表示变量值的编码，并没有实际的数量意义，因此，这种变量又称虚拟变量。

例 6－18

调查表明，2014 年我国人口中男性占 51.23%，女性占 48.77%。[①] 现从我国人口中随机抽出一人观察，求其性别的分布特征。

① 中华人民共和国国家统计局．中国统计年鉴：2015．北京：中国统计出版社，2015：94．

解：设 X 为表示性别的随机变量，$X=0$ 表示女性，$X=1$ 表示男性，则抽出一人是男性或女性的概率分别为：

$$P(X=1)=p=0.5123,\quad P(X=0)=q=0.4877$$

则该随机变量的概率分布如表 6-11 所示。

表 6-11　被抽取人性别的概率分布表

X	0	1
P	0.487 7	0.512 3

该随机变量的数学期望与方差为：

$$E(X)=p=0.5123$$
$$D(X)=pq=0.4877\times0.5123=0.2498$$

二、二项分布

设总体共分两类，即 A 与非 A。非 A 可以表示为 $\overline{A}$。如果总体是一个无穷大总体，或者抽样是在一个有限总体中进行的有放回抽样，每次抽取一个个体时，A 出现的概率为 $P(A)=p$，A 不出现的概率为 $P(\overline{A})=1-p=q$，则在总体中抽取 n 个个体时，A 出现次数变量 X 的概率分布就是二项分布。二项分布的数学表达式为：

$$P(X=x)=C_n^x p^x q^{n-x},\quad x=0,1,2,\cdots,n \tag{6-46}$$

或

$$P(X=x)=C_n^x p^x (1-p)^{n-x},\quad x=0,1,2,\cdots,n \tag{6-47}$$

从数学表达式中可以看出，二项分布有两个参数——n 和 p。当 n 和 p 确定以后，二项分布就唯一确定了。因此，二项分布可以简写为 $B(n,\ p)$，B 表示二项分布（binomial distribution）。

二项分布的数学期望

$$E(X)=\sum_{x=0}^{n}xP(X=x)=\sum_{x=0}^{n}xC_n^x p^x q^{n-x}=np \tag{6-48}$$

二项分布的方差

$$D(X)=E(X^2)-[E(X)]^2=npq \tag{6-49}$$

例 6-19

根据例 6-18 的数据，计算从我国人口中随机抽取 5 人，男性人数的概率分布、数学期望与方差。

解：设 X 为从我国人口中随机抽出的 5 人中男性的人数，这个随机变量有 6 个取值：$x_1=0$，$x_2=1$，$x_3=2$，$x_4=3$，$x_5=4$，$x_6=5$。这 6 个取值所对应的概率分别为 p_1，

p_2，p_3，p_4，p_5，p_6。

根据例 6－18 可知，$p=0.5123$，$q=0.4877$，$n=5$。则从我国人口中随机抽出的 5 人

全部是女性的概率 $p_1=P(X=0)=C_5^0p^0q^{5-0}=0.5123^0\times0.4877^5=0.0276$

1 名是男性的概率 $p_2=P(X=1)=C_5^1p^1q^{5-1}=5\times0.5123^1\times0.4877^4=0.1449$

2 名是男性的概率 $p_3=P(X=2)=C_5^2p^2q^{5-2}=10\times0.5123^2\times0.4877^3=0.3044$

3 名是男性的概率 $p_4=P(X=3)=C_5^3p^3q^{5-3}=10\times0.5123^3\times0.4877^2=0.3198$

4 名是男性的概率 $p_5=P(X=4)=C_5^4p^4q^{5-4}=5\times0.5123^4\times0.4877^1=0.1680$

5 名是男性的概率 $p_6=P(X=5)=C_5^5p^5q^{5-5}=1\times0.5123^5\times0.4877^0=0.0353$

该随机变量的概率分布如表 6－12 所示。

表 6－12　随机抽取的 5 人中男性人数的概率分布表

X	0	1	2	3	4	5
P	0.027 6	0.144 9	0.304 4	0.319 8	0.168 0	0.035 3

该随机变量的数学期望为：

$$E(X)=np=5\times0.5123=2.5615$$

该随机变量的方差为：

$$D(X)=npq=5\times0.5123\times0.4877=1.2492$$

三、超几何分布

二项分布要求各次观察或试验是相互独立的，即在每次观察中，任何一类出现的概率是不变的。在社会学研究中，只有放回抽样才满足这个条件。但社会调查一般是不采用放回抽样的，因此只有在总体非常大而样本又相对很小，即 $n\ll N$ 时，才认为近似满足二项分布的条件。如在我国 13 亿人口中随机抽取 5 人便满足 $n\ll N$ 的条件。但在总体不是很大的情况下，前一次抽取的结果就影响了后一次抽取中某事件发生的概率，这使各次抽样的结果相互不独立，抽样不满足二项分布的条件。例如，某城市小区中共有 120 户居民，有 8 户贫困家庭。现从该社区中随机抽取 10 户居民，求抽出贫困户数的概率分布。由于总体数量不大，不满足 $n\ll N$ 的条件，因此前一次抽取的结果会影响后一次抽取时贫困户被抽取的概率。

设总体共分两类，A 与 $\overline{\mathrm{A}}$，个体总数为 N，A 类个体数为 M 个。从总体中抽取 n 个个体，则 n 中含有 A 类个体的个数 X 的概率分布就是超几何分布。超几何分布的数学表达式为：

$$P(X=x)=\frac{C_M^x C_{N-M}^{n-x}}{C_N^n},\quad x=0,1,2,\cdots,l \tag{6-50}$$

式中，$l=\min(M,\ n)$。

例如，假设某大学有 10 000 名学生，其中女生 3 000 人，从中随机抽取 5 000 人，计算抽出女生人数的概率时，$M=3\,000$，$n=5\,000$，则有 $l=3\,000$。

如果从该大学的 10 000 名学生中抽出 5 000 人，计算抽出男生人数的概率时，$M=7\,000$，$n=5\,000$，则有 $l=5\,000$。

在例 6－12 中计算的离散型随机变量的分布就是超几何分布。

超几何分布的数学期望

$$E(X)=\sum_{x=0}^{l} x\frac{C_M^x C_{N-M}^{n-x}}{C_N^n}=\frac{nM}{N}=\left(\frac{M}{N}\right)n \tag{6-51}$$

超几何分布的方差

$$D(X)=\frac{n(N-n)(N-M)M}{N^2(N-1)}=n\left(\frac{M}{N}\right)\left(\frac{N-M}{N}\right)\frac{N-n}{N-1} \tag{6-52}$$

如果令 $p=\frac{M}{N}$，$q=1-p$，则有

$$E(X)=np \tag{6-53}$$

$$D(X)=npq\frac{N-n}{N-1} \tag{6-54}$$

超几何分布适用于小总体研究。但当总体规模逐渐增大，由抽样造成的个体间概率的改变可以忽略不计时，超几何分布将趋向于二项分布。即

$$\frac{C_M^x C_{N-m}^{n-x}}{C_N^n}\to C_n^x p^x\,(1-p)^{n-x},\quad 当\ N\to\infty 时 \tag{6-55}$$

例 6－20

某大学班级共有 30 名学生，其中有 10 名女生。现从该班级中随机抽取 5 人，求抽出女生人数的概率分布、数学期望与方差。

解：设 X 为抽出的女生人数，$N=30$，$M=10$，则

$$p=\frac{M}{N}=\frac{10}{30}=\frac{1}{3}$$

$$P(X=0)=\frac{C_{10}^0 C_{20}^5}{C_{30}^5}=0.108\,8$$

$$P(X=1)=\frac{C_{10}^1 C_{20}^4}{C_{30}^5}=0.34$$

$$P(X=2)=\frac{C_{10}^2 C_{20}^3}{C_{30}^5}=0.36$$

$$P(X=3)=\frac{C_{10}^{3}C_{20}^{2}}{C_{30}^{5}}=0.16$$

$$P(X=4)=\frac{C_{10}^{4}C_{20}^{1}}{C_{30}^{5}}=0.0295$$

$$P(X=5)=\frac{C_{10}^{5}C_{20}^{0}}{C_{30}^{5}}=0.0018$$

上述概率分布可以用表来表示，如表 6－13 所示。

表 6－13　女生人数的概率分布表

X	0	1	2	3	4	5
p_i	0.108 8	0.34	0.36	0.16	0.029 5	0.001 8

该随机变量的数学期望为：

$$E(X)=np=5\times\frac{1}{3}=1.667$$

该随机变量的方差为：

$$D(X)=npq\frac{N-n}{N-1}=5\times\frac{1}{3}\times\left(1-\frac{1}{3}\right)\times\frac{30-5}{30-1}=0.958$$

第 4 节　几种常用连续型随机变量分布的特征

连续型随机变量的分布是用概率密度来描述的。要把握连续型随机变量的分布特征，首先要知道变量分布的概率密度函数，其次要根据概率密度函数计算出变量的数学期望与方差。

一、连续型随机变量的概率计算

对于连续型随机变量，我们关心的不是变量在某一点上的概率，而是它在一个区间内的概率。例如，我们关心的是在一天内出生了多少个婴儿，而不是在某一时点上出生了多少个婴儿（即每天出生婴儿数量的概率，而不是在某一时点上出生婴儿数量的概率）。在社会学和经济学研究中，可以把很多时期的现象理解为连续型随机变量。如企业的产量可以有年产量、月产量、日产量，也可以计算出某一分钟的产量，但不能计算某一时刻的产量。对于连续型随机变量，变量的某个取值出现的概率是无法计算的，可以计算的是变量的取值在某一区间内出现的概率。在概率密度函数 $f(x)$ 已知的条件下，变量的取值在某一区间内出现的概率可以通过积分的方法求得。

若随机变量 X 的概率密度函数为 $f(x)$，则变量值在区间（x_1，x_2）内出现的概率为：

$$P(x_1\leqslant X\leqslant x_2)=\int_{x_1}^{x_2}f(x)\mathrm{d}x \tag{6-56}$$

二、正态分布

正态分布又称常态分布或高斯分布，最早是由德国数学家高斯在研究误差理论时发现的。由于在自然界和人类社会中很多现象都服从这一分布，且它在抽样和推论统计中占有重要的地位，因此正态分布是最重要的统计分布。

（一）正态分布的概率密度函数与概率密度曲线

1. 正态分布的概率密度函数

正态分布的概率密度函数为：

$$f(x)=\frac{1}{\sqrt{2\pi}\sigma}e^{\frac{-(x-\mu)^2}{2\sigma^2}} \tag{6-57}$$

式中，μ 和 σ 是正态分布的两个参数；π 和 e 是两个常数，$\pi=3.14$，$e=2.72$。

对概率密度函数进行积分，可以得到正态分布的分布函数。

$$F(x)=\int_{-\infty}^{x}f(t)\mathrm{d}t=\frac{1}{\sqrt{2\pi}\sigma}\int_{-\infty}^{x}e^{-\frac{(t-\mu)^2}{2\sigma^2}}\mathrm{d}t \tag{6-58}$$

2. 正态分布的概率密度曲线

根据正态分布的概率密度函数绘制的正态分布的概率密度曲线的形状如图 6-8 所示。正态分布的概率密度曲线简称为正态分布曲线。

从图 6-8 中可以看出，正态分布曲线有如下特点：

（1）单峰，有一个极大值；

（2）有一个对称轴，两个拐点；

（3）以横轴为渐近线。

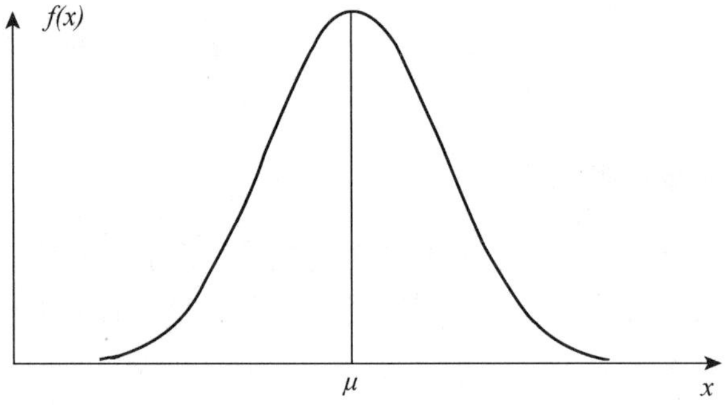

图 6-8　正态分布曲线

从正态分布的概率密度函数可以看出，在 μ 和 σ 确定后，正态分布曲线的形状和位置也就唯一确定了。下面来看这两个参数对正态分布曲线的影响。

在正态分布的概率密度函数中，μ 决定了正态分布曲线的位置。$f(x)$ 以 $x=\mu$ 这一直线为对称轴，在 $x=\mu$ 处达到极大值。在 σ 一定的情况下，若 μ 增大，则图形右移；若 μ 减小，则图形左移，但形状不变。正态分布曲线的位置随 μ 变化的情况如图 6-9 所示。

在正态分布的概率密度函数中，σ 决定了正态分布曲线的形状。在 μ 不变的情况下，σ

越小，图形越尖瘦，即分布越集中；σ 越大，图形越矮胖，即分布越分散。$x=\mu\pm\sigma$ 处为拐点。正态分布曲线的形状随 σ 变化的情况如图 6－10 所示。

由于 μ 和 σ 是正态分布仅有的两个参数，因此一旦这两个参数确定，正态分布的形状和位置也就确定了。如果随机变量 X 服从参数为 μ 和 σ^2 的正态分布，则可以表示为 $X\sim N(\mu, \sigma^2)$。

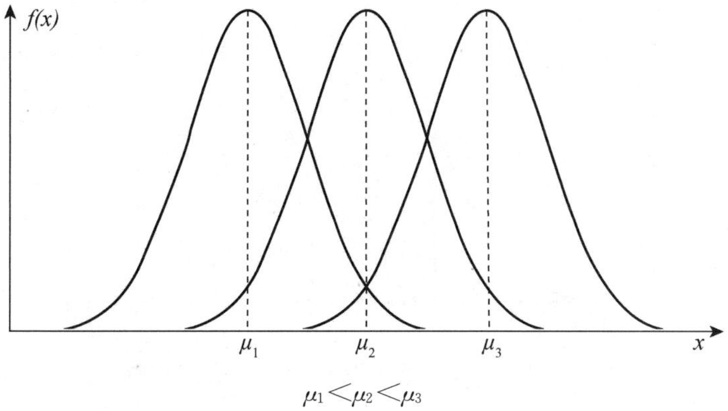

图 6－9　正态分布曲线的位置变化

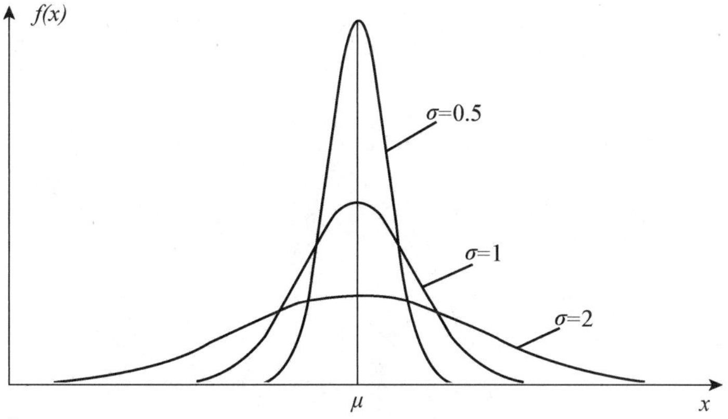

图 6－10　正态分布曲线的形状变化

（二）正态分布的数学期望与方差

如果将正态分布的概率密度函数代入数学期望和方差的计算公式，可得

$$E(X)=\int_{-\infty}^{+\infty} x\frac{1}{\sqrt{2\pi}\sigma}e^{-\frac{(x-\mu)^2}{2\sigma^2}}dx=\mu \tag{6-59}$$

$$D(X)=\int_{-\infty}^{+\infty}(x-\mu)^2\frac{1}{\sqrt{2\pi}\sigma}e^{-\frac{(x-\mu)^2}{2\sigma^2}}dx=\sigma^2 \tag{6-60}$$

也就是说，正态分布的两个参数 μ 和 σ 正是它的数学期望和标准差。

（三）正态分布的概率计算

对于服从正态分布的随机变量，其在任意区间 $[x_1, x_2]$ 内的概率便是该区间对应的概率密度曲线下的面积。图 6-11 中阴影部分的面积便是变量的取值出现在区间 $[x_1, x_2]$ 内的概率。这个概率可以通过积分求得，即

$$P(x_1 \leqslant X \leqslant x_2) = \int_{x_1}^{x_2} f(x)\mathrm{d}x = \int_{x_1}^{x_2} \frac{1}{\sqrt{2\pi}\sigma} \mathrm{e}^{\frac{-(x-\mu)^2}{2\sigma^2}} \mathrm{d}x \quad (6-61)$$

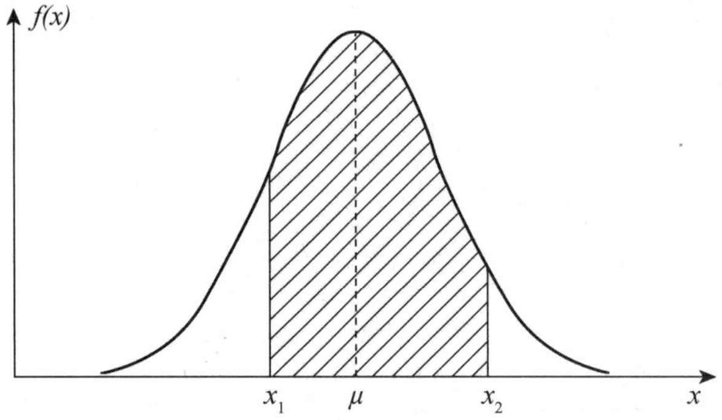

图 6-11　正态分布在区间 $[x_1, x_2]$ 内的概率

正态分布有以下几个典型的取值区间：

（1）变量在 $[\mu-\sigma, \mu+\sigma]$ 内的概率（见图 6-12）：

$$P(\mu-\sigma \leqslant X \leqslant \mu+\sigma) = \int_{\mu-\sigma}^{\mu+\sigma} f(x)\mathrm{d}x = 0.682\,7$$

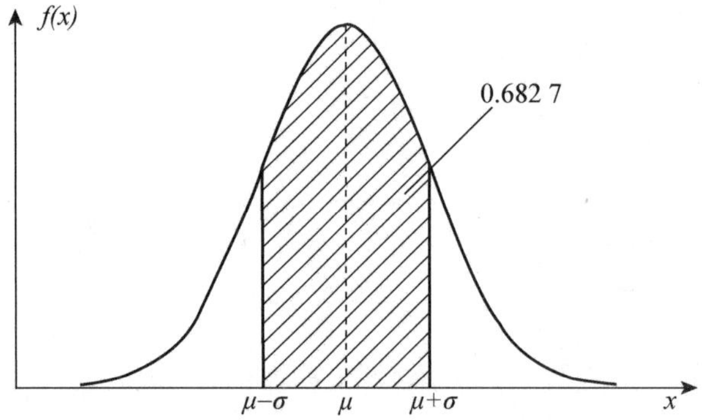

图 6-12　正态分布在区间 $[\mu-\sigma, \mu+\sigma]$ 内的概率

即变量取值的 68.27%分布在期望两边正负 1 个标准差范围之内。

（2）变量在 $[\mu-2\sigma, \mu+2\sigma]$ 内的概率（见图 6-13）：

$$P(\mu-2\sigma \leqslant X \leqslant \mu+2\sigma) = \int_{\mu-2\sigma}^{\mu+2\sigma} f(x)\mathrm{d}x = 0.954\,5$$

即变量取值的 95.45%分布在期望两边正负 2 个标准差范围之内。

（3）变量在 $[\mu-3\sigma, \mu+3\sigma]$ 内的概率（见图 6-14）：

$$P(\mu-3\sigma \leqslant X \leqslant \mu+3\sigma) = \int_{\mu-3\sigma}^{\mu+3\sigma} f(x)\mathrm{d}x = 0.997\,3$$

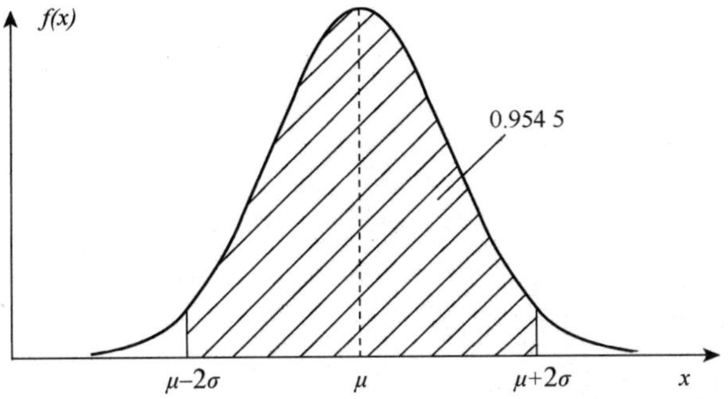

图 6-13　正态分布在区间 [$\mu-2\sigma$, $\mu+2\sigma$] 内的概率

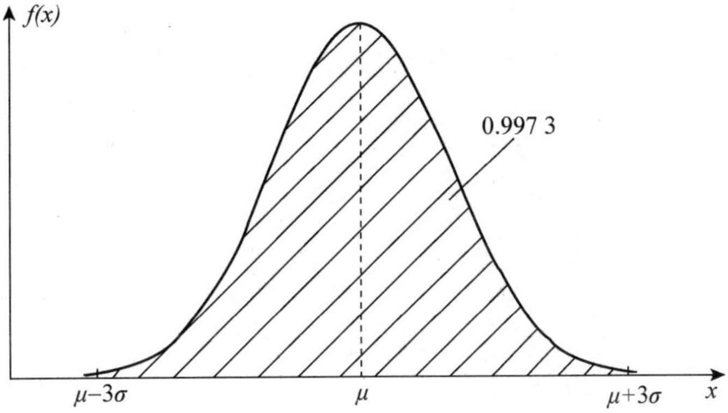

图 6-14　正态分布在区间 [$\mu-3\sigma$, $\mu+3\sigma$] 内的概率

即变量取值的 99.73%分布在期望两边正负 3 个标准差范围之内。

根据正态分布的对称性，以 σ 为单位将变量的取值分组，在每个组的间距内变量值出现的概率如图 6-15 所示。

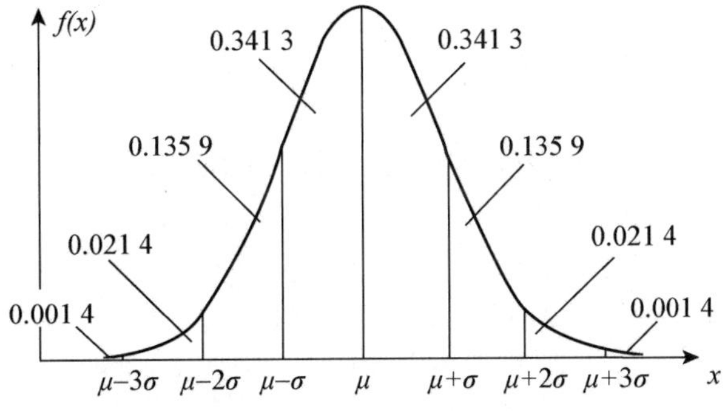

图 6-15　正态分布的典型取值区间

(四) 正态分布随机变量函数的分布

1. 一个正态分布随机变量的线性函数的分布

设 X 是一个服从正态分布的随机变量，其数学期望与方差分别为 μ 和 σ^2，即 $X \sim N(\mu, \sigma^2)$，则 X 的线性函数 $Y=k_1X+k_2$（k_1，k_2 为常数）仍然服从正态分布，这个正态分布的数学期望与方差分别为：

$$E(Y)=E(k_1X+k_2)=k_1\mu+k_2 \qquad (6-62)$$

$$D(Y)=D(k_1X+k_2)=k_1^2\sigma^2 \qquad (6-63)$$

即 $$Y\sim N(k_1\mu+k_2, k_1^2\sigma^2)$$

2. 两个正态分布随机变量的线性组合的分布

设 X_1 和 X_2 是两个相互独立且服从正态分布的随机变量，$X_1\sim N(\mu_1, \sigma_1^2)$，$X_2\sim N(\mu_2, \sigma_2^2)$，则 X_1 和 X_2 的线性组合 $Y=k_1X_1+k_2X_2$（k_1，k_2 为常数）仍然服从正态分布，这个正态分布的数学期望与方差分别为：

$$E(Y)=E(k_1X_1+k_2X_2)=k_1\mu_1+k_2\mu_2 \qquad (6-64)$$

$$D(Y)=D(k_1X_1+k_2X_2)=k_1^2\sigma_1^2+k_2^2\sigma_2^2 \qquad (6-65)$$

即 $$Y\sim N(k_1\mu_1+k_2\mu_2, k_1^2\sigma_1^2+k_2^2\sigma_2^2)$$

更一般地，有限个相互独立的正态分布随机变量的线性组合仍然服从正态分布。

三、标准正态分布

（一）标准正态分布的特征

1. 标准正态分布的概率密度函数

在正态分布的概率密度函数中，μ 和 σ 的大小影响分布曲线的形状和位置。$\mu=0$，$\sigma=1$ 的正态分布称为标准正态分布。标准正态分布的概率密度函数为：

$$\varphi(x)=\frac{1}{\sqrt{2\pi}}e^{-\frac{x^2}{2}} \qquad (6-66)$$

2. 标准正态分布的数学期望与方差

将标准正态分布的概率密度函数代入数学期望和方差的计算公式，可得

$$E(X)=\int_{-\infty}^{+\infty}x\frac{1}{\sqrt{2\pi}}e^{-\frac{x^2}{2}}dx=0 \qquad (6-67)$$

$$D(X)=\int_{-\infty}^{+\infty}x^2\frac{1}{\sqrt{2\pi}}e^{-\frac{x^2}{2}}dx=1 \qquad (6-68)$$

（二）标准正态分布表的使用及标准正态分布概率的计算

1. 标准正态分布表

对于标准正态分布，统计学家已计算出主要值并列成表，供使用者查找使用。本书末的附表1即为标准正态分布表。表中的 z 所对应列的数值是变量的个位和小数点后一位的值，z 所对应行的数值是变量小数点后两位的值。表中单元格的数据是 z 值所对应的分布函数的值，即概率密度曲线下的面积，用 $\Phi(z)$ 表示，也就是从 $-\infty$ 到 z 这个区间内所有变量值出现的概率和。

$$\Phi(z)=\int_{-\infty}^{z}\frac{1}{\sqrt{2\pi}}e^{-\frac{x^2}{2}}dx \qquad (6-69)$$

图6-16中的阴影部分就是 $\Phi(z)$ 所对应的面积。

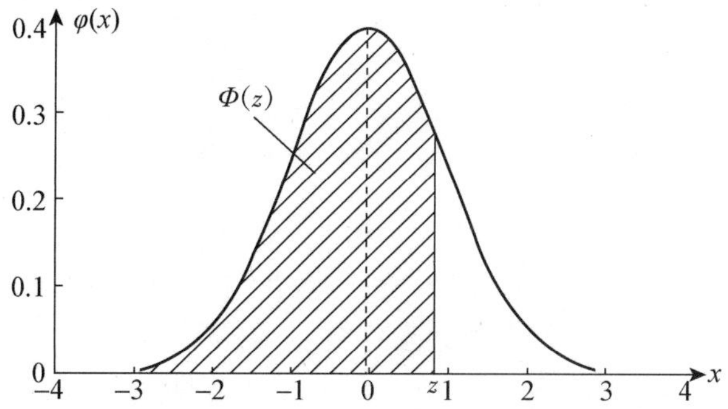

图 6－16　标准正态分布的概率

本书在书末给出了标准正态分布的两种表。附表1是标准正态分布表。通过该表可以在已知 z 值的情况下求得小于等于该值的所有变量值出现的概率和，即 $P(Z\leqslant z)$。附表2是标准正态分布的分位数表。表中的 p 值是大于等于 z 的所有变量值的概率和，通过该表可以在 p 值确定的情况下求得 z 值。

2. 标准正态分布表的使用

（1）已知变量值求概率。求概率值就是在 z 一定时求 $\Phi(z)$ 的值。分布函数 $\Phi(z)$ 是从 $-\infty$ 到 z 这个区间内所有变量值出现的概率和。因为标准正态分布是完全对称的分布，所以标准正态分布表一般只给出 $z\geqslant 0$ 的分布函数 $\Phi(z)$ 的值。这部分值可直接从表中查得。

例如，当 $z=1.96$ 时，查表得 $\Phi(z)=0.9750$。这个0.9750就是在 $(-\infty, 1.96]$ 这个范围内变量值出现的概率。

对于 $z<0$ 的部分，可以查出其相反数对应的概率值 $\Phi(-z)$，并通过下式求得 z 为负数时分布函数的值。

$$\Phi(z)=1-\Phi(-z) \tag{6-70}$$

例如，当 $z=-1.96$ 时，查表得 $\Phi(1.96)=0.9750$。则有

$$\Phi(-1.96)=1-\Phi(1.96)=1-0.9750=0.0250$$

由正态分布的对称性，当 z 等于0时，查表得 $\Phi(z)=0.5$。它表示小于0的所有变量值出现的概率为0.5，即50%的变量值小于0。

当 $z=1$ 时，查表得 $\Phi(z)=0.8413$，它表示小于1的所有变量值出现的概率为0.8413，也就是有15.87%的变量值大于1。

当 $z=2$ 时，查表得 $\Phi(z)=0.9772$，它表示小于2的所有变量值出现的概率为0.9772，也就是只有2.28%的变量值大于2。

当 $z=3.90$ 时，$\Phi(z)=1$。

例 6－21

已知 $X\sim N(0, 1)$，求变量值小于1.96的概率。

解：根据 $z=1.96$ 查标准正态分布表，得 $\Phi(1.96)=0.9750$。

$$P(X\leqslant 1.96)=\Phi(1.96)=0.9750$$

即变量值小于 1.96 的概率为 0.975 0。

（2）已知概率求变量的值。标准正态分布的分位数表给出的是 p 与 z 的值。p 值是从 z 到∞这个区间内所有变量值出现的概率，即 $p=P(Z\geqslant z)$。利用标准正态分布的分位数表，在已知概率的情况下，可以很方便地求得变量 z 的值。

例如，当 $p=0.05$ 时，查附表 2 得 $z=1.645$。这表明在［1.645，∞）这个范围内变量值出现的概率为 0.05。

由于标准正态分布的分位数表给出的最大 p 值为 0.499，所以当 p 值大于 0.499 时，只要查 $1-p$ 所对应的值并加上负号即可。

例如，当 $p=0.6$ 时，求得 $1-0.6=0.4$，查附表 2 得 $z=0.253$。则对应于 $p=0.6$ 的 z 值为 -0.253，这表明在［-0.253，$+\infty$）这个范围内变量值出现的概率为 0.6。

例 6-22

已知 $X\sim N(0,1)$，求 p 值为 0.025 所对应的 z 值。

解：根据 $p=0.025$，查标准正态分布分位数表得 $z=1.960$。

$$P(X>1.960)=0.025$$

即变量值大于 1.960 的概率为 0.025。

（3）用标准正态分布表求变量值出现在某一区间的概率值。通过标准正态分布表可以求得在任意区间［z_1，z_2］内变量值出现的概率。即

$$P(z_1\leqslant X\leqslant z_2)=\int_{z_1}^{z_2}\varphi(x)\,\mathrm{d}x=\int_{z_1}^{z_2}\frac{1}{\sqrt{2\pi}}\mathrm{e}^{\frac{-x^2}{2}}\,\mathrm{d}x \tag{6-71}$$

这个概率值可以通过标准正态分布表求得

$$P(z_1\leqslant X\leqslant z_2)=\Phi(z_2)-\Phi(z_1) \tag{6-72}$$

上述概率值即图 6-17 中阴影部分的面积。

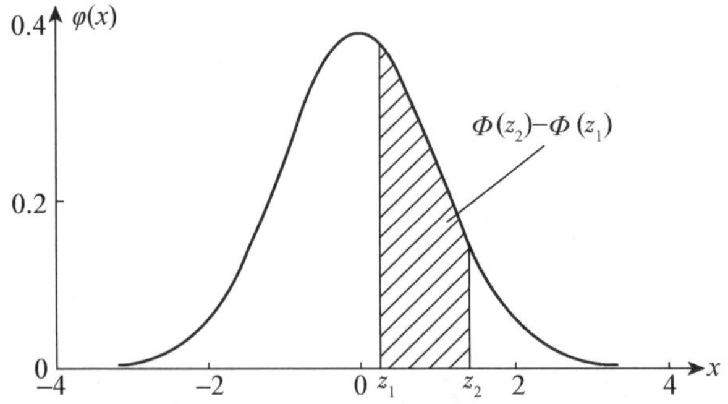

图 6-17　变量值在任意区间［z_1，z_2］内出现的概率

例 6 - 23

已知 $X \sim N(0,1)$，求变量值不小于 1.96 且不大于 2.58 的概率。

解：查标准正态分布表得 $\Phi(1.96)=0.9750$，$\Phi(2.58)=0.9951$。

$$P(1.96 \leqslant X \leqslant 2.58)=\Phi(2.58)-\Phi(1.96)=0.9951-0.9750=0.0201$$

变量值不小于 1.96 且不大于 2.58 的概率为 0.020 1。

标准正态分布有以下几个典型的取值区间：

(1) 变量值在 [−1，1] 内的概率：

$$P(-1 \leqslant X \leqslant 1)=\Phi(1)-\Phi(-1)=0.6827$$

也就是说，68.27%的变量值分布在 [−1，1] 内。

(2) 变量值在 [−2，2] 内的概率：

$$P(-2 \leqslant X \leqslant 2)=\Phi(2)-\Phi(-2)=0.9545$$

即 95.45%的变量值分布在 [−2，2] 内。

(3) 变量值在 [−3，3] 内的概率：

$$P(-3 \leqslant X \leqslant 3)=\Phi(3)-\Phi(-3)=0.9973$$

即 99.73%的变量值分布在 [−3，3] 内。

上述取值区间的分布如图 6 - 18 所示。

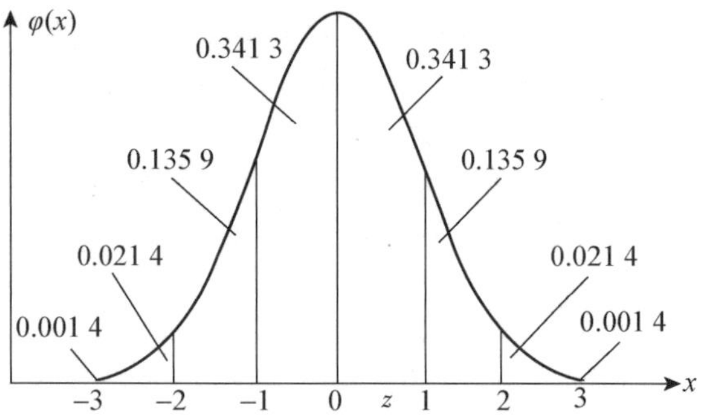

图 6 - 18　标准正态分布的典型取值区间

例 6 - 24

已知 $\xi \sim N(0,1)$，求变量值在 [1，2] 内的概率。

解：$z_1=1$，$z_2=2$

$$P(1 \leqslant X \leqslant 2)=\Phi(2)-\Phi(1)$$

查表得 $\Phi(1)=0.8413$，$\Phi(2)=0.9772$。

$$\Phi(2)-\Phi(1)=0.9772-0.8413=0.1359$$

即变量值在［1，2］内的概率为 0.135 9。

（三）z 变换与 z 分数

一般正态分布的概率密度函数公式非常复杂，如果将一般正态分布转化为标准正态分布，就可以借助标准正态分布表，使概率的计算变得容易、简单和快捷。

对一般正态分布

$$f(x)=\frac{1}{\sqrt{2\pi}\sigma}\mathrm{e}^{-\frac{(x-\mu)^2}{2\sigma^2}}$$

对应的分布函数为：

$$F(x)=\int_{-\infty}^{x}f(t)\mathrm{d}t=\frac{1}{\sqrt{2\pi}\sigma}\int_{-\infty}^{x}\mathrm{e}^{-\frac{(t-\mu)^2}{2\sigma^2}}\mathrm{d}t \tag{6-73}$$

令

$$z=\frac{t-\mu}{\sigma} \tag{6-74}$$

则 $t=z\sigma+\mu$，将其代入式（6－73）得

$$F(x)=\frac{1}{\sqrt{2\pi}}\int_{-\infty}^{\frac{x-\mu}{\sigma}}\mathrm{e}^{-\frac{z^2}{2}}\mathrm{d}z=\Phi\left(\frac{x-\mu}{\sigma}\right) \tag{6-75}$$

式（6－75）表明，用变量 z 取代了变量 t 后，原来的正态分布转化为标准正态分布。这种变换也称为 z 变换，通过公式 $z=\frac{t-\mu}{\sigma}$ 计算得到的 z 值称为 z 分数，也称为标准分。z 变换也称为变量的标准化。图 6－19 中正态曲线 1 对应变量 $X_1\sim N(-2,0.5^2)$，正态曲线 2 对应变量 $X_2\sim N(4,3^2)$。对这两个变量进行 z 变换得

$$z_1=\frac{x+2}{0.5}$$

$$z_2=\frac{x-4}{3}$$

z 变换后，两个参数不同的正态分布都转换成为标准正态分布 $Z\sim N(0,1^2)$，见图 6－19 中的正态曲线 3。

所有的正态分布都可以通过 z 变换转化为标准正态分布。标准正态分布的计算值是唯一的，图形也是唯一的，其分布函数的值可以通过查表求得。标准正态分布的概率值与一般正态分布的概率值是一一对应的。只要学会查表，求解任何正态分布的概率值都很方便、很简单。

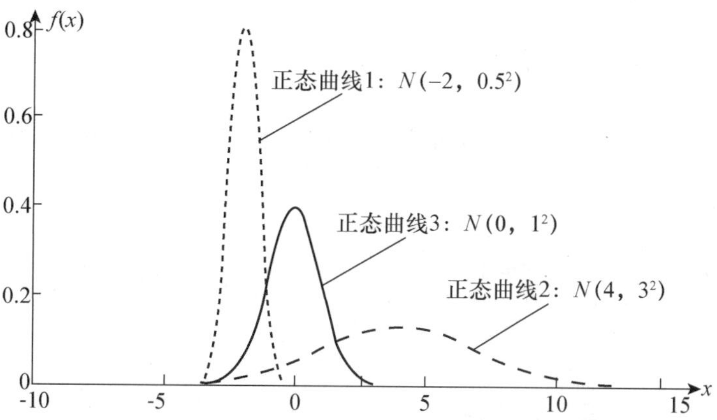

图6-19 两个参数不同的正态分布及其 z 变换

例 6-25

某学校进行了一次数学考试，学生考试成绩服从正态分布。平均成绩为70分，标准差为10分。某学生的成绩为90分。问：成绩高于该学生的人数占多大比例？

解：由题意知，$\mu=70$，$\sigma=10$，$x=90$。

设考试成绩为 X，则 $X\sim N(70，100)$。

$$z=\frac{90-70}{10}=2$$

查表得 $\Phi(2)=0.977\,2$，故

$$P(X>90)=1-\Phi(2)=1-0.977\,2=0.022\,8$$

故成绩高于该学生的人数所占的比例为2.28%。

例 6-26

已知男性身高服从正态分布。某省男性平均身高为170厘米，标准差为6厘米。求身高为170厘米至180厘米的男性所占的比例。

解：由题意知，$\mu=170$，$\sigma=6$，$x_1=170$，$x_2=180$。

设身高为 X，则 $X\sim N(170，36)$。

$$z_1=\frac{170-170}{6}=0$$

$$z_2=\frac{180-170}{6}=1.67$$

查表得 $\Phi(z_1)=\Phi(0)=0.5$，$\Phi(z_2)=\Phi(1.67)=0.952\,5$，故

$$P(170\leqslant X\leqslant 180)=P(z_1\leqslant z\leqslant z_2)=\Phi(z_2)-\Phi(z_1)=0.952\,5-0.5=0.452\,5$$

即有45.25%的男性身高在170厘米至180厘米之间。

（四）z 分数的实际意义与作用

1. z 分数的意义

正态分布变量的 t 值与标准正态分布变量的 z 值是一一对应的。根据 z 变换的公式 $z=\frac{t-\mu}{\sigma}$ 可知：

当 $t=\mu+\sigma$ 时，$z=\frac{\mu+\sigma-\mu}{\sigma}=1$；

当 $t=\mu-\sigma$ 时，$z=\frac{\mu-\sigma-\mu}{\sigma}=-1$；

当 $t=\mu+2\sigma$ 时，$z=\frac{\mu+2\sigma-\mu}{\sigma}=2$；

当 $t=\mu-2\sigma$ 时，$z=\frac{\mu-2\sigma-\mu}{\sigma}=-2$；

当 $t=\mu+3\sigma$ 时，$z=\frac{\mu+3\sigma-\mu}{\sigma}=3$；

当 $t=\mu-3\sigma$ 时，$z=\frac{\mu-3\sigma-\mu}{\sigma}=-3$。

z 分数的意义是以均值为基点，以标准差为度量单位，表现某一变量值在总体中的相对位置，也就是该变量值与均值之间有几个标准差的距离。

如某男性身高为 176 厘米，如果男性平均身高为 170 厘米，男性身高分布的标准差为 6 厘米，则该男性身高的 z 分数为 1，也就是 176 厘米与平均值 170 厘米相差了一个标准差的距离。查表可知，当 $z=1$ 时，分布函数 $F(z)=0.841\,3$。即有 84.13%的男性身高低于 176 厘米，只有 15.87%的男性高于 176 厘米。由此可以看出，与绝对数相比，z 分数更能准确地说明个体在总体中的位置。

2. z 分数的作用

（1）可以使同一群体的不同测量结果具有可比性。为说明标准分的上述作用，现举一例：学生 A 第一次外语考试得了 60 分，第二次外语考试得了 70 分，这个学生的外语成绩提高了吗？用绝对分数是无法比较的。如果两次外语考试的平均成绩都是 60 分，用 $x-\bar{x}$ 可判断该学生成绩是否提高。因为 $60-60=0$，$70-60=10$，即第二次成绩优于第一次。但如果两次考试的平均成绩相同，该学生的考试得分也相同，该学生的学习成绩就没有变化吗？例如，班级两次考试的平均值都为 60 分，该学生两次考试成绩均为 70 分，两个 70 分代表的意义是否相同？这要考虑两次考试成绩分布的标准差。如果第一次考试成绩分布的标准差为 10 分，而第二次考试成绩分布的标准差为 5 分，则通过计算 z 分数可以看出该学生在第二次考试中成绩是否有提高。

$$z_1=\frac{x_1-\bar{x}}{\sigma_1}=\frac{70-60}{10}=1$$

$$z_2=\frac{x_2-\bar{x}}{\sigma_2}=\frac{70-60}{5}=2$$

两次考试成绩的分布及该学生的位置如图 6-20 所示。

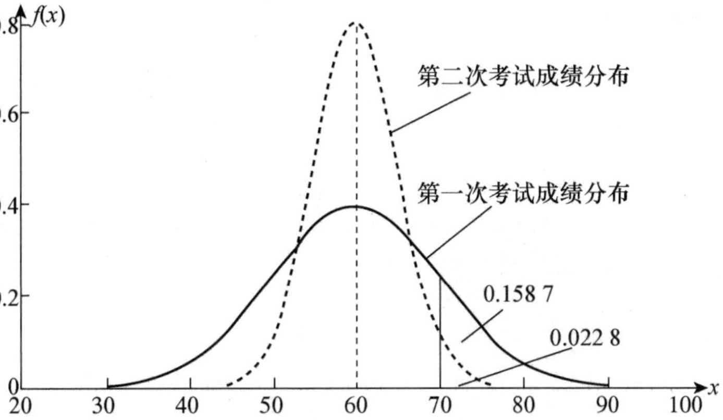

图 6-20　均值相同、方差不同的随机变量的分布

通过查表可得 $\Phi(1)=0.841\,3$，$\Phi(2)=0.977\,2$。也就是说，第一次考试中有近 16%的学生成绩高于该学生，而在第二次考试中只有近 2.3%的学生成绩高于该学生。与第一次考试相比，该学生第二次考试成绩有了很大的提高。

由此可见，在均值相同、标准差不同的总体中，相同的分数代表的意义是不一样的。只有用 z 分数才能比较出两个分数的实际意义。

(2) 可以使不同群体的不同测量结果具有可比性。由于标准分表明的是个体在总体中的位置，是一个没有量纲的相对分，因此使用标准分可以使不同群体的不同测量结果具有可比性。例如，某校社会学专业研究生招生考试规定了“政治”“外语”“社会学理论”三门必考科目，然后可在“社会思想史”和“社会统计学”中选考一门，以四门课的总成绩作为录取依据。现有 A，B 两名考生的考试成绩，如表 6-14 第二、第三行所示。如果直接累加各科成绩，是考生 B 的成绩优于考生 A。但由于两名考生选考了不同的科目，考生 B 在“社会思想史”考试中的 128 分与考生 A 在“社会统计学”考试中的 117 分是在两个不同总体中进行的不同测量，其结果是不可比的，因此直接比较累加成绩是不科学的。总体中各科成绩的平均值和标准差如表6-14中的第四、第五行所示，计算得到的两名考生各科成绩的标准分如表 6-14 中的第六、第七行所示。按标准分汇总，考生 A 的成绩远远优于考生 B。由此可以看出，标准分代表的意义比绝对分数更准确、客观。

表 6-14　两名考生考试成绩

	政治	外语	社会学理论	社会思想史	社会统计学	总成绩
考生 A	68	69	121		117	375
考生 B	66	69	119	128		382
总体的平均成绩	55	50	100	120	90	
总体的标准差	15	10	20	15	10	
考生 A 的标准分	0.867	1.9	1.05		2.7	6.517
考生 B 的标准分	0.733	1.9	0.95	0.533		4.116

四、其他几种常用的统计分布

在后面的推论统计中，除了正态分布以外，还要用到其他几种分布，现介绍如下。

（一）χ^2 分布

1. χ^2 分布的概率密度函数

如果 n 个随机变量 X_1，X_2，…，X_n 相互独立且都服从 $N(0, 1)$ 分布，则它们的平方和 $Y=X_1^2+X_2^2+\cdots+X_n^2$ 服从概率密度为

$$f(y)=\begin{cases}\dfrac{1}{2^{\frac{n}{2}}\Gamma\left(\dfrac{n}{2}\right)}y^{\frac{n}{2}-1}\mathrm{e}^{-\frac{y}{2}}, & \text{当 } y\geqslant 0 \text{ 时}\\ 0, & \text{当 } y<0 \text{ 时}\end{cases} \tag{6-76}$$

的分布，这个分布叫自由度为 n 的 χ^2 分布，记作 $Y\sim\chi^2(n)$。自由度是指独立取值的变量数目。式中的 $\Gamma\left(\frac{n}{2}\right)$ 是以 $\frac{n}{2}$ 为参数的伽马函数。

如果随机变量 X_1，X_2，…，X_k 服从的不是 $N(0, 1)$ 分布，而是 $N(\mu, \sigma^2)$ 分布，则可将随机变量进行 z 变换，所得到的函数

$$\begin{aligned}Y &= \left(\frac{X_1-\mu}{\sigma}\right)^2+\left(\frac{X_2-\mu}{\sigma}\right)^2+\cdots+\left(\frac{X_n-\mu}{\sigma}\right)^2\\ &=\frac{1}{\sigma^2}\sum_{i=1}^{n}(X_i-\mu)^2\end{aligned} \tag{6-77}$$

仍然服从自由度为 n 的 χ^2 分布。

不同自由度的 χ^2 分布如图 6-21 所示。

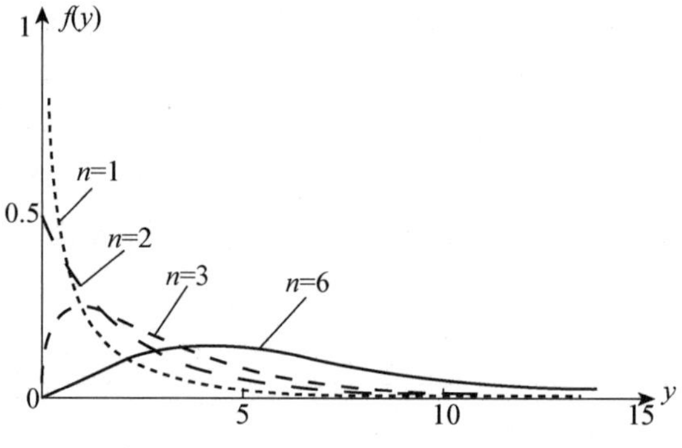

图 6-21　不同自由度的 χ^2 分布

2. χ^2 分布的性质

设 Y_1 与 Y_2 是两个相互独立的随机变量，并且分别服从自由度为 n_1 和 n_2 的 χ^2 分布，即 $Y_1\sim\chi^2(n_1)$，$Y_2\sim\chi^2(n_2)$，则它们的和服从自由度为 n_1+n_2 的 χ^2 分布。即

$$Y_1+Y_2\sim\chi^2(n_1+n_2) \tag{6-78}$$

如果有 m 个相互独立且服从 χ^2 分布的随机变量，不妨设为 $Y_1 \sim \chi^2(n_1)$，$Y_2 \sim \chi^2(n_2)$，…，$Y_m \sim \chi^2(n_m)$，则它们的和仍然服从 χ^2 分布。即

$$Y_1 + Y_2 + \cdots + Y_m \sim \chi^2(n_1 + n_2 + \cdots + n_m) \tag{6-79}$$

3. χ^2 分布分位数表的使用

书末的附表3是 χ^2 分布分位数表。表中最左侧一列给出的是自由度，最上面一行列出的是概率值。表中单元格的数据是满足等式（6-80）的 χ^2_α 的值。

$$P(\chi^2 \geqslant \chi^2_\alpha) = \int_{\chi^2_\alpha}^{+\infty} f(y)\mathrm{d}y = \alpha \tag{6-80}$$

式（6-80）可以用图6-22表示。

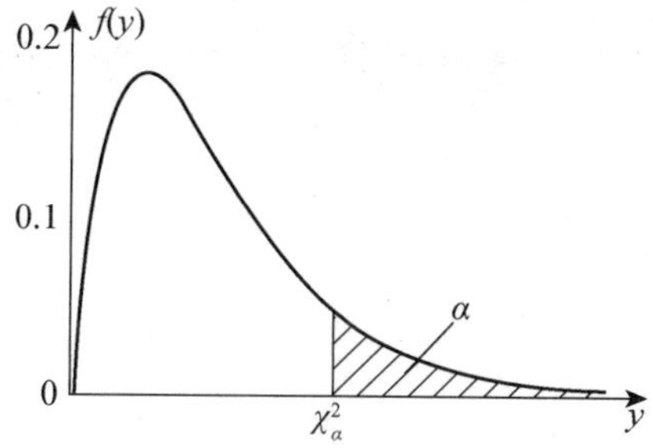

图6-22　χ^2 分布的概率密度曲线及其分位数

式（6-80）表明，对给定的概率 α，χ^2_α 是临界值。也就是说，在自由度为 n 的情况下，χ^2 值大于 χ^2_α 的概率为 α。根据 χ^2 分布表，可以在已知概率的情况下求变量的临界值 χ^2_α，也可以在已知变量值 χ^2_α 时分别求出变量大于该值和小于该值的概率。

例6-27

已知 $n=10$，$Y \sim \chi^2(10)$，$\alpha=0.05$，求满足 $P(\chi^2 \geqslant \chi^2_\alpha)=\alpha$ 的 χ^2_α 的值。

解：查表得 $\chi^2_{0.05}(10)=18.307$，对应图形如图6-23所示。

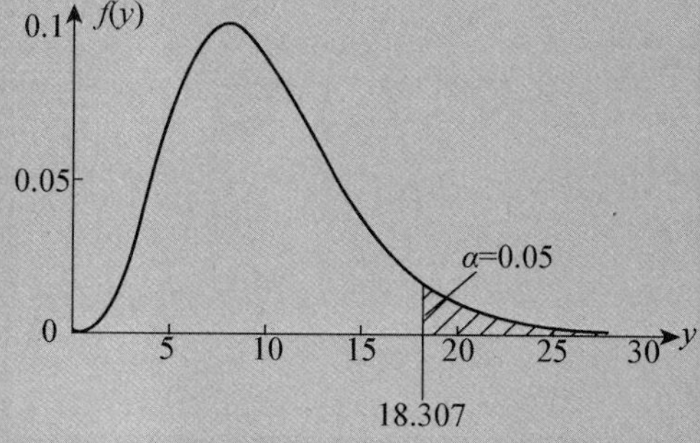

图6-23　$P(\chi^2(10) \geqslant 18.307)=0.05$ 的图示

例 6-28

已知 $n=9$，$Y \sim \chi^2(9)$，$\alpha=0.01$，求满足 $P(\chi^2 \leqslant \chi^2_{1-\alpha})=\alpha$ 的 $\chi^2_{1-\alpha}$ 值。

解：$1-\alpha=0.99$，查表得 $\chi^2_{1-\alpha}(9)=\chi^2_{0.99}(9)=2.088$，对应图形如图 6-24 所示。

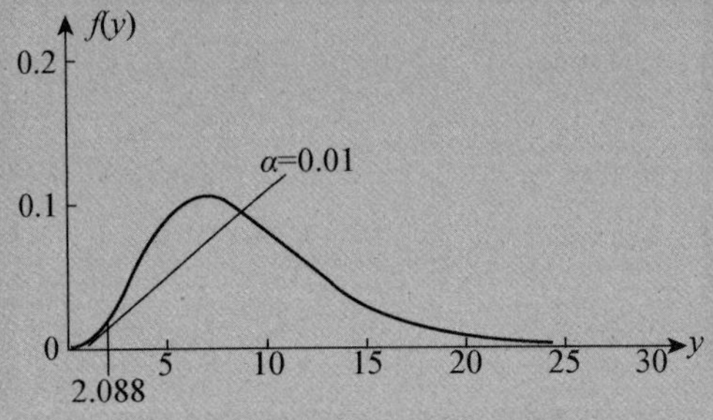

图 6-24　$P(\chi^2(9) \leqslant 2.088)=0.01$ 的图示

（二）t 分布

1. t 分布的概率密度函数

设随机变量 $X \sim N(0,1)$，随机变量 $Y \sim \chi^2(n)$，且 X 和 Y 互相独立，则随机变量

$$t=\frac{X}{\sqrt{Y/n}} \tag{6-81}$$

服从自由度为 n 的 t 分布（student 分布），记作 $t \sim t(n)$。t 分布的概率密度函数为：

$$f(t)=\frac{\Gamma\left(\frac{n+1}{2}\right)}{\sqrt{n\pi}\,\Gamma\left(\frac{n}{2}\right)}\left(1+\frac{t^2}{n}\right)^{-\frac{n+1}{2}} \tag{6-82}$$

式中的 $\Gamma\left(\frac{n+1}{2}\right)$ 和 $\Gamma\left(\frac{n}{2}\right)$ 是以括号内的数据为参数的伽马函数。t 分布曲线的形状受自由度 n 的影响。不同自由度的 t 分布曲线如图 6-25 所示。

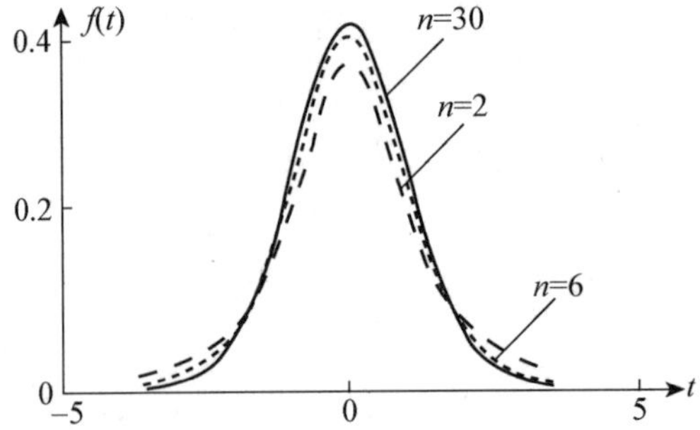

图 6-25　不同自由度的 t 分布曲线

图 6-26 是 t 分布曲线图与标准正态分布曲线图。图中的长虚线是 $n=4$ 的 t 分布曲线，

短虚线是 $n=30$ 的 t 分布曲线，实线是标准正态分布曲线。从图中可以看出，与标准正态分布相比，t 分布的离散性要大一些。t 分布的形状受自由度 n 的影响。$n=4$ 的 t 分布与标准正态分布有较大差异。随着 n 的增大，t 分布将趋于标准正态分布。从图中可以看出，当 $n=30$ 时，t 分布与标准正态分布已非常接近。

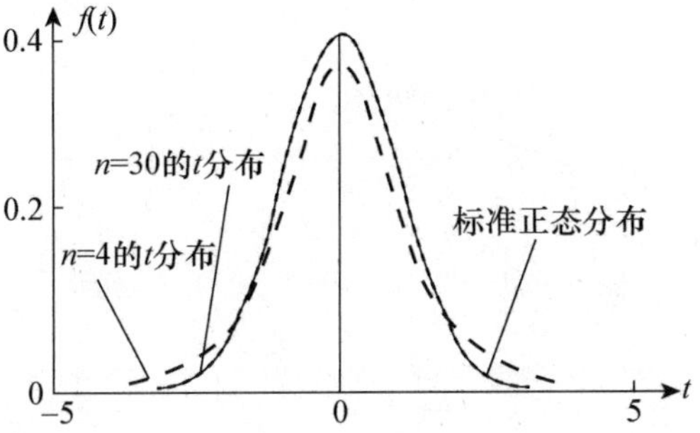

图 6-26　t 分布曲线图与标准正态分布曲线图

2. t 分布分位数表的使用

书末的附表 4 是 t 分布分位数表。表中最左侧一列是自由度，最上面一行是给出的概率 α，表中单元格的数据是满足式（6-83）的 t_α 的值。

$$P(t \geqslant t_\alpha) = \int_{t_\alpha}^{\infty} f(x)\mathrm{d}x = \alpha \tag{6-83}$$

式（6-83）可以用图 6-27 表示。

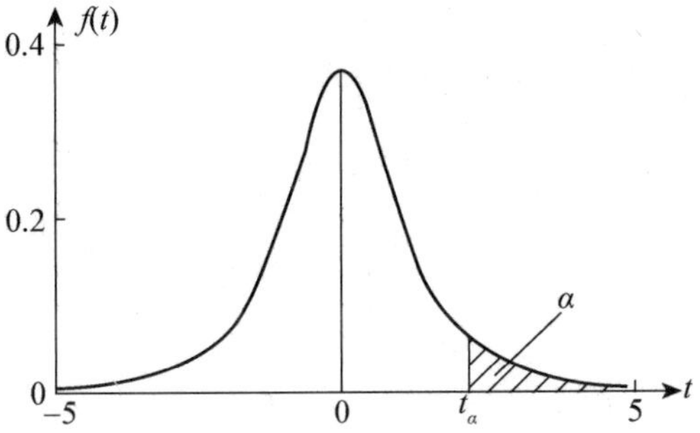

图 6-27　t 分布曲线及分位数

根据 t 分布表，可以在已知概率为 α 的情况下求变量的临界值 t_α，也可以在已知变量值 t_α 时求出变量大于该值或小于该值的概率。

例 6-29

已知 $t \sim t(15)$，$\alpha=0.05$，求满足 $P(t \geqslant t_\alpha)=\alpha$ 的 t_α 的值。

解：查表得 $t_{0.05}(15)=1.753$，对应图形如图 6-28 所示。

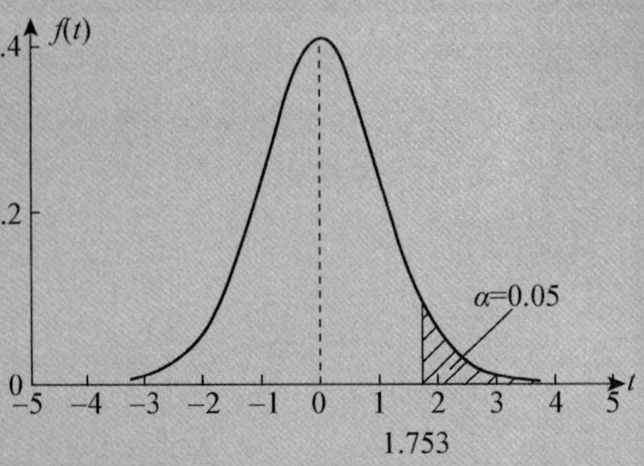

图 6-28　$P(t\geq 1.753)=0.05$ 的图示

在标准正态分布中对应于 $\alpha=0.05$ 的 z 值是 1.65。由此也可以看出，t 分布的离散性比标准正态分布要大一些。

（三）*F* 分布

1. F 分布的概率密度函数

设随机变量 $U\sim\chi^2(n_1)$，随机变量 $V\sim\chi^2(n_2)$，且 U 和 V 相互独立，则随机变量

$$Y=\frac{U/n_1}{V/n_2} \tag{6-84}$$

服从自由度为 (n_1, n_2) 的 F 分布，记为 $Y\sim F(n_1, n_2)$。

F 分布的概率密度函数为：

$$f(y)=\begin{cases}\dfrac{\Gamma\left(\dfrac{n_1+n_2}{2}\right)}{\Gamma\left(\dfrac{n_1}{2}\right)\Gamma\left(\dfrac{n_2}{2}\right)}\left(\dfrac{n_1}{n_2}\right)\left(\dfrac{n_1}{n_2}y\right)^{\frac{n_1}{2}-1}\left(1+\dfrac{n_1}{n_2}y\right)^{-\frac{n_1+n_2}{2}}, & 当\ y>0\ 时\\ 0, & 当\ y\leqslant 0\ 时\end{cases} \tag{6-85}$$

F 分布的图形如图 6-29 所示。

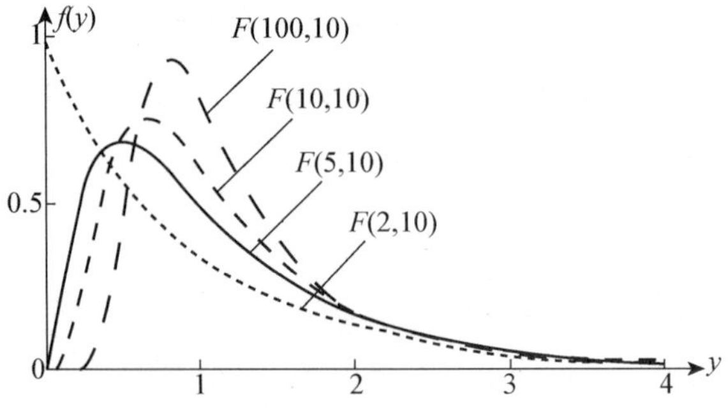

图 6-29　不同自由度的 *F* 分布

2. F 分布分位数表的使用

书末的附表 5 是 F 分布分位数表。由于 F 分布受两个自由度的影响，附表 5 只给出了应用较为广泛的 $\alpha=0.1$，$\alpha=0.05$，$\alpha=0.025$，$\alpha=0.01$，$\alpha=0.005$ 的 F 分布分位数值。表中的 n_1，n_2 对应的第一行和第一列的数据是两个自由度的值。表中单元格的数据是概率为 α 时，对应不同的（n_1，n_2）满足式（6 - 86）的 F_α 的值。

$$P(F \geqslant F_\alpha) = \int_{F_\alpha}^{\infty} f(y)\mathrm{d}y = \alpha \tag{6-86}$$

式（6 - 86）可以用图 6 - 30 表示。

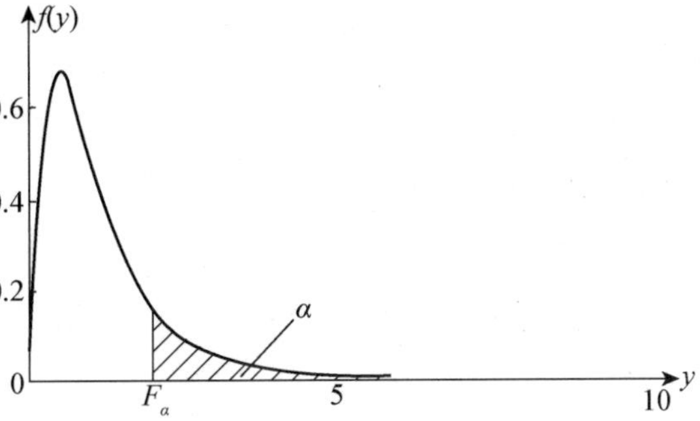

图 6 - 30　F 分布曲线及分位数

根据 F 分布分位数表，可以在已知概率为 α 的情况下求变量的临界值 F_α，也可以在已知变量值为 F_α 时求出变量大于该值或小于该值的概率。另外，F 分布的分位数还存在以下关系：

$$F_\alpha(n_1, n_2) = \frac{1}{F_{1-\alpha}(n_2, n_1)} \tag{6-87}$$

例 6 - 30

已知 $Y \sim F(9, 8)$，求满足 $P(F \geqslant F_\alpha) = \alpha$ 的 F_α 的值：(1) $\alpha=0.05$；(2) $\alpha=0.95$。

解：(1) 查表得 $F_{0.05}(9, 8)=3.39$，对应图形见图 6 - 31。

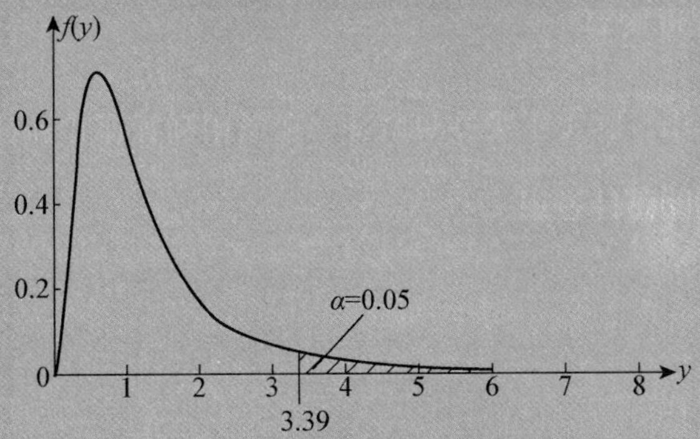

图 6 - 31　$P(F \geqslant 3.39) = 0.05$ 的图示

（2）由式（6-87）可知，$F_{0.95}(9, 8)=\frac{1}{F_{0.05}(8, 9)}$。查表得 $F_{0.05}(8, 9)=3.23$，所以 $F_{0.95}(9, 8)=\frac{1}{3.23}=0.31$。

习 题

1. 某社区关爱老年人协会共有40名志愿者，其中3名男性，现需要选取5人组成一个工作组到另一个社区做交流。问：

（1）5名志愿者都是女性的概率为多少？

（2）5名志愿者中有两位男性的概率为多少？

2. 某社区卫生院所辖甲、乙、丙三个居民小区，各居民小区人数分别占三个小区总人数的$\frac{1}{4}$，$\frac{1}{3}$，$\frac{5}{12}$。甲、乙、丙三个小区居民平均每天锻炼超过30分钟的人数占各小区总人数的$\frac{1}{2}$，$\frac{1}{4}$，$\frac{1}{5}$。求：

（1）从这三个小区中随机选取一个人，此人平均每天锻炼超过30分钟的概率；

（2）从这三个小区中随机选取一个人，此人平均每天锻炼超过30分钟，并且属于乙小区的概率。

3. 某人花2元钱买一张彩票，他抽中100元奖的概率是0.1%，抽中10元奖的概率是1%，抽中1元奖的概率是20%。已知各种奖不能同时抽中，求：

（1）此人中奖的概率分布；

（2）此人中奖金额的期望值；

（3）此人中奖金额的标准差。

4. 设 $X\sim N(5, 3^2)$，求：

（1）$P(X\leqslant 8)$；

（2）$P(3<X\leqslant 8)$。

5. 已知 $X\sim N(0, 1)$，$P(X\geqslant x)=0.05$，求 x 的值。

6. 已知 $X\sim N(0, 1)$，$P(X<x)=0.975$，求 x 的值。

7. 一次统计学测验的均值为78分，标准差为10分，求：

（1）93分与62分对应的标准分数；

（2）标准分数-0.5与1.5对应的分数。

8. 某学生在两次统计学考试中的成绩分别为78分与82分。第一次考试全班同学的平均成绩为75分，标准差为5分；第二次考试全班同学的平均成绩为80分，标准差为6分。问：该学生在两次考试中哪一次的成绩更理想？

9. 已知某生产线生产的袋装食品的平均重量是500克，标准差为5克。如果某天平均每袋食品的重量高于或低于平均重量的2个标准差，就认为该生产线需要进行调节。下表是某周该生产线生产的袋装食品的平均重量。

某周生产线生产的袋装食品的平均重量　　单位：克/袋

时间	周一	周二	周三	周四	周五	周六	周日
平均重量	502	498	505	492	489	506	508

要求：判断生产线是否需要调整。

10. 已知 $t \sim t(20)$，$P(t \geqslant x)=0.025$，求 x 的值。

11. 已知 $\chi^2 \sim \chi^2(12)$，$P(\chi^2 \geqslant x)=0.05$，求 x 的值。

12. 已知 $F \sim F(5, 10)$，$P(F \geqslant x)=0.90$，求 x 的值。

第7章 大数定律、中心极限定理与抽样分布

第1节 大数定律

要研究随机现象的规律性，必须做大量的观察或试验。对于随机现象而言，个体的表现纯属偶然，但通过大量的观察或试验，可以发现随机现象表现出一定的规律性。这种规律性的出现是由于在大量观察或试验的过程中，随机现象的各种偶然性在一定程度上互相抵消、互相补偿。因此，大量观察或试验的结果表现出来的规律性非常稳定。统计学所要研究和寻找的正是这种规律性。阐明在大量观察或试验中随机现象稳定性的一系列定律称为大数定律。大数定律是研究随机现象规律性的理论基础。

一、贝努利大数定律

设 m 是在 n 次独立观察中事件 A 出现的次数。p 是事件 A 在每次观察中出现的概率，则对于任意正数 ε，有

$$\lim_{n\to\infty}P\left(\left|\frac{m}{n}-p\right|<\varepsilon\right)=1 \tag{7-1}$$

在说明贝努利大数定律之前，先解释一下式（7－1）的含义。在式（7－1）中，“$\left|\frac{m}{n}-p\right|<\varepsilon$”是一个随机事件。式（7－1）表明，当 $n\to\infty$ 时，这个事件的概率等于 1。贝努利大数定律说明，当 n 足够大时，频率与概率之差的绝对值小于任意给定的 ε（ε 可以是任意小的数）这一事件出现的概率等于 1。也就是说，在相同条件下进行多次观察时，随机事件 A 出现的频率 $\frac{m}{n}$ 收敛于它出现的概率。如果事件 A 在总体中出现的频率为 p，在这个总体中抽出一个容量为 n 的样本，样本中事件 A 出现了 m 次，则样本中事件 A 的

频率为$\frac{m}{n}$。总体的频率 p 可以视为样本中事件 A 出现的概率。由贝努利大数定律可知，只要 n 足够大，样本中事件 A 出现的频率$\frac{m}{n}$就会与其概率 p 足够接近。如果将 ε 视为抽样误差，可以认为，只要 n 足够大，样本频率与总体频率的误差肯定小于 ε。贝努利大数定律为用样本的频率$\frac{m}{n}$来估计总体的频率 p 奠定了理论基础。

例如，某大学有学生 20 000 人，其中女性 6 000 人。现从中做了容量不同的抽样，样本中女性的频率如表 7－1 所示。根据表 7－1 的数据绘制的折线图如图 7－1 所示。总体中女性的频率为 0.3。从图 7－1 中可以看出，由于抽样的随机性，样本中女性的频率有一定的波动，但随着样本容量的增大，样本中女性的频率越来越接近总体中女性的频率，样本中女性频率与总体中女性频率的误差也越来越小。

表 7－1 不同样本容量的女性频率

样本容量 n	女性频率	误差	样本容量 n	女性频率	误差
20	0.25	−0.050	500	0.29	−0.010
40	0.34	0.040	600	0.305	0.005
60	0.317	0.017	700	0.289	−0.011
80	0.278	−0.022	800	0.306	0.006
100	0.28	−0.020	900	0.307	0.007
150	0.307	0.007	1 000	0.298	−0.002
200	0.32	0.020	1 200	0.296	−0.004
250	0.32	0.020	1 400	0.299	−0.001
300	0.283	−0.017	1 600	0.304	0.004
350	0.317	0.017	1 800	0.299	−0.001
400	0.303	0.003	2 000	0.301	0.001

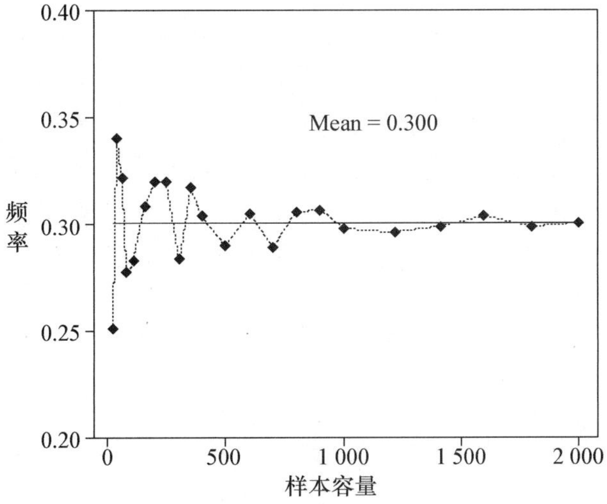

图 7－1 不同样本容量的女性频率

二、切贝谢夫大数定律

设 X_1，X_2，…，X_n 是 n 个相互独立，且服从同一分布的随机变量，有数学期望 $E(X_i)=\mu$ 和方差 $D(X_i)=\sigma^2$，则对于任意一个正数 ε，有

$$\lim_{n\to\infty}P(|\bar{X}_n-\mu|<\varepsilon)=1 \tag{7-2}$$

式中，$\bar{X}_n=\frac{1}{n}(X_1+X_2+\cdots+X_n)$。

在解释切贝谢夫大数定律之前，先说明式（7－2）的含义。在式（7－2）中，$\bar{X}_n$ 是随机变量，“$|\bar{X}_n-\mu|<\varepsilon$”是一个随机事件。式（7－2）表明，当 $n\to\infty$时，这个事件出现的概率等于1。切贝谢夫大数定律说明，当 n 足够大时，n 个独立同分布的随机变量 X_i 的均值 $\bar{X}_n$ 与它们的数学期望 μ 之间的差值会小于给定的 ε（ε 可以任意小）这一事件出现的概率等于1。在抽样调查中，如果样本容量为 n，在没有抽样之前，可以把将要抽出的每一个个体想象为一个分布与总体分布相同的随机变量，这样就构成了 n 个独立同分布的随机变量。抽样结束后，就得到了 n 个数据 x_1，x_2，…，x_n。将 $\bar{x}_n=\frac{1}{n}(x_1+x_2+\cdots+x_n)$ 视为随机变量 $\bar{X}_n$ 的一个样本观察值。只要 n 足够大，不论出现什么样的样本组合，$\bar{x}_n$ 与数学期望 μ 的差可以小于给定的任意小的 ε 这一事件出现的概率等于1。切贝谢夫大数定律说明了样本均值与数学期望之间的关系。假设总体均值为 μ，如果将 ε 视为抽样的允许误差，可以认为，只要 n 足够大，样本均值与总体均值的误差肯定小于 ε。切贝谢夫大数定律为用样本的均值 $\bar{X}$ 来估计总体的均值 μ 奠定了理论基础。

例如，某居民社区有883户居民，户均住房面积为40.86平方米。现从中做了容量不同的抽样，样本的户均住房面积如表7－2所示。根据表7－2的数据绘制的折线图如图7－2所示。从图7－2中可以看出，抽样的随机性使得样本的户均住房面积有一定的波动，但随着样本容量的增大，样本户均住房面积越来越接近总体的40.86平方米。样本户均住房面积与总体户均住房面积的误差也越来越小。

表7－2　样本户均住房面积

样本容量	样本均值	误差	样本容量	样本均值	误差
10	43.43	−2.57	110	40.50	0.36
20	37.76	3.10	120	42.08	−1.22
30	44.20	−3.34	130	39.19	1.67
40	42.79	−1.93	140	41.41	−0.55
50	39.65	1.21	150	42.66	−1.80
60	38.86	2.00	160	40.30	0.56
70	41.67	−0.81	170	40.89	−0.03
80	40.89	−0.03	180	39.72	1.14
90	38.20	2.66	190	41.11	−0.25
100	41.70	−0.84	200	40.18	0.68

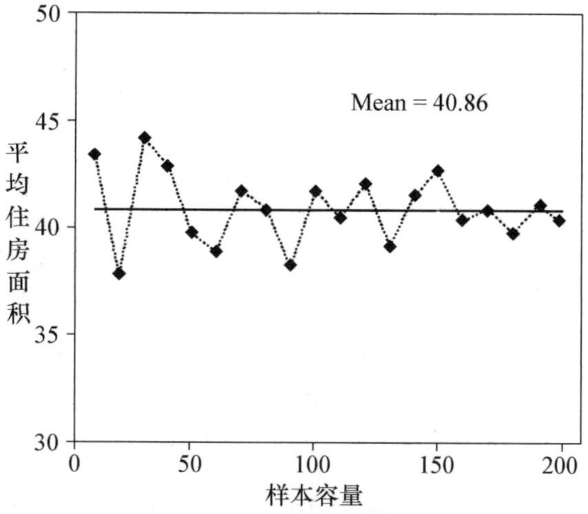

图 7－2　样本户均住房面积

第 2 节　中心极限定理

一、中心极限定理的内容

贝努利大数定律与切贝谢夫大数定律都说明了在大量观察的情况下，随机变量特征值的稳定性，即频率稳定于概率，平均值稳定于数学期望。中心极限定理则说明了在大量观察的情况下，随机变量的特征值在分布上所表现的稳定性。中心极限定理是用随机抽样结果推论总体的理论基础。

设 X_1，X_2，…，X_n 为独立同分布的随机变量，则不论其分布如何，只要有 $E(X_i)=\mu$，$D(X_i)=\sigma^2$（$i=1$，2，…，n）成立，则随机变量

$$Y_n=\frac{\sum_{i=1}^{n}X_i-n\mu}{\sqrt{n}\sigma} \tag{7-3}$$

的分布函数 $F(y)$ 对于任意 y 都满足

$$\lim_{n\to\infty}F(y)=\lim_{n\to\infty}P\left(\frac{\sum_{i=1}^{n}X_i-n\mu}{\sqrt{n}\sigma}\leqslant y\right)=\frac{1}{\sqrt{2\pi}}\int_{-\infty}^{y}\mathrm{e}^{-\frac{t^2}{2}}\mathrm{d}t \tag{7-4}$$

式（7－4）表明，当 n 足够大时，随机变量 Y_n 服从标准正态分布。中心极限定理还有以下几种表现形式（条件与上相同）：

$$\frac{\sum_{i=1}^{n}X_i-n\mu}{\sqrt{n}\sigma}\sim N(0,1) \tag{7-5}$$

$$\sum_{i=1}^{n} X_i \sim N(n\mu, n\sigma^2) \tag{7-6}$$

$$\overline{X} = \frac{\sum_{i=1}^{n} X_i}{n} \sim N\left(\mu, \frac{\sigma^2}{n}\right) \tag{7-7}$$

$$\frac{\overline{X} - \mu}{\sigma / \sqrt{n}} \sim N(0,1) \tag{7-8}$$

中心极限定理对随机变量 X 的原分布不作要求，但说明了当试验或观察次数足够多时，随机变量的均值服从正态分布。在抽样调查中，不论总体服从什么样的分布，只要求总体的均值 μ 和方差 σ^2 是已知的。从总体中抽出一个容量为 n 的样本，可将样本视为 n 个与总体分布相同的随机变量 X_i（$i=1$，2，…，n），则这些随机变量的均值 $\overline{X}_n=\frac{1}{n}(X_1+X_2+\cdots+X_n)$ 也是一个随机变量。将样本均值 $\bar{x}_n=\frac{1}{n}(x_1+x_2+\cdots+x_n)$ 视为随机变量 $\overline{X}_n$ 的一个观察值，则可以认为，只要 n 足够大，所有样本组合的均值构成了正态分布。根据式（7-7）可知，这个正态分布的均值是总体均值 μ，这个正态分布的方差是总体方差的 $1/n$，即 σ^2/n。

中心极限定理在抽样调查中具有重要意义。被研究现象总体的分布往往是未知的。中心极限定理告诉我们，只要样本容量足够大，样本均值的分布都将是已知的，即服从正态分布。这就为通过考察样本来研究未知总体奠定了理论基础，也为样本容量的确定和大样本情况下的统计推论提供了理论依据。

二、中心极限定理的实例说明

（一）总体为均匀分布的中心极限定理的实例说明

1．总体分布特征

某大学根据研究生的入学成绩将学生分为均等的4部分，以此来分配奖学金。前25%的学生可得一等奖学金，每月800元。前25%～50%的学生可得二等奖学金，每月600元。前50%～75%的学生可得三等奖学金，每月400元。最后25%的学生可得四等奖学金，每月200元。这是一个均匀分布的总体，分布特征如图7-3所示。

从学生中随机抽取一人观察其所得奖学金数额，将其记为 X，则随机变量 X 是一个与总体同分布的随机变量。X 有4个取值，每个取值出现的概率为0.25。X 的数学期望 $E(X)$ 是学生平均每人获得的奖学金，设其为 μ，则有

$$\mu=E(X)=0.25\times800+0.25\times600+0.25\times400+0.25\times200=500(\text{元})$$

X 的方差也就是总体分布的方差 $D(X)$。

$$D(X)=(800-500)^2\times0.25+(600-500)^2\times0.25+(400-500)^2\times0.25 \\ +(200-500)^2\times0.25=50\,000$$

X 的标准差就是总体分布的标准差 σ。

$$\sigma=\sqrt{D(X)}=\sqrt{50\,000}=223.6(\text{元})$$

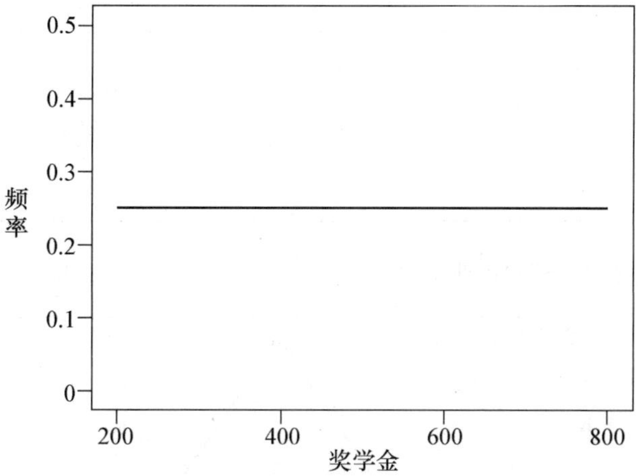

图 7－3　学生获得奖学金的均匀分布

2. 容量为 2 的样本均值分布特征

现从上述总体中随机抽取两人，观察平均每人获得奖学金的数额。这是两个同分布随机变量的平均值 $\overline{X}=(X_1+X_2)/2$，$\overline{X}$ 也是一个随机变量。

X_1，X_2 形成的样本组合如表 7－3 所示。可见这种抽样可以构成的样本组合数为：

$$4\times4=16$$

表 7－3　随机抽取两人的样本组合(1)

样本组合	样本均值	样本组合	样本均值
200，200	200	600，200	400
200，400	300	600，400	500
200，600	400	600，600	600
200，800	500	600，800	700
400，200	300	800，200	500
400，400	400	800，400	600
400，600	500	800，600	700
400，800	600	800，800	800

每种样本组合出现的概率为：

$$p=0.25\times0.25=0.062\,5$$

以样本均值 $\overline{X}=(X_1+X_2)/2$ 为随机变量，其概率分布如表 7－4 所示。

表 7－4　随机抽取两人平均奖学金的概率分布(1)

$\overline{X}=(X_1+X_2)/2$	p_i
200	$0.062\,5\times1=0.062\,5$
300	$0.062\,5\times2=0.125\,0$
400	$0.062\,5\times3=0.187\,5$

续表

$\overline{X}=(X_1+X_2)/2$	p_i
500	0.062 5×4=0.250 0
600	0.062 5×3=0.187 5
700	0.062 5×2=0.125 0
800	0.062 5×1=0.062 5

这个随机变量的概率分布如图 7－4 所示。

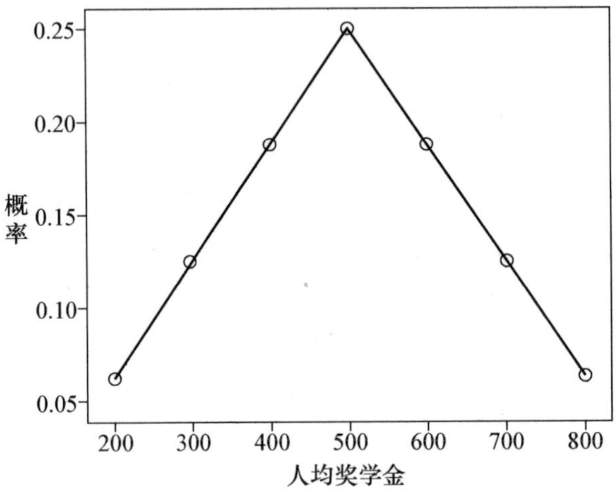

图 7－4　随机抽取两人平均奖学金的概率分布(1)

这个随机变量的数学期望与标准差为：

$$
\begin{aligned}
E(\overline{X}) &= 200\times 0.062\,5+300\times 0.125\,0+400\times 0.187\,5+500\times 0.250\,0+600 \\
&\quad \times 0.187\,5+700\times 0.125\,0+800\times 0.062\,5 \\
&= 500(\text{元})
\end{aligned}
$$

$$
\begin{aligned}
D(\overline{X}) &= (200-500)^2\times 0.062\,5+(300-500)^2\times 0.125\,0+(400-500)^2 \\
&\quad \times 0.187\,5+(500-500)^2\times 0.250\,0+(600-500)^2\times 0.187\,5 \\
&\quad +(700-500)^2\times 0.125\,0+(800-500)^2\times 0.062\,5 \\
&= 25\,000
\end{aligned}
$$

$$\sqrt{D(\overline{X})}=\sqrt{25\,000}=158.1(\text{元})$$

可见，在均匀分布的总体中做一个容量为 2 的抽样，样本均值呈现出单峰、对称的分布。这个分布的均值是总体均值，分布的方差是总体方差的 1/2。

3. 容量为 3 的样本均值分布特征

现从上述总体中随机抽取 3 人，观察平均每人获得奖学金的数额。这个随机变量为 $\overline{X}=(X_1+X_2+X_3)/3$。这种抽样可以构成的样本组合数为：

$$4\times 4\times 4=64$$

每个样本组合出现的概率为：

$$p=0.25\times 0.25\times 0.25=0.015\,6$$

其概率分布如表 7-5 所示。

表 7-5　随机抽取 3 人平均奖学金的概率分布(1)

$\overline{X}=(X_1+X_2+X_3)/3$	p_i
200	0.015 6×1=0.015 6
267	0.015 6×3=0.046 9
333	0.015 6×6=0.093 8
400	0.015 6×10=0.156 3
467	0.015 6×12=0.187 5
533	0.015 6×12=0.187 5
600	0.015 6×10=0.156 3
667	0.015 6×6=0.093 8
733	0.015 6×3=0.046 9
800	0.015 6×1=0.015 6

这个随机变量的概率分布如图 7-5 所示。

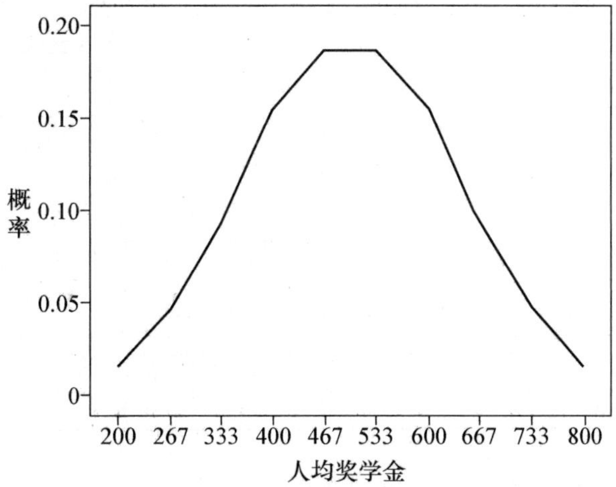

图 7-5　随机抽取 3 人平均奖学金的概率分布(1)

这个随机变量的数学期望与标准差为：

$$E(\overline{X})=200\times0.015\,6+267\times0.046\,9+333\times0.093\,8+400\times0.156\,3+467\times0.187\,5+533\times0.187\,5+600\times0.156\,3+667\times0.093\,8+733\times0.046\,9+800\times0.015\,6=500(\text{元})$$

$$D(\overline{X})=(200-500)^2\times0.015\,6+(267-500)^2\times0.046\,9+(333-500)^2\times0.093\,8+(400-500)^2\times0.156\,3+(467-500)^2\times0.187\,5+(533-500)^2\times0.187\,5+(600-500)^2\times0.156\,3+(667-500)^2\times0.093\,8+(733-500)^2\times0.046\,9+(800-500)\times0.015\,6=16\,667$$

$$\sqrt{D(\overline{X})}=\sqrt{16\,667}=129.1(\text{元})$$

可见，在均匀分布的总体中做容量为 3 的抽样，样本均值的分布已经趋向于正态分布。这个分布的均值是总体均值，分布的方差是总体方差的 1/3。

4. 容量为 4 的样本均值分布特征

现从上述总体中随机抽取 4 人，观察平均每人获得奖学金的数额。这个随机变量为 $\overline{X}=(X_1+X_2+X_3+X_4)/4$。这种抽样可以构成的样本组合数为：

$$4\times4\times4\times4=256$$

每个样本组合出现的概率为：

$$p=0.25\times0.25\times0.25\times0.25=0.0039$$

$\overline{X}$ 的概率分布如表 7-6 所示。

表 7-6　随机抽取 4 人平均奖学金的概率分布(1)

$\overline{X}=(X_1+X_2+X_3+X_4)/4$	p_i
200	0.003 9×1=0.003 9
250	0.003 9×4=0.015 6
300	0.003 9×10=0.039 0
350	0.003 9×20=0.078 0
400	0.003 9×31=0.120 9
450	0.003 9×40=0.156 0
500	0.003 9×44=0.171 6
550	0.003 9×40=0.156 0
600	0.003 9×31=0.120 9
650	0.003 9×20=0.078 0
700	0.003 9×10=0.039 0
750	0.003 9×4=0.015 6
800	0.003 9×1=0.003 9

这个随机变量的概率分布如图 7-6 所示。

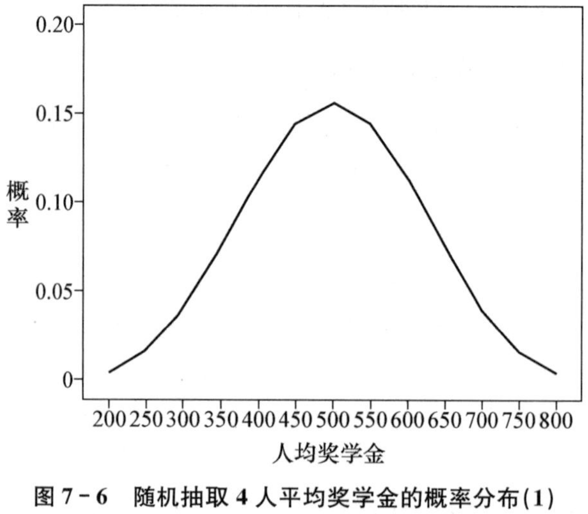

图 7-6　随机抽取 4 人平均奖学金的概率分布(1)

这个随机变量的数学期望与标准差为：

$$
\begin{aligned}
E(\overline{X}) &= 200\times 0.0039+250\times 0.0156+300\times 0.0390+350\times 0.0780 \\
&\quad +400\times 0.1209+450\times 0.1560+500\times 0.1716+550\times 0.1560 \\
&\quad +600\times 0.1209+650\times 0.0780+700\times 0.0390 \\
&\quad +750\times 0.0156+800\times 0.0039 \\
&= 500(\text{元})
\end{aligned}
$$

$$
\begin{aligned}
D(\overline{X}) &= (200-500)^2\times 0.0039+(250-500)^2\times 0.0156+(300-500)^2 \\
&\quad \times 0.0390+(350-500)^2\times 0.0780+(400-500)^2\times 0.1209 \\
&\quad +(450-500)^2\times 0.1560+(500-500)^2\times 0.1716+(550-500)^2 \\
&\quad \times 0.1560+(600-500)^2\times 0.1209+(650-500)^2\times 0.0780 \\
&\quad +(700-500)^2\times 0.0390+(750-500)^2\times 0.0156+(800-500)^2 \\
&\quad \times 0.0039 \\
&= 12500
\end{aligned}
$$

$$\sqrt{D(\overline{X})}=\sqrt{12500}=111.8(\text{元})$$

可见，在均匀分布的总体中做容量为 4 的抽样，样本均值的分布已经接近正态分布。这个分布的均值是总体均值，分布的方差是总体方差的 1/4。

5. 容量为 30 的样本均值分布特征

从上述计算可以看出，不论样本容量 n 多大，样本均值这个随机变量的数学期望都等于总体均值，即

$$E(\overline{X})=500(\text{元})$$

但样本均值分布的方差随着样本数的增加而减小，而且实际的计算结果与中心极限定理相吻合。

当 $n=2$ 时，$D(\overline{X})=\dfrac{\sigma^2}{2}=\dfrac{50000}{2}=25000$。

当 $n=3$ 时，$D(\overline{X})=\dfrac{\sigma^2}{3}=\dfrac{50000}{3}=16667$。

当 $n=4$ 时，$D(\overline{X})=\dfrac{\sigma^2}{4}=\dfrac{50000}{4}=12500$。

如果从上述总体中随机抽取 30 人，观察平均每人获得奖学金的数额。这个随机变量为 $\overline{X}=(X_1+X_2+\cdots+X_{30})/30$。这种抽样可以构成的样本组合数为：

$$4^{30}=1\,152\,921\,504\,606\,846\,976$$

这些样本均值的均值仍为总体的均值。

$$E(\overline{X})=500(\text{元})$$

这些样本均值分布的方差为：

$$D(\overline{X})=\frac{\sigma^2}{30}=\frac{50000}{30}=1666.7$$

这些样本均值分布的标准差为：

$$\sqrt{D(\overline{X})}=\sqrt{1\ 666.7}=40.82(\text{元})$$

这些样本均值的概率分布如图 7－7 所示。

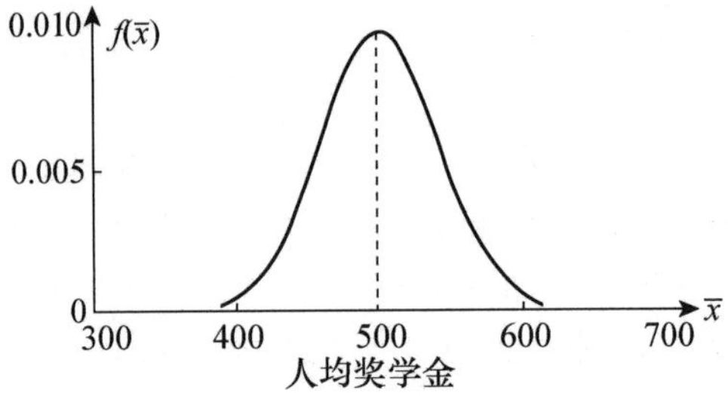

图 7－7 随机抽取 30 人平均奖学金的概率分布(1)

6. 容量为 300 的样本均值分布特征

从上述总体中随机抽取 300 人，观察平均每人获得奖学金的数额。这个随机变量为 $\overline{X}=(X_1+X_2+\cdots+X_{300})/300$。这种抽样可以构成的样本组合数为：

$$4^{300}=4.15\times10^{180}$$

这些样本均值的均值仍为总体的均值。

$$E(\overline{X})=500(\text{元})$$

这些样本均值分布的方差为：

$$D(\overline{X})=\frac{\sigma^2}{300}=\frac{50\ 000}{300}=166.7$$

这些样本均值分布的标准差为：

$$\sqrt{D(\overline{X})}=\sqrt{166.7}=12.9(\text{元})$$

这些样本均值的概率分布如图 7－8 所示。

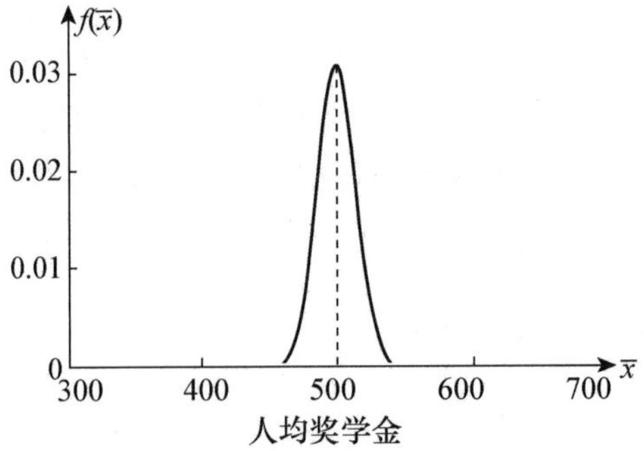

图 7－8 随机抽取 300 人平均奖学金的概率分布(1)

由上述计算可知，在一个总体中进行容量为 n 的抽样，不论形成的样本组合的数量为多少，对每一个样本计算平均值，这些样本平均值构成一个随机变量。这个随机变量的数学期望为总体均值。这个随机变量的方差随着抽样数目 n 的增大而逐渐减小。实际上，这个随机变量的标准差为 $\frac{\sigma}{\sqrt{n}}$。当抽样数目 n 足够大时，样本均值分布的标准差可以非常小。这就保证了在大样本的情况下，样本均值与总体均值的差会非常小，用样本均值来推论总体均值产生的误差也会非常小。

（二）总体为偏态分布的中心极限定理的实例说明

1. 总体分布特征

如果上述总体中奖学金的分布不是均匀分布，而是 5%成绩最好的学生得 800 元，其后 10%成绩较好的学生得 600 元，再后面 25%的学生得 400 元，其他 60%的学生得 200 元。此时，总体分布如图 7－9 所示。

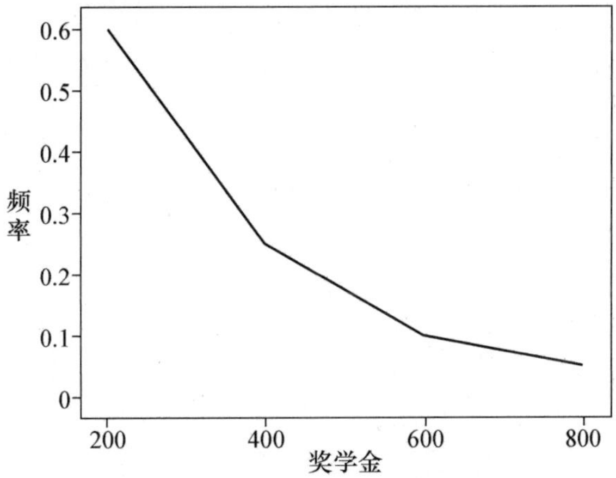

图 7－9　学生获得奖学金的偏态分布

现随机从学生中抽取一人，观察其所得奖学金数额，将其记为 X，随机变量 X 的分布如表 7－7 所示。

表 7－7　学生获得奖学金的概率分布

X	200	400	600	800
p	0.6	0.25	0.1	0.05

X 的数学期望 $E(X)$ 即学生平均每人获得的奖学金，设为 μ。则有

$$\mu=E(X)=0.05\times800+0.1\times600+0.25\times400+0.6\times200=320(\text{元})$$

X 的方差也就是总体分布的方差 $D(X)$。

$$\begin{aligned}D(X)=&(800-320)^2\times0.05+(600-320)^2\times0.1+(400-320)^2\times0.25\\&+(200-320)^2\times0.6\\=&29\,600\end{aligned}$$

X 的标准差就是总体分布的标准差 σ。

$\sigma=\sqrt{D(X)}=\sqrt{29\ 600}=172$(元)

2. 容量为 2 的样本均值分布特征

现从上述总体中随机抽取两人，观察平均每人获得奖学金的数额，这种抽样可以构成的样本组合及每个样本组合出现的概率如表 7-8 所示。

表 7-8　随机抽取两人的样本组合(2)

样本组合	样本均值	样本组合出现的概率
200，200	200	0.6×0.6=0.36
200，400	300	0.6×0.25=0.15
200，600	400	0.6×0.1=0.06
200，800	500	0.6×0.05=0.03
400，200	300	0.25×0.6=0.15
400，400	400	0.25×0.25=0.062 5
400，600	500	0.25×0.1=0.025
400，800	600	0.25×0.05=0.012 5
600，200	400	0.1×0.6=0.06
600，400	500	0.1×0.25=0.025
600，600	600	0.1×0.1=0.01
600，800	700	0.1×0.05=0.005
800，200	500	0.05×0.6=0.03
800，400	600	0.05×0.25=0.012 5
800，600	700	0.05×0.1=0.005
800，800	800	0.05×0.05=0.002 5

样本均值 $\overline{X}=(X_1+X_2)/2$ 的概率分布如表 7-9 所示。

表 7-9　随机抽取两人平均奖学金的概率分布(2)

$\overline{X}=(X_1+X_2)/2$	p_i
200	0.36
300	0.15+0.15=0.3
400	0.06+0.062 5+0.06=0.182 5
500	0.03+0.025+0.025+0.03=0.11
600	0.012 5+0.01+0.012 5=0.035
700	0.005+0.005=0.01
800	0.002 5

这个随机变量的概率分布如图 7-10 所示。

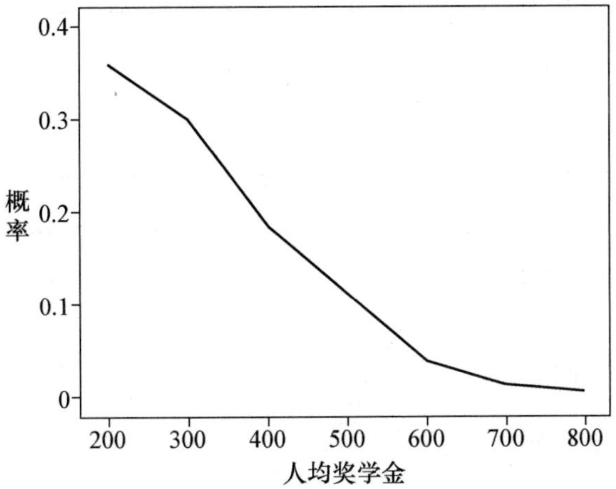

图 7-10　随机抽取两人平均奖学金的概率分布(2)

这个随机变量的数学期望与标准差为：

$$E(\overline{X})=200\times0.36+300\times0.3+400\times0.1825+500\times0.11+600\times0.035+700\times0.01+800\times0.0025=320(\text{元})$$

$$D(\overline{X})=(200-320)^2\times0.36+(300-320)^2\times0.3+(400-320)^2\times0.1825+(500-320)^2\times0.11+(600-320)^2\times0.035+(700-320)^2\times0.01+(800-320)^2\times0.0025=14\,800$$

$$\sqrt{D(\overline{X})}=\sqrt{14\,800}=121.66(\text{元})$$

可见，在偏态分布的总体中做一个容量为 2 的抽样，样本均值的分布与总体的分布有些相似，但分布曲线在总体均值对应的位置出现凸起。这个分布的均值是总体均值，分布的方差是总体方差的 1/2。

3. 容量为 3 的样本均值分布特征

现从上述总体中随机抽取 3 人，观察平均每人获得奖学金的数额。这个样本均值的概率分布如表 7-10 和图 7-11 所示。

表 7-10　随机抽取 3 人平均奖学金的概率分布(2)

$\overline{X}=(X_1+X_2+X_3)/3$	p_i
200	0.216
267	0.270
333	0.221
400	0.160
467	0.082
533	0.035
600	0.013

续表

$\overline{X}=(X_1+X_2+X_3)/3$	p_i
667	0.003
733	0.001
800	0.000

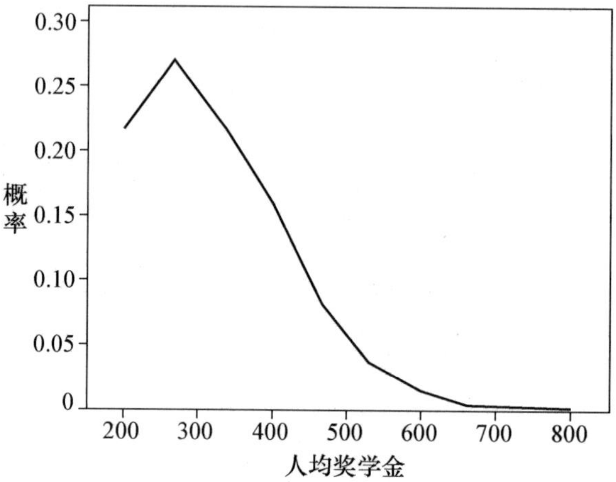

图 7-11　随机抽取3人平均奖学金的概率分布(2)

这个随机变量的数学期望与标准差为：

$$E(\overline{X})=200\times0.216+267\times0.270+333\times0.221+400\times0.160+467\times0.082+533\times0.035+600\times0.013+667\times0.003+733\times0.001+800\times0.000=320(\text{元})$$

$$D(\overline{X})=(200-320)^2\times0.216+(267-320)^2\times0.270+(333-320)^2\times0.221+(400-320)^2\times0.160+(467-320)^2\times0.082+(533-320)^2\times0.035+(600-320)^2\times0.013+(667-320)^2\times0.003+(733-320)^2\times0.001+(800-320)^2\times0.000=9\,866.67$$

$$\sqrt{D(\overline{X})}=\sqrt{9\,866.67}=99.33(\text{元})$$

可见，在偏态分布的总体中做一个容量为3的抽样，样本均值与总体的分布相差很大。分布曲线出现单峰。这个分布的均值是总体均值，分布的方差是总体方差的1/3。

4. 容量为4的样本均值分布特征

现从上述总体中随机抽取4人，观察平均每人获得奖学金的数额。这个样本均值的概率分布如表7-11和图7-12所示。

表 7-11　随机抽取4人平均奖学金的概率分布(2)

$\overline{X}=(X_1+X_2+X_3+X_4)/4$	p_i
200	0.130
250	0.216

续表

$\overline{X}=(X_1+X_2+X_3+X_4)/4$	p_i
300	0.221
350	0.189
400	0.125
450	0.068
500	0.033
550	0.013
600	0.004
650	0.001
700	0.000
750	0.000
800	0.000

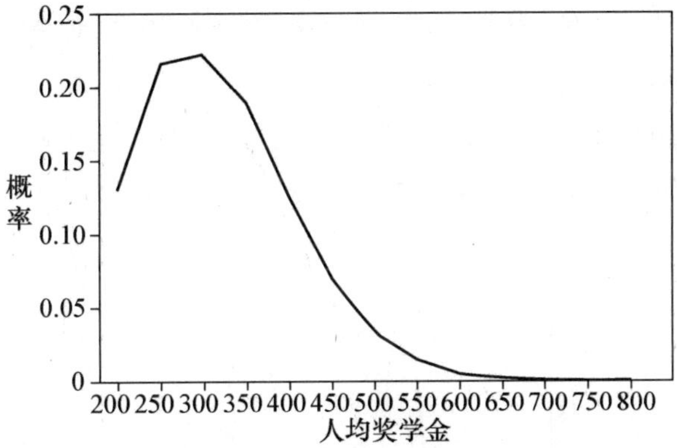

图 7-12　随机抽取 4 人平均奖学金的概率分布(2)

这个随机变量的数学期望与标准差为：

$$
\begin{aligned}
E(\overline{X}) &= 200\times 0.130+250\times 0.216+300\times 0.221+350\times 0.189+400\\
&\quad \times 0.125+450\times 0.068+500\times 0.033+550\times 0.013+600\\
&\quad \times 0.004+650\times 0.001\\
&= 320(\text{元})
\end{aligned}
$$

$$
\begin{aligned}
D(\overline{X}) &= (200-320)^2\times 0.130+(250-320)^2\times 0.216+(300-320)^2\times 0.221\\
&\quad +(350-320)^2\times 0.189+(400-320)^2\times 0.125+(450-320)^2\\
&\quad \times 0.068+(500-320)^2\times 0.033+(550-320)^2\times 0.013+(600-320)^2\\
&\quad \times 0.004+(650-320)^2\times 0.001\\
&= 7\,400
\end{aligned}
$$

$$\sqrt{D(\overline{X})}=\sqrt{7\,400}=86.02(\text{元})$$

可见，在偏态分布的总体中做一个容量为 4 的抽样，样本均值与总体的分布相差很大。分布曲线在总体均值对应的位置出现极大值。这个分布的均值是总体均值，分布的方差是总体方差的 1/4。

5. 容量为30的样本均值分布特征

现从上述总体中随机抽取30人，观察平均每人获得奖学金的数额。样本均值的分布如图7－13所示。该分布是一个正态分布，分布的数学期望是320元，分布的标准差是31.4元。

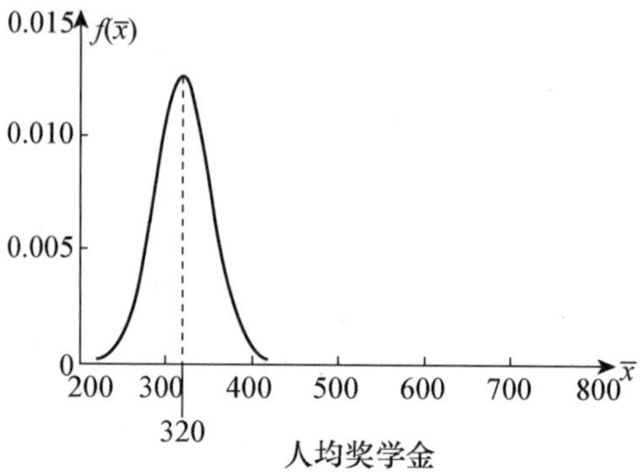

图7－13　随机抽取30人平均奖学金的概率分布(2)

6. 容量为300的样本均值分布特征

现从上述总体中随机抽取300人，观察平均每人获得奖学金的数额。样本均值的分布如图7－14所示。该分布是一个正态分布，分布的数学期望是320元，分布的标准差是9.9元。

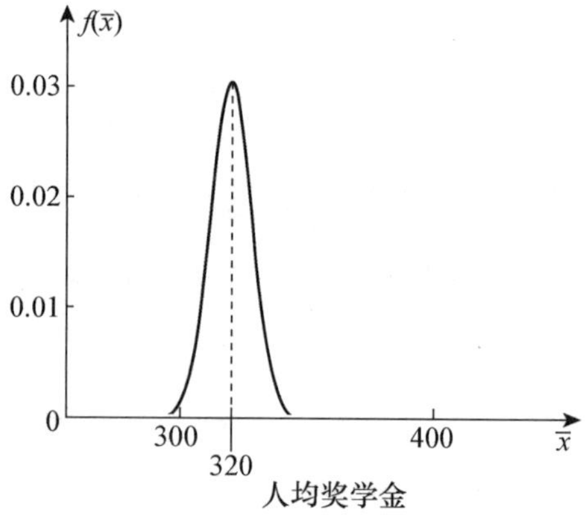

图7－14　随机抽取300人平均奖学金的概率分布(2)

由上述计算可以看出，不论总体服从什么样的分布，只要总体的均值 μ 和方差 σ^2 存在，从总体中进行随机抽样，当样本容量 n 足够大时，样本均值都服从正态分布。该正态分布的均值是总体均值，分布的标准差为 $\sigma/\sqrt{n}$。从中心极限定理的检验过程可以看出，样本均值的分布不受总体分布的影响，这使得用样本均值来推论未知的总体均值成为可能。

第3节　抽样分布

一、抽样分布的概念

为明确抽样分布的概念，应先明确总体分布与样本分布，以避免样本分布与抽样分布的混淆。

（一）总体分布

在总体中，一个变量的全部取值与每个取值出现的频率所构成的分布是总体分布。这是一组确定的数据的分布。

如果研究的变量是类别变量，一般用 π 表示某个类别的频率。表 2－1 就是一个有序类别变量的总体分布。某一类别的频率，如初中文化程度人的频率可表示为 $\pi=0.467$。

如果研究的变量是尺度变量，一般用 μ 与 σ^2 来表示总体的均值与方差。由于尺度变量取值众多，不易一一列出，因此大多用分组表来表现其分布。例如某班级 56 名学生在一次数学考试中的成绩如表 7－12 所示。

表 7－12　数学考试成绩

个体编号	考试成绩	个体编号	考试成绩	个体编号	考试成绩	个体编号	考试成绩
1	45	8	55	15	69	22	73
2	70	9	63	16	71	23	75
3	79	10	64	17	76	24	68
4	66	11	71	18	83	25	77
5	68	12	75	19	51	26	52
6	98	13	83	20	59	27	89
7	55	14	96	21	73	28	91
29	64	36	74	43	87	50	55
30	82	37	80	44	74	51	60
31	66	38	81	45	69	52	86
32	67	39	77	46	78	53	58
33	68	40	87	47	85	54	87
34	71	41	71	48	65	55	86
35	69	42	78	49	72	56	75

如果将全班同学的数学成绩视为一个总体，则这 56 名学生的成绩分布就是总体分布。频数分布如表 7－13 所示。总体的均值与标准差分别为：$\mu=72.63$，$\sigma=11.45$。

表 7－13　总体数学成绩分布

考试成绩	频次	频率（%）	考试成绩	频次	频率（%）
40～45	1	1.8	75～80	7	12.5
50～55	5	8.9	80～85	5	8.9
55～60	3	5.4	85～90	6	10.7
60～65	4	7.1	90～95	1	1.8
65～70	10	17.9	95～100	2	3.6
70～75	12	21.4	总计	56	100.0

根据表 7－13 绘制的直方图如图 7－15 所示。

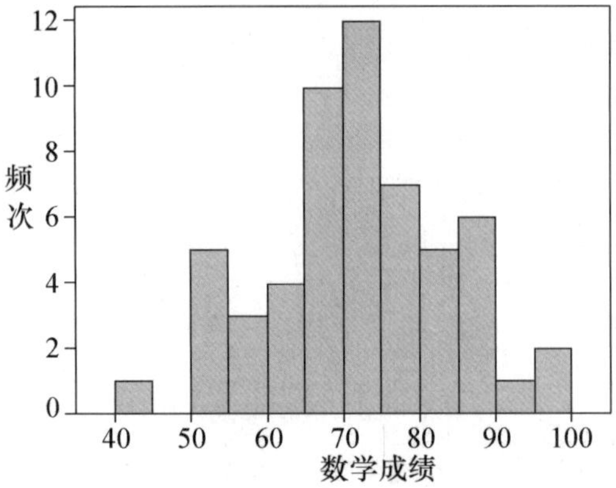

图 7－15　学生数学考试成绩分布的直方图

根据总体数据可以计算出总体特征值。由于总体特征值是后面将要介绍的样本统计量分布的参数，因此，也将总体特征值称为总体参数。

（二）样本分布

抽样结束以后，在样本中，一个变量的全部取值与每个取值出现的频率所构成的分布就是样本分布。这也是一组确定的数据的分布。如果是类别变量，一般用 p 表示某个类别的频率；如果是尺度变量，用 $\bar{x}$ 与 s^2 表示样本的均值与方差。在上述数学考试成绩总体中抽出一个容量为 10 的随机样本，抽样结果如表 7－12 中的阴影部分所示。样本分布如图 7－16 所示。样本的均值与标准差分别为：$\bar{x}=70.2$，$s=13.122$。抽样的随机性使得样本的分布与总体的分布并不一致。在上述总体中进行了 10 次容量为 10 的抽样。这 10 次抽样的样本数据分布如图 7－16 至图 7－25 所示。从图中可以看出，每次抽样都会形成不同的样本数据分布。

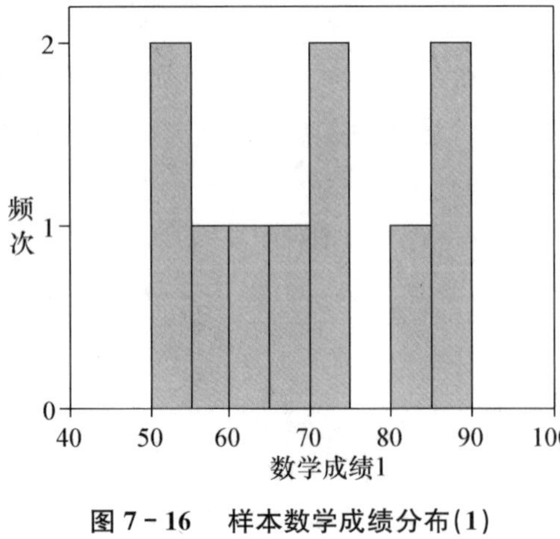

图 7－16　样本数学成绩分布(1)

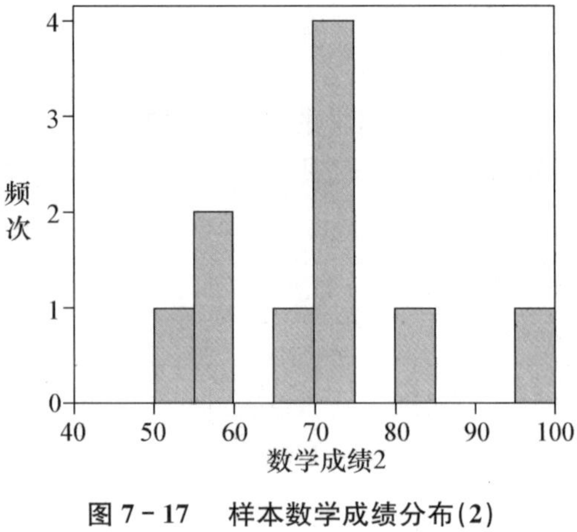

图 7－17　样本数学成绩分布(2)

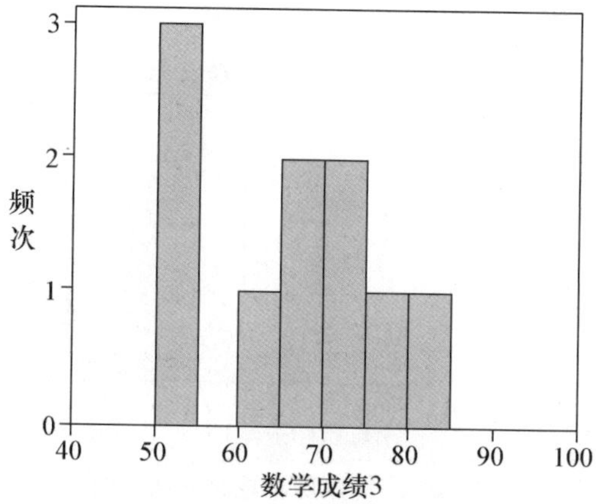

图 7－18 样本数学成绩分布(3)

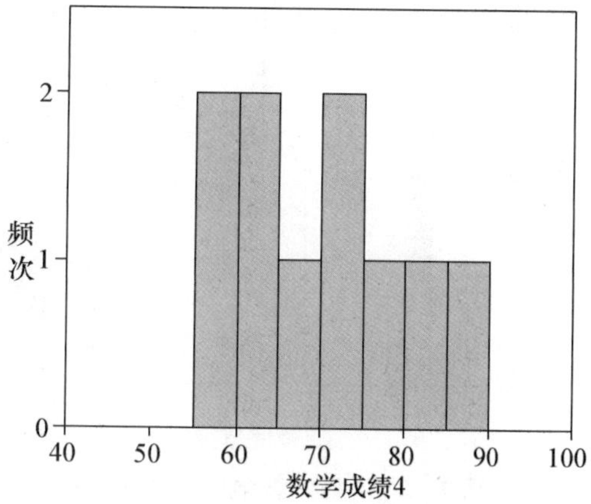

图 7－19 样本数学成绩分布(4)

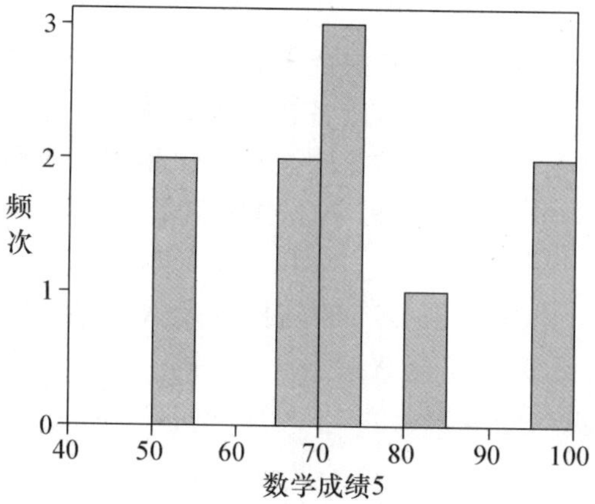

图 7－20 样本数学成绩分布(5)

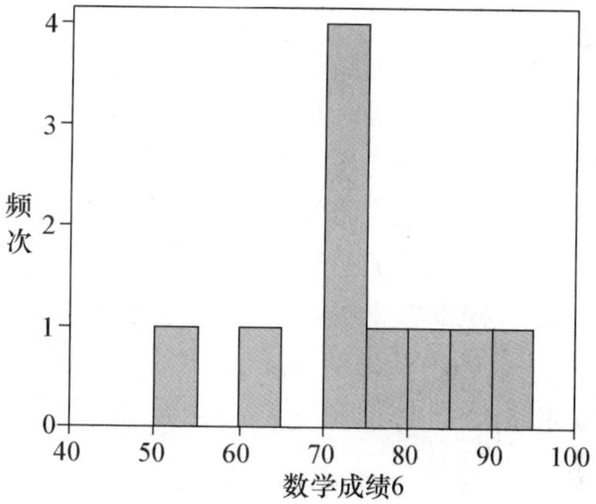

图 7－21 样本数学成绩分布(6)

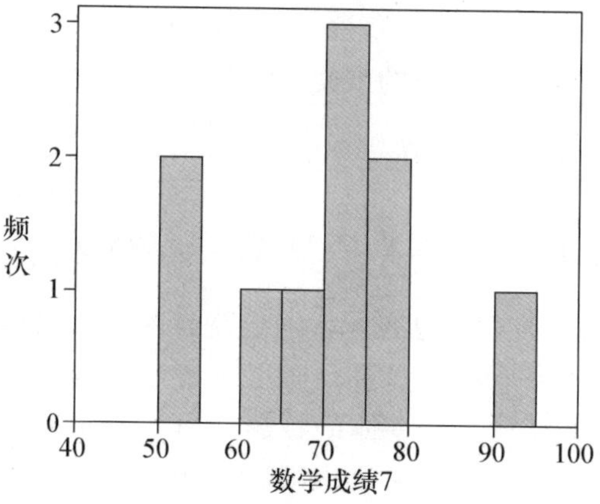

图 7－22 样本数学成绩分布(7)

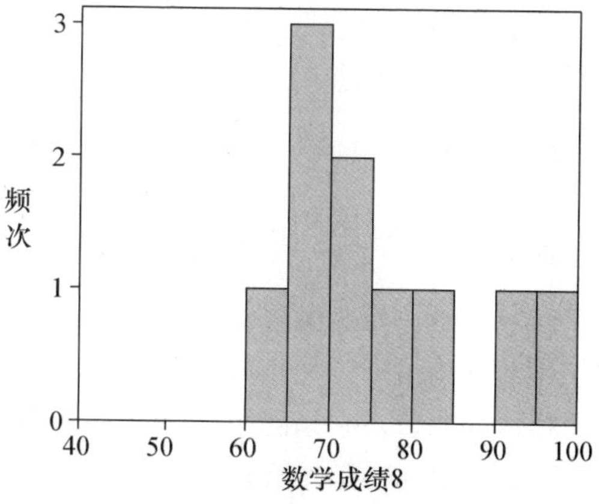

图 7－23 样本数学成绩分布(8)

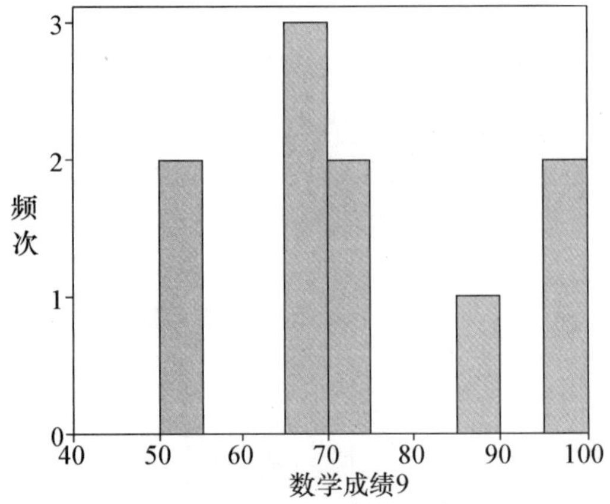

图 7－24　样本数学成绩分布(9)

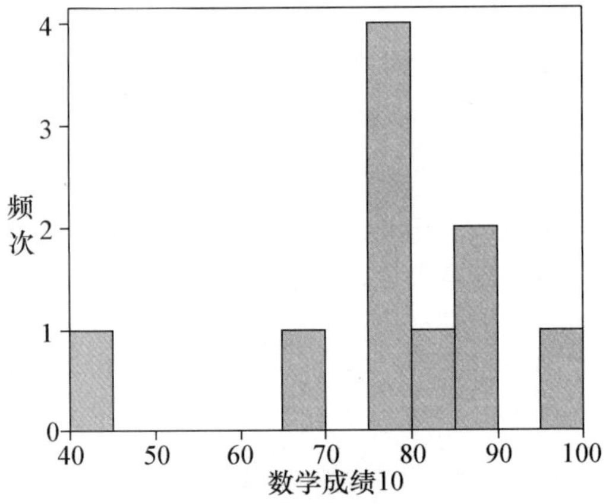

图 7－25　样本数学成绩分布(10)

（三）抽样分布

1. 随机样本

随机样本指的是根据随机原则抽取的样本，也就是在抽取前要保证总体中每个个体进入样本的机会均等。根据随机原则，在无限总体中抽取的样本或者在有限总体中采用放回抽样方式抽取的样本，都是简单随机样本。社会调查中不存在无限总体，也不采用放回抽样方式，严格地说不满足随机原则。但是，当样本容量 n 远远小于总体容量 N 时，可以近似地看作简单随机样本。

随机样本在未抽出之前可以看作变量数为 n 的独立同分布的随机变量 X_1，X_2，…，X_n。从总体中抽出的 x_1，x_2，…，x_n 也称为随机变量 X_1，X_2，…，X_n 的一组样本观察值，抽出以后的 x_1，x_2，…，x_n 就是个数为 n 的一组数据。

2. 样本统计量

如果把容量为 n 的样本看作 n 个独立同分布的随机变量 X_1，X_2，…，X_n，则这 n 个随机变量的任何函数 $f(X_1, X_2, \cdots, X_n)$ 也是随机变量，我们把函数 $f(X_1, X_2, \cdots, X_n)$ 叫作统计量。根据随机变量 X_1，X_2，…，X_n 的一组观察值 x_1，x_2，…，x_n 计算得到的一切统计特征值（如均值、方差等）可看作相应统计量的观察值。如：

样本均值 $\bar{x}=\dfrac{1}{n}\sum\limits_{i=1}^{n}x_i$ 是统计量 $\bar{X}=\dfrac{1}{n}\sum\limits_{i=1}^{n}X_i$ 的观察值。

样本方差 $s^2=\dfrac{1}{n-1}\sum\limits_{i=1}^{n}(x_i-\bar{x})^2$ 是统计量 $D(X)=\dfrac{1}{n-1}\sum\limits_{i=1}^{n}(X_i-\mu)^2$ 的观察值。

在本书中，作为随机变量的样本统计量一般用大写字母表示，对应统计量的观察值一般用小写字母表示。如用 $\bar{X}$ 表示样本均值，它是一个随机变量；而用 $\bar{x}$ 表示已经抽出的一个样本的均值，它是随机变量 $\bar{X}$ 的一个观察值，是一个具体的数据。用 S 表示样本标准差，它也是一个随机变量；而用 s 表示已经抽出的一个样本的标准差，它是随机变量 S 的一个观察值，也是一个具体的数据。

3. 抽样分布的定义

抽样分布指的是随机样本统计量的分布。在一个总体中抽取一个容量为 n 的样本。如果是连续型随机变量，可以有无穷多个样本组合。如果是离散型随机变量，会有有限个样本组合。但如果变量的取值很多，样本组合的个数会非常大。根据每一个样本组合都可以计算出该样本的统计量，如均值、标准差等。虽然样本容量相同，但在每次抽样中的样本组合不同，用不同组合的样本计算出来的同一个统计量是不同的。这样，样本统计量就是随机变量。上述 10 次抽样样本均值与标准差的分布如表 7－14 所示。

表 7－14　10 次抽样样本特征值的分布

样本编号	样本均值	样本标准差
样本 1	70.2	13.12
样本 2	70.7	12.46
样本 3	67.2	10.44
样本 4	70.6	9.23
样本 5	73.5	15.90
样本 6	75.0	10.65
样本 7	70.1	11.47
样本 8	76.0	11.09
样本 9	73.4	15.64
样本 10	78.2	14.47

样本统计量的全部取值以及每个取值出现的概率构成了抽样分布。如在表 7－12 所示的总体中做容量为 10 的抽样，可能形成的样本组合数为：

$$C_{56}^{10}=\frac{56!}{(56-10)!\ 10!}=35\ 607\ 051\ 480$$

用每个样本数据都可以计算出一个平均值，这样可计算出 35 607 051 480 个样本平均值。根据中心极限定理，这些样本平均值服从正态分布，即

$$\overline{X}\sim N(72.63,\frac{131.11}{10})$$

该正态分布就是样本平均值的抽样分布。

二、样本均值的抽样分布

对于尺度变量，样本均值是最重要的统计量之一。明确样本均值的分布是用样本均值推论总体均值的必要前提。

（一）样本均值与总体均值的关系

设总体均值与方差分别为 μ 和 σ^2。如果样本容量足够大，根据中心极限定理可知样本均值 $\overline{X}$ 服从式（7－9）所示的正态分布。

$$\overline{X}\sim N\left(\mu,\frac{\sigma^2}{n}\right) \tag{7-9}$$

式中的 $\frac{\sigma^2}{n}$ 是样本均值分布的方差，对其开平方即可得到样本均值分布的标准差，通常

用 $\sigma_{\overline{X}}$ 表示。则有

$$\sigma_{\overline{X}}=\frac{\sigma}{\sqrt{n}} \tag{7-10}$$

正如总体的 σ 反映了变量围绕 μ 分布的离散程度一样，$\sigma_{\overline{X}}=\frac{\sigma}{\sqrt{n}}$ 反映了样本均值 $\overline{X}$ 相对总体均值 μ 的离散情况。$\sigma_{\overline{X}}$ 实际上反映了所有样本均值与总体均值之间的平均差异，也可以将其理解为抽样可能产生的平均误差。我们称 $\sigma_{\overline{X}}=\frac{\sigma}{\sqrt{n}}$ 为样本均值抽样的标准误差，简称标准误。$\sigma_{\overline{X}}$ 是随样本容量的不同而变化的。

例 7-1

从平均身高为 170 厘米、身高分布的标准差为 10 厘米的男性总体中分别抽取容量为 36 人、400 人和 2 500 人的样本，求样本均值的抽样分布。

解：已知 $\mu=170$，$\sigma=10$。设三个样本均值分别为 $\overline{X}_1$，$\overline{X}_2$，$\overline{X}_3$，则根据中心极限定理可知

$$\overline{X}\sim N\left(\mu,\frac{\sigma^2}{n}\right)$$

即

$$\overline{X}_1\sim N\left(170,\frac{10^2}{36}\right)$$

$$\overline{X}_2\sim N\left(170,\frac{10^2}{400}\right)$$

$$\overline{X}_3\sim N\left(170,\frac{10^2}{2\,500}\right)$$

三个样本均值的分布如图 7-26 所示。从图中可以看出，不论样本容量多大，样本均值的数学期望都是总体均值。但随着样本容量的增大，样本均值分布的标准差越来越小。当 $n=36$ 时，样本均值分布的标准差为 $\sigma_{\bar{x}}=1.67$；当 $n=400$ 时，样本均值分布的标准差为 $\sigma_{\bar{x}}=0.5$；当 $n=2\,500$ 时，样本均值分布的标准差为 $\sigma_{\bar{x}}=0.2$。也就是说，从上述总体中随机抽取 2 500 人时，68.3%的样本均值会出现在［169.8，170.2］的范围内，99.7%的样本均值会出现在［169.4，170.6］的范围内。这样，我们用样本均值来估计总体均值时产生的误差是极其微小的。$\sigma_{\bar{x}}$ 的大小可以反映样本均值与总体均值的接近程度，是参数估计和假设检验中的重要统计量。

（二）大样本（$n\geqslant30$）样本均值的抽样分布

研究和分析样本均值的分布是推论统计的重要内容。如果一个随机变量的分布是已知的，那么这个随机变量的取值及其每个取值出现的概率就是已知的。如果已知作为随机变量的样本均值 $\overline{X}$ 的分布，那么用某一组样本观察值计算的样本均值出现的概率就可以把握，进而也就可以明确样本对总体的代表性。如果总体的均值未知，还可以利用样本均值

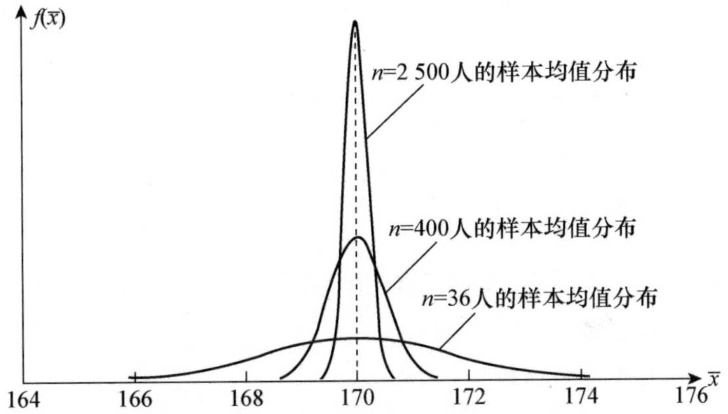

图 7-26　不同样本容量样本均值的抽样分布

来推论总体均值。如果总体的 μ 和 σ^2 存在且已知，利用中心极限定理就可以明确样本均值的分布。但在实际研究中，μ 和 σ^2 都是未知的，抽样调查的目的就是通过样本的 $\overline{X}$ 和 S^2 来估计总体的 μ 和 σ^2。

在大样本的情况下，由中心极限定理可知，$\overline{X}$ 服从正态分布，即

$$\overline{X} \sim N\left(\mu, \frac{\sigma^2}{n}\right)$$

如果总体的方差未知，可以用样本方差 S^2 代替总体方差 σ^2。此时统计量$\dfrac{\overline{X}-\mu}{S/\sqrt{n}}$近似服从标准正态分布，即

$$\frac{\overline{X}-\mu}{S/\sqrt{n}} \sim N(0,1) \tag{7-11}$$

抽样调查结束后，式（7-11）中的 $\overline{X}$ 和 S 都是已知的。如果总体的 μ 未知，通过式（7-11）可以估计总体的 μ。具体方法在参数估计中介绍。

（三）小样本（$n<30$）样本均值的抽样分布

在小样本的情况下，样本均值的分布与总体分布密切相关。当总体服从正态分布时，如果总体的方差未知，用样本方差 S^2 代替总体方差 σ^2 后，统计量$\dfrac{\overline{X}-\mu}{S/\sqrt{n}}$服从自由度为 $n-1$ 的 t 分布，即

$$\frac{\overline{X}-\mu}{S/\sqrt{n}} \sim t(n-1)$$

该 t 分布的方差为：

$$\sigma_t^2 = \frac{n}{n-2}, \quad n>2 \tag{7-12}$$

当 n 很大时，有

$$\lim_{n\to\infty}\frac{n}{n-2}=1$$

也就是说，当 n 足够大时，t 分布趋向于标准正态分布。

三、样本频率的抽样分布

如果总体容量为 N，共分为 K 类，即 A_1，A_2，…，A_K。每一类所对应的个体数为 N_1，N_2，…，N_K。其中第 i 类在总体中所占的比例 $\pi_i=\frac{N_i}{N}$。如果只研究类别变量中的某一类，就可以将这个变量视为二分类别变量 X，属于该类时 $X=1$，不属于该类时 $X=0$。这样，频率就可以视为特殊的平均值，即

$$\pi=\frac{\sum_{i=1}^{N}X_i}{N}=\overline{X} \tag{7-13}$$

变量 X 的均值为 π，方差为 $\pi(1-\pi)$。

如果从总体中抽出一个容量为 n 的样本，第 i 类在样本中的频率为 P。根据中心极限定理有

$$\frac{P-\pi}{\sqrt{\frac{\pi(1-\pi)}{n}}}\sim N(0,1) \tag{7-14}$$

也就是说，样本频率服从期望为 π，方差为 $\frac{\pi(1-\pi)}{n}$ 的正态分布，即

$$P\sim N\left(\pi,\frac{\pi(1-\pi)}{n}\right) \tag{7-15}$$

式中的 $\sqrt{\frac{\pi(1-\pi)}{n}}$ 是样本频率分布的标准差，通常用 σ_P 表示，即

$$\sigma_P=\sqrt{\frac{\pi(1-\pi)}{n}} \tag{7-16}$$

σ_P 是样本频率分布的标准误差。式（7-16）中的总体频率 π 在调查之前是未知的。在大样本（$np\geqslant5$ 且 $n(1-p)\geqslant5$）的情况下，调查之后可用样本频率 P 代替，$\frac{P-\pi}{\sqrt{\frac{P(1-P)}{n}}}$ 仍然近似服从标准正态分布，即

$$\frac{P-\pi}{\sqrt{\frac{P(1-P)}{n}}}\sim N(0,1) \tag{7-17}$$

在小样本的情况下，样本频率的波动较大，不宜进行上述代替。也就是说，不能使用小样本的频率来估计总体的频率。

四、样本方差的抽样分布

样本方差 S^2 也是一个随机变量。作为一个随机变量，其计算公式为：

$$S^2=\frac{\sum_{i=1}^{n}(X_i-\overline{X})^2}{n-1} \tag{7-18}$$

需要注意的是，式（7-18）中的分母不再是 n，而是 $n-1$。S^2 的分布很复杂，精确分布很难求出，只有在总体服从正态分布的情况下，可得

$$\frac{n-1}{\sigma^2}S^2\sim\chi^2(n-1) \tag{7-19}$$

也就是说，在总体服从正态分布的情况下，样本方差分布的均值和方差如下：

$$E(S^2)=\sigma^2 \tag{7-20}$$

$$D(S^2)=\frac{2}{n-1}\sigma^4 \tag{7-21}$$

习　题

1. 某快餐厅过去 3 年的日均营业额为 3 000 元，标准差为 500 元，服从右偏分布。现从中随机抽取 100 天组成一个样本，问：

（1）这个样本均值分布的标准差为多少？

（2）这个样本均值大于 3 050 元的概率为多少？

2. 已知某城市一周岁幼童的身高（单位：厘米）基本服从正态分布，即 $X\sim N(50,3^2)$，如果从该城市数千个一周岁幼童中随机抽取 4 个作为样本，测量他们的身高，并计算样本平均值，共抽取 150 次，问：有多少个样本均值为 53 厘米或更高？

3. 某蔬菜合作社有 1 500 户农户，上周平均销售额 $\mu=3\,100$ 元，标准差 $\sigma=350$ 元。现随机抽取 49 户作为随机样本，问：该样本上周平均销售额低于 3 000 元的概率是多少？

4. 抛一枚均匀的硬币 120 次，正面出现的次数占 40%～60%的概率为多少？

5. 在某市考上大学的应届毕业生中随机抽取容量为 500 人的样本进行调查，发现有女生 286 人，问：这样抽取的容量为 500 的随机样本中考上大学的学生中女生所占比例的标准差为多少？

6. 已知某地区 9 岁男童的体重（单位：千克）基本服从正态分布 $N(32,2^2)$，现随机抽取该地区 100 名 9 岁男童组成样本，问：样本方差分布的均值与标准差分别为多少？

下篇

推论统计

概率论研究的是随机事件出现的可能性，数理统计研究的问题则与概率论研究的问题相反。以抽样为例，概率论研究的是在总体中抽取一个样本，各种样本组合出现的可能性以及样本特征值出现的可能性。如在总体中女性的比例是48%，抽出一个容量为n的样本，女性出现的比例会呈现什么分布？这是概率论研究的问题。反过来，总体情况是未知的，在总体中抽出了一个容量为n的样本，能否通过这个样本对总体情况做出推论呢？这就是数理统计要研究的问题。数理统计学包含的内容很丰富，本书只介绍与抽样调查密切相关的基础的推论统计内容。

推论统计是指在遵循随机原则进行抽样的情况下，用样本的数据资料对总体特征值或总体的分布状态进行推论的过程。

从定性的角度说，用样本资料是可以推论总体的。因为样本来源于总体，它或多或少带有总体的特征，这是可以用样本推论总体的基础。例如，如果总体中女性比例低，则样本中女性比例也会低。但抽样具有随机性，也就是说，抽样的结果不是唯一的。因此，样本特征值与总体特征值可能是不一致的。例如，某高中共有650名学生，男女生各占50%。在这个总体中以10%为抽样比例进行五次抽样，样本中男性所占的比例分别为45%，54%，48%，58.2%，52.2%。样本的随机性造成了推论的困难。推论统计要解决的问题就是对样本与总体的差距做出可能性的估计。

推论统计的内容包括两部分：一是用样本特征值对总体的特征值进行估计，由于总体特征值一般也是样本统计量分布的参数，因此这种分析方法也称参数估计；二是通过样本对总体的某种假设进行检验，简称假设检验。

第 8 章 参数估计

抽样调查的目的就是通过样本来估计总体。这种估计并不是对总体中的每个个体进行估计，而是对总体特征值的估计。参数估计是指用样本特征值来科学合理地估计总体特征值。由于在抽样分布中总体的特征值又是样本统计量分布的参数，因此这种估计也称参数估计，而用于估计总体特征值的样本特征值也称样本估计值。参数估计有两种方法：一种是点估计；另一种是区间估计。

第 1 节　总体特征值的点估计

点估计是指用通过样本观察值计算出的样本特征值来估计未知的总体特征值。如用样本均值估计总体均值，用样本方差估计总体方差，用样本频率估计总体频率，等等。被估计的总体特征值也称为待估的总体特征值，如总体均值、总体方差、总体频率等。通过样本观察值计算出来的样本特征值称为总体特征值的点估计值。

一、总体特征值的点估计值的计算

（一）估计量与点估计值

如果从特征值为 Q 的总体中抽出一个容量为 n 的随机样本，其观察值为 X_1，X_2，…，X_n。如果用 X_1，X_2，…，X_n 的一个函数 $\hat{Q}(X_1, X_2, \cdots, X_n)$ 来估计总体特征值 Q，则称 $\hat{Q}(X_1, X_2, \cdots, X_n)$ 为 Q 的估计量。由估计量计算的值即为点估计值。估计量是随机变量，有多少种样本组合，估计量就有多少个取值。点估计值是抽样结束后利用样本观察值计算得到的，对于一个样本而言是唯一的。

（二）总体均值、方差以及频率的估计量与点估计值

总体均值 μ 的估计量为：

$$\overline{X}=\frac{1}{n}\sum_{i=1}^{n}X_i \tag{8-1}$$

由估计量计算的总体均值 μ 的点估计值为：

$$\overline{x}=\frac{1}{n}\sum_{i=1}^{n}x_i \tag{8-2}$$

总体方差 σ^2 的估计量为：

$$S^2=\frac{1}{n-1}\sum_{i=1}^{n}(X_i-\overline{X})^2 \tag{8-3}$$

由估计量计算的总体方差 σ^2 的点估计值为：

$$s^2=\frac{1}{n-1}\sum_{i=1}^{n}(x_i-\overline{x})^2 \tag{8-4}$$

设 X_i 是定类变量，其取值为：

$$X_i=\begin{cases}1, & \text{当观察值属于 A 类时}\\ 0, & \text{当观察值属于其他类时}\end{cases}$$

如果样本中 A 类出现了 m 次，则总体中 A 类的频率 π 的估计量为：

$$P=\frac{1}{n}\sum_{i=1}^{n}X_i=\frac{m}{n} \tag{8-5}$$

由估计量计算的总体中 A 类的频率 π 的点估计值为：

$$p=\frac{1}{n}\sum_{i=1}^{n}x_i=\frac{m}{n} \tag{8-6}$$

例 8-1

从某城市的贫困人口中随机抽取 234 人，计算出平均年龄为 47.2 岁，年龄分布的标准差为 12.3 岁。求该城市贫困人口总体的平均年龄和年龄分布的标准差。

解：根据点估计值的定义，可以认为该城市贫困人口的平均年龄 $\mu=47.2$（岁），年龄分布的标准差为 $\sigma=12.3$（岁）。

例 8-2

某省人口数为 3 813 万人，从中随机抽取了 70 405 人，其中有残疾人 4 028 人。求该省残疾人的总数。

解：样本中残疾人的频率

$$p=\frac{4\,028}{70\,405}=0.057\,2$$

可以认为总体中残疾人的频率

$\pi=0.0572$

因此，该省残疾人总数为：

$N=0.0572\times3813=218.1$（万人）

即该省共有 218.1 万残疾人。

二、评价估计量的标准

从点估计值的计算公式中可以看出，总体均值点估计值的计算公式中分母是 n，而总体方差点估计值的计算公式中分母却是 $n-1$。这种差异就是根据评价估计量的标准确定最佳估计值所导致的。

点估计值是根据样本观察值计算的，即便抽样数目相同，利用不同的样本组合也会计算出不同的点估计值。这就要求用来估计总体特征值的估计量的分布与被估计的总体特征值有很好的契合。衡量估计量的好坏有以下三个标准。

（一）无偏性

如果 $\hat{Q}$ 是总体特征值 Q 的估计量，且 $\hat{Q}$ 的分布的数学期望 $E(\hat{Q})=Q$，则称 $\hat{Q}$ 是 Q 的无偏估计量。

从均值为 μ 的总体中抽出一个容量为 n 的随机样本 X_1，X_2，…，X_n。用样本均值 $\overline{X}$ 作为总体均值 μ 的估计量时，$\overline{X}$ 的数学期望为：

$$E(\overline{X})=E\left(\frac{X_1+X_2+\cdots+X_n}{n}\right)=\frac{1}{n}[E(X_1)+E(X_2)+\cdots+E(X_n)]$$

由于 X_1，X_2，…，X_n 是独立同分布的随机变量，所以它们具有相同的数学期望 $E(X)=\mu$，因此

$$E(\overline{X})=\frac{1}{n}nE(X)=\mu$$

由上述推导可知，样本均值 $\overline{X}$ 是总体均值 μ 的无偏估计量。

根据方差的定义，计算样本方差的公式为：

$$S^{*2}=\frac{1}{n}\sum_{i=1}^{n}(X_i-\overline{X})^2 \tag{8-7}$$

如果用式（8－7）作为总体方差的估计量，可以对其做无偏性检验。将式（8－7）展开后整理可得

$$S^{*2}=\frac{\sum_{i=1}^{n}X_i^2}{n}-\overline{X}^2 \tag{8-8}$$

对式（8－8）求数学期望得

$$E(S^{*2})=E\left(\frac{\sum_{i=1}^{n}X_i^2}{n}-\overline{X}^2\right)=\frac{1}{n}E(X_1^2+X_2^2+\cdots+X_n^2)-E(\overline{X}^2)$$

$$=\frac{1}{n}[E(X_1^2)+E(X_2^2)+\cdots+E(X_n^2)]-E(\overline{X}^2)$$

因为 X_1，X_2，…，X_n 是独立同分布的随机变量，所以它们具有相同的数学期望，即

$$E(X_1^2)=E(X_2^2)=\cdots=E(X_n^2)=E(X^2)$$

于是

$$E(S^{*2})=\frac{1}{n}[nE(X^2)]-E(\overline{X}^2)=E(X^2)-E(\overline{X}^2)$$

根据 $D(X)=E(X^2)-[E(X)]^2$ 得

$$E(X^2)=D(X)+[E(X)]^2$$

将其代入上式得

$$E(S^{*2})=D(X)+[E(X)]^2-D(\overline{X})-[E(\overline{X})]^2$$

根据中心极限定理可知 $D(\overline{X})=\frac{\sigma^2}{n}$，$E(\overline{X})=\mu$，故

$$E(S^{*2})=\sigma^2+\mu^2-\frac{\sigma^2}{n}-\mu^2=\frac{n-1}{n}\sigma^2$$

可见，S^{*2}不是总体方差 σ^2 的无偏估计量。而 $S^2=\frac{1}{n-1}\sum_{i=1}^{n}(X_i-\overline{X})^2$ 作为总体方差的估计量时，满足无偏性要求，因此 S^2 是总体方差 σ^2 的无偏估计量。

（二）有效性

无偏性要求的是样本估计量的数学期望等于待估的总体特征值。只要在总体中随机抽取一个样本，不论其容量如何，样本均值的数学期望都等于总体均值，即 $E(\overline{X})=\mu$，因此，可以找到无数个估计值满足无偏性的要求。在极端的情况下，即使从总体中只抽出一个个体，只要该个体的变量与总体同分布，也满足 $E(X_i)=\mu$。由此可以看出，满足无偏性的估计量并不一定是好的估计量。一个好的估计量不仅要满足无偏性要求，还应该具备较好的有效性。有效性指的是估计量分布的离散性。

设估计量 $\hat{Q}_1$ 和 $\hat{Q}_2$都是总体特征值 Q 的无偏估计量，如果 $\hat{Q}_1$ 的方差小于 $\hat{Q}_2$ 的方差，即 $D(\hat{Q}_1)<D(\hat{Q}_2)$，则称 $\hat{Q}_1$ 比 $\hat{Q}_2$ 更有效。

估计量的离散性越小，在一次抽样中接近总体待估参数的概率就越大。假设在一个均值 $\mu=100$、标准差 $\sigma=10$ 的正态总体中分别进行了样本容量 $n=25$ 和 $n=400$ 的抽样，样本均值分布如图 8－1 所示。当样本容量 $n=25$ 时，样本均值分布在［94，106］的区间内。当样本容量 $n=400$ 时，样本均值分布在［98.5，101.5］的区间内。可见，样本容量

越大，样本均值分布的离散性就越小。显然，用大样本的均值来估计总体均值产生的误差要小。

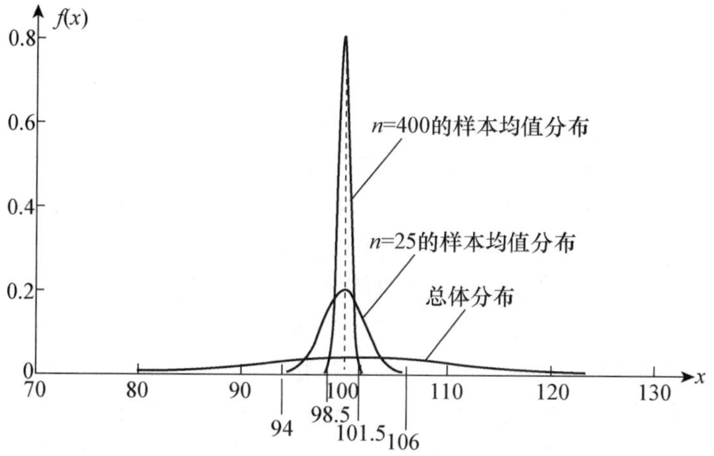

图 8-1　有效性不同的点估计值的分布

样本特征值分布的方差表示用样本特征值估计总体特征值时的有效性，而样本特征值分布的方差均与样本容量有关。

样本均值分布的方差为：

$$D(\overline{X})=\frac{\sigma^2}{n} \tag{8-9}$$

样本方差分布的方差为：

$$D(S^2)=\frac{2}{n-1}\sigma^4 \tag{8-10}$$

如果用样本均值作为总体均值的估计量，用样本方差作为总体方差的估计量，从上面两个式子中可以看出，样本容量 n 越大，估计量分布的方差越小，点估计值的有效性就越好。也就是说，样本容量越大，样本特征值与总体特征值就越接近。

（三）一致性

一个好的估计值除了满足无偏性要求和具有较好的有效性之外，还应该随着样本容量的增大，无限接近被估计的总体特征值，这就是估计值的一致性，也称相合性。如果 $\hat{Q}_n$ 是样本容量为 n 时 Q 的估计值，且对任意正数 ε 满足

$$\lim_{n\to\infty}P(|\hat{Q}_n-Q|<\varepsilon)=1 \tag{8-11}$$

则称 $\hat{Q}_n$ 是 Q 的一致估计量。

一致性指的是随着样本容量的增大，估计值依概率 1 收敛于待估的总体特征值。上述样本均值分布的方差和样本方差分布的方差都随着 n 的增大而减小，而且它们都是总体特征值的无偏估计量。随着 n 的增大，$\overline{X}$ 和 S^2 都以更大的概率去接近总体的待估参数，因此它们都是总体特征值的一致估计量。

第2节　总体特征值的区间估计

一、区间估计的原理

抽样分布的研究表明，一定的抽样数目对应着众多的样本组合。每次抽样只可能是这些样本组合中的一个出现，也就是说，每次抽样都有不同的样本观察值。而根据不同的样本观察值又可以计算出不同的样本特征值，即样本特征值是一个随机变量。由于总体特征值未知，就一次抽样而言，用样本观察值计算的点估计值与总体特征值的距离有多大是不得而知的。也就是说，用点估计值来估计总体特征值会产生多大的误差是不知道的。由于点估计值与总体特征值完全相同的概率极小，用点估计值来估计总体特征值几乎必然犯错误，因此，我们希望估计出一个范围，并且希望知道这个范围包含总体特征值的可能性有多大。这种形式的估计就是区间估计。比如，估计某班学生的平均考试成绩有90%的可能性是在85～90分区间。估计的范围可以反映估计的精确性，范围越小，估计的精确性越高。这样的估计显然比点估计更可靠。

设总体的未知参数为Q，由样本观察值计算的点估计值为$\hat{Q}$。对于给定的α（$0<\alpha<1$），满足

$$P(\hat{Q}-\varepsilon\leqslant Q\leqslant\hat{Q}+\varepsilon)=1-\alpha \tag{8-12}$$

则称$[\hat{Q}-\varepsilon，\hat{Q}+\varepsilon]$为由$1-\alpha$确定的置信区间。$1-\alpha$为置信度，它表示估计的置信区间的可靠性。

式（8-12）的意义是：如果反复进行多次容量一定的抽样，根据每一组样本观察值都可以计算出一个样本特征值$\hat{Q}$，可以将$\hat{Q}$视为总体特征值Q的点估计值。$\hat{Q}$作为一个随机变量，如果其分布为已知，只要给定了置信度$1-\alpha$，每一个$\hat{Q}$都可以确定一个区间$[\hat{Q}-\varepsilon，\hat{Q}+\varepsilon]$。在这些区间中，有的包含总体特征值$Q$，有的则不包含。其中，约有$100(1-\alpha)\%$的区间包含$Q$，而有$100\alpha\%$的区间不包含$Q$。

区间估计是根据样本特征值来估计总体特征值有多大的可能性落在一定的区间之内。区间估计的过程就是根据置信度和由样本观察值计算得来的点估计值来确定置信区间的过程。在社会学研究中，置信度$1-\alpha$是研究者事先确定的估计的可靠性，ε则是估计的精度。

二、单个总体特征值的区间估计

（一）总体均值μ的区间估计

1. 大样本总体均值μ的区间估计

根据样本均值的抽样分布，可以由样本均值和事先确定的置信度来估计总体均值的置信区间。在大样本（即样本容量$n\geqslant30$）的情况下，统计量$\dfrac{\overline{X}-\mu}{S/\sqrt{n}}$近似服从标准正态分布，即

$$Z=\frac{\overline{X}-\mu}{S/\sqrt{n}}\sim N(0,1)$$

在估计的置信度为 $1-\alpha$ 的情况下有

$$P\left(-z_{\alpha/2}\leqslant\frac{\overline{X}-\mu}{S/\sqrt{n}}\leqslant z_{\alpha/2}\right)=1-\alpha \tag{8-13}$$

对式（8-13）进行整理，可得

$$P\left(\overline{X}-z_{\alpha/2}\frac{S}{\sqrt{n}}\leqslant\mu\leqslant\overline{X}+z_{\alpha/2}\frac{S}{\sqrt{n}}\right)=1-\alpha \tag{8-14}$$

$\left[\overline{X}-z_{\alpha/2}\frac{S}{\sqrt{n}},\ \overline{X}+z_{\alpha/2}\frac{S}{\sqrt{n}}\right]$即是置信度为 $1-\alpha$ 时总体均值的置信区间。

例 8-3

高考结束后，研究人员从某省的考卷中随机抽取了 500 份进行评卷，结果发现，物理成绩的平均值为 61 分，物理成绩分布的标准差为 18 分。求物理平均成绩的置信区间。（置信度为 95%。）

解：已知 $\bar{x}=61$，$s=18$，$n=500$，$1-\alpha=0.95$。

置信区间为：

$$\left[\overline{X}-z_{\alpha/2}\frac{S}{\sqrt{n}},\overline{X}+z_{\alpha/2}\frac{S}{\sqrt{n}}\right]$$

查表得

$$z_{0.05/2}=z_{0.025}=1.96$$

将数据代入可得

$$\left[61-1.96\times\frac{18}{\sqrt{500}},61+1.96\times\frac{18}{\sqrt{500}}\right]$$

计算出的置信区间为 [59.42,62.58]。

在式（8-14）中，如果将样本的标准差 S 视为常数，则置信区间的大小是由置信度 $1-\alpha$ 和样本容量 n 共同确定的。由一定的置信度和样本容量确定的置信区间的大小是相同的。置信区间的位置是由样本均值确定的，样本均值是随机变量，因此置信区间的位置也是随机的。在置信度和样本容量一定的情况下，在总体中进行多次抽样，置信区间包含总体均值的概率是 $1-\alpha$。式（8-14）经过等价变形可得

$$P\left(\mu-z_{\alpha/2}\frac{S}{\sqrt{n}}\leqslant\overline{X}\leqslant\mu+z_{\alpha/2}\frac{S}{\sqrt{n}}\right)=1-\alpha$$

上式表明，只要样本均值 $\overline{X}$ 处于区间$\left[\mu-z_{\alpha/2}\frac{S}{\sqrt{n}},\ \mu+z_{\alpha/2}\frac{S}{\sqrt{n}}\right]$内，则由其决定的置信区间$\left[\overline{X}-z_{\alpha/2}\frac{S}{\sqrt{n}},\ \overline{X}+z_{\alpha/2}\frac{S}{\sqrt{n}}\right]$必然包含总体均值 μ，如图 8-2 所示。

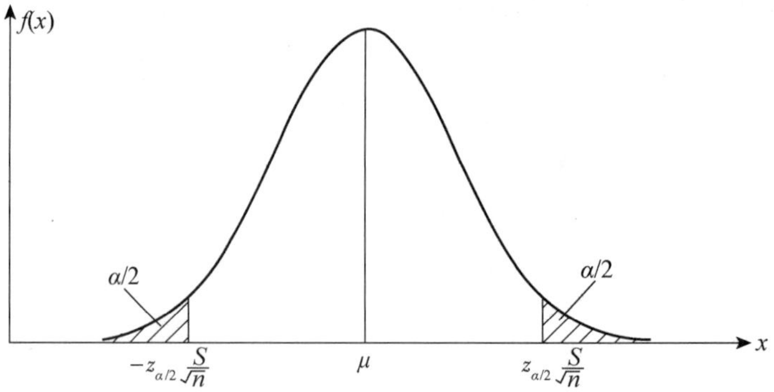

图 8－2　样本均值与置信区间的关系

假设在一个均值 $\mu=100$、方差 $\sigma=10$ 的正态总体中进行了容量 $n=100$ 的抽样，样本均值 $\overline{X}$ 服从正态分布，即 $\overline{X}\sim N(100,\ 100)$。在 $\alpha=0.05$ 的情况下，$\frac{1}{2}$ 置信区间的大小为：

$$R=z_{\alpha/2}\frac{\sigma}{\sqrt{n}}=1.96\times\frac{10}{\sqrt{100}}=1.96$$

只要样本均值 $\bar{x}$ 处于［100－1.96，100＋1.96］之内，即图 8－3 所示的［98.04，101.96］，由其所确定的置信区间肯定包含总体均值。样本均值处于这个范围之内的概率是 0.95。图 8－3 中的 $\bar{x}_1=101.5$ 处在这个区间之内，由其所确定的置信区间［99.54，103.46］就包含总体均值。图 8－3 中的 $\bar{x}_2=102.5$ 处在这个区间之外，由其所确定的置信区间［100.54，104.46］就不包含总体均值。问题是，在抽样时我们并不知道总体均值，因此，进行区间估计有犯错误的风险，不过犯错误的概率是很小的，不超过 0.05。

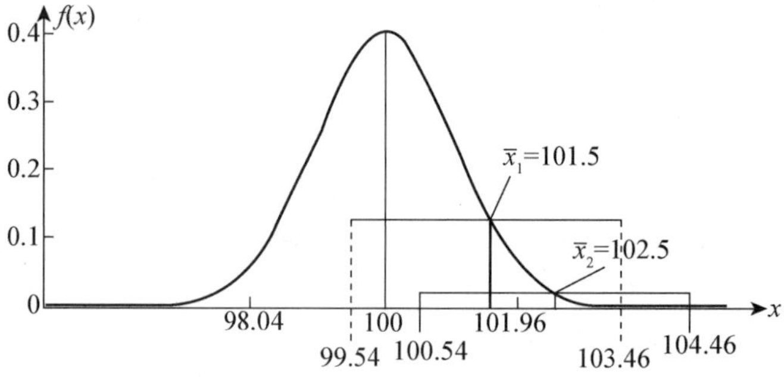

图 8－3　样本均值与置信区间

置信度与置信区间是一对矛盾。对于一定的样本而言，置信度要求越高，估计的可靠性、置信区间和给出的估计区间就越大。但区间越大，估计就越不精确，甚至没有任何价值，如估计某班学生的平均考试成绩有 100％的可能是在 0～100 分区间。置信区间越小，估计的精确性越高，但同时可靠性下降，也就是估计错的可能性增大了。如果要使估计的精确性高，置信度也高，就需要增大样本容量。

2. 小样本总体均值 μ 的区间估计

在小样本的情况下，当总体服从正态分布时，统计量 $\dfrac{\overline{X}-\mu}{S/\sqrt{n}}$ 服从自由度为 $n-1$ 的 t 分布。在估计的置信度为 $1-\alpha$ 的情况下有

$$P\left(-t_{\alpha/2}\leqslant\frac{\overline{X}-\mu}{S/\sqrt{n}}\leqslant t_{\alpha/2}\right)=1-\alpha \tag{8-15}$$

对式（8-15）进行整理，可得

$$P\left(\overline{X}-t_{\alpha/2}\frac{S}{\sqrt{n}}\leqslant\mu\leqslant\overline{X}+t_{\alpha/2}\frac{S}{\sqrt{n}}\right)=1-\alpha \tag{8-16}$$

总体均值的置信区间为：

$$\left[\overline{X}-t_{\alpha/2}\frac{S}{\sqrt{n}},\overline{X}+t_{\alpha/2}\frac{S}{\sqrt{n}}\right]$$

例 8-4

对某高校学生的上网时间进行调查，随机抽取 25 名学生，计算出每天的平均上网时间为 3.2 小时，计算出的标准差为 1 小时。求该校学生平均上网时间的 95%置信区间。

解：已知 $\bar{x}=3.2$，$s=1$，$n=25$，$\alpha=0.05$。因为 $n<30$，属于小样本情况，所以置信区间为：

$$\left[\overline{X}-t_{\alpha/2}\frac{S}{\sqrt{n}},\overline{X}+t_{\alpha/2}\frac{S}{\sqrt{n}}\right]$$

查表得 $t_{0.05/2}$（24）$=t_{0.025}$（24）$=2.06$。①

将数据代入得

$$\left[3.2-2.06\times\frac{1}{\sqrt{25}},3.2+2.06\times\frac{1}{\sqrt{25}}\right]$$

计算出的置信区间为 [2.788,3.612]。

例 8-5

若例 8-4 中的其他情况相同，但随机抽取的是 100 名学生，求该校学生平均上网时间的 95%置信区间。

解：已知 $\bar{x}=3.2$，$s=1$，$n=100$，$\alpha=0.05$。因为 $n>30$，属于大样本情况，所以置信区间为：

① 由书末的附表 4 查到的数值为 2.064，与此处 2.06 不一致，是四舍五入所致。

$$\left[\overline{X}-z_{\alpha/2}\frac{S}{\sqrt{n}},\overline{X}+z_{\alpha/2}\frac{S}{\sqrt{n}}\right]$$

查表得 $z_{0.05/2}=z_{0.025}=1.96$。

将数据代入得

$$\left[3.2-1.96\times\frac{1}{\sqrt{100}},3.2+1.96\times\frac{1}{\sqrt{100}}\right]$$

计算出的置信区间为[3.004,3.396]。

该校学生平均上网时间在3.004小时到3.396小时之间。由此可见，在样本容量增大以后，置信区间变小，估计的精确性提高。

（二）总体频率 π 的区间估计

对于类别变量，可以用样本中某一类的频率来估计总体中该类频率的置信区间。比如，根据样本中残疾人的比例来估计总体中残疾人的比例可能在什么样的区间内。

对类别变量进行区间估计时，要注意样本容量的问题。在小样本的情况下，样本频率波动较大，不宜用样本频率来估计总体频率。大样本的要求不是简单地满足 $n\geqslant30$。因为某个类别在总体中所占的比例可能很小，所以大样本的要求是在 $n\geqslant30$ 的基础上还满足 $np\geqslant5$，同时满足 $nq\geqslant5$，即要保证在样本中所占比例最小的类别的个体数不小于5。

设 π 为总体频率，P 为样本频率，n 为样本容量。在大样本的情况下，由中心极限定理可知，样本频率服从正态分布，即

$$P\sim N\left(\pi,\frac{\pi(1-\pi)}{n}\right) \tag{8-17}$$

将变量 P 标准化，可得

$$\frac{P-\pi}{\sqrt{\frac{\pi(1-\pi)}{n}}}\sim N(0,1) \tag{8-18}$$

由于在 $\frac{\pi(1-\pi)}{n}$ 中存在未知的总体特征值 π，因此无法求解置信区间。在大样本的情况下，用样本频率 P 代替总体频率 π 后，式（8-18）转化为：

$$\frac{P-\pi}{\sqrt{\frac{P(1-P)}{n}}}\sim N(0,1) \tag{8-19}$$

在大样本的情况下，区间估计的置信度为 $1-\alpha$ 时，有

$$P\left[-z_{\alpha/2}\leqslant\frac{P-\pi}{\sqrt{\frac{P(1-P)}{n}}}\leqslant z_{\alpha/2}\right]=1-\alpha \tag{8-20}$$

$$P\left[P-z_{\alpha/2}\sqrt{\frac{P(1-P)}{n}}\leqslant\pi\leqslant P+z_{\alpha/2}\sqrt{\frac{P(1-P)}{n}}\right]=1-\alpha \tag{8-21}$$

总体频率的置信区间为：

$$\left[P-z_{\alpha/2}\sqrt{\frac{P(1-P)}{n}},P+z_{\alpha/2}\sqrt{\frac{P(1-P)}{n}}\right]$$

要注意的是，在小样本的情况下，样本频率波动较大，不宜用样本频率来估计总体频率。

例8-6

某工科院校从今年的新生中随机抽取了100人，其中女生34人。求今年女生人数比例的95%置信区间。

解：已知 $n=100$，$m=34$，$1-\alpha=0.95$。

$$p=\frac{34}{100}=0.34$$

查表得 $z_{\alpha/2}=z_{0.025}=1.96$。

将上述条件代入

$$\left[P-z_{\alpha/2}\sqrt{\frac{P(1-P)}{n}},P+z_{\alpha/2}\sqrt{\frac{P(1-P)}{n}}\right]$$

可得置信区间为：

$$\left[0.34-1.96\sqrt{\frac{0.34\times0.66}{100}},0.34+1.96\sqrt{\frac{0.34\times0.66}{100}}\right]$$

因此，女生人数比例的95%置信区间为[0.247,0.433]。

三、两个总体特征值的区间估计

(一) 两总体均值差的区间估计

除了用样本均值对总体均值进行区间估计以外，还可以用两个样本的均值差对两个总体的均值差进行区间估计。

设有两个总体A与B，总体A的均值与方差分别为 μ_A 和 σ_A^2，总体B的均值与方差分别为 μ_B 和 σ_B^2。现从总体A中抽出一个容量为 n_A 的样本，样本均值与方差分别为 $\overline{X}_A$ 和 S_A^2；从总体B中抽出一个容量为 n_B 的样本，样本均值与方差分别为 $\overline{X}_B$ 和 S_B^2。

1. 大样本情况下两个总体均值差的区间估计

在大样本的情况下，即 $n_A>30$ 且 $n_B>30$ 时，根据中心极限定理有

$$\overline{X}_A\sim N\left(\mu_A,\frac{\sigma_A^2}{n_A}\right),\quad \overline{X}_B\sim N\left(\mu_B,\frac{\sigma_B^2}{n_B}\right)$$

根据两个正态分布随机变量的线性组合仍然服从正态分布的性质可知，随机变量 $\overline{X}_A-\overline{X}_B$ 也服从正态分布，这个正态分布的期望是原来两个正态分布期望的差，方差是原来两个正态分布方差的和。即

$$\overline{X}_A-\overline{X}_B\sim N\left(\mu_A-\mu_B,\frac{\sigma_A^2}{n_A}+\frac{\sigma_B^2}{n_B}\right) \tag{8-22}$$

对变量 $\overline{X}_A-\overline{X}_B$ 进行标准化，可得

$$\frac{(\overline{X}_A-\overline{X}_B)-(\mu_A-\mu_B)}{\sqrt{\frac{\sigma_A^2}{n_A}+\frac{\sigma_B^2}{n_B}}}\sim N(0,1) \tag{8-23}$$

因为在上式中含有 σ_A^2 和 σ_B^2 两个未知参数，所以 $\overline{X}_A-\overline{X}_B$ 的分布难以确定。通常可以用两个样本方差 S_A^2 和 S_B^2 代替 σ_A^2 和 σ_B^2，即

$$\frac{(\overline{X}_A-\overline{X}_B)-(\mu_A-\mu_B)}{\sqrt{\frac{S_A^2}{n_A}+\frac{S_B^2}{n_B}}}\sim N(0,1) \tag{8-24}$$

在置信度为 $1-\alpha$ 的情况下

$$P\left[-z_{\alpha/2}\leqslant\frac{(\overline{X}_A-\overline{X}_B)-(\mu_A-\mu_B)}{\sqrt{\frac{S_A^2}{n_A}+\frac{S_B^2}{n_B}}}\leqslant z_{\alpha/2}\right]=1-\alpha \tag{8-25}$$

对式（8-25）进行整理，可得两个总体均值差区间估计的公式：

$$P\left[(\overline{X}_A-\overline{X}_B)-z_{\alpha/2}\sqrt{\frac{S_A^2}{n_A}+\frac{S_B^2}{n_B}}\leqslant\mu_A-\mu_B\leqslant(\overline{X}_A-\overline{X}_B)+z_{\alpha/2}\sqrt{\frac{S_A^2}{n_A}+\frac{S_B^2}{n_B}}\right]$$
$$=1-\alpha \tag{8-26}$$

两个总体均值差的置信区间为：

$$\left[(\overline{X}_A-\overline{X}_B)-z_{\alpha/2}\sqrt{\frac{S_A^2}{n_A}+\frac{S_B^2}{n_B}},(\overline{X}_A-\overline{X}_B)+z_{\alpha/2}\sqrt{\frac{S_A^2}{n_A}+\frac{S_B^2}{n_B}}\right]$$

例 8-7

从某城市的工人中随机抽出男性工人 50 人，女性工人 35 人。男性工人的平均工资为 1 540 元，标准差为 200 元；女性工人的平均工资为 1 350 元，标准差为 180 元。求男女工人工资差的置信区间。（$1-\alpha=0.95$。）

解：已知 $\bar{x}_A=1\,540$，$n_A=50$，$s_A=200$，$\bar{x}_B=1\,350$，$n_B=35$，$s_B=180$。

查表得 $z_{\alpha/2}=z_{0.025}=1.96$。

将上述已知条件代入

$$\left[(\overline{X}_A-\overline{X}_B)-z_{\alpha/2}\sqrt{\frac{S_A^2}{n_A}+\frac{S_B^2}{n_B}},(\overline{X}_A-\overline{X}_B)+z_{\alpha/2}\sqrt{\frac{S_A^2}{n_A}+\frac{S_B^2}{n_B}}\right]$$

可得

$$\left[(1\,540-1\,350)-1.96\times\sqrt{\frac{200^2}{50}+\frac{180^2}{35}},(1\,540-1\,350)+1.96\times\sqrt{\frac{200^2}{50}+\frac{180^2}{35}}\right]$$

即置信区间为[108.58,271.42]。

男女工人工资差的95%置信区间为[108.58,271.42]。

2. 小样本情况下两个总体均值差的区间估计

在小样本的情况下，当两个总体服从正态分布且满足 $\sigma_A^2=\sigma_B^2$ 时，可用两个样本方差的加权平均值作为两个总体方差的点估计值，即

$$S_w^2=\frac{(n_A-1)S_A^2+(n_B-1)S_B^2}{n_A+n_B-2} \tag{8-27}$$

此时有

$$\frac{(\overline{X}_A-\overline{X}_B)-(\mu_A-\mu_B)}{S_w\sqrt{\frac{1}{n_A}+\frac{1}{n_B}}}\sim t(n_A+n_B-2) \tag{8-28}$$

在置信度为 $1-\alpha$ 的情况下

$$P\left[-t_{\alpha/2}\leqslant\frac{(\overline{X}_A-\overline{X}_B)-(\mu_A-\mu_B)}{S_w\sqrt{\frac{1}{n_A}+\frac{1}{n_B}}}\leqslant t_{\alpha/2}\right]=1-\alpha \tag{8-29}$$

对式（8-29）进行整理可得两个总体均值差区间估计的公式：

$$P\left[(\overline{X}_A-\overline{X}_B)-t_{\alpha/2}S_w\sqrt{\frac{1}{n_A}+\frac{1}{n_B}}\leqslant\mu_A-\mu_B\leqslant(\overline{X}_A-\overline{X}_B)+t_{\alpha/2}S_w\sqrt{\frac{1}{n_A}+\frac{1}{n_B}}\right]$$
$$=1-\alpha \tag{8-30}$$

小样本情况下两个总体均值差的置信区间为：

$$\left[(\overline{X}_A-\overline{X}_B)-t_{\alpha/2}S_w\sqrt{\frac{1}{n_A}+\frac{1}{n_B}},(\overline{X}_A-\overline{X}_B)+t_{\alpha/2}S_w\sqrt{\frac{1}{n_A}+\frac{1}{n_B}}\right]$$

例8-8

从某城市随机抽出大专及以上文化程度的居民16人，其平均家庭住房面积为68平方米，住房面积分布的标准差为18平方米。随机抽出高中文化程度的居民25人，其平

均家庭住房面积为52平方米，住房面积分布的标准差为14平方米。求这两类居民平均住房面积差的置信区间（假设两个总体的方差相等）。（$1-\alpha=0.95$。）

解：已知 $\bar{x}_A=68$，$n_A=16$，$s_A=18$，$\bar{x}_B=52$，$n_B=25$，$s_B=14$。

查表得 $t_{0.025}(39)=2.0227$。

$$S_w^2=\frac{(n_A-1)S_A^2+(n_B-1)S_B^2}{n_A+n_B-2}=\frac{(16-1)\times 18^2+(25-1)\times 14^2}{16+25-2}=245.23$$

$$S_w=15.66$$

将上述已知条件代入

$$\left[(\overline{X}_A-\overline{X}_B)-t_{\alpha/2}S_w\sqrt{\frac{1}{n_A}+\frac{1}{n_B}},(\overline{X}_A-\overline{X}_B)+t_{\alpha/2}S_w\sqrt{\frac{1}{n_A}+\frac{1}{n_B}}\right]$$

可得

$$\left[(68-52)-2.0227\times 15.66\times\sqrt{\frac{1}{16}+\frac{1}{25}},(68-52)+2.0227\times 15.66\times\sqrt{\frac{1}{16}+\frac{1}{25}}\right]$$

即置信区间为[5.86,26.14]。

大专及以上文化程度的居民与高中文化程度的居民平均住房面积差的95%置信区间为[5.86,26.14]。

（二）两总体频率差的区间估计

如同可以用两个样本的均值差对两总体的均值差进行区间估计一样，也可以用两个样本的频率差对两总体的频率差进行区间估计。

设某类别在总体A中的频率为 π_A。从总体A中随机抽出容量为 n_A 的样本，样本中该类别的频率为 P_A，而且 $n_AP_A\geqslant 5$，$n_A(1-P_A)\geqslant 5$。

某类别在总体B中的频率为 π_B。从总体B中随机抽出容量为 n_B 的样本，样本中该类别的频率为 P_B，而且 $n_BP_B\geqslant 5$，$n_B(1-P_B)\geqslant 5$。

由中心极限定理可知

$$P_A\sim N\left(\pi_A,\frac{\pi_A(1-\pi_A)}{n_A}\right),\quad P_B\sim N\left(\pi_B,\frac{\pi_B(1-\pi_B)}{n_B}\right)$$

根据两个正态分布随机变量的线性组合仍然服从正态分布的性质可知，随机变量 P_A-P_B 也服从正态分布，这个正态分布的期望是原来两个正态分布期望的差，方差是原来两个正态分布方差的和。即

$$P_A-P_B\sim N\left(\pi_A-\pi_B,\frac{\pi_A(1-\pi_A)}{n_A}+\frac{\pi_B(1-\pi_B)}{n_B}\right) \tag{8-31}$$

在置信度为 $1-\alpha$ 的情况下，总体频率差区间估计的公式为：

$$P\left[(P_A-P_B)-z_{\alpha/2}\sqrt{\frac{\pi_A(1-\pi_A)}{n_A}+\frac{\pi_B(1-\pi_B)}{n_B}}\leqslant\pi_A-\pi_B\leqslant(P_A-P_B)\right.$$

$$\left.+z_{\alpha/2}\sqrt{\frac{\pi_A(1-\pi_A)}{n_A}+\frac{\pi_B(1-\pi_B)}{n_B}}\right]$$

$$=1-\alpha \tag{8-32}$$

因为总体的 π_A 和 π_B 未知，而且它们就是待估的总体特征值，在大样本的情况下，用样本的 P_A 和 P_B 分别代替它们，总体频率差区间估计的公式为：

$$P\left[(P_A-P_B)-z_{\alpha/2}\sqrt{\frac{P_A(1-P_A)}{n_A}+\frac{P_B(1-P_B)}{n_B}}\leqslant\pi_A-\pi_B\leqslant(P_A-P_B)\right.$$

$$\left.+z_{\alpha/2}\sqrt{\frac{P_A(1-P_A)}{n_A}+\frac{P_B(1-P_B)}{n_B}}\right]$$

$$=1-\alpha \tag{8-33}$$

总体频率差的 $1-\alpha$ 的置信区间为：

$$\left[(P_A-P_B)-z_{\alpha/2}\sqrt{\frac{P_A(1-P_A)}{n_A}+\frac{P_B(1-P_B)}{n_B}},(P_A-P_B)+z_{\alpha/2}\sqrt{\frac{P_A(1-P_A)}{n_A}+\frac{P_B(1-P_B)}{n_B}}\right]$$

例 8-9

某工科大学对学生的专业意识进行调查。从男生中随机抽出 150 人，80%的人愿意毕业后从事专业对口的工作。从女生中随机抽出 50 人，70%的人愿意毕业后从事专业对口的工作。求男女生愿意毕业后从事专业对口工作的频率差的置信区间。($1-\alpha=0.95$。)

解：已知 $p_A=0.8$，$n_A=150$，$p_B=0.7$，$n_B=50$。

查表得 $z_{\alpha/2}=z_{0.025}=1.96$。

将上述已知条件代入

$$\left[(P_A-P_B)-z_{\alpha/2}\sqrt{\frac{P_A(1-P_A)}{n_A}+\frac{P_B(1-P_B)}{n_B}},(P_A-P_B)+z_{\alpha/2}\sqrt{\frac{P_A(1-P_A)}{n_A}+\frac{P_B(1-P_B)}{n_B}}\right]$$

可得

$$\left[(0.8-0.7)-1.96\times\sqrt{\frac{0.8\times0.2}{150}+\frac{0.7\times0.3}{50}},(0.8-0.7)+1.96\times\sqrt{\frac{0.8\times0.2}{150}+\frac{0.7\times0.3}{50}}\right]$$

即置信区间为[−0.042,0.242]。

男女生愿意毕业后从事专业对口工作的频率差的 95%置信区间为 [−0.042, 0.242]。

习 题

1. 从一个总体中采用放回抽样的方法抽出一个容量为50的样本，样本均值为25，样本标准差为2，求总体均值μ的95%置信区间。

2. 从总体中抽取一个$n=100$的简单随机样本，得到$\bar{x}=104$，样本标准差$s=85$。要求：

(1) 构建总体均值μ的90%置信区间。

(2) 构建总体均值μ的95%置信区间。

(3) 构建总体均值μ的99%置信区间。

(4) 观察置信度对置信区间的影响。

3. 利用下面的信息，构建总体均值μ的置信区间：

(1) 总体服从正态分布，$s=50$，$n=15$，$\bar{x}=8\,000$，置信度为95%。

(2) 总体不服从正态分布，$s=50$，$n=64$，$\bar{x}=8\,000$，置信度为95%。

4. 为检验产品的重量，某企业质检人员每天从当天生产的产品中随机抽取12包过秤检验。某天得到的重量如下：

抽检结果

单位：千克

9.9	10.1	10.3	10.4	10.5	10.2	9.7	9.8	10.1	10.0	9.8	10.3

假定重量服从正态分布，请根据此数据估计该产品平均重量的95%置信区间。

5. 为了解购买保湿护肤产品的顾客的平均年龄，某品牌化妆品公司随机抽取购买保湿护肤产品的16位顾客进行调查，得到样本均值为30岁，样本标准差为8岁。假定顾客的年龄近似服从正态分布，试求购买保湿护肤产品的顾客平均年龄的置信度为95%的置信区间。

6. 某高校从学生中随机抽取了200人组成样本，对其旷课原因进行问卷调查，有60人说他们旷课是由于任课教师讲课枯燥。请对由于这种原因而旷课的学生的比例构造95%的置信区间。

7. 从两个正态总体中抽取两个独立的随机样本，它们的均值和标准差如下所示：

两个样本的均值与标准差

来自总体1的样本	来自总体2的样本
$\bar{x}_1=35$	$\bar{x}_2=30$
$s_1^2=12$	$s_2^2=18$

要求：

(1) 已知$n_1=n_2=100$，求$\mu_1-\mu_2$的95%置信区间。

(2) 已知$n_1=10$，$n_2=20$，$\sigma_1^2=\sigma_2^2$，求$\mu_1-\mu_2$的95%置信区间。

(3) 已知$n_1=n_2=10$，$\sigma_1^2=\sigma_2^2$，求$\mu_1-\mu_2$的95%置信区间。

8. 为调查甲、乙两个证券公司投资者的投资存款额，分别从两家证券公司抽取由64名投资者组成的随机样本，样本均值分别为45万元和32.5万元，标准差分别为9.2万元和 9.6 万元。试求这两家证券公司投资者平均投资存款额之差的置信度为 95% 的置信区间。

9. 为比较社保中心两位职员为新顾客办理个人开户项目的平均时间，分别给两位职员随机安排了 10 位顾客，并记录下每位顾客办理开户项目所花的时间（单位：分钟），相应的样本均值和方差分别为：$\bar{x}_1=25.2$，$s_1^2=16.54$；$\bar{x}_2=20.5$，$s_2^2=14.92$。假定两位职员办理的时间服从正态分布，且方差相等，求两位职员办理开户项目的平均时间之差的 95%的置信区间。

10. 某大学某年共有 1 000 名毕业生，其中男生 600 名，女生 400 名。分别随机抽取 100 名男生和 80 名女生，发现通过英语六级考试的人数分别为 45 人和 55 人。试求该校男女毕业生通过英语六级考试比例差的 98%的置信区间。

第9章 假设检验的基本原理

社会学实证研究是遵循假设检验的逻辑进行的。研究者首先通过初步了解情况或探索性研究对所研究的问题或现象形成一定的看法，进而概括出一些概念、命题或理论，这就是理论假设，然后通过实证研究来检验这些假设是否正确。假设检验的思想实际上贯穿社会学研究的始终。

当采用统计的方法来检验假设时，一般的程序是先针对所研究的问题提出理论假设，再把理论假设转化为变量之间关系的假设，这便是假设的操作化。然后用调查结果检验理论假设。统计学中的假设检验是先对总体中变量的特征值或分布提出假设，然后用样本的情况来检验假设是否成立。统计学中的假设检验是严密的逻辑推理过程，也是推论统计的重要内容。

假设检验根据样本的信息来推断总体是否具有指定的特征。比如，计算得出样本均值为 $\bar{x}$，能否说明它来自均值为 μ_0 的总体？两个相互独立样本的均值差异不大，能否说明这两个样本来自均值相同的总体？样本中两个变量具有相关性，能否说明总体中这两个变量也相关？这类问题就是假设检验问题。

第1节　假设检验的原理

一、小概率原理

如果一个随机变量有若干取值，则每个取值就是一个随机事件。如果要猜测在一次试验或观察中哪一个事件会发生，一个很自然的想法就是看哪个随机事件发生的概率大，就猜测哪个事件会发生。这样做猜中的可能性大，猜错的可能性小。反过来，如果要猜测哪个事件不会发生，一定选择发生概率小的事件。小概率原理就是小概率事件在一次试验或观察中不可能发生。那么，一个随机事件发生的概率小到什么程度，才可以认为它是一个小概率事件呢？这并没有一个绝对的标准。统计学家依经验认定，如果一个随机事件发生的概率小于 0.05，就可以认为该事件是一个小概率事件。

在抽样调查中，样本组合不同，计算出的样本特征值也不同。例如，从容量为 N 的总体中抽出一个容量为 n 的样本。当样本组合不同时，计算出的样本均值 $\overline{X}$ 也不同，即 $\overline{X}$ 是一个随机变量。在 $\overline{X}$ 的取值范围中，有些值出现的概率大，有些值出现的概率小。如果某个值出现的概率小于 0.05，就可以认为这个样本均值在一次抽样中是不可能出现的。

二、假设检验的逻辑

假设检验是小概率原理的逆应用。抽样调查的目的是用样本的统计结果来推论总体。抽出样本以后，样本的构成是已知的，总体的情况是未知的。如何用样本来推论总体呢？一种可行的方法是先对总体做出一个合理的推测，然后用抽样结果来检验这个推测存在的可能性有多大。如果这个推测存在的可能性很大，我们就认为这个推测是正确的，接受这个推测；如果这个推测存在的可能性很小，我们就认为这个推测是错误的，从而拒绝它。确认这个推测存在的可能性大小的方法是：先假设对总体的这个推测是正确的，然后看在这个条件成立的情况下样本特征值出现的概率有多大。如果样本特征值的出现是一个大概率事件，就认为对总体的推测是正确的；如果样本特征值的出现是一个小概率事件，就认为对总体的推测是错误的。假设检验的思想就是先对未知的总体提出一个假设，这个假设称为原假设，然后检验在原假设成立的条件下样本特征值的出现是一个大概率事件还是一个小概率事件。如果是大概率事件，就意味着原假设被证实，此时原假设可以被认为是对总体的正确推论。如果样本特征值的出现是小概率事件，如何来认识总体呢？若对总体的原假设是正确的，这个小概率事件在一次抽样中就不应该发生。但事实是，这个事件已经发生了，应该认为是小概率事件发生了，还是原假设错了呢？按照小概率原理，显然应该接受后者，拒绝原假设。

例 9-1

某县有残疾学龄儿童 200 人，县教育局上报的残疾儿童入学率是 82%。随机抽取了 10 名有残疾的学龄儿童，其中，5 名儿童在读，5 名儿童失学。这个抽样结果能否说明该县的残疾儿童入学率是 82%？

解：回答这个问题需要分析如果该县的残疾儿童入学率是 82%，出现上述样本的概率有多大。如果该县的残疾儿童入学率是 82%，200 个有残疾的孩子中应该有 164 名在读，36 名失学。在这种情况下，上述样本出现的概率为：

$$p=\frac{C_{164}^{5}C_{36}^{5}}{C_{200}^{10}}=0.015\,6$$

也就是说，在入学率是 82%的总体中，上述样本出现的概率只有 0.015 6。这显然是一个小概率事件。但这个事件发生了，我们有理由认为教育局上报的残疾儿童入学率为 82%的数据是不准确的，实际的残疾儿童入学率大大低于 82%。

三、假设检验的应用条件

任何一种统计分析方法都只能在有限的范围内应用，应用时必须满足它的应用条件，否则就可能得出错误的结论。比如，有些方法适用于大样本，有些方法适用于小样本；有些统计分析方法要求总体满足特定的分布，或者要求总体的分布具有等方差性；有些方法还要求抽样具有独立性；等等。在后面章节中介绍的每一种方法都会给出相应的应用条件。除了具体的应用条件之外，推论统计还有一个最基本的应用条件——抽样必须是随机的。只有随机样本的统计结果才能用来推论总体。在抽样调查中除了随机抽样外还有非随机抽样，如：在调查前不确定样本，调查中遇到谁就抽谁的巧合抽样；靠主观判断来选取样本的判断抽样；人为构造一个与总体的某些比例相同的配额抽样；根据最初调查对象的推荐逐步扩大样本的滚雪球抽样；等等。这些抽样方法都没有遵循随机原则，抽取的样本也就不是随机样本，用这样的样本得出的统计结论是不能应用假设检验的方法来推论总体的。

第2节　假设检验的基本方法

假设检验是用样本统计结果推论总体的过程。首先，要根据经验或理论假设对总体提出一个原假设；其次，计算在原假设成立的条件下样本特征值出现的概率，并以此来判断对总体的假设是否正确。根据假设检验中使用的统计量不同，假设检验的方法略有差异。

现以总体均值的假设检验为例来说明假设检验的步骤与方法。

例9-2

某省为了解群众的身体健康状况，进行万分之二的人口抽样调查。共抽得成年男性10 000人，平均体重为72.8千克，体重分布的标准差为10千克。10年前，该省男性平均体重为72千克。抽样调查结果能否说明成年男性的体重发生了变化？($\alpha=0.05$。)

分析：回答这个问题的实质就是要用样本均值72.8千克来检验总体均值是否为72千克。分析的思路是，看一看在男性平均体重为72千克的总体中，72.8千克这个样本均值的出现是大概率事件还是小概率事件。如果是大概率事件，就认为总体的平均体重是72千克；如果是小概率事件，就认为总体的平均体重不是72千克。

一、使用 $\overline{X}$ 统计量的假设检验方法

（一）提出原假设 H_0 和备择假设 H_1

假设检验的目的是通过样本特征值来检验总体特征值或总体的分布，因此要先对总体提出假设。如果要通过样本平均值 $\overline{X}$ 来检验总体均值是否为 μ_0，就要先假设总体均值 $\mu=\mu_0$。这个假设称为原假设，用 H_0 表示。后面所有的统计分析都是基于这个原假设成立的前提进行的。如果这个原假设被证实了，就说明事先对总体的假设是正确的；

如果这个原假设被证伪了，就要拒绝这个原假设，同时要接受这个原假设的逻辑反，这个逻辑反称为备择假设，用 H_1 表示。如要对总体均值进行检验，原假设和备择假设可表示为：

$$H_0: \mu=\mu_0$$
$$H_1: \mu\neq\mu_0$$

对例 9－2 进行检验的原假设和备择假设为：

$$H_0: \mu=72$$
$$H_1: \mu\neq 72$$

（二）计算统计量 $\bar{X}$ 的值

对总体特征值提出假设后，就需要确定一个与总体特征值对应的随机变量作为检验统计量。根据切贝谢夫大数定律，通常用样本均值 $\bar{X}$ 来检验总体均值 μ。例 9－2 中，$\bar{x}=72.8$。

（三）根据小概率标准确定临界值、接受域和拒绝域

小概率标准也称显著性水平，用 α 表示。常用的小概率标准一般为 $\alpha=0.05$ 或 $\alpha=0.01$。也就是说，当样本特征值出现的概率小于 0.05 或 0.01 时，就认为这个样本特征值的出现是一个小概率事件。

假设检验根据原假设成立的条件下样本特征值出现的概率大小来决定是否接受原假设。这就出现了一个问题：样本统计量大多是连续型随机变量，即便有些是离散型随机变量，也会有众多取值。在这种情况下，每个取值出现的概率都会很小甚至为 0。然而，假设检验并不是直接用样本统计量的概率来进行检验，而是根据样本统计量的分布确定大概率区间和小概率区间。在大概率区间内的取值都被认为是大概率事件，在小概率区间内的取值都被认为是小概率事件。例如，身高服从正态分布。某地区 95％的男性身高在 150～190 厘米区间，只有 5％的男性身高或者高于 190 厘米，或者低于 150 厘米。150～190 厘米就是大概率区间，150 厘米以下和 190 厘米以上就是小概率区间。身高在 150～190 厘米之间的取值都被认为是大概率事件，身高在 150 厘米以下和 190 厘米以上的取值都被认为是小概率事件。

假设检验根据小概率标准将样本统计量的分布范围划定为大概率区间和小概率区间。如果计算出的样本特征值处在大概率区间，就接受原假设，这个大概率区间也称为接受域；如果计算出的样本特征值处在小概率区间，就拒绝原假设，这个小概率区间也称为拒绝域。

很显然，假设检验的关键是根据显著性水平找到统计量分布的接受域和拒绝域。这就需要先确定统计量的分布。

例 9－2 是用样本均值来检验总体均值。已经假设 $\mu=\mu_0$。如果在 $\mu=\mu_0$ 的总体中做容量为 n 的随机抽样，样本均值 $\bar{X}$ 的抽样分布为：

$$\bar{X}\sim N\left(\mu_0,\frac{\sigma^2}{n}\right) \tag{9－1}$$

在上式中，由于总体标准差 σ 未知，$\overline{X}$ 的分布仍然无法确定。可以用样本标准差 S 代替 σ。在大样本的情况下，$\overline{X}$ 仍服从正态分布，即

$$\overline{X}\sim N\left(\mu_0,\frac{S^2}{n}\right) \tag{9-2}$$

在 $\overline{X}$ 的分布已知的情况下，如果显著性水平为 α，由此可以确定一个区间 $[x_1,\ x_2]$，该区间可以满足下式：

$$P(x_1\leqslant\overline{X}\leqslant x_2)=1-\alpha \tag{9-3}$$

式（9－3）表明，在原假设 $\mu=\mu_0$ 成立的条件下，样本均值 $\overline{X}$ 会以 $1-\alpha$ 的概率出现在 $[x_1,\ x_2]$ 区间内。由于 α 是小概率标准，因此 $[x_1,\ x_2]$ 是大概率区间。只要样本均值在 $[x_1,\ x_2]$ 这个区间内，就可以认为这个样本是来源于 $\mu=\mu_0$ 的总体，从而接受原假设 H_0。因此，$[x_1,\ x_2]$ 称为接受域。如果样本均值出现在 $(-\infty,\ x_1)$ 或 $(x_2,\ \infty)$ 的区间内，就意味着在原假设 $\mu=\mu_0$ 成立的条件下，小概率事件发生了。根据小概率原理，小概率事件在一次抽样中是不会发生的，那就说明原假设 H_0 是错误的，于是拒绝原假设，接受备择假设 H_1，即 $\mu\neq\mu_0$。因此，$(-\infty,\ x_1)$ 和 $(x_2,\ \infty)$ 称为拒绝域，而 x_1 和 x_2 称为临界值。接受域、拒绝域、临界值与显著性水平 α 的关系如图 9－1 所示。

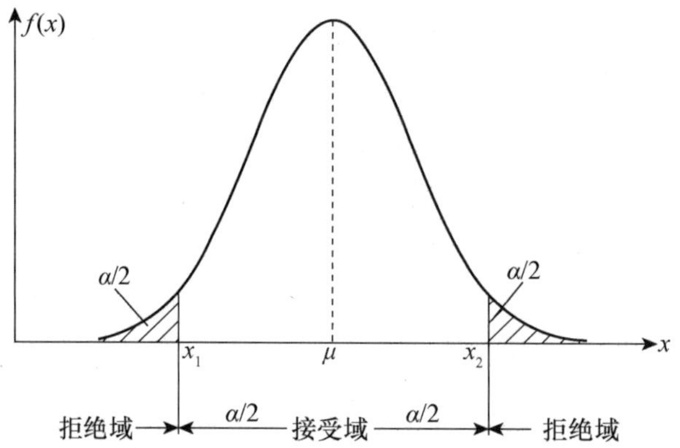

图 9－1　正态分布下显著性水平为 α 的临界值

接下来的问题是如何根据 α 来确定 x_1 和 x_2 的值。在式（9－3）中，统计量 $\overline{X}$ 的分布是已知的，对应于一定的概率 $1-\alpha$，可以通过积分的方法求得 x_1 和 x_2 的值，但这种方法比较烦琐。通过标准化，可以将一般正态分布转化为标准正态分布，即

$$Z=\frac{\overline{X}-\mu_0}{S/\sqrt{n}}\sim N(0,1)$$

由于标准正态分布与一般正态分布具有一一对应性，因此有

$$P(-z_{\alpha/2}<Z<z_{\alpha/2})=1-\alpha \tag{9-4}$$

在标准正态分布下，接受域、拒绝域、临界值与显著性水平 α 的关系如图 9－2 所示。

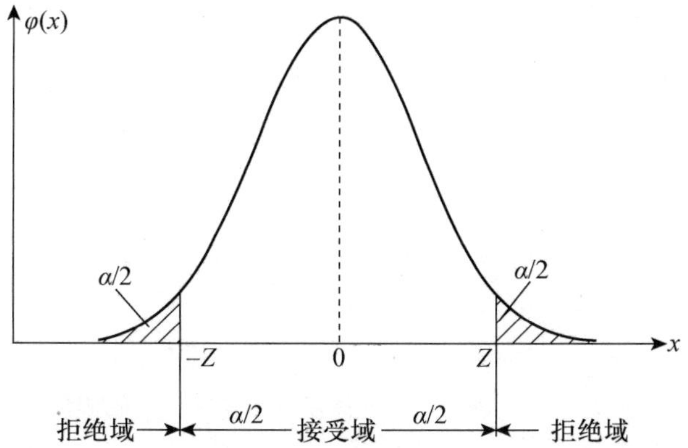

图 9－2　标准正态分布下显著性水平为 α 的临界值

将$\dfrac{\overline{X}-\mu_0}{S/\sqrt{n}}$代入式（9－4）可得

$$P\left(-z_{\alpha/2}<\frac{\overline{X}-\mu_0}{S/\sqrt{n}}<z_{\alpha/2}\right)=1-\alpha$$

整理得

$$P\left(\mu_0-z_{\alpha/2}\frac{S}{\sqrt{n}}<\overline{X}<\mu_0+z_{\alpha/2}\frac{S}{\sqrt{n}}\right)=1-\alpha \tag{9-5}$$

由式（9－5）可知，式（9－3）中的 x_1 和 x_2 分别为：

$$x_1=\mu_0-z_{\alpha/2}\frac{s}{\sqrt{n}} \tag{9-6}$$

$$x_2=\mu_0+z_{\alpha/2}\frac{s}{\sqrt{n}} \tag{9-7}$$

在式（9－6）和式（9－7）中，通过查表可得 $z_{\alpha/2}$的值，μ_0 的值由原假设给出，n 和 s 是样本容量和样本标准差。抽样完成后，可通过样本观察值计算得出。这就确定了 x_1 和 x_2，也就明确了接受域和拒绝域。

一般情况下，小概率标准 α 是事先给定的。例 9－2 中显著性水平 $\alpha=0.05$。查表得 $z_{0.025}=1.96$，计算出临界值为：

$$x_1=\mu_0-z_{\alpha/2}\frac{s}{\sqrt{n}}=72-1.96\times\frac{10}{\sqrt{10\,000}}=71.804(\text{千克})$$

$$x_2=\mu_0+z_{\alpha/2}\frac{s}{\sqrt{n}}=72+1.96\times\frac{10}{\sqrt{10\,000}}=72.196(\text{千克})$$

接受域为［71.804，72.196］。临界值、接受域、拒绝域与显著性水平 α 的关系如图 9－3 所示。

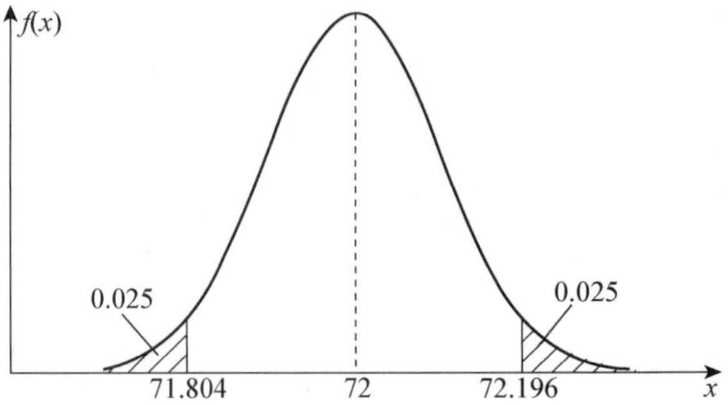

图 9-3　成年男性平均体重假设检验 $\bar{x}$ 的临界值

（四）确定是否接受原假设

根据计算出的样本统计量值 $\bar{x}$ 是在接受域内还是在拒绝域内来判断是否接受原假设。例 9-2 中实际的抽样结果是 $\bar{x}=72.8$，不在接受域内，因此拒绝原假设。结论为总体中成年男性的平均体重不是 72 千克。

假设检验的关键是根据原假设和显著性水平来确定统计量的临界值、接受域和拒绝域。然后看样本特征值是在接受域内还是在拒绝域内。如果在接受域内，就接受原假设；如果在拒绝域内，就拒绝原假设。

二、使用 Z 统计量的假设检验方法

上述检验过程需要计算 x_1 和 x_2 的值，比较烦琐。在推导的过程中已经知道统计量 $\frac{\overline{X}-\mu_0}{S/\sqrt{n}}$ 服从标准正态分布，因此也可以直接应用 Z 统计量进行检验。检验过程如下。

（一）提出原假设 H_0 和备择假设 H_1

例 9-2 的原假设和备择假设仍然为：

$$H_0: \mu=72$$
$$H_1: \mu\neq 72$$

（二）计算 Z 统计量的值

在例 9-2 中已知条件为：$\bar{x}=72.8$，$s=10$，$\mu_0=72$，$n=10\ 000$。即

$$z=\frac{\bar{x}-\mu_0}{s/\sqrt{n}}=\frac{72.8-72}{10/\sqrt{10\ 000}}=\frac{0.8}{0.1}=8$$

（三）根据小概率标准确定临界值、接受域和拒绝域

根据显著性水平 α，通过查表可以得出 Z 统计量的临界值 $-z_{\alpha/2}$ 和 $z_{\alpha/2}$。$[-z_{\alpha/2}, z_{\alpha/2}]$ 是大概率区间，也就是接受域。而 $(-\infty, -z_{\alpha/2})$ 和 $(z_{\alpha/2}, +\infty)$ 是小概率区间，也就是拒绝域。

在例 9-2 中，因为 $\alpha=0.05$，查表得 $-z_{0.05/2}=-1.96$，$z_{0.05/2}=1.96$，所以接受域为 $[-1.96, 1.96]$。

（四）确定是否接受原假设

根据计算出的样本统计量值 z 是在接受域内还是在拒绝域内来判断是否接受原假设。

在例 9－2 中，$z=8$，远远大于 1.96。也就是说，在原假设成立的条件下，72.8 千克这样的样本均值的出现是一个小概率事件，而这样的小概率事件在一次抽样中是不可能发生的。因此，拒绝原假设，即认为总体中男性的平均体重不是 72 千克。接受域与显著性水平的关系如图 9－4 所示。

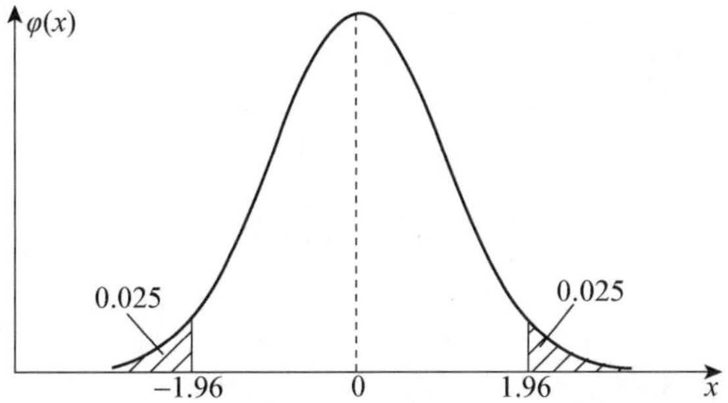

图 9－4　成年男性平均体重假设检验 Z 的临界值

由 Z 统计量确定的临界值与由 $\overline{X}$ 统计量确定的临界值是一一对应的。因此，得出的统计结论也是完全一致的。

通过上述计算可以看出，使用 Z 统计量进行假设检验要比使用 $\overline{X}$ 统计量更简单。因此，通常都使用 Z 统计量进行假设检验。

三、使用 p 值进行假设检验的方法

假设检验的核心工作就是看原假设成立的条件下样本特征值的出现是否为小概率事件。因此，也可以用比较概率的方法进行假设检验。这个概率值通常称为 p 值。使用 p 值进行假设检验不需要确定临界值、接受域和拒绝域，而直接用 p 值与小概率标准进行比较。现以例 9－2 说明用 p 值进行假设检验的过程。

（一）提出原假设 H_0 和备择假设 H_1

例 9－2 的原假设和备择假设仍然为：

$$H_0：\mu=72$$
$$H_1：\mu\neq72$$

（二）计算 Z 统计量的值

$$z=\frac{\overline{x}-\mu_0}{s/\sqrt{n}}=\frac{72.8-72}{10/\sqrt{10\,000}}=\frac{0.8}{0.1}=8$$

（三）查表确定 p 值的大小

p 值是在原假设成立的条件下，由样本统计量的 z 值确定的能够与 α 比较的概率值。如果计算的 z 值为正，计算方法为：

$$p=P(Z\geqslant z)+P(Z\leqslant -z)$$

在本例中：

$$p=P(Z\geqslant z)+P(Z\leqslant -z)=2[1-\Phi(z)]=2[1-\Phi(8)]=2\times(1-1)=0$$

（四）确定是否接受原假设

将上面计算出的 p 值与 α 进行比较，如果小于 α，则认为样本特征值的出现是一个小概率事件，就拒绝原假设。本例中的 p 值为 0，所以拒绝原假设，即认为总体中男性的平均体重不是 72 千克。

上述三种假设检验实质上殊途同归，检验结果完全等价。人工计算时多使用前两种方法，计算机分析时则根据第三种方法给出 p 值的大小，用 Sig. 来表示。只要计算机输出的 Sig. 低于显著性水平 α，就拒绝原假设。

第3节　假设检验的类型

根据检验的目的不同，假设检验可以分为两种类型，即双侧检验和单侧检验。现仍以总体均值的检验为例来说明双侧检验与单侧检验的区别。

一、双侧检验

如果检验的目的是检验总体特征值是否等于某个值，这种检验就是双侧检验。以总体均值的检验为例，提出的原假设与备择假设为：

$$H_0: \mu=\mu_0$$
$$H_1: \mu\neq\mu_0$$

这种情况下，拒绝域在统计量分布的两侧，在使用 Z 统计量进行检验的情况下，临界值与显著性水平 α 的关系为：

$$P(-z_{\alpha/2}<Z<z_{\alpha/2})=1-\alpha$$

根据 α 的大小，通过查表可以确定临界值 $\pm z_{\alpha/2}$，拒绝域为 $|Z|>z_{\alpha/2}$。前面介绍的例 9-2 就是双侧检验。

在使用 p 值进行检验的情况下，对于双侧检验，如果用样本观察值计算的 z 值为正，p 值的计算公式为：

$$p=P(Z<-z)+P(Z>z) \tag{9-8}$$

如果用样本观察值计算的 z 值为负，p 值的计算公式为：

$$p=P(Z<z)+P(Z>-z) \tag{9-9}$$

当 $p<\alpha$ 时，就拒绝原假设。

二、单侧检验

如果假设检验的目的不是检验总体特征值是否等于某个值，而是检验总体特征值是否大于或小于某个值，这种检验就是单侧检验。单侧检验又可分为左单侧检验和右单侧检验。

（一）左单侧检验

如果检验的目的是检验总体特征值是否小于某个值，这种检验就是左单侧检验。以大样本情况下总体均值的检验为例，在左单侧检验的情况下，提出的原假设与备择假设为：

H_0：$\mu=\mu_0$

H_1：$\mu<\mu_0$

根据显著性水平 α 只确定一个临界值 $-z_\alpha$，临界值 $-z_\alpha$ 与显著性水平 α 的关系为：

$$P(Z>-z_\alpha)=1-\alpha \tag{9-10}$$

拒绝域为 $z<-z_\alpha$，处于统计量分布的左侧，如图 9-5 所示。

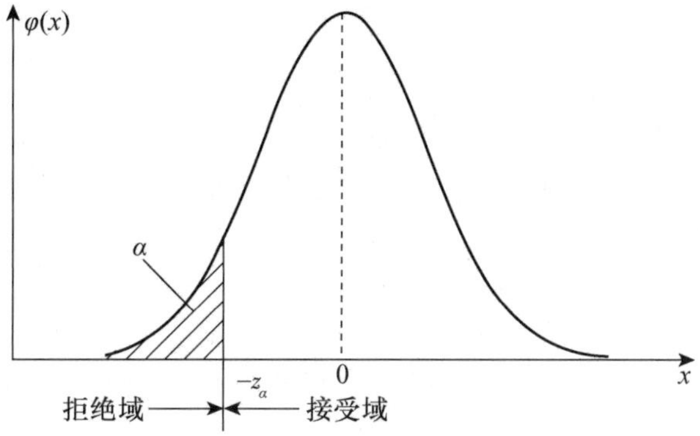

图 9-5　左单侧检验的拒绝域

在使用 p 值进行检验的情况下，对于左单侧检验，一般计算的 z 值为负，p 值的计算公式为：

$$p=P(Z<z) \tag{9-11}$$

当 $p<\alpha$ 时，就拒绝原假设。

例 9-3

从某市贫困人口中随机抽取了 900 人，平均受教育年限为 8.3 年，受教育年限分布的标准差为 3 年。该市成年人的平均受教育年限为 8.4 年。能否说明贫困人口的受教育年限低于一般市民？（显著性水平 $\alpha=0.05$。）

解：已知 $\mu_0=8.4$，$n=900$，$\bar{x}=8.3$，$s=3$。

提出原假设与备择假设：

H_0：$\mu=\mu_0$

H_1：$\mu<\mu_0$

计算 Z 统计量的值

$$z=\frac{\bar{x}-\mu_0}{s/\sqrt{n}}=\frac{8.3-8.4}{3/\sqrt{900}}=\frac{-0.1}{0.1}=-1$$

若使用 Z 统计量的值进行检验，根据 $\alpha=0.05$ 查表得 $z_\alpha=1.65$，$-z_\alpha=-1.65$。

因为 $z>-1.65$，所以接受原假设，即认为贫困人口的平均受教育年限不低于一般市民。

若使用 p 值进行检验，根据 z 值计算的 p 值为：

$$P(Z<-1)=\Phi(-1)=1-\Phi(1)=1-0.8413=0.1587$$

因为 $0.1587>0.05$，所以接受原假设，即认为贫困人口的平均受教育年限不低于一般市民。

（二）右单侧检验

如果检验的目的是检验总体特征值是否大于某个值，这种检验就是右单侧检验。以大样本情况下总体均值的检验为例，在右单侧检验的情况下，提出的原假设与备择假设为：

$$H_0: \mu=\mu_0$$
$$H_1: \mu>\mu_0$$

根据显著性水平 α 只确定一个临界值 z_α，临界值 z_α 与显著性水平 α 的关系为：

$$P(Z<z_\alpha)=1-\alpha \tag{9-12}$$

拒绝域为 $Z>z_\alpha$，处于统计量分布的右侧，如图 9－6 所示。

在使用 p 值进行检验的情况下，对于右单侧检验，一般计算的 z 值为正，p 值的计算公式为：

$$p=P(Z>z) \tag{9-13}$$

当 $p<\alpha$ 时，就拒绝原假设。

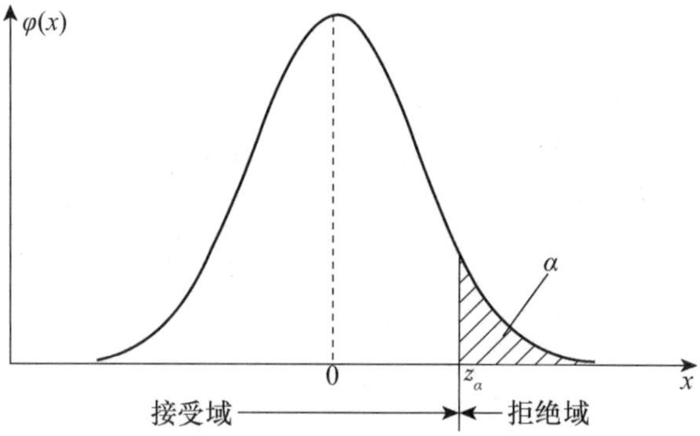

图 9－6　右单侧检验的拒绝域

例 9－4

在例 9－2 中，问：男性的平均体重是否增加了？

解：检验变成了右单侧检验。

原假设与备择假设为：

H_0：$\mu=72$

H_1：$\mu>72$

前面已计算出 $z=8$，若使用 Z 统计量的值进行检验，根据 $\alpha=0.05$ 查表得 $z_{0.05}=1.65$。因为 $z>1.65$，所以拒绝原假设，即认为现在总体中男性平均体重大于 72 千克。

若使用 p 值进行检验，根据 z 值计算的 p 值为：

$$P(Z>8)=1-P(Z\leqslant 8)=1-\Phi(8)=1-1=0$$

因为 $0<0.05$，所以拒绝原假设，即认为现在总体中男性平均体重大于 72 千克。

第 4 节　假设检验的两类错误

假设检验是用样本的统计结果对总体进行推论。这种推论仅仅是一种可能的推论，而不是肯定的推论。也就是说，假设检验的结果实际上是选择了一个对总体来说可能性比较大的假设。既然这种选择不是肯定性的，就必然有犯错误的可能。假设检验犯的错误有两种：一种是弃真的错误；另一种是纳伪的错误。

一、弃真的错误

弃真是指原假设是正确的，检验的结果却否定了原假设，把真的当成假的拒绝了。这是在拒绝原假设时可能犯的错误，也称第一类错误。使用临界值和拒绝域进行假设检验是基于样本统计量的分布确定大概率区间和小概率区间。如果样本特征值落入了小概率区间，就拒绝原假设。有没有可能原假设是正确的，而抽出的样本恰恰在小概率区间呢？这种可能性是有的。也就是说，在一次抽样中小概率事件确实发生了。在抽样过程中小概率事件发生的概率有多大呢？

因为检验的临界值是根据样本统计量的分布和小概率标准 α 确定的，所以，如果用临界值和拒绝域进行检验，在检验之前我们就知道，最大的弃真概率就是显著性水平 α。当我们拒绝原假设的时候，有 α 这么大的可能性犯弃真的错误。但由于每一次抽样时，样本组合不同，样本特征值出现的概率也不同，因此抽样结束后，可以根据样本统计量的分布计算出样本特征值出现的概率。这个概率就是该次检验时弃真的概率。以总体均值的检验为例，如果抽出了一个容量为 n 的样本，样本均值为 $\bar{x}$，根据样本均值 $\bar{x}$ 的分布可以计算出概率 $p=P(\overline{X}\geqslant\bar{x})$，这个概率就是用样本均值 $\bar{x}$ 来检验总体均值 μ_0 时犯弃真错误的概率。

例 9-5

计算例 9-2 的检验中犯弃真错误的概率。

解：从例 9－2 的计算中已知 $z=8$，通过查表可知 $P(Z\leqslant 3.90)=1$，所以 $P(Z<8)=1$，则

$$P(Z\geqslant 8)=1-P(Z<8)=1-1=0$$

即该次检验中弃真的概率为 0。

从上面的计算中可以看出，并不是每次拒绝原假设时都存在弃真的风险。当样本特征值与原假设相距较大时，拒绝原假设是不会犯弃真错误的。

使用计算机进行统计分析时，系统输出的 Sig. 就是弃真的概率。如计算机输出的 Sig. 为 0.000 2，即表明弃真的概率为 0.000 2。如果计算机输出的 Sig. 为 0，就说明可以不犯弃真的错误。

二、纳伪的错误

（一）纳伪错误概率的计算

纳伪是指原假设是错误的，检验的结果却肯定了原假设，把假的当成真的接受了。这是在接受原假设时可能犯的错误，也称第二类错误。犯纳伪错误的概率用 β 来表示。现以总体均值的检验为例说明纳伪概率 β 的计算。

设在一个未知总体中做了一个容量为 n（$n\geqslant 30$）的随机抽样，计算得样本均值为 $\overline{X}$，样本标准差为 S。对总体均值提出的原假设为 H_0：$\mu=\mu_0$，显著性水平为 α。在原假设成立的条件下，样本均值 $\overline{X}$ 服从均值为 μ_0、方差为 $\frac{S^2}{n}$ 的正态分布。即

$$\overline{X}\sim N\left(\mu_0,\frac{S^2}{n}\right)$$

根据 α 确定的接受域为 $[x_1,x_2]$。由式（9－6）和式（9－7）可知

$$x_1=\mu_0-z_{\alpha/2}\frac{s}{\sqrt{n}},\quad x_2=\mu_0+z_{\alpha/2}\frac{s}{\sqrt{n}}$$

如果原假设是正确的，有 $100(1-\alpha)\%$ 的样本均值分布在 $[x_1,x_2]$ 的范围内。因此，只要本次抽样的样本均值 $\overline{X}$ 出现在 $[x_1,x_2]$ 的范围内，就要接受 $\mu=\mu_0$ 的原假设，如图 9－7（a）所示。但实际上，真实的总体均值是 $\mu=\mu_1$。样本均值 $\overline{X}$ 服从的是均值为 μ_1、方差为 $\frac{S^2}{n}$ 的正态分布，如图 9－7（b）所示。即

$$\overline{X}\sim N\left(\mu_1,\frac{S^2}{n}\right)$$

但是，在实际 $\mu=\mu_1$ 的总体中抽出的样本均值 $\bar{x}$ 落入了假设 $\mu=\mu_0$ 的接受域内，这样就把错误的假设 $\mu=\mu_0$ 当作正确的接受了，犯了纳伪的错误。犯纳伪错误的概率 β 就是图 9－7（b）中的阴影部分。即

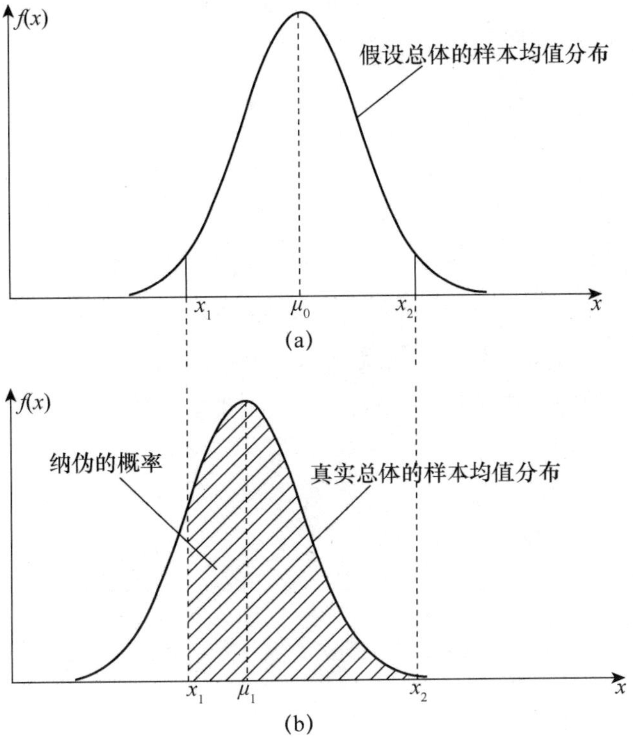

图 9－7　纳伪的概率

$$\beta=P(x_1\leqslant\overline{X}\leqslant x_2) \tag{9-14}$$

由于样本均值 $\overline{X}$ 服从的是均值为 μ_1、方差为 $\frac{S^2}{n}$ 的正态分布，将其转化为标准正态分布，可求得上述概率为：

$$\beta=P(z_1\leqslant Z\leqslant z_2)=\Phi(z_2)-\Phi(z_1)$$

式中，$z_1=\frac{x_1-\mu_1}{s/\sqrt{n}}$，$z_2=\frac{x_2-\mu_1}{s/\sqrt{n}}$。

例 9－6

如果例 9－3 中贫困人口实际的平均受教育年限为 8.2 年，求犯纳伪错误的概率。

解：已知 $\mu_0=8.4$，$n=900$，$\bar{x}=8.3$，$s=3$，$\alpha=0.05$，$\mu_1=8.2$。

原假设为 H_0：$\mu=8.4$。

查表得 $z_{0.025}=1.96$，则

$$x_1=\mu_0-z_{\alpha/2}\frac{s}{\sqrt{n}}=8.4-1.96\times\frac{3}{\sqrt{900}}=8.204(\text{年})$$

$$x_2=\mu_0+z_{\alpha/2}\frac{s}{\sqrt{n}}=8.4+1.96\times\frac{3}{\sqrt{900}}=8.596(\text{年})$$

$$z_1=\frac{x_1-\mu_1}{s/\sqrt{n}}=\frac{8.204-8.2}{3/\sqrt{900}}=\frac{0.004}{1/10}=0.04$$

$$z_2=\frac{x_2-\mu_1}{s/\sqrt{n}}=\frac{8.596-8.2}{3/\sqrt{900}}=\frac{0.396}{1/10}=3.96$$

$$\beta=\Phi(z_2)-\Phi(z_1)=\Phi(3.96)-\Phi(0.04)=1-0.516=0.484$$

即纳伪的概率为 0.484，如图 9－8 中的阴影部分所示。

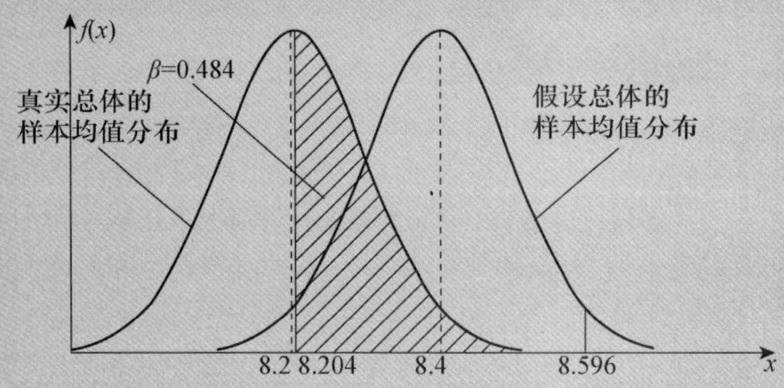

图 9－8　例 9－6 的纳伪概率

（二）纳伪错误概率的特点

1. 在总体均值未知的情况下纳伪概率是不能计算的

从上面的计算可以看出，纳伪概率的计算要依赖于真实总体的均值。在总体均值未知时，是否纳伪也是未知的。抽样调查的目的就是用样本数据推论总体，此时总体是未知的，在这种情况下是否纳伪也是未知的。

2. 纳伪概率的大小与显著性水平有关

纳伪区间也就是接受域 $[x_1,x_2]$ 的大小，由显著性水平 α 决定。α 越小，接受域就越大，纳伪的概率也就越大。图 9－9 与图 9－10 显示的是其他条件完全相同，显著性水平 α 取不同值时的纳伪概率。图 9－9 中的 $\alpha=0.05$，图 9－10 中的 $\alpha=0.1$。图9－9中的纳伪概率明显大于图 9－10 中的纳伪概率。也就是说，在其他条件完全相同的情况下，弃真的错误和纳伪的错误是一对矛盾，一个小，另一个必然大。

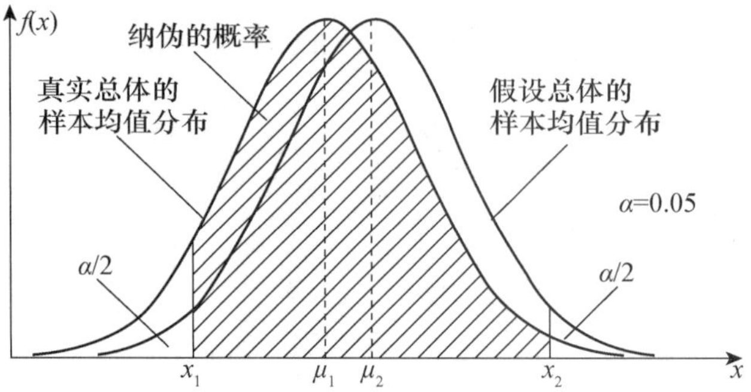

图 9－9　α=0.05 的纳伪概率

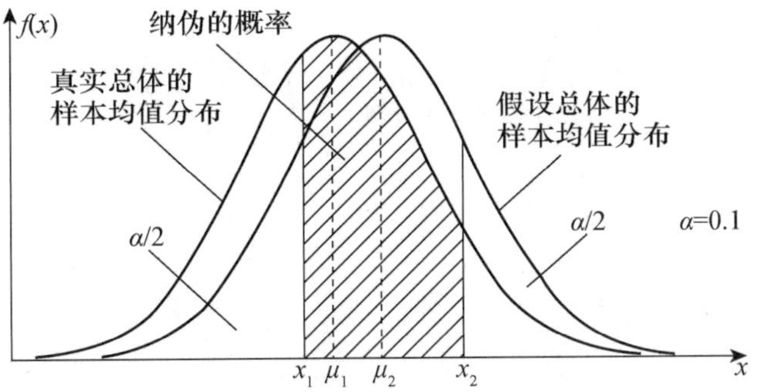

图 9-10　$\alpha=0.1$ 的纳伪概率

例 9-7

如果例 9-6 中 $\alpha=0.01$，计算纳伪的概率。

解：已知 $\mu_0=8.4$，$n=900$，$\bar{x}=8.3$，$s=3$，$\alpha=0.01$，$\mu_1=8.2$。

原假设为 H_0：$\mu=8.4$。

查表得 $z_{0.005}=2.58$，则

$$x_1=\mu_0-z_{\alpha/2}\frac{s}{\sqrt{n}}=8.4-2.58\times\frac{3}{\sqrt{900}}=8.142(\text{年})$$

$$x_2=\mu_0+z_{\alpha/2}\frac{s}{\sqrt{n}}=8.4+2.58\times\frac{3}{\sqrt{900}}=8.658(\text{年})$$

$$z_1=\frac{x_1-\mu_1}{s/\sqrt{n}}=\frac{8.142-8.2}{3/\sqrt{900}}=\frac{-0.058}{1/10}=-0.58$$

$$z_2=\frac{x_2-\mu_1}{s/\sqrt{n}}=\frac{8.658-8.2}{3/\sqrt{900}}=\frac{0.458}{1/10}=4.58$$

$$\beta=\Phi(z_2)-\Phi(z_1)=\Phi(4.58)-\Phi(-0.58)$$
$$=1-[1-\Phi(0.58)]=0.719\,0$$

可见，当显著性水平 α 变小后，纳伪的概率增大了。

3. 纳伪概率的大小与原假设和真实总体的接近程度有关

如果原假设和真实情况相距甚远，假设总体中的抽样分布与真实总体中的抽样分布没有重合的区间，纳伪的概率为 0，如图 9-11（a）所示。在这种情况下进行假设检验时不会接受原假设。原假设与真实情况越接近，纳伪的概率就越大，如图 9-11（b）所示。在这种情况下进行假设检验时可能会接受原假设，也就是说，可能会犯纳伪的错误。但是，纳伪并不意味着我们犯了非常严重的错误。当原假设与真实情况非常接近时，即使纳伪了，推论总体的误差也非常小。如例 9-6 中样本贫困人口的平均受教育年限为 $\bar{x}=8.3$ 年，贫困人口实际的平均受教育年限为 8.2 年，在 $\alpha=0.05$ 的情况下检验结果是接受 $\mu_0=8.4$ 年的原假设。检验结果是纳伪了，但实际受教育年限与假设受教育年限的误差是很小的。由此可见，即使纳伪了，对统计结论的影响也很小。

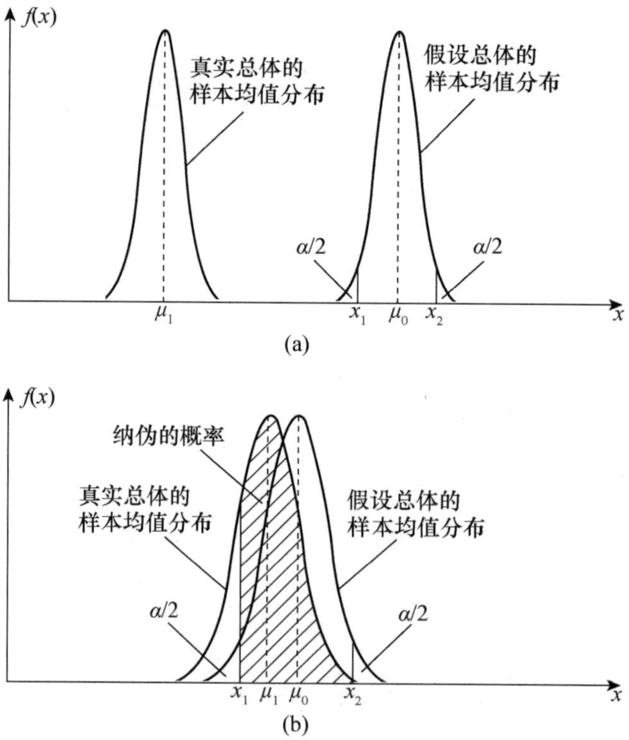

图 9-11　原假设与真实总体接近程度不同的纳伪概率

4. 纳伪概率的大小与抽样数目有关

纳伪区间是原假设成立条件下的接受域。即

$$x_2-x_1=\mu_0+z_{\alpha/2}\frac{s}{\sqrt{n}}-\left(\mu_0-z_{\alpha/2}\frac{s}{\sqrt{n}}\right)=2z_{\alpha/2}\frac{s}{\sqrt{n}}$$

这个区间越小，纳伪的概率就越小。在显著性水平 α 一定的情况下，增大样本容量 n 可以减小这个区间，也就可以减小纳伪的概率。图 9-12（a）与图 9-12（b）反映的是在原假设不变、显著性水平 α 一定的情况下，进行样本容量不同的抽样，其纳伪概率的变化情况。

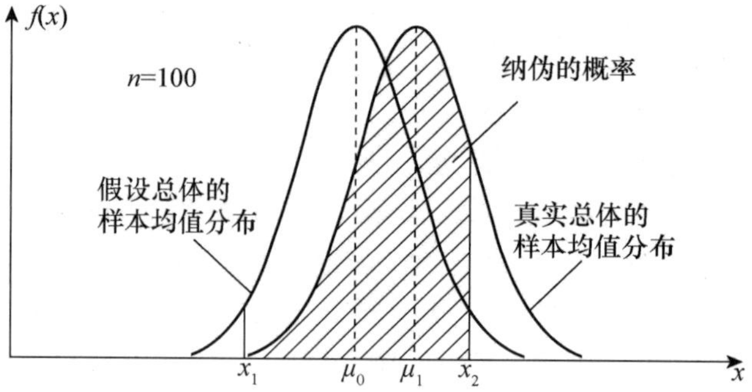

(a)

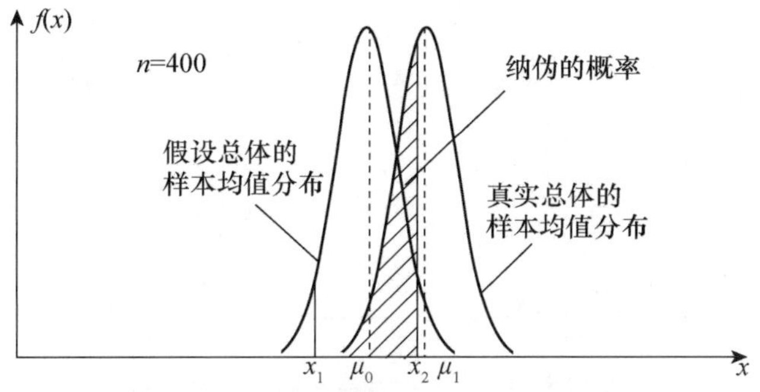

(b)

图 9-12　不同容量样本纳伪概率的比较

即使原假设与真实总体的情况很接近，只要样本容量 n 足够大，真实总体中的抽样分布与假设总体的纳伪区间没有交叉，纳伪的概率也可以为 0。

例 9-8

如果例 9-3 中贫困人口实际的平均受教育年限为 8.2 年，样本容量 $n=90\,000$，样本平均受教育年限为 8.3 年，求纳伪的概率。

解：已知 $\mu_0=8.4$，$n=90\,000$，$\bar{x}=8.3$，$s=3$，$\alpha=0.05$，$\mu_1=8.2$。

原假设为 H_0：$\mu=8.4$，则

$$x_1=\mu_0-z_{\alpha/2}\frac{s}{\sqrt{n}}=8.4-1.96\times\frac{3}{\sqrt{90\,000}}=8.380\,4(\text{年})$$

$$x_2=\mu_0+z_{\alpha/2}\frac{s}{\sqrt{n}}=8.4+1.96\times\frac{3}{\sqrt{90\,000}}=8.419\,6(\text{年})$$

$$z_1=\frac{x_1-\mu_1}{s/\sqrt{n}}=\frac{8.380\,4-8.2}{3/\sqrt{90\,000}}=\frac{0.180\,4}{1/100}=18.04$$

$$z_2=\frac{x_2-\mu_1}{s/\sqrt{n}}=\frac{8.419\,6-8.2}{3/\sqrt{90\,000}}=\frac{0.219\,6}{1/100}=21.96$$

$$\beta=\Phi(z_2)-\Phi(z_1)=\Phi(18.04)-\Phi(21.96)=1-1=0$$

图 9-13 是本例真实总体中样本均值与假设总体中样本均值的分布，从图中也可以看出，这两个分布没有交集，因此，也就不可能纳伪。实际上，在求出 x_1 和 x_2 以后就可以发现样本均值 $\bar{x}$ 并不在区间 $[x_1,x_2]$ 之内，假设检验的结果肯定是拒绝原假设，因此也不会纳伪。在这个例题中，原假设与真实总体的均值已经很接近了，但因为总体的容量很大，使样本均值分布的标准差很小，只有 0.01，从而导致真实总体的样本均值分布与假设总体的样本均值分布没有交集，使得纳伪的概率为 0。

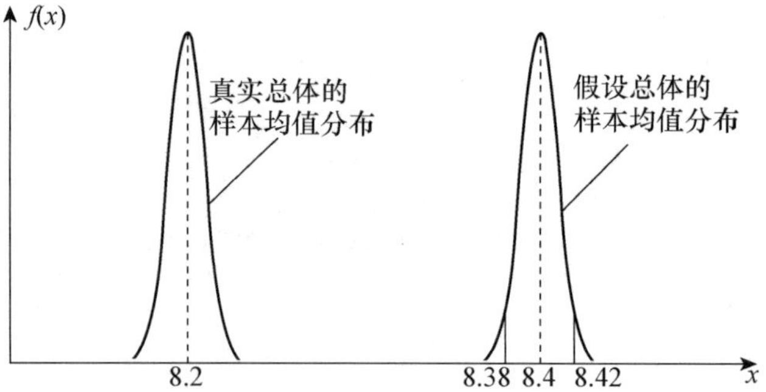

图 9-13　例 9-8 样本均值的分布

习　题

1. 从一个 $\mu=4.5$ 的正态分布总体中随机抽取一个 $n=64$ 的样本，测得 $\bar{x}=4.48$，$s=8$，请分别用 $\bar{X}$ 统计量与 Z 统计量检验总体均值是否仍为 4.5。($\alpha=0.05$。)

2. 根据以往资料，某袋装产品的重量服从 $N(100, 9)$ 的分布，某天质检人员从当天产品中随机抽取 12 包过秤检验，结果如下表所示：

抽检结果　　单位：克

99	101	103	104	105	102	97	98	101	100	98	103

请检验产品重量的均值是否发生变化。($\alpha=0.05$。)

3. 为检验某种记忆英语单词的方法是否有效，在某中学一年级的学生中随机选取了 50 名学生进行培训。培训之前这些学生在一定时间里记忆 100 个单词的平均成绩为 83 分，培训一个月之后的平均成绩为 87 分，标准差为 3 分。请问：通过这一结果是否可以认为这种记忆英语单词的方法显著有效？($\alpha=0.05$。)

4. 某品牌电池制造商宣称它生产的某款手机电池充电后至少可以连续使用 7 天，即 168 小时。现随机抽取了 100 块这个型号的电池进行测试，测得平均使用时间为 173.9 小时，标准差为 15.5 小时。请问：这一检测结果是否支持制造商的这一说法？($\alpha=0.05$。)

5. 随着生活水平的提高，新生婴儿的体重呈现出上升的趋势。根据以往的资料，某市 1990 年新生婴儿的平均体重为 3.1 千克。随机抽取了 100 名 2010 年出生的新生婴儿的体重数据，计算出平均值为 3.3 千克，标准差为 0.2 千克。请问：这个城市 2010 年新生婴儿的平均体重是否明显高于 1990 年？($\alpha=0.05$。) 用 Z 统计量与 p 值两种方式检验。

6. 若习题 1 中总体均值已经变为 $\mu_1=4.2$，请计算纳伪概率 β 的大小。

7. 若习题 2 中总体均值已经变为 $\mu_1=101$，请计算纳伪概率 β 的大小。

第 10 章

总体均值与方差的假设检验

第 1 节　单个总体的检验

单个总体的检验指的是用样本的特征值来检验总体特征值，通常包括用样本均值、频率和方差来检验相应总体的均值、频率和方差。

一、总体均值的检验

（一）总体均值检验的统计思想

当研究的变量是尺度变量时，可以通过样本均值来检验总体均值是否等于某值，或者是否大于或小于某值。通过抽样调查获取了样本均值以后，除了用点估计和区间估计的方法来估计总体均值外，还要用假设检验的方法检验对总体均值的猜测是否合理。首先根据以往的经验或理论判断对总体的均值提出一个合理的假设，然后检验已经抽出的样本是否来自假设的总体。如果在假设成立的条件下，样本均值出现在大概率的区间内，就认为对总体的假设是正确的。如果样本均值出现在小概率的区间内，就认为对总体的假设是错误的。当总体服从正态分布时，总体均值检验所使用的统计量服从 t 分布。所以，在 SPSS 中将总体均值的检验称为单个样本的 t 检验。

设拟从均值为 μ，标准差为 σ 的总体中抽出一个容量为 n 的随机样本。样本均值与方差分别为 $\overline{X}$ 和 S^2。因为根据每一种样本组合都能够计算出相应的 $\bar{x}$ 和 s^2，所以在进行抽样之前，$\overline{X}$ 和 S^2 都是随机变量。在样本被抽出之后，就得到了一组样本观察值。由这组样本观察值可以计算出样本均值 $\bar{x}$ 与方差 s^2，此时的 $\bar{x}$ 和 s^2 便是两个确定的数据。由于 μ 和 σ 均为未知的总体特征值，现用样本均值 $\bar{x}$ 来检验总体均值 μ。

（二）大样本总体均值检验的方法

1. 检验的原假设

对总体均值提出的原假设为 H_0：$\mu=\mu_0$。

2. 确定检验的统计量

在原假设成立的条件下，对于大样本，检验的统计量为：

$$Z=\frac{\overline{X}-\mu_0}{S/\sqrt{n}}\sim N(0,1) \tag{10-1}$$

3. 根据小概率标准确定临界值、接受域和拒绝域

当显著性水平为 α 时，对于双侧检验，即备择假设为 H_1：$\mu\neq\mu_0$ 时，拒绝域为：$|Z|\geqslant z_{\alpha/2}$。拒绝域与显著性水平 α 的关系如图 10-1 所示。

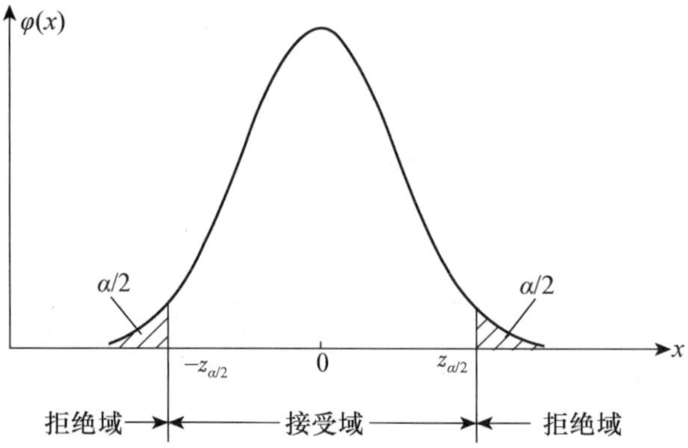

图 10-1 大样本总体均值双侧检验拒绝域

对于单侧检验，当备择假设为 H_1：$\mu>\mu_0$ 时，为右单侧检验，拒绝域为：$Z\geqslant z_\alpha$。拒绝域与显著性水平 α 的关系如图 10-2 所示。

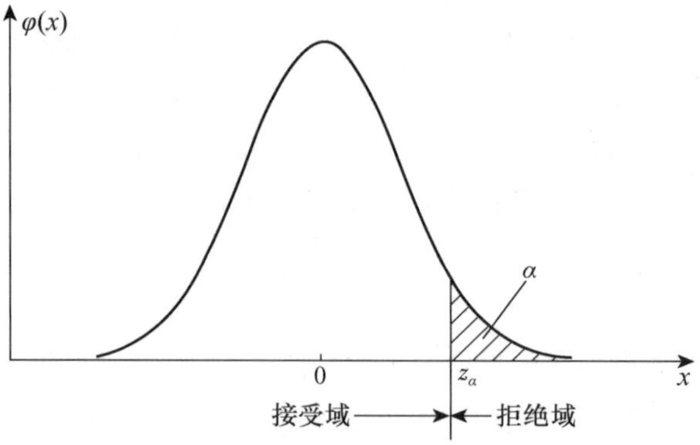

图 10-2 大样本总体均值右单侧检验拒绝域

当备择假设为 H_1：$\mu<\mu_0$ 时，为左单侧检验，拒绝域为：$Z\leqslant -z_\alpha$。拒绝域与显著性水平 α 的关系如图 10-3 所示。

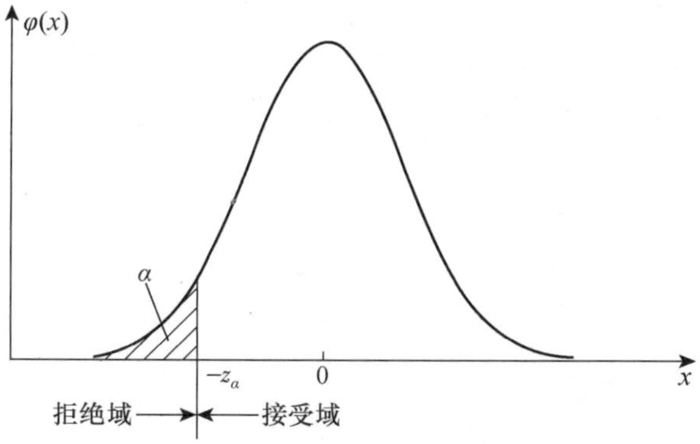

图 10－3　大样本总体均值左单侧检验拒绝域

4. 确定是否拒绝原假设

将计算出的样本统计量的值 z 与临界值进行比较，如果处于接受域内，就接受原假设；如果处于拒绝域内，就拒绝原假设。

例 10－1

某城市去年进行经济调查的结果是在职职工的人均月收入为 2 000 元。今年从在职职工中随机抽取了 400 人，其平均月收入为 2 050 元，收入分布的标准差为 1 000 元。问：今年在职职工平均月收入是否有所提高？($\alpha=0.05$。)

解：已知 $\mu_0=2\,000$，$s=1\,000$，$n=400$，$\bar{x}=2\,050$。

原假设与备择假设为：

$$H_0: \mu=\mu_0$$
$$H_1: \mu>\mu_0$$

因为 $n>30$，所以可以使用 Z 统计量进行检验。

查表得 $z_{0.05}=1.65$，检验统计量

$$z=\frac{\bar{x}-\mu_0}{s/\sqrt{n}}=\frac{2\,050-2\,000}{1\,000/\sqrt{400}}=\frac{50}{50}=1$$

因为 $z<z_{0.05}$，所以接受原假设，即认为今年职工平均收入与去年相比没有提高。

(三) 小样本总体均值检验的方法

1. 检验的原假设

对总体均值提出的原假设为 $H_0: \mu=\mu_0$。

2. 确定检验的统计量

在原假设成立的条件下，对于小样本，当总体服从正态分布时，检验的统计量为：

$$t=\frac{\overline{X}-\mu_0}{S/\sqrt{n}}\sim t(n-1) \qquad (10-2)$$

3. 根据小概率标准确定临界值、接受域和拒绝域

当显著性水平为 α 时，对于双侧检验，即备择假设为 H_1：$\mu \neq \mu_0$ 时，拒绝域为：$|t| \geqslant t_{\alpha/2}(n-1)$。拒绝域与显著性水平 α 的关系如图 10-4 所示。

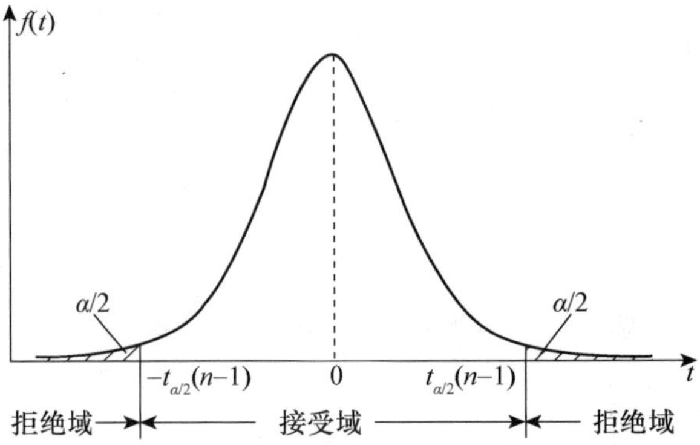

图 10-4　小样本总体均值双侧检验拒绝域

对于单侧检验，当备择假设为 H_1：$\mu > \mu_0$ 时，为右单侧检验，拒绝域为：$t \geqslant t_\alpha(n-1)$。拒绝域与显著性水平 α 的关系如图 10-5 所示。

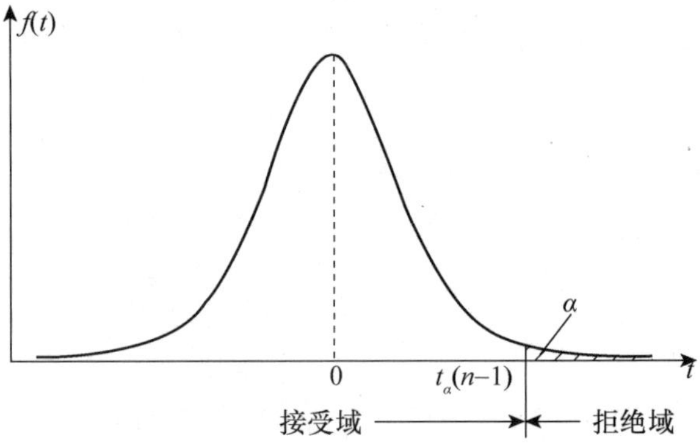

图 10-5　小样本总体均值右单侧检验拒绝域

当备择假设为 H_1：$\mu < \mu_0$ 时，为左单侧检验，拒绝域为：$t \leqslant -t_\alpha(n-1)$。拒绝域与显著性水平 α 的关系如图 10-6 所示。

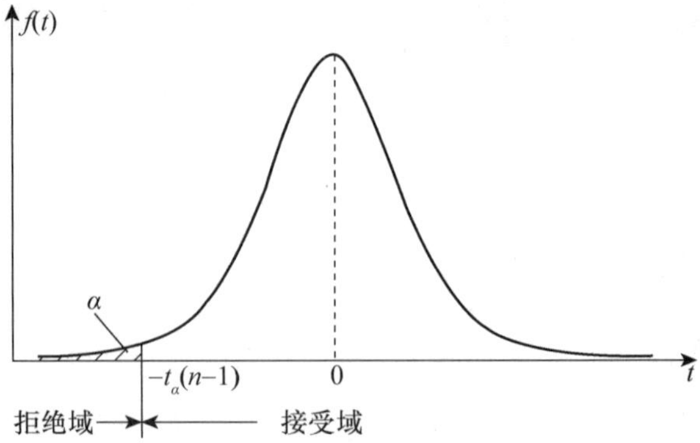

图 10-6　小样本总体均值左单侧检验拒绝域

用小样本对总体均值进行检验时，一定要注意其应用条件，即总体必须服从正态分布，否则统计量$\frac{\bar{x}-\mu_0}{s/\sqrt{n}}$不服从 t 分布，检验结论无效。（总体是否服从正态分布可通过 Kolmogorov-Smirnov 检验来判断，见第 14 章第 1 节。）

例 10－2

国庆长假期间，在某景点随机抽取了 25 名游客，他们在该景点的平均游览时间为 3.2 小时，游览时间分布的标准差为 0.5 小时。该景点去年游客平均游览时间是 3 小时，游客在景区的游览时间服从正态分布。问：经过一年的整修，该景点对游客的吸引力是否有所增加？（$\alpha=0.05$。）

解：已知 $\mu_0=3$，$s=0.5$，$n=25$，$\bar{x}=3.2$。

原假设与备择假设为：

$$H_0:\ \mu=\mu_0$$
$$H_1:\ \mu>\mu_0$$

查表得 $t_{0.05}(24)=1.711$，检验统计量

$$t=\frac{\bar{x}-\mu_0}{s/\sqrt{n}}=\frac{3.2-3}{0.5/\sqrt{25}}=\frac{0.2}{0.1}=2$$

因为 $t>t_{0.05}(24)$，所以拒绝原假设，即认为该景点的整修取得了效果。

二、总体频率的检验

一个类别变量可能有多个取值，检验时只能用样本中某一类别的频率来检验总体中该类别的频率。首先将类别变量转换为属于该类和不属于该类的二分类别变量。设这个类别变量为 X，属于该类时 $x=1$，不属于该类时 $x=0$。如果样本容量为n，$x=1$的频次为 m，$x=0$ 的频次为 $n-m$，则该变量的均值为：

$$\bar{x}=\frac{\sum_{i=1}^{n}x_i}{n}=\frac{1\times m+0\times(n-m)}{n}=\frac{m}{n}=p$$

可见，频率是一种特殊的均值。因此，通过样本中某一类别的频率来检验总体中该类别的频率是否为某一确定的值时也可以采用单个样本 t 检验的方法。如通过样本中高中文化程度的人所占的比率来检验总体中高中文化程度的人所占的比率是否为某一确定的值。

甚至当变量为尺度变量，要确定大于或小于某一变量值的个体数所占的比率时，也可以采用这种方法来进行检验。如已知样本中 60 岁以上的人数所占的比率，来检验总体中 60 岁以上的老年人的比率是否为某一确定的值。

设某类别在总体中的频率为 π。从总体中抽出一个容量为 n 的随机样本，样本中属于该类别的频率为 p，不属于该类别的频率为 q，则 $q=1-p$。总体频率的检验要在大样本

的情况下进行。对于频率检验，大样本的要求除了满足 $n>30$ 的条件外，还要满足 $np\geqslant5$，同时 $nq\geqslant5$。

1. 检验的原假设

对总体频率的检验就是通过样本频率来检验总体频率是否等于某值，或者是否大于或小于某值。对总体频率提出的原假设为 H_0：$\pi=\pi_0$。

2. 确定检验的统计量

在原假设成立的条件下，检验的统计量为：

$$Z=\frac{P-\pi_0}{\sqrt{\frac{\pi_0(1-\pi_0)}{n}}}\sim N(0,1) \tag{10-3}$$

3. 根据小概率标准确定临界值、接受域和拒绝域

当显著性水平为 α 时，对于双侧检验，即备择假设为 H_1：$\pi\neq\pi_0$ 时，拒绝域为：$|Z|\geqslant z_{\alpha/2}$。拒绝域与显著性水平 α 的关系如图 10-7 所示。

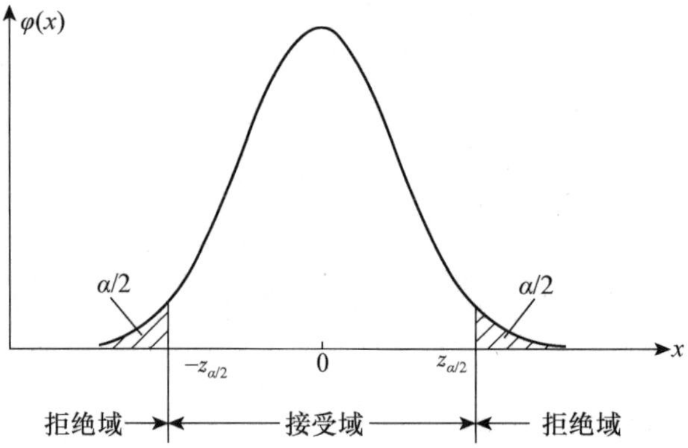

图 10-7　总体频率双侧检验拒绝域

对于单侧检验，当备择假设为 H_1：$\pi>\pi_0$ 时，为右单侧检验，拒绝域为：$Z\geqslant z_\alpha$。拒绝域与显著性水平 α 的关系如图 10-8 所示。

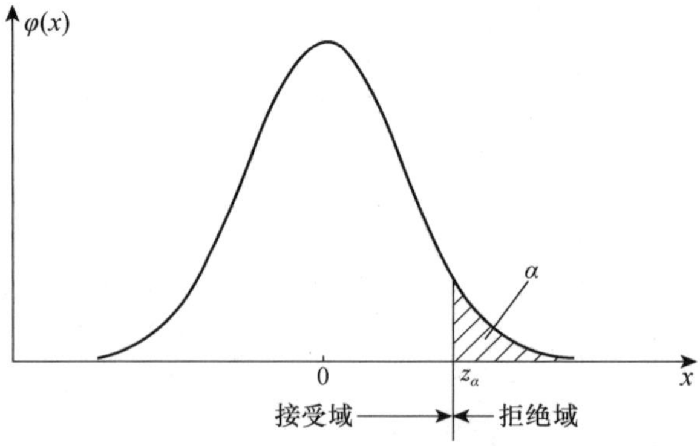

图 10-8　总体频率右单侧检验拒绝域

当备择假设为 H_1：$\pi<\pi_0$ 时，为左单侧检验，拒绝域为：$Z\leqslant-z_\alpha$。拒绝域与显著性水平 α 的关系如图 10-9 所示。

在小样本的情况下，样本频率波动较大，不宜用样本频率来检验总体频率。

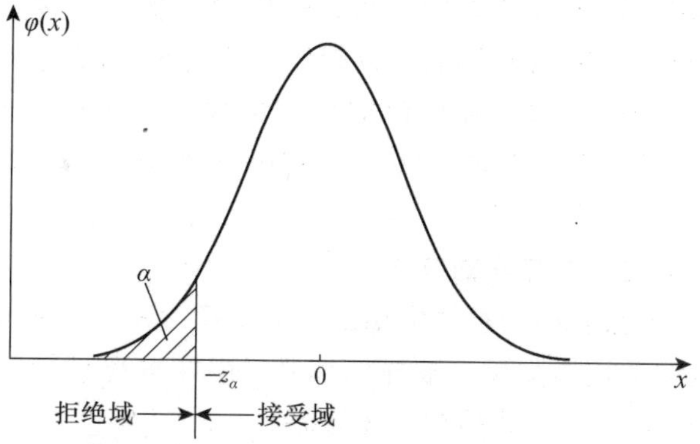

图 10-9　总体频率左单侧检验拒绝域

4. 确定是否拒绝原假设

将计算出的样本统计量的值 z 与临界值进行比较，如果处于接受域内，就接受原假设；如果处于拒绝域内，就拒绝原假设。

例 10-3

某省对残疾人进行抽样调查，结果发现 15～19 岁的残疾人中文盲人数为 31 人。这个年龄组的残疾人有 64 人。教育部门提供的残疾人总体文盲率为 31.4%。问：15～19 岁残疾人的文盲率是否高于残疾人总体的文盲率？($\alpha=0.01$。)

解：已知 $m=31$，$\pi_0=0.314$，$n=64$。

这是一个右单侧检验，原假设与备择假设为：

H_0：$\pi=\pi_0$

H_1：$\pi>\pi_0$

$$p=\frac{m}{n}=\frac{31}{64}=0.484$$

查表得 $z_{0.01}=2.3$。检验统计量

$$z=\frac{p-\pi_0}{\sqrt{\dfrac{\pi_0(1-\pi_0)}{n}}}=\frac{0.484-0.314}{\sqrt{\dfrac{0.314\times(1-0.314)}{64}}}=\frac{0.17}{0.464/8}=2.93$$

因为 $z>z_{0.01}$，所以拒绝原假设，即认为在总体中 15～19 岁残疾人的文盲率高于残疾人总体的文盲率。

三、总体方差的检验

（一）总体方差检验的统计思想

对于尺度变量而言，不仅需要用样本均值来检验总体均值，要想更好地把握总体情

况，还需要用样本的方差来检验总体的方差。

通过抽样调查获取了样本方差以后，可以用假设检验的方法对总体方差进行检验。先根据以往的经验或理论判断对总体的方差提出一个合理的假设，然后检验已经抽出的样本方差值是否来自假设的总体。在假设成立的条件下，样本方差出现在大概率区间，就认为对总体的假设是正确的；样本方差出现在小概率区间，就认为对总体的假设是错误的。

（二）用样本方差检验总体方差的方法

设拟从均值为 μ、方差为 σ^2 的总体中抽出一个容量为 n 的随机样本。样本均值与方差分别为 $\overline{X}$ 和 S^2，这是两个随机变量。抽样结束后，由样本观察值计算出样本均值与方差分别为 $\bar{x}$ 和 s^2。现用样本方差 s^2 来检验总体方差 σ^2。

1. 检验的原假设

总体方差检验的原假设为 H_0：$\sigma^2=\sigma_0^2$。

2. 确定检验的统计量

在总体分布不明确的情况下，样本方差的分布比较复杂，精确的分布难以求出。对抽样分布的研究表明，只有在总体服从正态分布（总体是否服从正态分布可以通过 Kolmogorov-Smirnov 检验来估计，见第 14 章第 1 节）的情况下，样本方差才服从自由度为 $n-1$ 的 χ^2 分布。即

$$\chi^2=\frac{S^2(n-1)}{\sigma^2}\sim\chi^2(n-1) \tag{10-4}$$

在原假设成立的条件下，式（10－4）中的 $\sigma^2=\sigma_0^2$，即

$$\chi^2=\frac{S^2(n-1)}{\sigma_0^2}\sim\chi^2(n-1) \tag{10-5}$$

式（10－5）中的 χ^2 就是检验总体方差的统计量。将计算的样本特征值 s^2 代入式（10－5）即可计算出样本统计量 χ^2 的值。

$$\chi^2=\frac{s^2(n-1)}{\sigma_0^2}$$

3. 根据小概率标准确定临界值、接受域和拒绝域

当显著性水平为 α 时，对于双侧检验，即备择假设为 H_1：$\sigma^2\neq\sigma_0^2$ 时，拒绝域位于统计量分布的两侧。由于 χ^2 分布不是对称的分布，两侧的临界值分别为 $\chi^2_{1-\alpha/2}(n-1)$ 和 $\chi^2_{\alpha/2}(n-1)$。拒绝域为：

$$\chi^2\geqslant\chi^2_{\alpha/2}(n-1)\text{或}\ \chi^2\leqslant\chi^2_{1-\alpha/2}(n-1)$$

拒绝域与显著性水平 α 的关系如图 10－10 所示。

对于单侧检验，当备择假设为 H_1：$\sigma^2>\sigma_0^2$ 时，为右单侧检验，拒绝域为：$\chi^2\geqslant\chi^2_\alpha(n-1)$。拒绝域与显著性水平 α 的关系如图 10－11 所示。

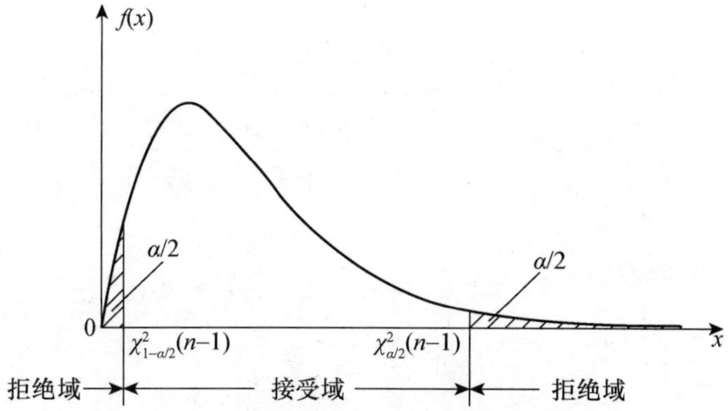

图 10－10　总体方差双侧检验拒绝域

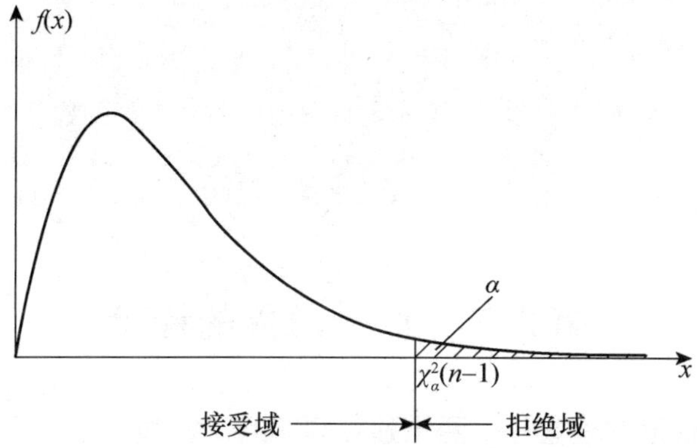

图 10－11　总体方差右单侧检验拒绝域

当备择假设为 H_1：$\sigma^2<\sigma_0^2$ 时，为左单侧检验，拒绝域为：$\chi^2\leqslant\chi^2_{1-\alpha}(n-1)$。拒绝域与显著性水平 α 的关系如图 10－12 所示。

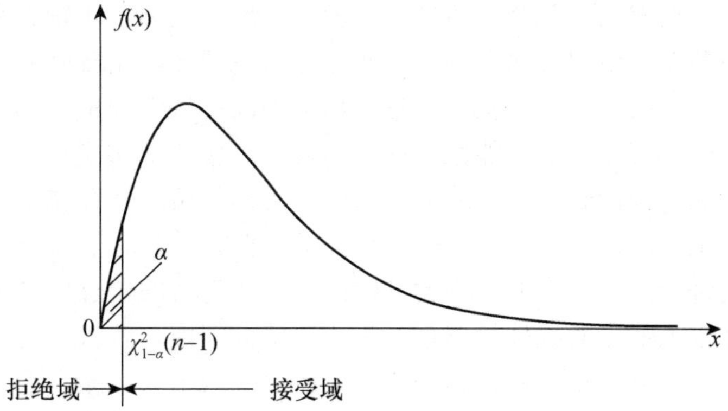

图 10－12　总体方差左单侧检验拒绝域

4. 确定是否拒绝原假设

将计算出的样本统计量的值 χ^2 与临界值进行比较，如果处于接受域内，就接受原假设；如果处于拒绝域内，就拒绝原假设。

例 10－4

从某高中一年级学生中随机抽取 40 名学生，计算得数学考试成绩分布的标准差为 20 分。已知高中二年级学生数学考试成绩分布的标准差为 18 分。问：一年级学生数学成绩的离散程度是否高于二年级？（假设学生数学考试成绩服从正态分布，$\alpha=0.05$。）

解：已知 $s=20$，$n=40$，$\sigma_0=18$。

原假设与备择假设为：

$$H_0: \sigma=\sigma_0$$

$$H_1: \sigma>\sigma_0$$

查表得 $\chi^2_{0.05}(40-1)=54.572$，检验统计量

$$\chi^2=\frac{s^2(n-1)}{\sigma_0^2}=\frac{20^2\times(40-1)}{18^2}=48.148$$

因为 $\chi^2<\chi^2_{0.05}(39)$，所以接受原假设，即认为一年级学生数学成绩的离散程度并不高于二年级。

第 2 节　两个总体的检验

一、两个总体均值差的检验——两个独立样本的 t 检验

（一）两个独立样本 t 检验的统计思想

两个独立样本的检验指的是用两个样本特征值的差来检验两个总体特征值的差。由于检验的统计量在总体服从正态分布的情况下服从 t 分布，因此这种检验方法也称为 t 检验。在社会学研究中经常要遇到对两个总体进行比较的情况。比如，比较男女职工的平均收入是否有差异，比较两个城市居民的人均消费水平是否有差异，比较城乡居民的社会满意度是否相同，等等。即使两个总体在某个变量上均值相同，从中抽出样本后，由于抽样误差的存在，两个样本的均值相同的可能性也很小。对两个独立样本进行 t 检验的目的就是明确在两个样本均值的差异达到多大时才能认为两个总体均值之间存在差异。因为调查前两个总体的情况都是未知的，可以先假设两个总体的均值相等。在假设成立的条件下，如果两个样本均值差的统计量出现在大概率的区间内，就认为对两个总体均值相等的假设是正确的；如果两个样本均值差的统计量出现在小概率的区间内，就认为对两个总体均值相等的假设是错误的。因为频率是一种特殊的均值，所以用两个样本频率差来检验两个总体频率差也采用 t 检验的方法。

（二）大样本两个总体均值差检验的方法

如果研究的变量是尺度变量，可以通过两个样本的均值差来检验两个总体的均值是否有显著差异。

设有两个总体 A 与 B。总体 A 的均值与方差分别为 μ_A 和 σ_A^2，总体 B 的均值与方差分

别为 μ_B 和 σ_B^2。现拟从总体 A 中抽出一个容量为 n_A（$n_A \geqslant 30$）的样本，样本均值与方差分别为 $\overline{X}_A$ 和 S_A^2。从总体 B 中抽出一个容量为 n_B（$n_B \geqslant 30$）的样本，样本均值与方差分别为 $\overline{X}_B$ 和 S_B^2。

1. 检验的原假设

在两个总体均值差的检验中，对两个总体均值差提出的原假设为 H_0：$\mu_A - \mu_B = 0$。

2. 确定检验的统计量

在原假设成立的条件下，对于大样本，检验的统计量：

$$Z=\frac{(\overline{X}_A-\overline{X}_B)-(\mu_A-\mu_B)}{\sqrt{\frac{S_A^2}{n_A}+\frac{S_B^2}{n_B}}}\sim N(0,1) \tag{10-6}$$

3. 根据小概率标准确定临界值、接受域和拒绝域

当显著性水平为 α 时，对于双侧检验，即备择假设为 H_1：$\mu_A - \mu_B \neq 0$ 时，拒绝域为：$|Z| \geqslant z_{\alpha/2}$。拒绝域与显著性水平 α 的关系如图 10－13 所示。

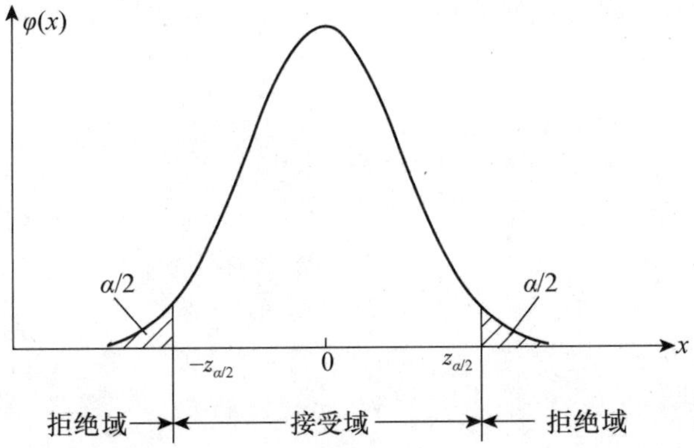

图 10－13　大样本两个总体均值差双侧检验拒绝域

对于单侧检验，当备择假设为 H_1：$\mu_A - \mu_B > 0$ 时，为右单侧检验，拒绝域为：$Z \geqslant z_\alpha$。拒绝域与显著性水平 α 的关系如图 10－14 所示。

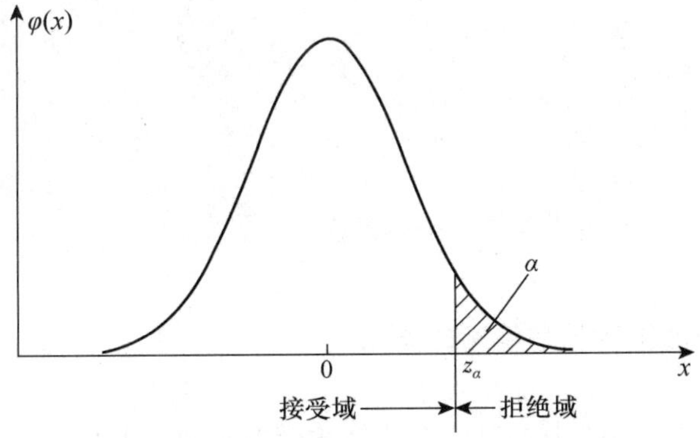

图 10－14　大样本两个总体均值差右单侧检验拒绝域

当备择假设为 H_1：$\mu_A - \mu_B < 0$ 时，为左单侧检验，拒绝域为：$Z \leqslant -z_\alpha$。拒绝域与显

著性水平 α 的关系如图 10－15 所示。

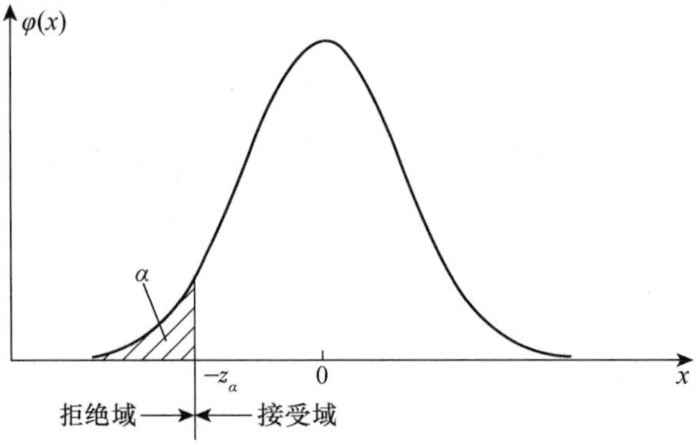

图 10－15　大样本两个总体均值差左单侧检验拒绝域

4. 确定是否拒绝原假设

将计算出的样本统计量的值 z 与临界值进行比较，如果处于接受域内，就接受原假设；如果处于拒绝域内，就拒绝原假设。

例 10－5

为研究男女工人是否同工同酬，在某城市的同类工人中进行了随机抽样。男性工人抽出 121 人，平均工资为 1 540 元，男性工人工资分布的标准差为 600 元。女性工人抽出 61 人，平均工资为 1 350 元，女性工人工资分布的标准差为 580 元。问：男女工人是否同工同酬？（$\alpha=0.05$。）

解：已知 $\bar{x}_A=1\,540$，$n_A=121$，$s_A=600$，$\bar{x}_B=1\,350$，$n_B=61$，$s_B=580$。

原假设与备择假设为：

$$H_0:\ \mu_A-\mu_B=0$$
$$H_1:\ \mu_A-\mu_B\neq0$$

检验统计量

$$z=\frac{(\bar{x}_A-\bar{x}_B)-(\mu_A-\mu_B)}{\sqrt{\dfrac{s_A^2}{n_A}+\dfrac{s_B^2}{n_B}}}=\frac{1\,540-1\,350}{\sqrt{\dfrac{600^2}{121}+\dfrac{580^2}{61}}}=2.062$$

查表得 $z_{\alpha/2}=z_{0.025}=1.96$。

因为 $z>1.96$，所以拒绝原假设，即认为在总体中男女工人同工不同酬。

（三）小样本两个总体均值差检验的方法

1. 检验的原假设

在两个总体均值差的检验中，对两个总体均值差提出的原假设为 $H_0:\ \mu_A-\mu_B=0$。

2. 确定检验的统计量

在原假设成立的条件下，对于小样本，当两个总体服从正态分布且满足 $\sigma_A^2=\sigma_B^2$ 时

（对两个总体方差是否相等的检验见本节第三部分），可用两个样本方差的加权平均值作为两个总体方差的点估计值，即

$$S_w^2=\frac{(n_A-1)S_A^2+(n_B-1)S_B^2}{n_A+n_B-2}$$

此时检验的统计量为：

$$t=\frac{(\overline{X}_A-\overline{X}_B)-(\mu_A-\mu_B)}{S_w\sqrt{\dfrac{1}{n_A}+\dfrac{1}{n_B}}}\sim t(n_A+n_B-2) \tag{10-7}$$

3. 根据小概率标准确定临界值、接受域和拒绝域

当显著性水平为 α 时，对于双侧检验，即备择假设为 H_1：$\mu_A-\mu_B\neq0$ 时，拒绝域为：$|t|\geqslant t_{\alpha/2}(n_A+n_B-2)$。拒绝域与显著性水平 α 的关系如图 10－16 所示。

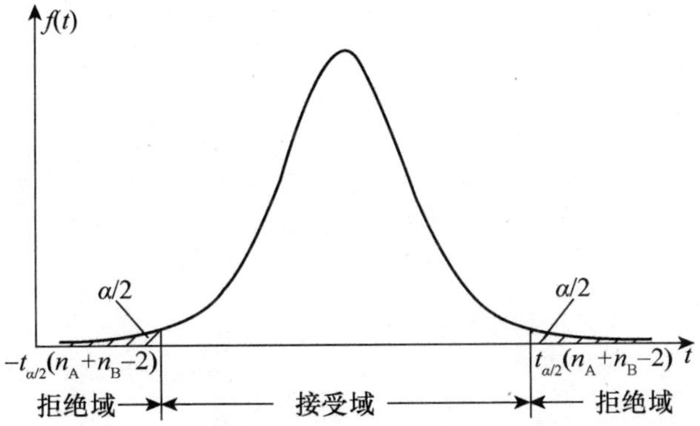

图 10－16　小样本两个总体均值差双侧检验拒绝域

对于单侧检验，当备择假设为 H_1：$\mu_A-\mu_B>0$ 时，为右单侧检验，拒绝域为：$t\geqslant t_\alpha(n_A+n_B-2)$。拒绝域与显著性水平 α 的关系如图 10－17 所示。

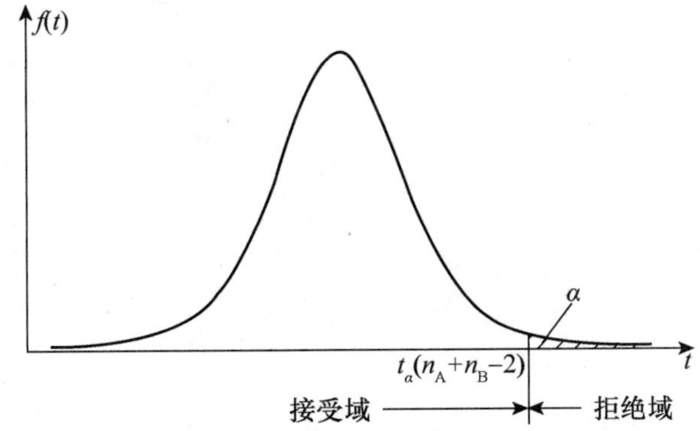

图 10－17　小样本两个总体均值差右单侧检验拒绝域

当备择假设为 H_1：$\mu_A-\mu_B<0$ 时，为左单侧检验，拒绝域为：$t\leqslant -t_\alpha(n_A+n_B-2)$。拒绝域与显著性水平 α 的关系如图 10－18 所示。

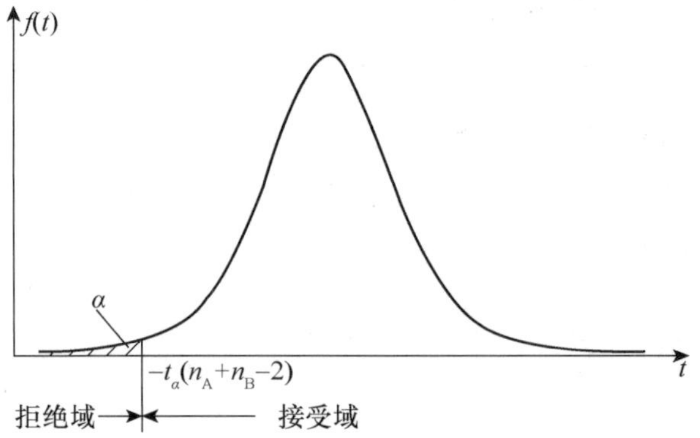

图 10-18　小样本两个总体均值差左单侧检验拒绝域

4. 确定是否拒绝原假设

将计算出的样本统计量的值 t 与临界值进行比较，如果处于接受域内，就接受原假设；如果处于拒绝域内，就拒绝原假设。

例 10-6

在某校学生中，抽取了男女生各 20 名。男生每天的平均上网时间为 3.1 小时，上网时间分布的标准差为 1 小时。女生每天的平均上网时间为 2.6 小时，上网时间分布的标准差为 0.8 小时。问：男女生每天平均上网时间是否相同？（假设两个总体方差相等，$\alpha=0.05$。）

解：已知 $\bar{x}_A=3.1$，$n_A=20$，$s_A=1$，$\bar{x}_B=2.6$，$n_B=20$，$s_B=0.8$。

原假设与备择假设为：

$$H_0: \mu_A-\mu_B=0$$
$$H_1: \mu_A-\mu_B\neq 0$$

则
$$s_w^2=\frac{(n_A-1)s_A^2+(n_B-1)s_B^2}{n_A+n_B-2}=\frac{(20-1)\times 1^2+(20-1)\times 0.8^2}{20+20-2}=0.82$$

$$s_w=\sqrt{0.82}=0.91$$

$$t=\frac{(\bar{x}_A-\bar{x}_B)-(\mu_A-\mu_B)}{s_w\sqrt{\frac{1}{n_A}+\frac{1}{n_B}}}=\frac{3.1-2.6-0}{0.91\times\sqrt{\frac{1}{20}+\frac{1}{20}}}=\frac{0.5}{0.91\times\sqrt{\frac{1}{10}}}=1.74$$

查表得 $t_{\alpha/2}(20+20-2)=t_{0.025}(38)=2.024$。

因为 $t<t_{0.025}(38)$，所以接受原假设，即认为男女生上网时间没有显著差异。

（四）用两个样本频率差检验两个总体频率差的方法

如果研究的变量是类别变量，则可以通过两个样本的频率差来检验两个总体的频率是否有显著差异。

设有两个总体 A 与 B，总体中某类别的频率分别为 π_A 与 π_B。现拟从总体 A 中抽出一个样本，样本频率和容量分别为 p_A 与 $n_A(n_A p_A \geqslant 5，n_A q_A \geqslant 5)$。从总体 B 中抽出一个样本，样本频率和容量分别为 p_B 与 $n_B(n_B p_B \geqslant 5，n_B q_B \geqslant 5)$。

1. 检验的原假设

在两个总体频率差的检验中，对两个总体频率差提出的原假设为 $H_0: \pi_A - \pi_B = 0$。

2. 确定检验的统计量

在大样本的情况下，检验统计量为：

$$Z = \frac{(P_A - P_B) - (\pi_A - \pi_B)}{\sqrt{\dfrac{P_A(1-P_A)}{n_A} + \dfrac{P_B(1-P_B)}{n_B}}} \sim N(0,1) \tag{10-8}$$

3. 根据小概率标准确定临界值、接受域和拒绝域

当显著性水平为 α 时，对于双侧检验，即备择假设为 $H_1: \pi_A - \pi_B \neq 0$ 时，拒绝域为：$|Z| \geqslant z_{\alpha/2}$。拒绝域与显著性水平 α 的关系如图 10－19 所示。

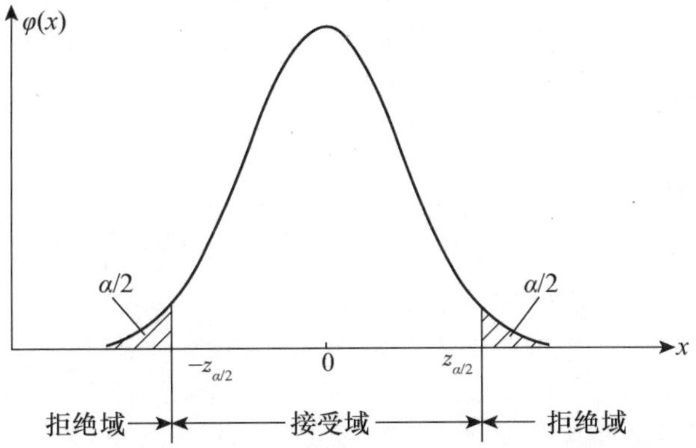

图 10－19　两个总体频率差双侧检验拒绝域

对于单侧检验，当备择假设为 $H_1: \pi_A - \pi_B > 0$ 时，为右单侧检验，拒绝域为：$Z \geqslant z_\alpha$。拒绝域与显著性水平 α 的关系如图 10－20 所示。

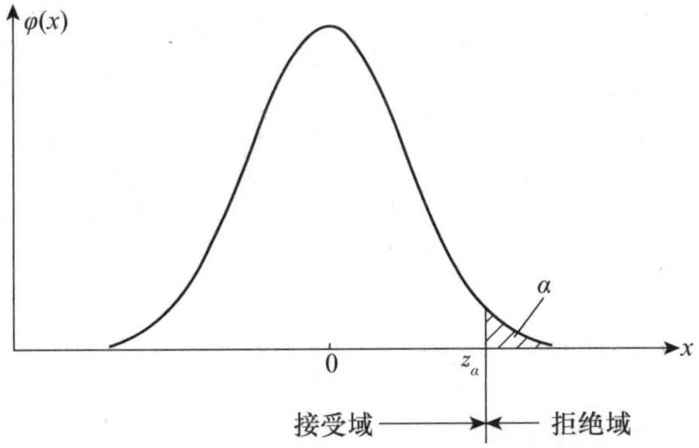

图 10－20　两个总体频率差右单侧检验拒绝域

当备择假设为 $H_1: \pi_A - \pi_B < 0$ 时，为左单侧检验，拒绝域为：$Z \leqslant -z_\alpha$。拒绝域与显

著性水平 α 的关系如图 10－21 所示。

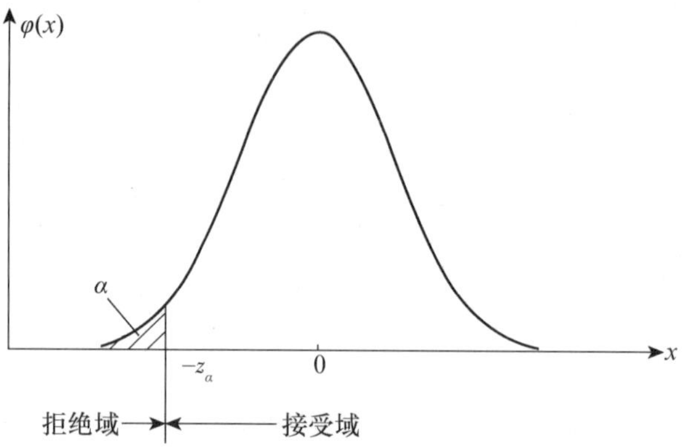

图 10－21　两个总体频率差左单侧检验拒绝域

4. 确定是否拒绝原假设

将计算出的样本统计量的值 z 与临界值进行比较，如果处于接受域内，就接受原假设；如果处于拒绝域内，就拒绝原假设。

例 10－7

某工科大学对学生的专业意识进行调查。从男生中随机抽出 150 人，从女生中随机抽出 50 人。男生中有 80%的人愿意毕业后从事专业对口的工作，女生中有 70%的人愿意毕业后从事专业对口的工作。问：男生的专业意识是否强于女生？($\alpha=0.05$。)

解：已知 $p_A=0.8$，$n_A=150$，$p_B=0.7$，$n_B=50$。

原假设与备择假设为：

$$H_0: \pi_A-\pi_B=0$$

$$H_1: \pi_A-\pi_B>0$$

查表得 $z_{0.05}=1.65$，计算检验统计量

$$z=\frac{(p_A-p_B)-(\pi_A-\pi_B)}{\sqrt{\frac{p_A(1-p_A)}{n_A}+\frac{p_B(1-p_B)}{n_B}}}=\frac{(0.8-0.7)-0}{\sqrt{\frac{0.8\times0.2}{150}+\frac{0.7\times0.3}{50}}}=1.38$$

因为 $z<1.65$，所以接受原假设，即认为总体中男女生在专业意识上没有显著差异。

二、两个总体等方差性的检验

（一）两个总体等方差性检验的意义

在对两个总体的均值差进行区间估计和假设检验时，都提出了两个总体方差相等的要求。两个总体的方差相等也称为两个总体方差齐性。由于两个总体的方差是未知的，因此它们是否相等自然也未知。即使两个总体的方差确实相等，从两个总体中随机抽出两个样

本，由于随机误差的存在，两个样本的方差相等的可能性也很小。两个总体的等方差性检验要解决的问题就是：当两个样本方差相差多大时可以认定两个总体的方差不相等。

（二）两个总体等方差性检验的方法

设有两个总体 A 与 B。总体 A 的均值与方差分别为 μ_A 和 σ_A^2，总体 B 的均值与方差分别为 μ_B 和 σ_B^2。现从总体 A 中抽出一个容量为 n_A 的样本，样本均值与方差分别为 $\overline{X}_A$ 和 S_A^2。从总体 B 中抽出一个容量为 n_B 的样本，样本均值与方差分别为 $\overline{X}_B$ 和 S_B^2。

1. 检验的原假设与备择假设

两个总体等方差性检验的原假设与备择假设为：

$H_0: \sigma_A^2=\sigma_B^2$

$H_1: \sigma_A^2\neq\sigma_B^2$

2. 确定检验的统计量

用两个样本的 S_A^2 和 S_B^2 来检验两个总体的 σ_A^2 和 σ_B^2 是否相等，关键是确定检验的统计量。在总体分布不明确的情况下，样本方差的分布比较复杂，精确的分布难以求出。抽样分布的研究表明，只有在总体服从正态分布（总体是否服从正态分布可以通过 Kolmogorov-Smirnov 检验来估计，见第 14 章第 1 节）的情况下，样本方差服从 χ^2 分布，即

$$\frac{S_A^2(n_A-1)}{\sigma_A^2}\sim\chi^2(n_A-1) \tag{10-9}$$

$$\frac{S_B^2(n_B-1)}{\sigma_B^2}\sim\chi^2(n_B-1) \tag{10-10}$$

将上述两个服从 χ^2 分布的随机变量分别除以它们的自由度，然后相比，得到的统计量服从 F 分布，即

$$F=\frac{\dfrac{S_A^2(n_A-1)}{\sigma_A^2}\Big/(n_A-1)}{\dfrac{S_B^2(n_B-1)}{\sigma_B^2}\Big/(n_B-1)}\sim F(n_A-1,n_B-1) \tag{10-11}$$

在原假设成立的条件下，$\sigma_A^2=\sigma_B^2$，上式可以简化为：

$$F=\frac{S_A^2}{S_B^2}\sim F(n_A-1,n_B-1) \tag{10-12}$$

式（10－12）中的 F 是检验两个总体等方差性的统计量。因为统计量是两个样本的方差比，所以，两个总体等方差性的检验也称为两个样本方差比的检验。

这里需要说明的是，方差比检验的目的是说明两个总体方差是否相等，因此不需要做单侧检验。在计算 F 统计量时，永远将 S_A^2 和 S_B^2 中较大的一个放在分子上。这样得出的 F 值会满足：

$$F=\frac{S_A^2}{S_B^2}\geqslant 1$$

3. 根据小概率标准确定临界值、接受域和拒绝域

当显著性水平为 α 时，拒绝域为：$F>F_\alpha(n_A-1,\ n_B-1)$。拒绝域与显著性水平 α 的关系如图 10－22 所示。

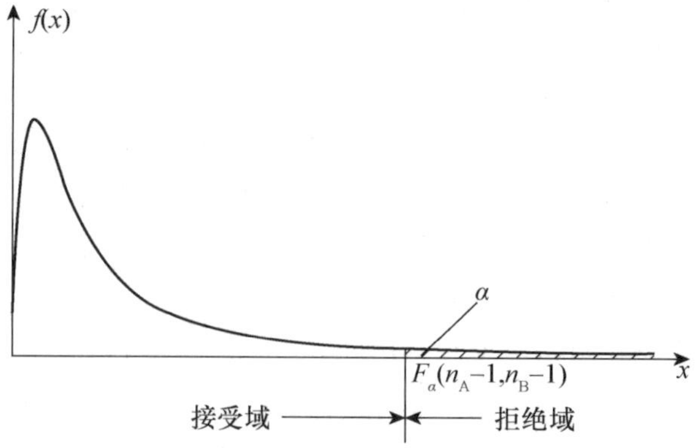

图 10-22　两个总体等方差性检验拒绝域

4. 确定是否拒绝原假设

将计算出的样本统计量的值 F 与临界值进行比较，如果处于接受域内，就接受原假设；如果处于拒绝域内，就拒绝原假设。

例 10-8

在例 10-5 中，男女工人工资分布的标准差分别为 600 元和 580 元。问：总体中男女工人工资分布的方差是否相同？（假设职工工资服从正态分布，$\alpha=0.05$。）

解：已知 $n_A=121$，$s_A=600$，$n_B=61$，$s_B=580$。

原假设与备择假设为：

$$H_0: \sigma_A^2=\sigma_B^2$$
$$H_1: \sigma_A^2\neq\sigma_B^2$$

查表得 $F_\alpha(121-1, 61-1)=F_{0.05}(120, 60)=1.47$。检验统计量

$$F=\frac{s_A^2}{s_B^2}=\frac{600^2}{580^2}=1.07$$

因为 $F<1.47$，所以接受原假设，即认为两个总体的方差相等。

三、两个配对样本的 t 检验

（一）配对样本的概念

配对样本也称非独立样本或相关样本，是通过对随机抽出的一组个体进行前后两次相同的测量所获得的两组数据。在试验研究中，单组前后测量试验所获得的两组数据就构成了配对样本。通过对配对样本的比较可以明确自变量在试验中是否起到了作用。在纵贯研究中，也可以通过在不同时期对同一样本的测量来比较变量在不同时间内的动态变化情况。比如，在不同时间对同一样本居民家庭的收入进行调查，以分析收入的变化情况。

（二）小样本情况下配对样本的 t 检验方法

设总体中每个个体前后两次测量的观测值分别为 X_A 和 X_B，假设 X_A 和 X_B 都服从正态分布，前后两次测量的总体均值分别为 μ_A 和 μ_B。为比较前后两次测量是否有差异，我们研究对应个体两次观测结果的差值。将总体中前后两次观测值的差值记作 D，则有

$$D=X_B-X_A \tag{10-13}$$

1. 检验的原假设

对总体提出的原假设是前后两次测量无显著差异，即 H_0：$\overline{D}=0$。

2. 确定检验的统计量

从上述总体中随机抽出一个容量为 n 的样本。设样本中每个个体前后两次测量的观测值为 x_{Ai} 和 x_{Bi}（$i=1，2，\cdots，n$），差值为 d_i，则有

$$d_i=x_{Bi}-x_{Ai} \tag{10-14}$$

将 d_i（$i=1，2，\cdots，n$）视为从总体 D 中抽出的一个样本，设总体中 X_A 和 X_B 都服从正态分布，在原假设成立的条件下，有

$$t=\frac{\overline{d}-\overline{D}}{S_d/\sqrt{n}}\sim t(n-1) \tag{10-15}$$

式中，$$S_d^2=\frac{1}{n-1}\sum_{i=1}^{n}(d_i-\overline{d})^2 \tag{10-16}$$

式（10－15）中的 t 就是小样本情况下配对样本 t 检验的统计量。

3. 根据小概率标准确定临界值、接受域和拒绝域

当显著性水平为 α 时，对于双侧检验，即备择假设为 H_1：$\overline{D}\neq 0$ 时，拒绝域为：$|t|\geqslant t_{\alpha/2}(n-1)$。拒绝域与显著性水平 α 的关系如图 10－23 所示。

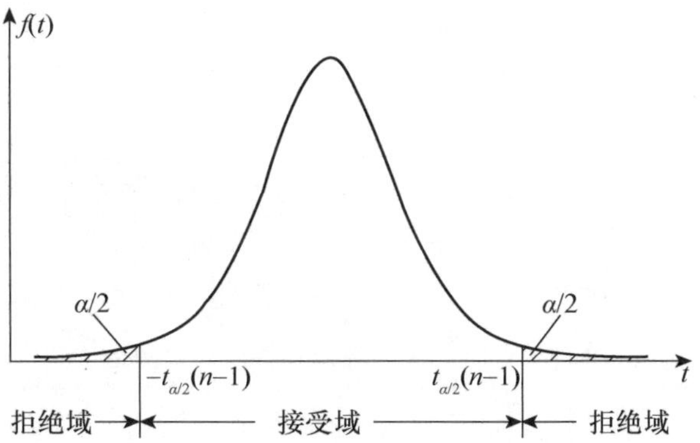

图 10－23　两个配对样本双侧检验拒绝域

对于单侧检验，当备择假设为 H_1：$\overline{D}>0$ 时，为右单侧检验，拒绝域为：$t\geqslant t_\alpha(n-1)$。拒绝域与显著性水平 α 的关系如图 10－24 所示。

当备择假设为 H_1：$\overline{D}<0$ 时，为左单侧检验，拒绝域为：$t\leqslant -t_\alpha(n-1)$。拒绝域与显著性水平 α 的关系如图 10－25 所示。

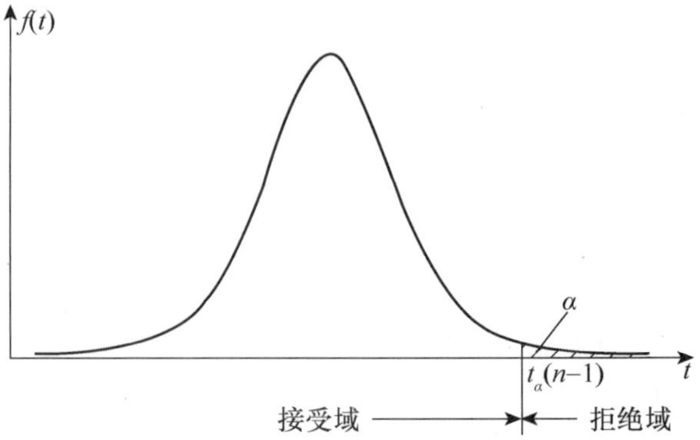

图 10-24　两个配对样本右单侧检验拒绝域

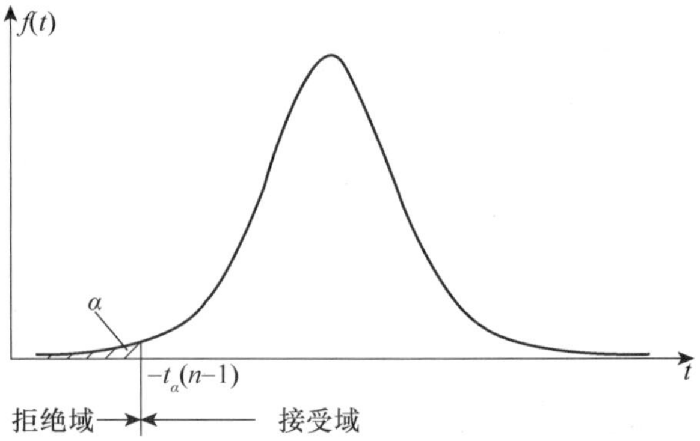

图 10-25　两个配对样本左单侧检验拒绝域

4. 确定是否拒绝原假设

将计算出的样本统计量的值 t 与临界值进行比较，如果处于接受域内，就接受原假设；如果处于拒绝域内，就拒绝原假设。

例 10-9

某专业在入学新生中随机抽取 12 名学生，测量其对专业的喜欢程度，得分如表 10-1 中的 x_{Ai} 行所示。毕业时又对这 12 名学生进行对专业喜欢程度的测量，得分如表 10-1 中的 x_{Bi} 行所示。问：经过四年学习，学生对专业的喜欢程度有无提高？（$\alpha=0.05$。）

表 10-1　学生对专业喜欢程度的两次测量结果

测量指标 \ 编号	1	2	3	4	5	6	7	8	9	10	11	12
毕业时的专业喜欢程度 x_{Bi}	86	78	74	55	90	60	97	64	46	95	88	73
入学时的专业喜欢程度 x_{Ai}	72	63	56	62	80	76	79	64	54	87	74	65
$d_i=x_{Bi}-x_{Ai}$	14	15	18	−7	10	−16	18	0	−8	8	14	8

解：已知 $n=12$。

原假设与备择假设为：

H_0：$\overline{D}=0$

H_1：$\overline{D}>0$

计算前后两次测量的差值 d_i，结果如表 10－1 中的第 4 行所示。

查表得 $t_{0.05}(11)=1.796$。

$$\overline{d}=\sum_{i=1}^{12}d_i/12=\frac{14+15+18-7+10-16+18-8+8+14+8}{12}=6.17$$

$$s_d=\sqrt{\frac{\sum_{i=1}^{12}(d_i-\overline{d})^2}{12-1}}=11.304$$

检验统计量

$$t=\frac{\overline{d}-0}{s_d/\sqrt{n}}=\frac{6.17}{11.304/\sqrt{12}}=1.89$$

因为 $t>1.796$，所以拒绝原假设，即认为经过四年的学习，学生对专业的喜欢程度有提高。

（三）大样本情况下配对样本的 t 检验方法

在大样本的情况下（$n>30$），检验的方法与小样本情况下基本相同，只是检验的统计量服从正态分布，且对总体的分布不作要求。

1. 检验的原假设

对总体提出的原假设仍是前后两次测量无显著差异，即 H_0：$\overline{D}=0$。

2. 确定检验的统计量

按照小样本检验的方法计算出 d_i（$i=1$，2，…，n），则不论总体的 X_A 和 X_B 服从怎样的分布，在原假设成立的条件下，统计量$\frac{\overline{d}-0}{S_d/\sqrt{n}}$都近似服从标准正态分布，即

$$Z=\frac{\overline{d}-0}{S_d/\sqrt{n}}\sim N(0,1) \tag{10-17}$$

式中，$S_d^2=\frac{1}{n-1}\sum_{i=1}^{n}(d_i-\overline{d})^2$。

3. 根据小概率标准确定临界值、接受域和拒绝域

当显著性水平为 α 时，对于双侧检验，即备择假设为 H_1：$\overline{D}\neq 0$ 时，拒绝域为：$|Z|\geqslant z_{\alpha/2}$。

对于单侧检验，当备择假设为 H_1：$\overline{D}>0$ 时，为右单侧检验，拒绝域为：$Z\geqslant z_\alpha$；当备择假设为 H_1：$\overline{D}<0$ 时，为左单侧检验，拒绝域为：$Z\leqslant -z_\alpha$。

4. 确定是否拒绝原假设

将计算出的样本统计量的值 z 与临界值进行比较，如果处于接受域内，就接受原假设；如果处于拒绝域内，就拒绝原假设。

例 10－10

某保健品广告声称其产品能提高记忆力。现随机抽取 36 名学生，要求其记忆 100 个英语单词，第二天能够回忆起的单词数量如表 10－2 的第二列所示。服用保健品后，再要求其记 100 个英语单词，第二天能够回忆起的单词数量如表 10－2 的第三列所示。

表 10－2　服用保健品前后的记忆力

学生编号	服用保健品前记忆力 x_{Ai}	服用保健品后记忆力 x_{Bi}	$d_i=x_{Bi}-x_{Ai}$
1	52	50	−2
2	38	36	−2
3	42	44	2
4	46	45	−1
5	53	55	2
6	51	46	−5
7	62	58	−4
8	38	43	5
9	37	32	−5
10	44	46	2
11	61	57	−4
12	54	56	2
13	55	50	−5
14	35	36	1
15	34	41	7
16	33	29	−4
17	41	39	−2
18	48	46	−2
19	37	41	4
20	51	51	0
21	58	56	−2
22	29	32	3
23	39	36	−3
24	41	36	−5
25	45	48	3
26	53	52	−1
27	46	45	−1
28	38	39	1
29	40	43	3
30	52	48	−4
31	51	46	−5
32	23	31	8
33	37	38	1
34	45	42	−3
35	46	49	3
36	38	41	3

问：该保健品是否有提高记忆力的功效？($\alpha=0.05$。)

解：已知 $n=36$。

原假设与备择假设为：

$$H_0: \overline{D}=0$$
$$H_1: \overline{D}>0$$

计算前后两次测量的差值 d_i，结果如表 10-2 中的第四列所示。

查表得 $z_{0.05}=1.645$。

$$\overline{d}=\sum_{i=1}^{36} d_i/36=\frac{(-2)+(-2)+2+\cdots+(-3)+3+3}{36}=-0.28$$

$$s_d=\sqrt{\frac{\sum_{i=1}^{36}(d_i-\overline{d})^2}{36-1}}$$
$$=\sqrt{\frac{(-2+0.28)^2+(-2+0.28)^2+\cdots+(3+0.28)^2}{35}}=3.57$$

检验统计量

$$z=\frac{\overline{d}-0}{s_d/\sqrt{n}}=\frac{-0.28}{3.57/\sqrt{36}}=-0.47$$

因为 $z<1.645$，所以接受原假设，即认为该保健品没有提高记忆力的功效。

习　题

1. 已知一个正态总体的均值为 25，从中随机抽取一个 $n=36$ 的样本，计算出 $\overline{x}=26.2$，$s=4$，请检验总体均值是否发生了显著变化。($\alpha=0.05$。)

2. 黑龙江省小麦的一般生产水平为每公顷[①] 3 200 千克。现在省内随机抽取 36 块地，测得 $\overline{x}=3\ 316$ 千克/公顷，$s=40$ 千克，问：可否认为黑龙江省小麦单产均值没有发生显著变化？($\alpha=0.05$。)

3. 下表是随机抽取的某大学通信专业 10 名毕业 5 年的本科生的年薪情况。

某大学通信专业毕业 5 年的本科生的年薪情况　　单位：万元

编号	1	2	3	4	5	6	7	8	9	10
年薪	8.5	30	11.3	9.8	6.7	12.8	9.6	10.5	11.6	15.2

要求：以 $\alpha=0.05$ 检验这一数据是否支持这个大学的通信专业毕业 5 年的本科生的平

① 1 公顷＝0.01 平方千米。

均年薪显著高于10万元的观点。（假设这个大学的通信专业毕业5年的本科生的年薪服从正态分布。）

4. 一项调查结果表明，某市通过光纤上网的家庭所占比重为38.7%，为检验该项调查是否可靠，随机抽选了400个家庭，发现其中157个家庭是通过光纤上网的。问：调查结果是否支持该市通过光纤上网的家庭所占比重为38.7%的看法？（$\alpha=0.05$。）

5. 某电子产品制造商声称，其产品质量超过国家规定的1 200小时的标准。现随机抽取100件产品测得均值为1 245小时，标准差为300小时。问：能否根据以上数据认为该厂的产品质量已显著高于国家规定的标准？（$\alpha=0.05$。）

6. 为降低贷款风险，某商业银行有个内部规定，要求平均每项贷款数额不能超过200万元。随着经济发展，贷款规模有增大的趋势。银行主管想了解在相同项目条件下，贷款的平均规模是否明显超过200万元，于是，随机抽取一个$n=144$的样本，测得$\bar{x}=248.1$万元，$s=45$万元。请用$\alpha=0.05$的显著性水平进行假设检验。

7. 根据以往的统计数据，某汽车租赁公司营业部6月份的平均营业额为20万元。2023年6月份统一采取了一种新的促销方式，随机抽取了36个营业部进行调查，发现平均营业额达到23.6万元，标准差为5万元。问：新的促销方式是否使营业额明显增加？（$\alpha=0.05$。）

8. 根据以往的资料，一条生产500毫升/瓶饮料的生产线，饮料容量标准差为10毫升。现随机抽取了一个容量为20的样本，测得标准差为9毫升。请问：这条生产线生产的饮料容量的标准差是否发生了显著变化？（$\alpha=0.05$。）

9. 某纺织企业为从两款性能相近的织布机中选择一款而进行了一组试验，随机选择了16个时间段。第一款织布机在每个时间段平均织布98米，标准差为0.2米；第二款织布机平均织布103米，标准差为0.1米。问：这两款织布机平均织布数量是否存在显著差别？（假设织布机在每个时段的织布米数服从正态分布，均值相等，$\alpha=0.05$。）

10. 从某个年级中随机抽取男女生各10名，下表是他们做一套试题所得的成绩。

男女生的成绩

单位：分

男生成绩	98	63	72	89	91	49	68	76	85	55
女生成绩	71	94	81	84	74	61	95	69	77	72

问：这些数据是否支持“男生学习成绩没有女生优秀”这一观点？（假设男女生成绩均服从正态分布，$\alpha=0.05$。）

11. 有研究者随机调查了某市400名30～35岁的市民，其中，280名认为自己工作压力大者中有84人经常性失眠，120名认为自己工作压力不大者中有15人经常性失眠。问：这一调查结果是否支持“工作压力大者容易经常性失眠”这一观点？（$\alpha=0.05$。）

12. 一名教师教授两个班级相同的课程，1班25名学生，2班16名学生。在一次测试中，两班的平均成绩没有显著差异，但1班的标准差为10分，2班的标准差为8分。能否认为两班成绩的离散程度存在显著性差异（$\alpha=0.05$）？

13. 一个培训中心声称，参加他们的培训后，操作者装配某零件的时间明显减少。有研究者随机抽取了10名参加者，测得培训前后他们装配某零件所需的时间数据如下（假设装配时间服从正态分布)：

培训前后所需时间　　单位：分钟

编号 时点	1	2	3	4	5	6	7	8	9	10
培训前	94.5	101.0	110.0	93.5	87.0	78.5	86.5	75	104	69
培训后	85.0	90.5	83.0	87.0	83.5	69.0	78.5	68	92	65

问：这些数据是否支持这个培训中心的宣传？($\alpha=0.05$。)

第 11 章 两个类别变量关系的假设检验

在研究两个类别变量的关系时，既可以用列联表描述两个变量的关系状况，也可以用列联相关系数或等级相关系数定量地描述两个变量的相关程度。如果列联表或相关系数是基于随机样本制作或计算的，而且研究者需要用样本的统计结果推论总体，则需要对列联表和相关系数进行检验，以确定由样本数据反映的变量之间的关系在总体中是否存在。

第 1 节　χ^2 检验

一、χ^2 检验的统计思想

如果两个变量不相关，就称这两个变量互相独立。在列联表中，两个变量互相独立的表现是频率的条件分布等于边缘分布。从两个变量相互独立的总体中抽出一个随机样本，由于随机误差的存在，用样本观察值制作的列联表中频率的条件分布等于边缘分布的可能性是很小的。χ^2 检验的目的就是明确：列联表中样本观察值的分布与两个变量相互独立时的分布相比，相差多大时可以认定总体中两个变量是相关的。

利用样本观察值制作出列联表以后，就得到了两个边缘分布，即关于变量 x 的边缘分布和关于变量 y 的边缘分布，如表 11－1 所示。利用边缘分布的数据，根据两个变量独立时频率的条件分布等于边缘分布的特征，可以构建出两个变量完全独立的列联表。设该列联表每个格中的频次为 E_{ij}，这样构建出的列联表如表 11－2 所示。表 11－2 中关于变量 x 的边缘分布和关于变量 y 的边缘分布与表 11－1 中的相同。

表 11－1　观察值频次分布的列联表

x \ y	y_1	y_2	…	y_j	…	y_c	x 的边缘分布
x_1	n_{11}	n_{12}	…	n_{1j}	…	n_{1c}	n_{1*}

续表

x \ y	y_1	y_2	…	y_j	…	y_c	x 的边缘分布
x_2	n_{21}	n_{22}	…	n_{2j}	…	n_{2c}	n_{2*}
⋮	⋮	⋮	⋮	⋮	⋮	⋮	⋮
x_i	n_{i1}	n_{i2}	…	n_{ij}	…	n_{ic}	n_{i*}
⋮	⋮	⋮	⋮	⋮	⋮	⋮	⋮
x_r	n_{r1}	n_{r2}	…	n_{rj}	…	n_{rc}	n_{r*}
y 的边缘分布	n_{*1}	n_{*2}	…	n_{*j}	…	n_{*c}	n

表 11－2　期望值频次分布的列联表

x \ y	y_1	y_2	…	y_j	…	y_c	x 的边缘分布
x_1	E_{11}	E_{12}	…	E_{1j}	…	E_{1c}	n_{1*}
x_2	E_{21}	E_{22}	…	E_{2j}	…	E_{2c}	n_{2*}
⋮	⋮	⋮	⋮	⋮	⋮	⋮	⋮
x_i	E_{i1}	E_{i2}	…	E_{ij}	…	E_{ic}	n_{i*}
⋮	⋮	⋮	⋮	⋮	⋮	⋮	⋮
x_r	E_{r1}	E_{r2}	…	E_{rj}	…	E_{rc}	n_{r*}
y 的边缘分布	n_{*1}	n_{*2}	…	n_{*j}	…	n_{*c}	n

接下来的问题是如何确定 E_{ij}。表 11－2 是人为构建的列联表，在这个表中，变量 x 与变量 y 相互独立。表中的 E_{ij} 必须满足频率的条件分布等于边缘分布的条件，即

$$\frac{E_{ij}}{n_{*j}}=\frac{n_{i*}}{n}$$

由此可得，这个列联表每个格中的频次

$$E_{ij}=\frac{n_{i*}\times n_{*j}}{n} \tag{11-1}$$

这个频次称为期望频次。E_{ij}（$i=1$，2，…，r；$j=1$，2，…，c）是两个变量不相关时列联表的联合频次分布，也称期望频次分布。如果用样本数据制作的列联表中的频次分布与期望频次分布相比差异不是很大，可以认为总体中两个变量是相互独立的。如果差异很大，则认为总体中两个变量是相关的。

二、χ^2 检验的方法

（一）检验的原假设与备择假设

列联表检验的目的是判断总体中两个变量是否相互独立，因此，列联表检验的原假设

为总体中两个变量是相互独立的。由于两个变量相互独立时，联合频率分布等于对应的两个边缘频率分布的乘积，因此，列联表检验的原假设可以表示为 H_0：$P_{ij}=P_{i*}P_{*j}$，备择假设可以表示为 H_1：$P_{ij}\neq P_{i*}P_{*j}(i=1, 2, \cdots, r; j=1, 2, \cdots, c)$。

（二）计算期望频次分布 E_{ij}

利用样本数据制作了频次分布的列联表后，可利用列联表的边缘分布计算 E_{ij}。

在原假设 H_0：$P_{ij}=P_{i*}P_{*j}(i=1, 2, \cdots, r; j=1, 2, \cdots, c)$中，$P_{i*}$ 和 P_{*j} 是总体的边缘分布，是未知的，可以用样本的边缘分布作为其点估计值。

$$P_{i*}\approx p_{i*}=\frac{n_{i*}}{n}, \quad i=1,2,\cdots,r \tag{11-2}$$

$$P_{*j}\approx p_{*j}=\frac{n_{*j}}{n}, \quad j=1,2,\cdots,c \tag{11-3}$$

这样，原假设可以表示为：

$$P_{ij}=\frac{n_{i*}}{n}\times\frac{n_{*j}}{n} \tag{11-4}$$

根据式（11-1）可得

$$\frac{n_{i*}n_{*j}}{n}=nP_{ij}=E_{ij}$$

可见，E_{ij} 实际上是原假设的另一种表达形式。

（三）确定检验的统计量

设由样本观察值制作的列联表每个格中的频次为 n_{ij}，在原假设成立的条件下构造的期望频次分布的列联表每个格中的频次为 E_{ij}。比较期望频次与实际频次的差异所使用的统计量是 χ^2 统计量。正因如此，这种检验称为 χ^2 检验。χ^2 值越大，说明样本观察值的频次分布与期望频次分布的差异越大，两个变量越不独立，相关性越强。χ^2 值的计算如下：

$$\chi^2=\sum_{i=1}^{r}\sum_{j=1}^{c}\frac{(n_{ij}-E_{ij})^2}{E_{ij}}\sim\chi^2((r-1)(c-1)) \tag{11-5}$$

式（11-5）中的统计量就是 χ^2 检验所使用的统计量。抽样结束后可根据样本数据计算 χ^2 统计量的值。

（四）根据小概率标准确定临界值、接受域和拒绝域

对列联表进行 χ^2 检验时，χ^2 值越小，意味着样本观察值的频次分布与期望频次分布越接近，也就越可能接受原假设。因此，不存在双侧检验的问题，仅是一个右单侧检验。

根据显著性水平 α 查 χ^2 分布表，确定临界值 χ^2_α。χ^2 检验的拒绝域为：$\chi^2>\chi^2_\alpha$，拒绝域与显著性水平 α 的关系如图 11-1 所示。

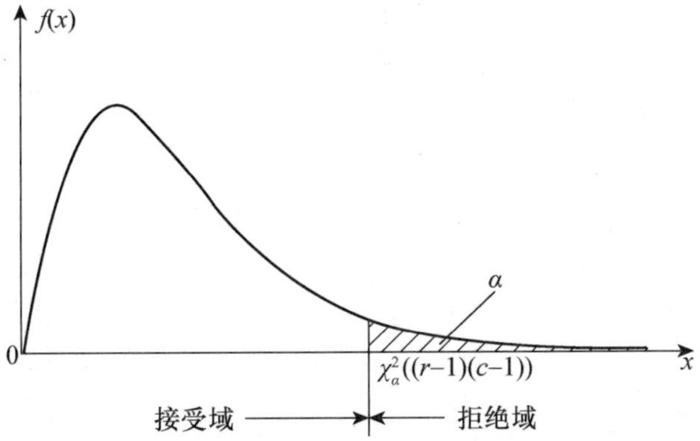

图 11－1　列联表 χ^2 检验的拒绝域

（五）确定是否拒绝原假设

将计算出的样本统计量的 χ^2 值与临界值进行比较，如果处于接受域内，就接受原假设，认为总体中两个变量不相关；如果处于拒绝域内，就拒绝原假设，认为总体中两个变量相关。

例 11－1

某省在残疾人中进行抽样调查，共抽取了 4 022 名残疾人。他们的性别与文化程度的分布如表 11－3 所示（括号内为期望频次）。问：残疾人的文化程度是否与性别相关？（$\alpha=0.05$。）

表 11－3　残疾人的文化程度与性别的列联表

性别＼文化程度	未上过学	小学	初中	高中	中专	大学专科	大学本科	总计
男	540 (714.2)	842 (799)	641 (558.5)	178 (139.8)	38 (35.1)	24 (20.4)	13 (9.1)	2 276
女	722 (547.8)	570 (613)	346 (428.5)	69 (107.2)	24 (26.9)	12 (15.6)	3 (6.9)	1 746
总计	1 262	1 412	987	247	62	36	16	4 022

解：已知 $n=4\,022$，$r=2$，$c=7$。

原假设与备择假设为：

H_0：$P_{ij}=P_{i*}P_{*j}$，即总体中残疾人的文化程度与性别无关

H_1：$P_{ij}\neq P_{i*}P_{*j}$，即总体中残疾人的文化程度与性别相关

根据边缘分布计算期望频次 E_{ij}：

$$E_{11}=\frac{2\,276\times 1\,262}{4\,022}=714.2,\quad E_{12}=\frac{2\,276\times 1\,412}{4\,022}=799$$

$$E_{13}=\frac{2\,276\times987}{4\,022}=558.5,\quad E_{14}=\frac{2\,276\times247}{4\,022}=139.8$$

$$E_{15}=\frac{2\,276\times62}{4\,022}=35.1,\quad E_{16}=\frac{2\,276\times36}{4\,022}=20.4$$

$$E_{17}=\frac{2\,276\times16}{4\,022}=9.1,\quad E_{21}=\frac{1\,746\times1\,262}{4\,022}=547.8$$

$$E_{22}=\frac{1\,746\times1\,412}{4\,022}=613,\quad E_{23}=\frac{1\,746\times987}{4\,022}=428.5$$

$$E_{24}=\frac{1\,746\times247}{4\,022}=107.2,\quad E_{25}=\frac{1\,746\times62}{4\,022}=26.9$$

$$E_{26}=\frac{1\,746\times36}{4\,022}=15.6,\quad E_{27}=\frac{1\,746\times16}{4\,022}=6.9$$

将上面的计算结果列入表 11－3 中，即单元格中括号内的数据。

计算 χ^2 值：

$$\begin{aligned}\chi^2=&\frac{(540-714.2)^2}{714.2}+\frac{(842-799)^2}{799}+\frac{(641-558.5)^2}{558.5}+\frac{(178-139.8)^2}{139.8}\\&+\frac{(38-35.1)^2}{35.1}+\frac{(24-20.4)^2}{20.4}+\frac{(13-9.1)^2}{9.1}+\frac{(722-547.8)^2}{547.8}\\&+\frac{(570-613)^2}{613}+\frac{(346-428.5)^2}{428.5}+\frac{(69-107.2)^2}{107.2}+\frac{(24-26.9)^2}{26.9}\\&+\frac{(12-15.6)^2}{15.6}+\frac{(3-6.9)^2}{6.9}\\=&161.29\end{aligned}$$

自由度为：$k=(r-1)(c-1)=(2-1)(7-1)=6$。

查表得 $\chi^2_{0.05}(6)=12.592$。

因为 $\chi^2>\chi^2_{0.05}(6)$，所以拒绝原假设，即认为总体中残疾人的文化程度与性别相关。

三、χ^2 检验应注意的问题

使用 χ^2 检验时，期望频次 E_{ij} 不能过小，否则会使计算出的 χ^2 值过大，导致错误地拒绝原假设。一般的要求是 $E_{ij}\geqslant5$。可以允许有个别单元格的期望频次 $E_{ij}<5$，但要求 $E_{ij}<5$ 的格数不应超过总格数的 20%，否则会造成判断失误。如果 $E_{ij}<5$ 的格数大于总格数的 20%，应将期望频次偏小的格子合并。

例 11－2

某小区随机抽取了 60 岁以上的老人男、女各 80 位，文化程度的分布如表 11－4 所示（表中括号内的数据是计算出的期望频次）。检验该小区不同性别的老年人的文化程度是否有显著差异。（$\alpha=0.05$。）

表 11-4 文化程度与性别的列联表

性别 \ 文化程度	文盲	小学	初中	高中	大专	本科	总计
男	0 (1.5)	6 (3.5)	36 (36)	31 (30.5)	3 (6)	4 (2.5)	80
女	3 (1.5)	1 (3.5)	36 (36)	30 (30.5)	9 (6)	1 (2.5)	80
总计	3	7	72	61	12	5	160

解：计算男性文化程度分布的期望频次：

$$E_{11}=\frac{80\times3}{160}=1.5,\quad E_{12}=\frac{80\times7}{160}=3.5,\quad E_{13}=\frac{80\times72}{160}=36$$

$$E_{14}=\frac{80\times61}{160}=30.5,\quad E_{15}=\frac{80\times12}{160}=6,\quad E_{16}=\frac{80\times5}{160}=2.5$$

因为女性与男性的人数相同，计算的期望频次也相同。

计算 χ^2 值：

$$\begin{aligned}\chi^2=&\frac{(0-1.5)^2}{1.5}+\frac{(6-3.5)^2}{3.5}+\frac{(36-36)^2}{36}+\frac{(31-30.5)^2}{30.5}+\frac{(3-6)^2}{6}\\&+\frac{(4-2.5)^2}{2.5}+\frac{(3-1.5)^2}{1.5}+\frac{(1-3.5)^2}{3.5}+\frac{(36-36)^2}{36}+\frac{(30-30.5)^2}{30.5}\\&+\frac{(9-6)^2}{6}+\frac{(1-2.5)^2}{2.5}\\=&11.39\end{aligned}$$

查表得 $\chi^2_{0.05}(5)=11.070$。

因为 $\chi^2>11.070$，所以拒绝原假设，即认为不同性别老年人的文化程度有显著差异。

现在需要讨论的问题是这个检验结论能否被接受。从数据分布上看，绝大多数人的文化程度集中在初中和高中，在这两个取值上，男女并无差异。差异主要表现在小学以下和大专以上。但在这四个取值上的人数都很少。列联表中有 6 个格子的期望频次小于 5。期望频次小于 5 的格数占了总格数的 50%。因此，这个检验结果是无效的。可以先将频次过小的格子进行合并，然后进行检验。将文盲与小学合并，大专与本科合并，得到表 11-5。

表 11-5 文化程度与性别的列联表（合并）

性别 \ 文化程度	小学及以下	初中	高中	大专及以上	总计
男	6 (5)	36 (36)	31 (30.5)	7 (8.5)	80
女	4 (5)	36 (36)	30 (30.5)	10 (8.5)	80
总计	10	72	61	17	160

计算出的期望频次见表 11-5 中括号内的数据。计算出 χ^2 值为：

$$\chi^2=\frac{(6-5)^2}{5}+\frac{(36-36)^2}{36}+\frac{(31-30.5)^2}{30.5}+\frac{(7-8.5)^2}{8.5}+\frac{(4-5)^2}{5}$$
$$+\frac{(36-36)^2}{36}+\frac{(30-30.5)^2}{30.5}+\frac{(10-8.5)^2}{8.5}=0.946$$

查表得 $\chi^2_{0.05}(3)=7.815$。

因为 $\chi^2<7.815$，所以接受原假设，即认为总体中不同性别老年人的文化程度没有显著差异。

四、列联相关系数的检验

列联表中的 χ^2 值用实际的观察频次与期望频次间的差异来检验样本中两个变量的相关在总体中是否显著。因为期望频次是基于两个变量不相关计算的，所以 χ^2 值越大，变量的相关性就越强。因此，χ^2 值也可以用来度量两个变量之间的相关强度。

但是，χ^2 值的取值范围为 $[0,\infty)$，习惯上相关性度量指标的取值范围为 $[-1,1]$，而且在自由度不同时，不能比较 χ^2 值的大小。为使得用任何列联表计算出的相关性测量的值都具有可比性，用单位频次的 χ^2 值来表示变量之间的相关强度，这就构成了 ϕ 系数。

$$\phi^2=\frac{\chi^2}{n}=\frac{1}{n}\frac{\sum_{i=1}^{c}\sum_{j=1}^{r}(n_{ij}-E_{ij})^2}{E_{ij}} \tag{11-6}$$

$$\phi=\sqrt{\frac{\chi^2}{n}} \tag{11-7}$$

随着列联表格数的增多，χ^2 值会增大，ϕ 值也会增大。因此，ϕ 系数的取值没有上限，如果计算出的 χ^2 值超过 n，ϕ 系数还可能大于 1，这不符合相关系数取值范围的要求。因此，对 ϕ 系数进行修正，得到 Cramer's V 系数。

$$V=\sqrt{\frac{\phi^2}{\min(r-1,c-1)}} \tag{11-8}$$

上式中的分母表示选择（$r-1$）和（$c-1$）中较小的一个。可以证明（从略），经过上述处理的 V 系数的取值范围是：$0\leqslant V\leqslant 1$。

例 11-3

计算例 11-1 中残疾人的文化程度与性别相关的 ϕ 系数与 V 系数。

解：已知 $n=4\,022$，$c=2$，$r=7$，$\chi^2=161.29$。则

$$\phi=\sqrt{\frac{\chi^2}{n}}=\sqrt{\frac{161.29}{4\,022}}=\sqrt{0.04}=0.2$$

$$V=\sqrt{\frac{\phi^2}{\min(r-1,c-1)}}=\sqrt{\frac{0.04}{2-1}}=0.2$$

ϕ 系数和 V 系数是基于 χ^2 值计算的，如果 χ^2 检验的结果能够说明总体中两个变量的相关是显著的，其显著性也同样适用于 ϕ 系数和 V 系数。

除了 ϕ 系数和 V 系数外，在描述统计部分还介绍了 λ 系数和 τ 系数。χ^2 检验的显著性也同样适用于 λ 系数和 τ 系数。

第 2 节　等级相关系数的检验

用样本数据计算的相关系数不能直接用来说明总体中两个变量的相关强度，因为在总体中，即便两个变量不相关，从总体中抽出一个样本，由于随机误差的存在，用样本数据计算出相关系数为 0 的可能性也是很小的。对相关系数的检验就是要明确：样本中两个变量的相关系数达到多大时，可以认为总体中两个变量的相关关系是真实存在的。

如果等级相关系数是利用样本资料计算出来的，则必须通过假设检验才能确认样本中两个变量的相关关系在总体中是否存在。

一、斯皮尔曼等级相关系数的检验

（一）检验的原假设与备择假设

设总体中两个变量的斯皮尔曼等级相关系数为 ρ_s，则原假设与备择假设为：

H_0：$\rho_s=0$，即总体中 x 与 y 不存在等级相关

H_1：$\rho_s\neq 0$

（二）确定检验的统计量

设样本的斯皮尔曼等级相关系数为 r_s，当 $n\geqslant 30$ 时，在原假设成立的条件下，统计量 $\frac{r_s-0}{1/\sqrt{n-1}}$ 服从标准正态分布，即

$$Z=\frac{r_s-0}{1/\sqrt{n-1}}\sim N(0,1) \tag{11-9}$$

在要求不是很严格的情况下，当 $n\geqslant 10$ 时，也可以应用上述统计量对斯皮尔曼等级相关系数进行检验。

抽样结束后，将利用样本数据计算出的 r_s 代入式（11－9），即可计算出样本统计量的值 z。

（三）根据小概率标准确定临界值、接受域和拒绝域

因为使用的是 Z 统计量，原假设是 $\rho_s=0$，所以不存在单侧检验的问题。斯皮尔曼等级相关系数检验的拒绝域为：$|Z|>z_{\alpha/2}$。拒绝域与显著性水平 α 的关系如图11－2 所示。

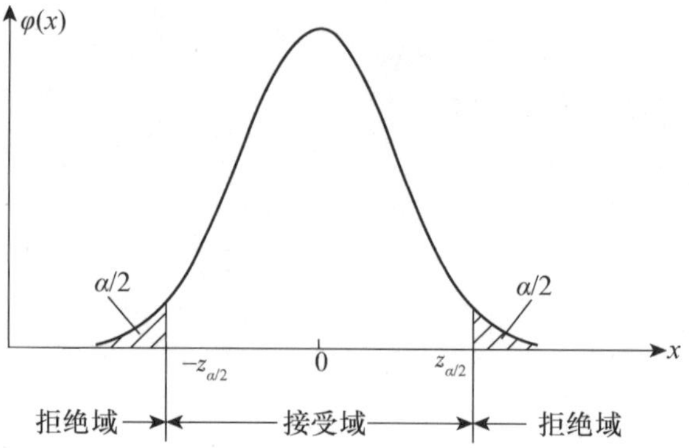

图 11-2　斯皮尔曼等级相关系数检验的拒绝域

（四）确定是否拒绝原假设

将计算出的样本统计量的值 z 与临界值进行比较，如果处于接受域内，就接受原假设；如果处于拒绝域内，就拒绝原假设。

例 11-4

假设例 3-5 中 14 名学生是从某校学生中随机抽取的。检验斯皮尔曼等级相关系数在总体中是否显著。($\alpha=0.01$。)

解：已知 $n=14$。

计算得斯皮尔曼等级相关系数 $r_s=0.912$。

原假设与备择假设为：

H_0：$\rho_s=0$

H_1：$\rho_s\neq 0$

检验统计量

$$z=\frac{r_s-0}{1/\sqrt{n-1}}=\frac{0.912}{1/\sqrt{14-1}}=3.288$$

查表得 $z_{\alpha/2}=z_{0.005}=2.58$。

因为 $z>z_{0.005}$，所以拒绝原假设，即认为相关系数 r_s 在总体中是显著的。

二、Gamma 等级相关系数的检验

（一）检验的原假设与备择假设

设总体中两个变量的 Gamma 等级相关系数为 ρ，样本中两个变量的 Gamma 等级相关系数为 G，则原假设与备择假设为：

H_0：$\rho=0$，即两个变量不相关

H_1：$\rho\neq 0$

（二）确定检验的统计量

当 $n\geqslant 10$ 时，在原假设成立的条件下统计量 $\frac{G}{\sqrt{1-G^2}}\sqrt{\frac{n_s+n_d}{n}}$ 服从标准正态分布，即

$$Z=\frac{G}{\sqrt{1-G^2}}\sqrt{\frac{n_s+n_d}{n}}\sim N(0,1) \tag{11-10}$$

式中，n_s 与 n_d 分别为同序对与异序对的数量。

抽样结束后，将利用样本数据计算出的 n_s，n_d 与 G 代入式（11－10），即可计算出样本统计量的值 z。

（三）根据小概率标准确定临界值、接受域和拒绝域

因为使用的是 Z 统计量，原假设是 $\rho=0$，所以也不存在单侧检验的问题。Gamma 等级相关系数检验的拒绝域为：$|Z|>z_{\alpha/2}$。拒绝域与显著性水平 α 的关系如图11－3所示。

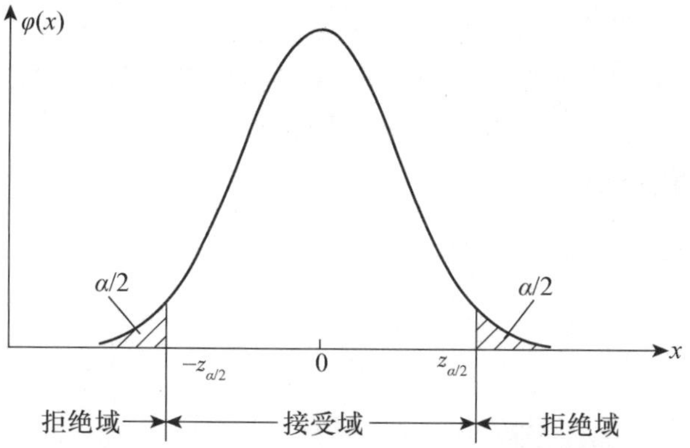

图 11－3　Gamma 等级相关系数检验的拒绝域

（四）确定是否拒绝原假设

将计算出的样本统计量的值 z 与临界值进行比较，如果处于接受域内，就接受原假设；如果处于拒绝域内，就拒绝原假设。

例 11－5

例 3－7 中的 882 名市民是从某城市随机抽取的，检验等级相关系数在总体中是否显著。（$\alpha=0.05$。）

解：已知 $n=882$，$n_s=56\ 741$，$n_d=85\ 856$，$G=-0.204$。

原假设与备择假设为：

$$H_0：\rho=0$$

$$H_1：\rho\neq 0$$

检验统计量

$$z=\frac{G}{\sqrt{1-G^2}}\sqrt{\frac{n_s+n_d}{n}}=\frac{-0.204}{\sqrt{1-0.204^2}}\times\sqrt{\frac{56\ 741+85\ 856}{882}}$$
$$=-0.208\times12.714=-2.64$$

查表得 $z_{\alpha/2}=z_{0.025}=1.96$。

因为 $z<-z_{0.025}$，所以拒绝原假设，即认为总体中两个变量存在显著的负相关关系。

三、τ_c 系数与 d 系数的假设检验

τ_c 系数、Somer's d 系数以及 Gamma 系数的计算公式虽然不同，但它们的分子部分都是相同的，即同序对与异序对之差。如用 s 来表示，则 $s=n_s-n_d$。s 的大小可以表示两个有序类别变量的等级相关程度，因此可以通过 s 值进行假设检验。

（一）检验的原假设与备择假设

设总体中同序对与异序对之差为 S，样本中同序对与异序对之差为 s，则原假设为 H_0：$S=0$，即总体中两个变量不相关，备择假设为 H_1：$S\neq0$。

（二）确定检验的统计量

在原假设成立的条件下统计量 $\frac{s'}{s_e}$ 服从标准正态分布，即

$$Z=\frac{s'}{s_e}\sim N(0,1) \tag{11-11}$$

式中
$$s'=|s|-\frac{n}{2\ (r-1)(c-1)}$$

$$s_e=\sqrt{\frac{A_2B_2}{n-1}-\frac{A_2B_3+A_3B_2}{n(n-1)}+\frac{A_3B_3}{n(n-1)(n-2)}}$$

式中，n 为样本容量；r 与 c 分别为行数和列数；A_2 为 x 边缘分布中，每两个频次乘积之和；B_2 为 y 边缘分布中，每两个频次乘积之和；A_3 为 x 边缘分布中，每三个频次乘积之和；B_3 为 y 边缘分布中，每三个频次乘积之和。

抽样结束后，将利用样本数据计算出的 s' 和 s_e 代入式（11-11），即可计算出样本统计量的值 z。

（三）根据小概率标准确定临界值、接受域和拒绝域

因为使用的是 Z 统计量，原假设是 H_0：$S=0$，所以不存在单侧检验的问题。τ_c 系数与 d 系数检验的拒绝域为：$|z|>z_{\alpha/2}$。

（四）确定是否拒绝原假设

将计算出的样本统计量的值 z 与临界值进行比较，如果处于接受域内，就接受原假设；如果处于拒绝域内，就拒绝原假设（见图 11-4）。

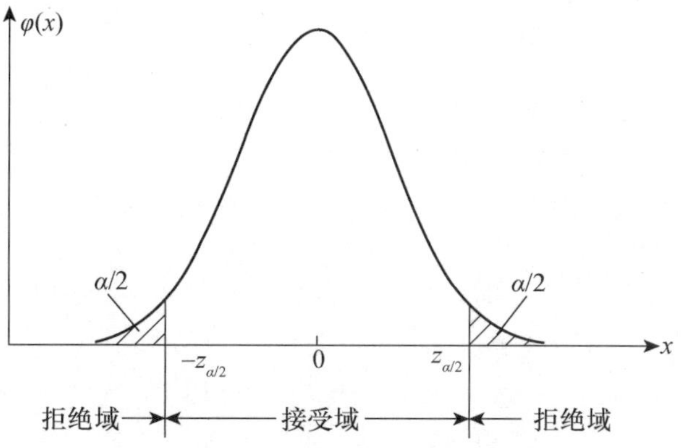

图 11-4　τ_c 系数与 d 系数检验的拒绝域

例 11-6

表 11-6 是从某城市随机抽取的 882 名市民的文化程度及对居住地周围环境状况满意度的调查结果。计算 Somer's d 系数，并检验其在总体中的显著性。(α=0.01。)

表 11-6　文化程度与环境满意度的列联表

对居住地周围环境状况满意度 Y / 文化程度 X	很不满意	不太满意	说不清	比较满意	很满意	总计
初中及以下	43	56	203	22	18	342
高中	44	67	199	17	14	341
大专及以上	37	57	91	9	5	199
总计	124	180	493	48	37	882

解：已知 $n=882$，$r=3$，$c=5$

$$\begin{aligned} n_s &= 43\times(67+199+17+14+57+91+9+5)+56\times(199+17+14+91 \\ &\quad +9+5)+203\times(17+14+9+5)+22\times(14+5)+44\times(57+91+9+5) \\ &\quad +67\times(91+9+5)+199\times(9+5)+17\times5 \\ &= 19\,737+18\,760+9\,135+418+7\,128+7\,035+2\,786+85 \\ &= 65\,084 \end{aligned}$$

$$\begin{aligned} n_d &= 18\times(44+67+199+17+37+57+91+9)+22\times(44+67+199+37 \\ &\quad +57+91)+203\times(44+67+37+57)+56\times(44+37)+14\times(37+57 \\ &\quad +91+9)+17\times(37+57+91)+199\times(37+57)+67\times37 \\ &= 9\,378+10\,890+41\,615+4\,536+2\,716+3\,145+18\,706+2\,479 \\ &= 93\,465 \end{aligned}$$

$$\begin{aligned}n_x &= 43\times(56+203+22+18)+56\times(203+22+18)+203\times(22+18)+22\\&\quad\times18+44\times(67+199+17+14)+67\times(199+17+14)+199\times(17+14)\\&\quad+17\times14+37\times(57+91+9+5)+57\times(91+9+5)+91\times(9+5)+9\times5\\&=12\ 857+13\ 608+8\ 120+396+13\ 068+15\ 410+6\ 169+238\\&\quad+5\ 994+5\ 985+1\ 274+45\\&=83\ 164\end{aligned}$$

$$\begin{aligned}n_y &= 43\times(44+37)+44\times37+56\times(67+57)+67\times57+203\times(199+91)+199\\&\quad\times91+22\times(17+9)+17\times9+18\times(14+5)+14\times5\\&=3\ 483+1\ 628+6\ 944+3\ 819+58\ 870+18\ 109+572+153+342+70\\&=93\ 990\end{aligned}$$

$$d_{yx}=\frac{n_s-n_d}{n_s+n_d+n_y}=\frac{65\ 084-93\ 465}{65\ 084+93\ 465+93\ 990}=-0.11$$

$$d_{xy}=\frac{n_s-n_d}{n_s+n_d+n_x}=\frac{65\ 084-93\ 465}{65\ 084+93\ 465+83\ 164}=-0.12$$

$$d=\frac{d_{yx}+d_{xy}}{2}=\frac{-0.11-0.12}{2}=-0.115$$

$$s=n_s-n_d=65\ 084-93\ 465=-28\ 381$$

提出原假设与备择假设：

H_0：$S=0$

H_1：$S\neq0$

$$s'=|s|-\frac{n}{2(r-1)(c-1)}=|-28\ 381|-\frac{882}{2\times(3-1)\times(5-1)}=28\ 325.875$$

$$A_2=342\times(341+199)+341\times199=252\ 539$$

$$\begin{aligned}B_2&=124\times(180+493+48+37)+180\times(493+48+37)+493\times(48+37)+48\times37\\&=93\ 992+104\ 040+41\ 905+1\ 776\\&=241\ 713\end{aligned}$$

$$A_3=342\times341\times199=23\ 207\ 778$$

$$\begin{aligned}B_3&=124\times180\times(493+48+37)+124\times493\times(48+37)+124\times48\times37\\&\quad+180\times493\times(48+37)+48\times37\times(180+493)\\&=27\ 055\ 552\end{aligned}$$

$$\begin{aligned}s_e&=\sqrt{\frac{A_2B_2}{n-1}-\frac{A_2B_3+A_3B_2}{n(n-1)}+\frac{A_3B_3}{n(n-1)(n-2)}}\\&=\sqrt{\frac{252\ 539\times241\ 713}{882-1}-\frac{252\ 539\times27\ 055\ 552+23\ 207\ 778\times241\ 713}{882\times(882-1)}+\frac{23\ 207\ 778\times27\ 055\ 552}{882\times(882-1)\times(882-2)}}\\&=\sqrt{\frac{61\ 041\ 959\ 307}{881}-\frac{6\ 832\ 582\ 046\ 528+5\ 609\ 621\ 643\ 714}{777\ 042}+\frac{627\ 889\ 244\ 483\ 456}{683\ 796\ 960}}\\&=\sqrt{69\ 287\ 127.5-16\ 012\ 266.6+918\ 253.9}=7\ 361.6\end{aligned}$$

$$z=\frac{s'}{s_e}=\frac{28\,325.875}{7\,361.6}=3.848$$

查表得 $z_{\alpha/2}=z_{0.005}=2.58$。

因 $z>2.58$，故拒绝原假设，即认为两个变量的等级相关在总体中是显著的。

习 题

1. 下表是随机调查的 200 名学生的物理成绩与数学成绩。

200 名学生的物理成绩与数学成绩

物理成绩＼数学成绩	优秀	良好	一般	合计
优秀	40	6	2	48
良好	12	102	10	124
一般	4	4	20	28
合计	56	112	32	200

要求：以 $\alpha=0.05$ 的显著性水平检验学生的物理成绩与数学成绩是否显著相关。

2. 下表是随机调查的 500 名驾驶员在过去一年里出现的汽车交通事故数（包括剐蹭等小事故）。

驾驶员驾龄与交通事故数的调查结果

汽车交通事故数＼驾龄	不足 3 年	3～8 年	8 年以上
0 次	153	152	96
1 次	32	18	5
2 次	18	10	3
大于 2 次	8	4	1

要求：以 $\alpha=0.05$ 的显著性水平检验驾驶员的驾龄是否显著影响汽车交通事故数。

3. 某公司售后部门随机抽取了 200 名报修的客户进行回访，被访客户的文化程度与对维修的满意度如下表所示。

被访客户的文化程度与对维修的满意度情况

满意程度＼文化程度	大学以上	大学以下
满意	119	41
不满意	36	4

要求：

（1）以 0.05 的显著性水平检验客户的文化程度与对维修的满意度之间是否显著相关。

（2）若相关，分别计算 ϕ 相关系数与 V 相关系数。

4. 以 $\alpha=0.05$ 检验第 3 章习题 4 求得的斯皮尔曼等级相关系数的显著性。

5. 以 $\alpha=0.01$ 检验第 3 章习题 5 求得的 Gamma 等级相关系数、Kendall's Tau-c 等级相关系数与 Somer's d 系数的显著性。

第 12 章

两个尺度变量关系的假设检验

两个尺度变量之间的关系是用皮尔逊相关系数来描述的。对于具有相关关系的变量，还可以拟合一条直线或曲线以明确自变量对因变量的作用，也就是用回归方程来描述两个变量之间的关系。由于相关系数和回归方程都是基于样本数据计算得到的，因此样本中变量之间的关系在总体中是否存在还要通过假设检验予以确定。曲线回归的检验过于复杂，本书只介绍线性回归方程及相关系数的检验。

第 1 节　一元线性回归方程的检验

用样本的回归方程推论总体，要求总体满足一定的条件。由于总体的情况是未知的，因此这些应用条件就作为对总体的假定。

一、一元线性回归分析的假定条件

（一）一元线性关系假定

对总体的第一个假定是在总体中 X 与 Y 之间存在线性关系。数学表达式为：

$$E(Y_i)=\beta_0+\beta_1 X_i \tag{12-1}$$

在回归分析中，实际上是将因变量 Y 的变化分解为可以叠加的两部分：一部分是自变量 X 对 Y 的影响，即式（12－1）表达的部分；另一部分是 X 以外的其他因素的影响，用 E_i 表示。这样，总体的回归模型就可以表示为：

$$Y_i=\beta_0+\beta_1 X_i+E_i \tag{12-2}$$

式中的 E_i 称为随机误差，是不可观测的随机变量，可以看成是那些未知又无法控制的因素对因变量的影响。

在总体中，X_i 与 Y_i 是否存在线性关系可以根据样本数据的分布做出初步判定。如果用样本数据绘制的散点图如图12－1所示，则可以认为 X_i 与 Y_i 之间是线性关系。若如图12－2所示，则是非线性关系。

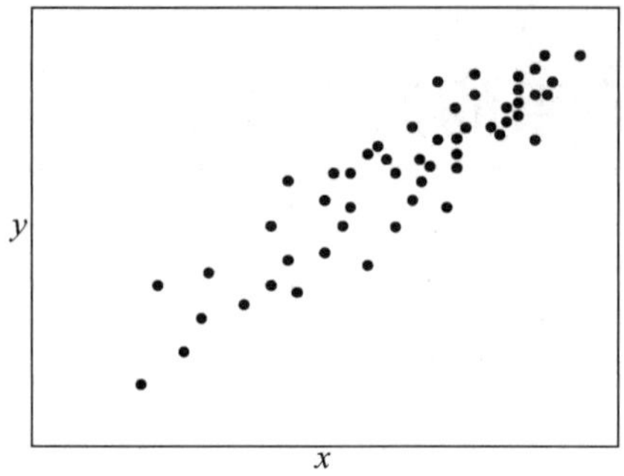

图12－1　线性关系散点图

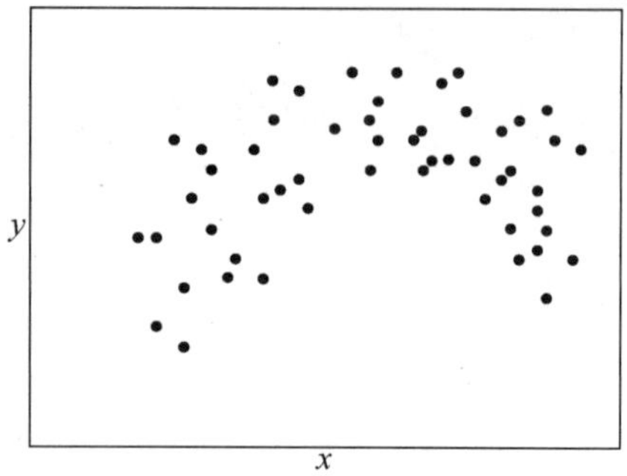

图12－2　非线性关系散点图

（二）随机误差项的假定

回归分析要求总体中因变量服从特定的分布，这就构成了对因变量的假定。在线性假定成立的条件下，对因变量的假定可以表述为对随机误差项 E_i 的假定。

1. 随机误差项 E_i 的独立性假定

对 E_i 的第一个假定是：E_i 的取值要相互独立，即 E_i 取值的大小与 E_j 无关。E_i 取值的独立性与 Y_i 取值的独立性是等价的。Y_i 是随机变量，其任何取值都以一定的概率出现，每个值出现的概率不受其他值的影响。在 Y_i 值中，由自变量 X_i 决定的部分已经体现在回归方程中，回归方程表现的是 X_i 与 Y_i 的确定性关系。E_i 是 X_i 以外的其他因素对 Y_i 的影响，因此变量 Y_i 的随机性主要体现在 E_i 上。E_i 的独立性即表明了 Y_i 的独立性。E_i 的独立性是假设检验时确定统计量分布的基本要求。

2. 随机误差项 E_i 的零均值假定

对 E_i 的第二个假定是：当 $X=X_i$ 时，E_i 的数学期望为零，即 $E(E_i)=0$。这个假定是指，当 $X=X_i$ 时，因变量 Y_i 的值在 $\beta_0+\beta_1X_i$ 的上下随机摆动，正负效应可以基本抵消。$E(E_i)=0$ 是总体中 $E(Y_i)$ 与 X_i 存在线性关系的基本条件。如果 $E(Y_i)$ 与 X_i 具有线性关系，则总体中的每个 Y_i 都可以表示为：

$$Y_i=\beta_0+\beta_1X_i+E_i$$

当 $X=X_i$ 时，对 Y_i 求数学期望，有

$$E(Y_i)=E(\beta_0+\beta_1X_i+E_i)=E(\beta_0)+E(\beta_1X_i)+E(E_i) \tag{12-3}$$

在式（12－3）中，β_0 为常数。X_i 取了确定值后，β_1X_i 也是常数。根据常数的期望仍然是常数本身的特点，有

$$E(Y_i)=\beta_0+\beta_1X_i+E(E_i) \tag{12-4}$$

从式（12－4）中可以看出，只有当 $E(E_i)=0$ 时，总体中的 $E(Y_i)$ 与 X_i 才具有线性关系。

3. 随机误差项 E_i 的等方差性假定

对 E_i 的第三个假定是：当 $X=X_i$ 时，E_i 的分布具有等方差性。E_i 随机摆动的幅度对于用回归模型分析自变量与因变量的关系会有很大的影响。描述这种摆动幅度的特征值就是 E_i 的方差。当 $X=X_i$ 时，对应的 Y_i 分布的方差为 σ_i^2，则有

$$\sigma_i^2=D(Y_i)=D(\beta_0+\beta_1 X_i+E_i)=D(\beta_0)+D(\beta_1 X_i)+D(E_i) \tag{12-5}$$

在式（12 - 5）中，β_0 为常数。X_i 取了确定值后，$\beta_1 X_i$ 也是常数。根据常数的方差为零的特点，有

$$\sigma_i^2=D(E_i) \tag{12-6}$$

可见，Y_i 分布的方差就是随机误差项 E_i 分布的方差。对 E_i 的第三个假定就是不论 X 取何值，σ_i^2 都相等。即

$$\sigma_1^2=\sigma_2^2=\cdots=\sigma_i^2=\sigma^2$$

在总体中，当 X 取不同值时 Y 是否具有等方差性，可以通过样本数据的分布初步判定。如果用样本数据绘制的散点图如图 12 - 3 所示，则可以认为当 X 取不同值时 Y 的分布具有等方差性。在图 12 - 4 中，当 X 取值较小时，Y 的离散程度也较低；当 X 取值较大时，Y 的离散程度也较高。这表明当 X 取不同值时，Y 的分布不具有等方差性。

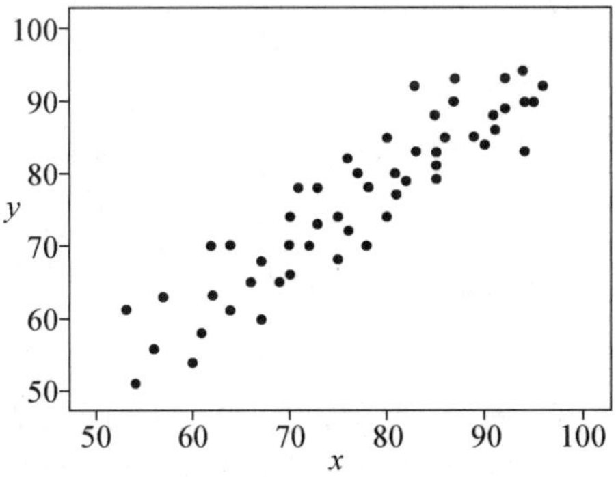

图 12 - 3　Y 变量分布的等方差性散点图

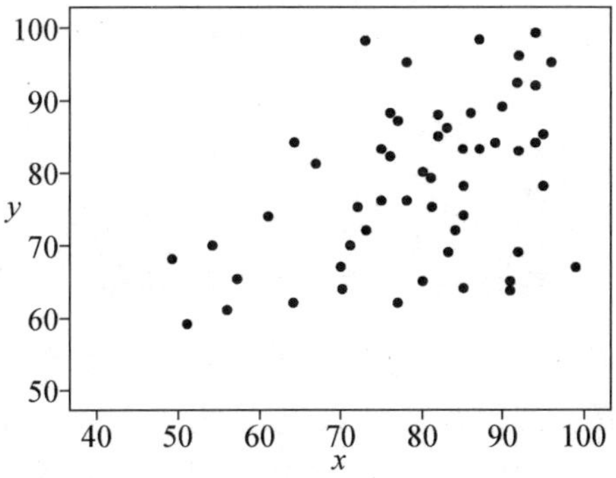

图 12 - 4　Y 变量分布的不等方差性散点图

4. 随机误差项 E_i 的正态性假定

对 E_i 的第四个假定是：当 $X=X_i$ 时，E_i 服从正态分布，即 Y_i 服从正态分布。这个假定也是对回归方程进行检验时确定统计量分布的要求。

上述对 E_i 的四个假定，概括起来就是随机误差的独立性、零均值、等方差性、正态性。这些假定可以集中由下式表明：

$$E\sim N(0,\sigma^2) \tag{12-7}$$

二、一元线性回归方程的整体检验

用最小二乘法可以给任何一组样本观察值配置一条直线。如果进行回归分析的目的是推论总体，就要知道在总体中两个变量是否存在线性关系。如果总体中不存在这种线性关

系，利用样本数据计算的回归直线就不具有推论总体的价值。

（一）线性回归方程检验的统计思想

如果在总体中两个变量不相关，则不论 X 取何值，对应的 Y 的数学期望 $E(Y)$ 都是固定的值。从散点图上看，所有的散点在坐标系内均匀分布，如图 12－5 所示。如果根据这样的数据，采用最小二乘法拟合回归方程，计算出的回归系数 $\beta_1=0$。回归方程为水平直线 $\hat{Y}=\bar{Y}$。

在这样的总体中抽出一个随机样本，由于随机误差的存在，在样本中 x 和 y 之间可能存在一定的关系，可以拟合出一个回归方程。如在上述总体中做了容量为 8 的抽样，样本数据的散点分布如图 12－6 所示。对这些数据拟合的回归方程为：$\hat{y}=1.606+0.266x$。在 X 与 Y 无关的总体中进行随机抽样，由于随机误差的存在，在样本中 x 和 y 之间出现了线性关系。由于抽样调查是对未知总体进行的研究，因此必须明确样本中变量之间的关系是总体中变量之间关系在样本中的真实体现，还是由随机误差造成的。这就是回归方程的检验所要解决的问题。

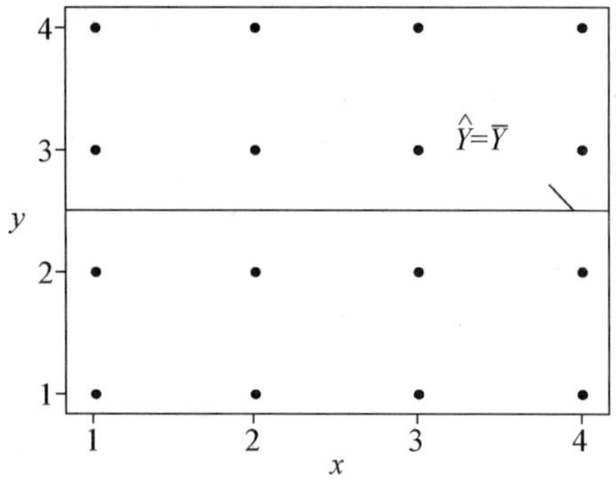

图 12－5　X 与 Y 不相关散点图

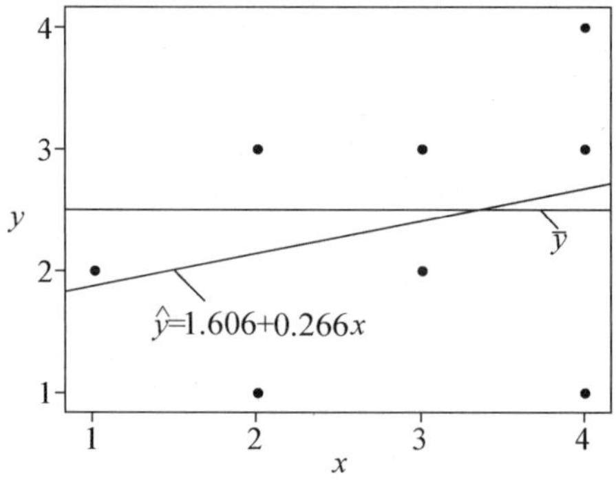

图 12－6　样本数据的散点图

如果总体中 X 与 Y 无关，则用样本数据拟合的回归方程与总体均值 $\bar{Y}$ 的偏离程度就不会太高。假设在一个 X 与 Y 无关的总体中进行随机抽样，用样本数据拟合的回归方程如图 12－7 中的 $\hat{y}_1$ 或 $\hat{y}_2$ 的可能性是很大的，但如图 12－7 中的 $\hat{y}_3$ 的可能性却是极小的，几乎不可能。

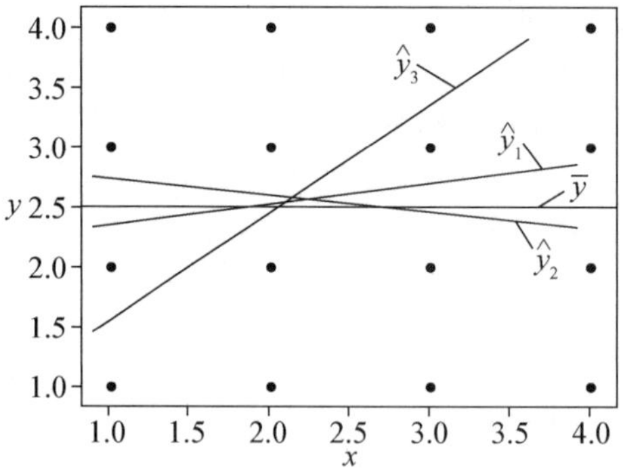

图 12－7　回归直线与平均值的偏离程度

(二) 线性回归方程离差平方和的分解

线性回归方程检验要说明的是，如果利用样本数据能够拟合出回归方程 $\hat{y}=b_0+b_1x$，那么这个回归方程是总体中变量之间关系的真实体现，还是由于抽样误差造成的呢？为了说明这个问题，需要对离差平方和进行分解。图 12－8 是回归分析的离差分解图。图中的斜线是用样本观察值拟合的回归直线 $\hat{y}=b_0+b_1x$，水平线是 y 变量均值 $\bar{y}$。图中任一点 (x_i, y_i) 到 $\bar{y}$ 的垂线距离 $y_i-\bar{y}$ 称为总离差，该点到回归直线的垂线距离 $y_i-\hat{y}_i$ 称为剩余离差，从 x_i 对应的回归直线上的点 $\hat{y}_i$ 到 $\bar{y}$ 的垂线距离 $\hat{y}_i-\bar{y}$ 称为回归离差。

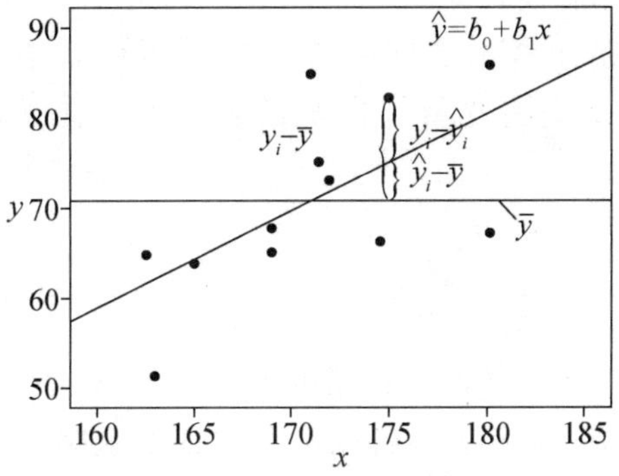

图 12－8　离差分解图

对上述三个离差的平方分别求和就获得了三个离差平方和。

1. 总离差平方和 TSS

$$TSS=\sum_{i=1}^{n}(y_i-\bar{y})^2 \tag{12-8}$$

TSS 反映了观测值围绕 $\bar{y}$ 的离散情况。

2. 剩余离差平方和 RSS

剩余离差平方和 RSS 也简称为剩余平方和。

$$RSS=\sum_{i=1}^{n}(y_i-\hat{y}_i)^2 \tag{12-9}$$

式中，$\hat{y}_i=b_0+b_1x_i$。

RSS 反映了观测值相对于回归直线的离散程度。

3. 回归离差平方和 $RSSR$

回归离差平方和 $RSSR$ 也简称为回归平方和。

$$RSSR=\sum_{i=1}^{n}(\hat{y}_i-\bar{y})^2 \tag{12-10}$$

$RSSR$ 反映的是回归直线上的点相对于平均值的离散程度。这个平方和越大，意味着用样本数据建立的回归方程与因变量均值的直线差异越大。反之，这个平方和越小，说明用样本数据建立的回归方程与因变量均值的直线差异越小。如果在总体中两个变量不存在线性关系，则用抽出的样本数据计算出的 $RSSR$ 很大的可能性是很小的。

三个平方和之间有下述关系（证明从略）：

$$TSS=RSS+RSSR \tag{12-11}$$

在上面的三个平方和中，总离差平方和是确定的。由式（12-11）可知，回归平方和 $RSSR$ 越大，剩余平方和 RSS 就越小。因此，可以用 $RSSR$ 与 RSS 的比值来检验总体中两个变量是否存在线性相关关系。

（三）线性回归方程整体检验的方法

1. 检验的原假设与备择假设

对回归方程的检验就是用样本的回归方程来说明总体中两个变量之间是否存在线性关系，因此检验的原假设是因变量与自变量之间不存在线性关系。原假设与备择假设为：

$$H_0: \beta_1=0$$
$$H_1: \beta_1\neq 0$$

2. 确定检验的统计量并计算样本统计量的值

在总体满足 $H_0: \beta_1=0$ 的情况下，可以证明（证明从略），如果从总体中抽出容量为 n 的样本，则样本的回归离差平方和 $RSSR$ 与总体方差 σ^2 的关系满足：

$$\frac{RSSR}{\sigma^2}\sim\chi^2(1) \tag{12-12}$$

样本的剩余离差平方和 RSS 与总体方差 σ^2 的关系满足：

$$\frac{RSS}{\sigma^2}\sim\chi^2(n-2) \tag{12-13}$$

根据 F 分布的概念可知：

$$F=\frac{RSSR}{RSS/(n-2)}\sim F(1,n-2) \tag{12-14}$$

式（12-14）中的 F 即为回归方程整体检验所使用的统计量。抽样完成并利用样本数据构建出回归方程以后，将根据样本数据计算出的 $RSSR$ 和 RSS 代入式（12-14）即可计算出样本统计量 F 的值。

3. 根据小概率标准确定临界值、接受域和拒绝域

从回归方程整体检验的原假设看，这似乎是一个双侧检验。但检验的统计量 F 值越大，越有利于拒绝原假设；F 值越小，越有利于接受原假设。所以 F 检验是一个单侧检验。对于给定的显著性水平 α，通过查 F 分布表可以确定临界值 F_α。检验的拒绝域为：$F>F_\alpha$。

4. 确定是否拒绝原假设

如果利用样本数据计算出的 F 值小于 F_α，可以接受原假设，认为总体中 x 与 y 不存在线性相关；当用样本数据计算出的 $F>F_\alpha$ 时，就拒绝原假设，认为总体中 x 与 y 线性相关。

例 12－1

检验例 4－4 中用随机抽取的 11 个家庭的月收入与住房面积建立的回归方程在总体中是否显著。(α=0.05。)

解：原假设与备择假设为：

H_0：$\beta_1=0$

H_1：$\beta_1\neq0$

已知 $n=11$，在例 4－4 中已经求得 $\bar{y}=62.82$（平方米），$\hat{y}=19.2+11.65x$，表 12－1 展示了 $\hat{y}_i$，$(\hat{y}_i-\bar{y})^2$ 及 $(y_i-\hat{y}_i)^2$ 的计算过程。

表 12－1　月收入与住房面积回归方程检验的计算过程

序号	住房面积 y_i（平方米）	月收入 x_i（千元）	$(x_i-\bar{x})^2$	$\hat{y}_i$	$(\hat{y}_i-\bar{y})^2$	$(y_i-\hat{y}_i)^2$
1	30	1.2	6.50	33.17	879.12	10.07
2	36	2.2	2.40	44.82	324.00	77.79
3	46	1.5	5.06	36.67	683.82	87.09
4	52	4.0	0.06	65.78	8.76	189.96
5	54	2.6	1.32	49.48	177.96	20.45
6	60	4.2	0.20	68.11	27.98	65.80
7	67	3.4	0.12	58.8	16.16	67.32
8	75	4.6	0.72	72.77	99.00	4.97
9	86	5.2	2.10	79.76	286.96	38.97
10	90	6.5	7.56	94.9	1 029.13	23.99
11	95	5.8	4.20	86.75	572.64	68.14

所以，计算得出

$$RSS=\sum_{i=1}^{11}(y_i-\hat{y}_i)^2=654.55,\quad RSSR=\sum_{i=1}^{11}(\hat{y}_i-\bar{y})^2=4\,105.09$$

$$F=\frac{RSSR}{RSS/(n-2)}=\frac{4\,105.09}{654.55/(11-2)}=56.44$$

查表得 $F_{0.05}(1,9)=5.12$。

因为 $F>F_{0.05}$，所以认为回归方程在总体中显著。

例 12－2

检验例 4－5 中用落马官员首次贪腐时的年龄与腐败生存期建构的回归方程在总体中是否显著。(α=0.01。)

解：原假设与备择假设为：

H_0：$\beta_1=0$

H_1：$\beta_1\neq0$

已知$n=24$，在例4-5中已经求得$\bar{y}=15.79$（年），$\hat{y}=40.557-0.562x$，表12-2展示了$\hat{y}$，$(x_i-\bar{x})^2$，$(\hat{y}_i-\bar{y})^2$及$(y_i-\hat{y}_i)^2$的计算过程。

表12-2　腐败落马官员首次贪腐年龄与腐败生存期回归方程检验的计算过程

编号	首次贪腐年龄x_i	腐败生存期y_i	$(x_i-\bar{x})^2$	$\hat{y}_i$	$(\hat{y}_i-\bar{y})^2$	$(y_i-\hat{y}_i)^2$
1	35	18	82.26	20.88	25.87	8.27
2	37	16	49.98	19.75	15.69	14.07
3	37	19	49.98	19.75	15.69	0.56
4	37	19	49.98	19.75	15.69	0.56
5	37	23	49.98	19.75	15.69	10.55
6	38	22	36.84	19.19	11.55	7.90
7	40	22	16.56	18.06	5.17	15.49
8	41	17	9.42	17.50	2.93	0.25
9	41	17	9.42	17.50	2.93	0.25
10	44	16	0	15.82	0	0.03
11	44	13	0	15.82	0	7.92
12	44	17	0	15.82	0	1.40
13	46	17	3.72	14.69	1.21	5.33
14	46	19	3.72	14.69	1.21	18.57
15	46	12	3.72	14.69	1.21	7.24
16	46	15	3.72	14.69	1.21	0.10
17	47	12	8.58	14.13	2.76	4.53
18	47	14	8.58	14.13	2.76	0.02
19	47	18	8.58	14.13	2.76	14.99
20	48	11	15.44	13.57	4.95	6.58
21	49	10	24.30	13.00	7.76	9.02
22	52	12	62.88	11.32	20.01	0.47
23	54	12	98.60	10.19	31.34	3.27
24	54	8	98.60	10.19	31.34	4.80

$$RSS=\sum_{i=1}^{24}(y_i-\hat{y}_i)^2=8.27+14.07+\cdots+3.27=142.21$$

$$RSSR=\sum_{i=1}^{24}(\hat{y}_i-\bar{y})^2=25.87+15.69+\cdots+31.34=219.75$$

$$F=\frac{RSSR}{RSS/(n-2)}=\frac{219.75}{142.21/(24-2)}=33.995$$

查表得$F_{0.01}(1,22)=7.95$

因为$F>F_{0.01}$，所以拒绝原假设，认为回归方程在总体中显著。

三、回归系数的检验

（一）回归系数检验的统计思想

不论总体中两个变量之间是否存在线性关系，假设从总体中抽出一个随机样本，用样本数据计算所得的回归方程为：

$$\hat{y}=b_0+b_1x$$

如果总体中两个变量之间存在线性关系，则这种线性关系可以表示为：

$$E(Y)=\beta_0+\beta_1X$$

回归系数的检验要明确的是：用样本数据计算的回归系数 b_1 达到多大时，可以认定总体的回归系数 β_1 显著存在。

（二）回归系数检验的方法

1. 回归系数检验的原假设和备择假设

检验的原假设是因变量与自变量之间不存在线性关系。原假设与备择假设为：

$$H_0: \beta_1=0$$
$$H_1: \beta_1\neq 0$$

2. 确定检验的统计量并计算样本统计量的值

要想用样本的回归系数 b_1 对总体的回归系数 β_1 进行检验，要先明确 b_1 的分布。如果将样本的回归系数 b_1 视为总体回归系数 β_1 的点估计值，则在原假设成立的条件下有①

$$t=\frac{b_1-\beta_1}{\sqrt{\dfrac{\sum_{i=1}^{n}(y_i-\hat{y})^2}{(n-2)\sum_{i=1}^{n}(x_i-\bar{x})^2}}}\sim t(n-2) \tag{12-15}$$

式（12－15）中的 t 是回归系数检验的统计量。抽样完成并利用样本数据构建出回归方程后，可根据样本数据计算出统计量的值。

3. 根据小概率标准确定临界值、接受域和拒绝域

回归系数的检验是双侧检验。根据显著性水平 α，从 t 分布表中查到临界值 $t_{\alpha/2}$。拒绝域为 $|t|>t_{\alpha/2}$。

当 $n-2>30$ 时，上述统计量近似服从标准正态分布，可以用 $z_{\alpha/2}$ 代替 $t_{\alpha/2}$。

4. 确定是否拒绝原假设

将计算出的样本统计量的值与临界值进行比较，如果处于接受域内，就接受原假设；如果处于拒绝域内，就拒绝原假设。

---

① 何书元. 概率论与数理统计. 北京：高等教育出版社，2006：296.

例 12－3

检验例 4－4 中用随机抽取的 11 个家庭的月收入与住房面积建立的回归方程的回归系数在总体中的显著性。($\alpha=0.01$。)

解：原假设与备择假设为：

H_0：$\beta_1=0$

H_1：$\beta_1\neq0$

在例 4－4 中已经求得 $\bar{x}=3.75$（千元），$\hat{y}=19.2+11.65x$，$(x_i-\bar{x})^2$ 的计算过程也列于表 12－1 中。计算可得

$$\sum_{i=1}^{n}(x_i-\bar{x})^2=30.24$$

$$t=\frac{b_1-\beta_1}{\sqrt{\frac{\sum_{i=1}^{n}(y_i-\hat{y}_i)^2}{(n-2)\sum_{i=1}^{n}(x_i-\bar{x})^2}}}=\frac{11.65}{\sqrt{\frac{654.55}{9\times30.24}}}=\frac{11.65}{1.55}=7.52$$

查表得 $t_{0.005}(9)=3.25$。

因为 $t>t_{0.005}$，所以拒绝原假设，认为回归系数在总体中显著。

在一元回归分析的情况下，回归系数的检验与回归方程的检验是等价的。只要一项检验达到了显著性水平，就可以用样本的回归方程推论总体。在进行多元回归分析时，可能存在回归方程的整体检验是显著的，但有些回归系数不显著的情况，即回归方程的检验与回归系数的检验不等价。

例 12－4

检验例 4－5 中用落马官员首次贪腐时的年龄与腐败生存期建构的回归方程的回归系数在总体中是否显著？($\alpha=0.01$)

解：原假设与备择假设为：

H_0：$\beta_1=0$

H_1：$\beta_1\neq0$

已知 $n=24$，在例 4－5 中已经求得 $\bar{x}=44.07$（岁），$\hat{y}=40.557-0.562x$，$(x_i-\bar{x})^2$ 及 $(y_i-\hat{y}_i)^2$ 的计算过程已列于表 12－2 中。计算可得

$$\sum_{i=1}^{24}(x_i-\bar{x})^2=82.26+49.98+\cdots+98.6=694.98$$

$$t=\frac{b_1-\beta_1}{\sqrt{\dfrac{\sum_{i=1}^{n}(y_i-\hat{y}_i)^2}{(n-2)\sum_{i=1}^{n}(x_i-\overline{x})^2}}}=\frac{-0.652}{\sqrt{\dfrac{142.21}{22\times 694.98}}}=-5.831$$

查表得 $t_{0.005}(22)=2.819$

因为 $t>t_{0.005}$，所以拒绝原假设，认为回归系数在总体中显著。

四、用回归方程进行预测

回归方程不仅可以用于说明自变量对因变量的影响，而且可以用于在已知自变量取值的情况下对因变量的取值进行预测。

（一）用回归方程计算点估计值

用回归方程进行预测就是将已知的 $x=x_0$ 代入回归方程 $\hat{y}=b_0+b_1x$ 中，计算出 $\hat{y}_0=b_0+b_1x_0$。回归方程要将 x 与 y 的非确定性相关关系用确定性的函数关系表现出来。对应于 $x=x_0$ 的不是只有一个 $\hat{y}_0$，而是有多个 y_{0i}（$i=1$，2，…，n_0）。用回归方程计算出的 $\hat{y}_0$ 是所有 y_{0i}的平均值。可以认为，$\hat{y}_0$ 是总体中 $x=x_0$ 时所有 y_{0i}平均值的点估计值。

（二）用回归方程进行区间估计

如果在推论总体时要求有较大的把握，那么仅仅计算出点估计值是不够的，还应该给出估计区间。要想进行区间估计，必须知道当 $x=x_0$ 时所有 y_{0i}的分布，因为进行回归分析要求总体的 E_i 服从零均值、等方差的正态分布，即当 $x=x_0$ 时，有

$$E_i\sim N(0,\sigma^2)$$

这也等同于：当 $x=x_0$ 时，

$$y\sim N(\hat{y}_0,\sigma^2) \tag{12-16}$$

对变量 y 进行标准化，得

$$Z=\frac{y-\hat{y}_0}{\sigma}\sim N(0,1) \tag{12-17}$$

在式（12-17）中的 σ 是未知的，可以用样本中 $x=x_0$ 时 y 变量分布的标准差$s_{\hat{y}_0}$代替，此时形成的统计量不再服从正态分布，而是服从自由度为（$n-2$）的 t 分布。即

$$t=\frac{y-\hat{y}_0}{s_{\hat{y}_0}}\sim t(n-2) \tag{12-18}$$

式中

$$s_{\hat{y}_0}=s\sqrt{1+\frac{1}{n}+\frac{(x_0-\overline{x})^2}{\sum_{i=1}^{n}(x_i-\overline{x})^2}} \tag{12-19}$$

式（12-19）中的 s 是样本中变量 y 相对于回归直线分布的标准差：

$$s=\sqrt{\frac{RSS}{n-2}}=\sqrt{\frac{\sum_{i=1}^{n}(y_i-\hat{y}_i)^2}{n-2}} \tag{12-20}$$

现以回归直线上的值 $\hat{y}_0$ 作为点估计值进行区间估计。当 $x=x_0$ 时，在估计的置信度为 $1-\alpha$ 的情况下，有

$$P(\hat{y}_0-t_{\alpha/2}(n-2)s_{\hat{y}_0}\leqslant y\leqslant \hat{y}_0+t_{\alpha/2}(n-2)s_{\hat{y}_0})=1-\alpha \tag{12-21}$$

在置信度为 $1-\alpha$ 的情况下，y 的置信区间为：

$$[\hat{y}_0-t_{\alpha/2}(n-2)s_{\hat{y}_0},\hat{y}_0+t_{\alpha/2}(n-2)s_{\hat{y}_0}] \tag{12-22}$$

如果将式（12-19）中的 x_0 视为变量，则 $s_{\hat{y}_0}$ 是 x_0 的函数。当 $x_0=\bar{x}$ 时，$s_{\hat{y}_0}$ 达到最小，y 的置信区间也达到最小。当 $x_0>\bar{x}$ 或 $x_0<\bar{x}$ 时，$s_{\hat{y}_0}$ 都会变大，相应的 y 的置信区间也会变大。y 的置信区间的上下限是以回归直线为对称轴的两条喇叭状曲线，如图 12-9 所示。

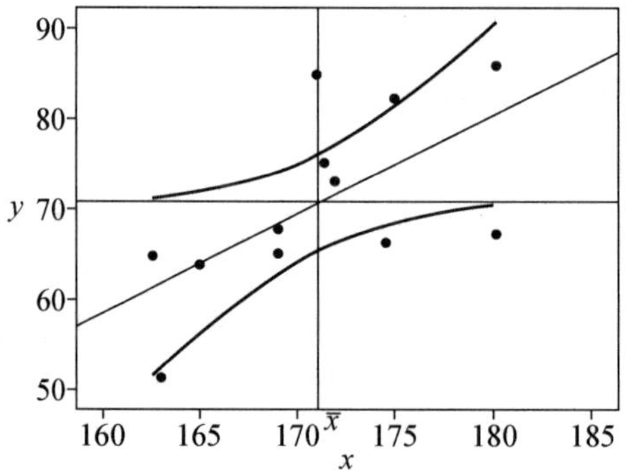

图 12-9　回归方程的置信区间

在置信度一定的情况下，当 $x_0=\bar{x}$ 时，置信区间最小，即在 $x=\bar{x}$ 附近预测的准确性最高。

第2节　相关系数的检验

一、相关系数检验的统计思想

相关系数是基于样本数据计算的。样本中变量的相关并不意味着总体中的变量也相关。因此，若用样本的相关系数推论总体必须通过假设检验。如果总体中两个变量不相关，从总体中抽出一个随机样本，由于随机误差的存在，样本数据表现出一定的相关性是可能的。相关系数检验的目的是：明确用样本数据计算出的相关系数达到多大时，可以认为总体中的相关是显著存在的。

相关系数的检验就是在假设总体中变量 x 与 y 不相关的情况下看样本相关系数出现的概率有多大。如果在原假设成立的条件下样本相关系数的出现是一个大概率事件，就接受

原假设，认为样本中的相关是由随机误差造成的；如果在原假设成立的条件下样本相关系数的出现是一个小概率事件，就拒绝原假设，认为样本中的相关在总体中也显著存在。

二、相关系数检验的方法

（一）检验的原假设与备择假设

设总体中变量 x 与变量 y 的相关系数为 ρ。相关系数检验的原假设是在总体中变量 x 与变量 y 不相关。即原假设为 H_0：$\rho=0$，备择假设为 H_1：$\rho\neq0$。

（二）确定检验的统计量并计算样本统计量的值

从满足原假设的总体中抽出一个容量为 n 的随机样本，用样本数据计算的 x 与 y 的皮尔逊相关系数为 r。可以证明（证明从略）：

$$t=r\sqrt{\frac{n-2}{1-r^2}}\sim t(n-2) \tag{12-23}$$

式（12－23）中的 t 即为相关系数检验的统计量。

（三）确定拒绝域

相关系数的检验是双侧检验。如果显著性水平为 α，当用样本数据计算出的 $|t|>t_{\alpha/2}$ 时，就拒绝原假设，认为变量 x 与变量 y 的相关系数在总体中显著。

例 12－5

检验例 4－1 的相关系数在总体中是否显著。（$\alpha=0.05$。）

解：已知 $n=10$，$r=0.911$。

原假设与备择假设为：

H_0：$\rho=0$

H_1：$\rho\neq0$

查表得 $t_{\alpha/2}(10-2)=t_{0.025}(8)=2.306$。检验统计量为：

$$t=r\sqrt{\frac{n-2}{1-r^2}}=0.911\sqrt{\frac{10-2}{1-0.911^2}}=0.911\times6.858=6.248$$

因为 $t>t_{0.025}$，所以认为相关系数在总体中显著。

例 12－6

检验例 4－3 的相关系数在总体中是否显著。（$\alpha=0.01$）

解：已知 $n=24$，$r=-0.779$

原假设与备择假设为：

H_0：$\rho=0$

H_1：$\rho\neq0$

查表得 $t_{0.005}$（22）=2.819。计算统计量如下：

$$t=r\sqrt{\frac{n-2}{1-r^2}}=-0.779\sqrt{\frac{24-2}{1-(-0.779)^2}}=-0.779\times 7.48=-5.83$$

因为 $t>t_{0.005}$，所以拒绝原假设，认为相关系数在总体中显著。

三、相关系数检验与回归方程检验的关系

一元线性回归方程检验的目的是确认变量之间的线性关系在总体中是否存在，如果存在，拟合回归方程就有意义；相关系数检验的目的是确认总体中变量之间的相关关系是否存在。这两个检验是等价的，如果相关系数的检验是显著的，回归方程的检验也必然显著。通过公式推导也可以看出 F 检验与相关系数检验的关系。

根据三个离差平方和的关系可得

$$RSS=TSS-RSSR=TSS-R^2TSS=(1-R^2)TSS \tag{12-24}$$

将式（12-24）代入 F 统计量的公式可得

$$F=\frac{RSSR}{RSS/(n-2)}=\frac{R^2TSS}{(1-R^2)TSS/(n-2)}=\frac{R^2}{(1-R^2)/(n-2)}$$

因为 $R^2=r^2$，于是

$$F=\frac{(n-2)r^2}{1-r^2} \tag{12-25}$$

可见，一定的 r 值对应着一定的 F 值，如果 r 检验显著，F 检验也会显著。

习题

1. 某公司的管理者想了解广告支出与销售收入的关系，随机抽取了下属的8家子公司，得到广告支出与销售收入的数据如下表所示。

某公司广告支出与销售收入数据　　单位：万元

个体编号	广告支出	销售收入	个体编号	广告支出	销售收入
1	12.5	152	5	35.3	628
2	3.8	53	6	5.9	82
3	21.6	398	7	16.8	139
4	60.2	1 021	8	42.1	479

要求：

（1）根据表中数据绘制这8个子公司广告支出与销售收入的散点图，判断二者之间的关系形态。

（2）计算相关系数，说明两个变量之间的关系。

（3）构建这 8 个子公司以广告支出为自变量、以销售收入为因变量的回归方程，并解释回归系数的实际意义。

（4）计算拟合优度，并解释其意义。

（5）检验回归方程线性关系的显著性。（$\alpha=0.05$。）

（6）检验回归系数的显著性。（$\alpha=0.05$。）

2. 下表是随机抽取的 8 个地区 2019 年农村居民人均可支配收入与人均消费支出水平的统计数据：

8 个地区 2019 年农村居民人均可支配收入与人均消费支出水平

地区	人均可支配收入（千元）	人均消费支出（千元）
黑龙江	14.98	12.49
上海	33.20	22.45
浙江	29.88	21.35
江西	15.80	12.50
山东	17.78	12.31
广东	18.82	16.95
云南	11.90	10.26
甘肃	9.63	9.69

资料来源：国家统计局．中国统计年鉴：2020．北京：中国统计出版社，2020：196，199.

要求：

（1）根据表中数据绘制中国农村居民人均可支配收入与人均消费支出的散点图，判断二者之间的关系形态。

（2）计算相关系数，说明两个变量之间的关系。

（3）检验所计算的相关系数的显著性。（$\alpha=0.05$。）

（4）构建中国农村居民以人均可支配收入为自变量、人均消费支出为因变量的回归方程，并解释回归系数的实际意义。

（5）计算判定系数，并解释其意义。

（6）检验回归方程线性关系的显著性。（$\alpha=0.05$。）

（7）检验回归系数的显著性。（$\alpha=0.05$。）

3. 下表是随机抽取的中国 10 个地区 2019 年入境过夜游客人次与国际旅游外汇收入情况。

10 个地区 2019 年入境旅游人次与国际旅游外汇收入

地区	入境过夜游客人次（万人次）	旅游外汇收入（百万美元）
北京	376.90	5 192.47
内蒙古	195.83	1 340.09
黑龙江	110.69	645.93
上海	734.69	8 243.51
江苏	399.46	4 743.56
山东	404.22	3 413.14
广西	623.96	3 511.28
海南	143.59	972.37

续表

地区	入境过夜游客人次（万人次）	旅游外汇收入（百万美元）
云南	739.02	5 147.36
新疆	34.67	454.00

资料来源：国家统计局．中国统计年鉴：2020．北京：中国统计出版社，2020：577，578．

要求：

（1）根据表中数据绘制入境旅游人次与国际旅游外汇收入的散点图，判断二者之间的关系形态。

（2）计算相关系数，说明两个变量之间的关系。

（3）检验所计算的相关系数的显著性。（$\alpha=0.05$。）

（4）构建中国以入境旅游人数为自变量、旅游外汇收入为因变量的回归方程，并解释回归系数的实际意义。

（5）计算判定系数，并解释其意义。

（6）检验回归方程线性关系的显著性。（$\alpha=0.05$。）

（7）请检验回归系数的显著性。（$\alpha=0.05$。）

4．近年来，某银行的贷款额平稳增长，但不良贷款也有较大比例的提高，其管理者随机抽取了下属25家分行不良贷款与贷款余额数据进行分析，得到的结果如下表所示。

方差分析表

变差来源	自由度	离差平方和	F 值	p 值
回归				1.18E−07
剩余		90.164 4	—	—
总计	24	312.650 4	—	—

参数估计表

	系数	标准误	t 统计量的值	p 值
常数项	−0.829 521	0.723 043	−1.147 263	0.263 068
x	0.037 895	0.005 039	7.533 515	0.000 000

要求：

（1）完成上面的方差分析表。

（2）计算不良贷款的变差中有多少是由于贷款余额的变动引起的。

（3）计算不良贷款与贷款余额的相关系数。

（4）写出估计的回归方程并解释回归系数的实际意义。

（5）检验线性关系的显著性。（$\alpha=0.05$。）

5．下表是随机抽取的中国8个地区2019年电力消费量与地区生产总值的数据。

8个地区2019年电力消费量与地区生产总值

地区	电力消费量（百亿千瓦小时）	地区生产总值（万亿元）
北京	11.66	3.54
河北	38.56	3.51
黑龙江	9.96	1.36

续表

地区	电力消费量（百亿千瓦小时）	地区生产总值（万亿元）
浙江	47.06	6.24
河南	33.64	5.43
广东	66.96	10.77
四川	26.36	4.66
宁夏	10.84	0.37

资料来源：国家统计局．中国统计年鉴：2020. 北京：中国统计出版社，2020：69，289.

要求：

（1）根据表中数据绘制电力消费量与地区生产总值的散点图，判断二者之间的关系形态。

（2）计算相关系数，说明两个变量之间的关系。

（3）构建中国以电力消费量为自变量、地区生产总值为因变量的回归方程，并解释回归系数的实际意义。

（4）计算判定系数，并解释其意义。

（5）检验回归方程线性关系的显著性。（$\alpha=0.05$。）

（6）检验回归系数的显著性。（$\alpha=0.05$。）

（7）若 2019 年某个地区的电力消费量为 20.0 百亿千瓦小时，请计算该地区相应地区生产总值的点估计值及置信度为 0.95 的区间估计。

第 13 章 类别变量与尺度变量关系的假设检验——一元方差分析

第 1 节 一元方差分析的原理

一、一元方差分析的统计思想

在描述统计中我们学习了分析类别变量与尺度变量之间关系的方法。如果类别变量取不同值时，尺度变量的平均值有较大差异，则认为类别变量与尺度变量相关。如果上述分析是基于随机样本数据进行的，而且分析的目的是用样本的计算结果推论总体，就应进行假设检验。检验采用的方法就是方差分析。

如果在总体中类别变量取不同值时，尺度变量的平均值没有差异，则两个变量不相关。从总体中随机抽出样本后，由于随机误差的存在，在样本中类别变量取不同值时，尺度变量的平均值一般会有一定的差异。方差分析的目的就是明确在样本中当类别变量取不同值时，尺度变量平均值的差异达到多大才能够确认总体中各个类别上尺度变量的平均值差异显著。

样本中各个类别的平均值的差异达到多大时可以推论总体呢？要回答这个问题，先要确定比较对象和比较方法。方差分析的思想是将样本的全部离差平方和分解为两部分，即组间离差平方和与组内离差平方和。组间离差平方和反映的是各个类别的平均值的差异，它的大小是由类别变量决定的，类别变量对尺度变量的影响越大，组间离差平方和就越大。组内离差平方和是各个类别内部每个个体与该类别平均值的差异，它的大小是由类别变量以外的其他因素决定的。将组间离差平方和与组内离差平方和进行比较，如果组间离差平方和大而组内离差平方和小，则说明尺度变量的差异主要是由类别变量引起的，可以认为当类别变量取不同水平时尺度变量平均值的差异显著，两个变量相关。如果组间离差平方和小而组内离差平方和大，则说明尺度变量的差异主要是由类别变量以外的其他因素引起的，类别变量对尺度变量的影响并不大，此时认为两个变量不相关。

二、离差平方和的分解

设有两个变量 x，y。x 为类别变量，共有 m 个取值，即 A_1，A_2，…，A_m。y 为尺度变量。现从中做如下随机抽样：从 A_1 中抽 n_1 个，从 A_2 中抽 n_2 个，…，从 A_m 中抽 n_m 个，然后计算每个类别变量 y_i 的平均值。如表 13-1 所示。

表 13-1　不同类别的平均值统计表

A_1	A_2	…	A_i	…	A_m
y_{11}	y_{21}	…	y_{i1}	…	y_{m1}
y_{12}	y_{22}	…	y_{i2}	…	y_{m2}
⋮	⋮	⋮	⋮	⋮	⋮
y_{1n_1}	y_{2n_2}	…	y_{in_i}	…	y_{mn_m}
$\bar{y}_1=\frac{\sum_{j=1}^{n_1}y_{1j}}{n_1}$	$\bar{y}_2=\frac{\sum_{j=1}^{n_2}y_{2j}}{n_2}$	…	$\bar{y}_i=\frac{\sum_{j=1}^{n_i}y_{ij}}{n_i}$	…	$\bar{y}_m=\frac{\sum_{j=1}^{n_m}y_{mj}}{n_m}$

表中的 $\bar{y}_1$，$\bar{y}_2$，…，$\bar{y}_m$ 称为组内平均值。

对所有的观测值计算总平均值 $\bar{y}$：

$$\bar{y}=\frac{1}{n}\sum_{i=1}^{m}\sum_{j=1}^{n_i}y_{ij}=\frac{1}{n}\sum_{i=1}^{m}n_i\bar{y}_i \tag{13-1}$$

总离差平方和是所有的个体相对于总平均值的离差平方和，用 TSS 表示。

$$TSS=\sum_{i=1}^{m}\sum_{j=1}^{n_i}(y_{ij}-\bar{y})^2 \tag{13-2}$$

组内离差平方和是每一类别中的个体相对于这个类别平均值的离差平方和，也称剩余平方和。它反映的是除类别变量以外的其他因素引起的变化，用 WSS 表示。

$$WSS=\sum_{i=1}^{m}\sum_{j=1}^{n_i}(y_{ij}-\bar{y}_i)^2 \tag{13-3}$$

组间离差平方和是以每一组的平均值取代了该组的全部个体之后，计算的相对于总平均值的离差平方和。它反映的是类别变量对尺度变量的影响，用 BSS 表示。

$$BSS=\sum_{i=1}^{m}\sum_{j=1}^{n_i}(\bar{y}_i-\bar{y})^2=\sum_{i=1}^{m}n_i(\bar{y}_i-\bar{y})^2 \tag{13-4}$$

可以证明（略），三个平方和之间存在下述关系

$$TSS=WSS+BSS \tag{13-5}$$

例 13－1

计算例 5－2 中不同文化程度居民的住房面积分布的平均值与离差平方和。

解：由例 5－2 中的表 5－3 可知

$$\bar{y}_1=\frac{\sum_{j=1}^{5}y_{1j}}{5}=43.72,\quad \bar{y}_2=\frac{\sum_{j=1}^{13}y_{2j}}{13}=47.72,\quad \bar{y}_3=\frac{\sum_{j=1}^{9}y_{3j}}{9}=60.27$$

$$\bar{y}_4=\frac{\sum_{j=1}^{7}y_{4j}}{7}=62.77,\quad \bar{y}_5=\frac{\sum_{j=1}^{7}y_{5j}}{7}=67.89,\quad \bar{y}_6=\frac{\sum_{j=1}^{5}y_{6j}}{5}=83.8$$

$$\bar{y}=\frac{\sum_{i=1}^{6}\sum_{j=1}^{n_i}y_{ij}}{46}=59.02$$

$$\begin{aligned}TSS&=\sum_{i=1}^{6}\sum_{j=1}^{n_i}(y_{ij}-\bar{y})^2\\&=(26.5-59.02)^2+(36.8-59.02)^2+\cdots+(120.8-59.02)^2\\&=27\,012.61\end{aligned}$$

$$\begin{aligned}WSS&=\sum_{i=1}^{6}\sum_{j=1}^{n_i}(y_{ij}-\bar{y}_i)^2\\&=(26.5-43.72)^2+\cdots+(70.0-43.72)^2+(20.4-47.72)^2+\cdots\\&\quad+(80.2-47.72)^2+(28.0-60.27)^2+\cdots+(98-60.27)^2\\&\quad+(36-62.77)^2+\cdots+(107.6-62.77)^2+(38.7-67.89)^2+\cdots\\&\quad+(114.7-67.89)^2+(56.4-83.8)^2+\cdots+(120.8-83.8)^2\\&=20\,447.89\end{aligned}$$

$$\begin{aligned}BSS&=\sum_{i=1}^{6}\sum_{j=1}^{n_i}(\bar{y}_i-\bar{y})^2=\sum_{i=1}^{6}n_i(\bar{y}_i-\bar{y})^2\\&=5\times(43.72-59.02)^2+13\times(47.72-59.02)^2+9\times(60.27-59.02)^2\\&\quad+7\times(62.77-59.02)^2+7\times(67.89-59.02)^2+5\times(83.8-59.02)^2\\&=6\,564.72\end{aligned}$$

第 2 节　方差分析方法

一、方差分析的假定条件

任何一种统计分析方法都有一定的使用限制条件，在条件满足的情况下应用才能得出正确的结论。方差分析方法对总体的分布有一定的要求，但总体分布是未知的，在进行方差分析之前要先假定总体满足这些条件，然后用样本数据检验这些条件是否真正得到满足。因此，这些限制条件也称为方差分析的假定条件。只有总体满足这些假定条件，假设检验时统计量的分布才是确定的。

（一）等方差性

等方差性假定指的是总体中类别变量 x 的每一个取值 A_1，A_2，…，A_m 所对应的 y 的分布都具有相同的方差，即 $\sigma_1^2=\sigma_2^2=\cdots=\sigma_m^2$。图 13-1 是在类别变量取不同水平时尺度变量分布等方差的散点图，图 13-2 则是尺度变量分布不等方差的散点图。

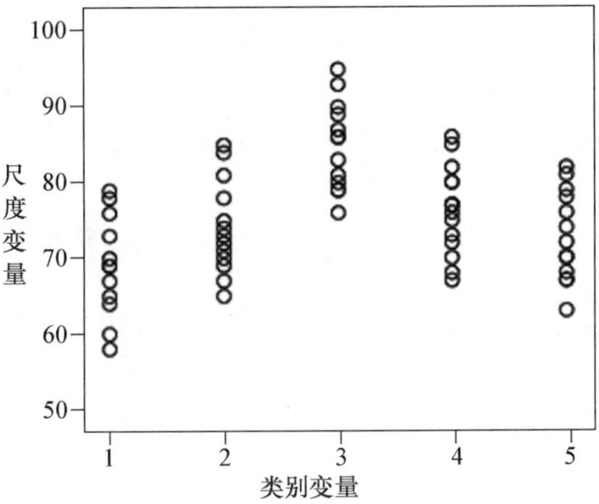

图 13-1 等方差散点图

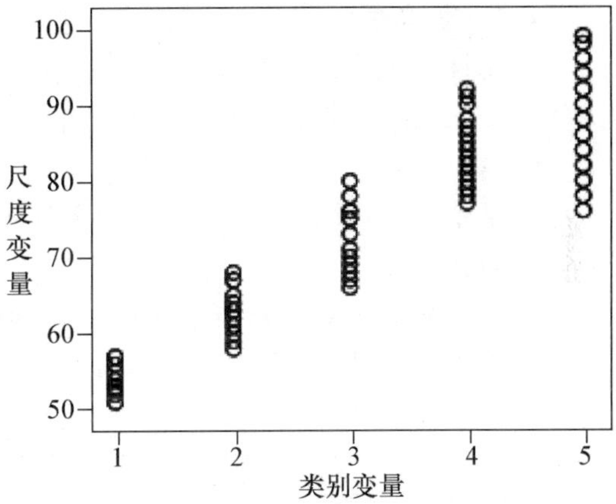

图 13-2 不等方差散点图

设样本中类别变量取不同类别时，尺度变量分布的方差为 s_1^2，s_2^2，…，s_m^2。由于随机误差的干扰，即便总体中各个类别的方差相等，样本中各个类别的方差一般也不相等。但是，如果样本来自各个类别方差相等的总体，则各个类别的方差相距甚远的可能性就不大。等方差性检验的过程比较复杂，计算量也比较大。使用 SPSS 统计软件进行分析时，可以通过选项选择等方差性检验，本书不作详细介绍。简单的判断方法是将 k 个样本方差中最大的 $\max(s_i^2)$ 与最小的 $\min(s_i^2)$ 相比，比值不超过 3 即可认为总体的分布等方差，即

$$\frac{\max(s_i^2)}{\min(s_i^2)}\leqslant 3$$

例 13-2

用例 5-2 中的数据检验总体中不同文化程度居民住房面积的分布是否具有等方差性。

解： $s_1^2=262.3$，$s_2^2=331.2$，$s_3^2=680.1$，$s_4^2=584.1$，$s_5^2=630.1$，$s_6^2=674.6$。

则 $\max(s_i^2)=s_3^2=680.1$， $\min(s_i^2)=s_1^2=262.3$

$$\frac{\max(s_i^2)}{\min(s_i^2)}=\frac{680.1}{262.3}=2.59$$

可见，例5-2中不同文化程度居民住房面积的分布满足等方差性假定。

若总体不满足等方差性假定，则意味着总体中各个类别之间存在显著差异，从而无须再做均值是否相等的检验。等方差性假定实际上是要求总体中各个类别的平均值具有可比性。如果两个类别的离散程度差异过大，即便它们的均值相等，也不应该得出两个类别无显著差异的结论。

（二）正态性

正态性假定指的是当总体中 x 的取值为 A_i 时，对应的 y_i 的分布应为正态分布。如果总体分布未知，则可以采用非参数检验的方法根据样本值检验总体是否服从正态分布（见第14章第1节）。

若某个 y_i 不服从正态分布，则无法得出检验统计量的精确分布，此时方差分析的结果是无效的。

概括起来，方差分析要求总体中类别变量的每一个取值所对应的尺度变量应服从正态分布（见表13-2）。

表13-2　方差分析对因变量分布的要求

x（类别变量）	y（尺度变量）
$x=A_1$	$y_1 \sim N(\mu_1, \sigma^2)$
$x=A_2$	$y_2 \sim N(\mu_2, \sigma^2)$
⋮	⋮
$x=A_m$	$y_m \sim N(\mu_m, \sigma^2)$

二、方差分析的步骤

（一）方差分析的原假设与备择假设

因为方差分析的目的是明确总体中类别变量取不同值时尺度变量均值的差异是否显著，所以方差分析的原假设是 H_0：$\mu_1=\mu_2=\cdots=\mu_m$，即总体中类别变量取各个类别对应的尺度变量的均值相等，备择假设为 H_1：至少有一个类别对应的尺度变量的均值与其他类别不相等。

（二）方差分析检验的统计量

对假设进行检验，最重要的是确定统计量。在总体满足上述条件且原假设成立的条件下，根据抽样分布的研究可知

$$F=\frac{BSS/(m-1)}{WSS/(n-m)}=\frac{\sum_{i=1}^{m}\sum_{j=1}^{n_i}(\bar{y}_i-\bar{y})^2/(m-1)}{\sum_{i=1}^{m}\sum_{j=1}^{n_i}(y_{ij}-\bar{y}_i)^2/(n-m)}\sim F(m-1,n-m) \quad (13-6)$$

式（13-6）中的 F 就是方差分析检验的统计量。因此，方差分析的检验也称为 F 检验。F 统计量是平均组间离差平方和与平均组内离差平方和的比。组间离差平方和反映的是各个类别平均值之间的差异，而原假设是总体中各个类别的平均值相等。在原假设成立的条件下，样本中各个类别的平均值差异很大的可能性是很小的。如果用样本观察值计算的 F 统计量的值很大，比如远远大于 1，就意味着在总离差平方和中组间离差平方和占的比例大，尺度变量的差异主要是由类别变量引起的，我们就拒绝原假设，认为在总体中各个类别的平均值差异显著。反之，如果用样本观察值计算的 F 统计量的值很小，就意味着在总离差平方和中组内离差平方和占的比例大，尺度变量的差异主要是由类别变量以外的其他因素引起的，各个类别的平均值差异很小，我们就接受原假设，认为在总体中各个类别的平均值无显著差异。

抽样结束后，将利用样本观察值计算的 BSS 和 WSS 代入式（13-6），即可计算出样本统计量 F 的值。

（三）根据小概率标准确定临界值、接受域和拒绝域

对于给定的显著性水平 α，通过查 F 分布表可以确定临界值 F_α。由于 F 值越大越有利于拒绝原假设，F 值越小越有利于接受原假设，因此，F 检验是一个单侧检验。检验的拒绝域为：$F>F_\alpha$。拒绝域与显著性水平 α 的关系如图 13-3 所示。

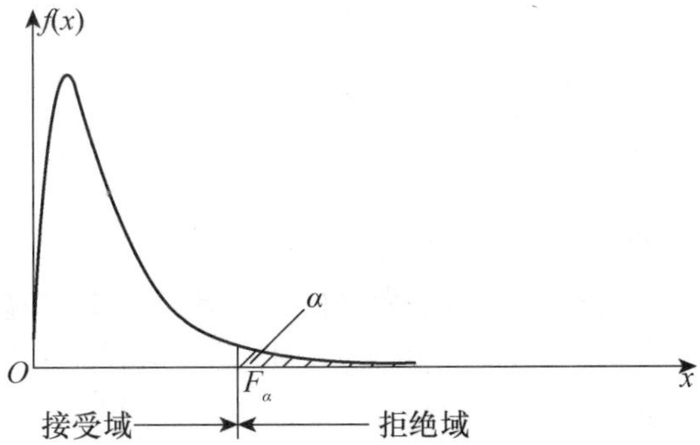

图 13-3　F 检验的拒绝域

（四）确定是否拒绝原假设

如果利用样本数据计算出的 F 值小于 F_α，则可以接受原假设，认为总体中各个类别的平均值无显著差异。如果利用样本数据计算的 F 值大于 F_α，就拒绝原假设。此时，可以认为总体中类别变量取不同水平时各个类别尺度变量平均值的差异显著，也可以认为至少有一个类别的尺度变量的平均值与其他类别相比差异显著。

例 13-3

利用例 5-2 的数据检验该城市不同文化程度居民的住房面积是否有显著差异。（$\alpha=0.05$。）

解：已知 $m=6$，$n=46$。

已经计算得 $BSS=6\ 564.72$，$WSS=20\ 447.89$。

原假设与备择假设为：

$H_0: \mu_1=\mu_2=\cdots=\mu_6$

H_1：至少有一个类别的均值与其他类别不相等

查表得 $F_{0.05}(5, 40)=2.45$。

$$F=\frac{BSS/(m-1)}{WSS/(n-m)}=\frac{6\,564.72/(6-1)}{20\,447.89/(46-6)}=\frac{1\,312.94}{511.2}=2.568$$

因为 $F>F_{0.05}$，所以拒绝原假设，即认为不同文化程度居民的住房面积有显著差异。

三、F 检验与相关比率的关系

在描述统计中，相关比率 *eta* 是描述类别变量与尺度变量关系的特征值，是基于消减误差比例的思想构建的。但它与 F 检验具有一致性。这从它们的计算公式中可以看出。

$$eta=\sqrt{\frac{E_1-E_2}{E_1}}=\sqrt{\frac{\sum_{i=1}^{m}\sum_{j=1}^{n_i}(y_{ij}-\bar{y})^2-\sum_{i=1}^{m}\sum_{j=1}^{n_i}(y_{ij}-\bar{y}_i)^2}{\sum_{i=1}^{m}\sum_{j=1}^{n_i}(y_{ij}-\bar{y})^2}}=\sqrt{\frac{BSS}{TSS}} \tag{13-7}$$

$$F=\frac{BSS/(m-1)}{WSS/(n-m)} \tag{13-8}$$

因为在 *eta* 和 F 的计算公式中分子都含有组间离差平方和，所以如果计算的 F 值较大，则相关比率 *eta* 的值也会比较大。两者的差异在于，相关比率描述的是组间离差平方和在总离差平方和中所占的比例，而 F 值描述的是平均组间离差平方和是平均组内离差平方和的几倍。如果 F 检验的结果能够拒绝原假设，就认为相关比率也达到了显著性水平。

习　题

1. 某初中为了解本校学生的课外阅读时间，在学区内随机抽取三个年级各 5 名学生，要求其每天记录课外阅读的时间。一个月后，得到被调查学生的课外阅读时间，如下表所示（假设学生课外阅读时间服从正态分布）。

学生课外阅读时间的调查结果　　单位：小时

一年级	二年级	三年级
94	72	12
101	62	26
99	58	25
89	58	32
72	45	24

问：不同年级学生的课外阅读时间是否有显著差异？($\alpha=0.05$。)

2. 一家汽车修理培训学校在学员中随机抽取了 18 名，调查大家对学习内容的满意程度，不同文化程度的学员对学习内容满意程度的评分如下表所示（评分标准为 1～10，10 代表非常满意）（假设学员对学习内容的满意度评分服从正态分布）。

学员对学习内容的满意度评分

高中文化程度	初中文化程度	小学及以下文化程度
7	8	5
7	9	6
8	8	5
7	10	7
9	9	4
	10	8
	8	

要求：检验学员文化程度的不同是否会导致评分存在显著性差异。($\alpha=0.05$。)

3. 从某中学初二年级的三个班级中随机抽取 12 名男生，测得他们的身高如下表所示（假设男生的身高服从正态分布）。

男生身高的调查结果　　单位：厘米

样本 1	样本 2	样本 3
158	153	169
148	142	158
161	156	177
154	149	
169		

要求：检验这三个班级男生的身高是否存在显著差异。($\alpha=0.01$。)

4. 在东、中、西部三个地区随机抽取了 16 个环保重点城市空气质量达到及好于二级的天数数据（单位：天；假设三个地区环保重点城市空气质量达到及好于二级的天数服从正态分布），如下表所示。

环保重点城市空气质量达到及好于二级的天数

东部地区	中部地区	西部地区
240	177	287
304	292	346
309	275	346
257	322	356
293		296
342		277

资料来源：国家统计局．中国统计年鉴：2020．北京：中国统计出版社，2020：245.

要求：检验东、中、西部三个地区环保重点城市空气质量达到及好于二级的天数是否存在显著性差异。($\alpha=0.05$。)

5. 为考察商品在货架上的摆放位置对其销售量是否存在显著影响，某连锁超市公司在地理位置、顾客流量等因素相差不多的16家超市几乎相同位置的货架的不同部位摆放某种饮料，随机抽取了该饮料1天的销售量，数据如下表所示（假设饮料销售量服从正态分布）。

商品在货架上的摆放部位与销售量

单位：瓶

货架上部	货架中部	货架下部
25	24	12
18	36	13
35	38	19
20	45	15
23	32	7
		12

要求：检验摆放在货架的不同部位对商品销售量的影响是否显著。($\alpha=0.05$。)

6. 某企业准备从三种方法中选取一种组装新产品。为确定采用哪种方法每小时组装的产品数量最多，随机抽取了30名技术相当的工人，并为每个人随机指定一种组装方法。对产品数进行方差分析得到下面的结果：

方差分析表

差异源	平方和	自由度	平均平方和	F值	p值	F检验的临界值
组间			210		0.245 9	3.354 1
组内	3 836			—	—	—
总计		29	—	—	—	—

要求：

(1) 完成上面的方差分析表；

(2) 检验三种方法组装的产品数量之间是否有显著差异。($\alpha=0.05$。)

第14章 非参数检验

前几章所使用的假设检验方法大多是用样本的特征值对总体的特征值进行检验，如用样本均值检验总体均值，用样本频率检验总体频率，用样本方差检验总体方差等。由于总体特征值也是抽样分布的参数，因此这样的检验均称为参数检验。参数检验对总体有一定的要求，如服从正态分布、等方差，等等。由于假设检验都是对未知总体进行的，因此总体是否服从正态分布或是否等方差也是未知的。要应用参数检验，就要先对总体是否服从正态分布、是否等方差进行检验。非参数检验就提供了利用样本数据的分布来检验总体是否服从某种分布的方法。如果检验的结果是总体不满足参数检验的要求，就不能使用参数检验的方法进行检验。此时，非参数检验可以起到替代的作用。

非参数检验对总体没有要求，因此应用范围更广泛。但非参数检验的效能不及参数检验。据研究，非参数检验的效能大约是参数检验的 95%。如果要达到同样的显著性水平，非参数检验所需的样本容量要比参数检验大一些。在小样本的情况下，可能出现用参数检验的方法可以拒绝原假设，但用非参数检验的方法却达不到拒绝原假设的显著性水平的情况。

非参数检验可以分为两大类：一类是单个总体分布特征的检验，即通过样本数据来检验其总体是否服从某种特定的分布。非参数检验可以为参数检验验证使用条件是否成立。比如，在方差分析之前先用非参数检验的方法检验总体是否服从正态分布。另一类是通过比较两个或多个样本的分布特征来确定两个或多个总体的分布是否有显著差异的检验。与每一种参数检验相对应，都有一种或几种非参数检验的方法，本章只介绍最常用的非参数检验方法。

第1节 单个总体分布特征的检验

单个总体分布特征的检验是用样本的分布来检验总体是否服从某一特定的分布。

一、类别变量分布特征的检验——卡方检验

（一）类别变量分布特征检验的统计思想

类别变量的分布特征指的是类别变量的频次或频率分布。类别变量分布特征的检验就是用样本中的频次或频率分布来检验总体中的频次或频率分布。检验的思想是先对各个类别在总体中的频率分布提出原假设，然后根据这个原假设计算在样本中各个类别应该有的频次分布，这个频次分布称为期望频次分布。接下来将样本观察值的频次分布与期望频次分布进行比较，如果差异不大，意味着在原假设成立的条件下这个样本出现的可能性比较大，原假设是正确的；如果差异很大，则意味着在原假设成立的条件下这个样本出现的可能性很小，原假设是错误的。

（二）类别变量分布特征检验的方法

1. 检验的原假设与备择假设

设在一个分布未知的总体中，变量 A 共有 A_1，A_2，…，A_k 等 k 类。现从总体中随机抽出一个容量为 n 的样本。样本观察值中各类的频次分别为 n_1，n_2，…，n_k。想通过样本的频次分布来检验总体是否服从某一特定的分布，就要先对总体的分布提出原假设。通常，原假设与备择假设为 H_0：$\pi_i=\pi_{i0}$，H_1：$\pi_i\neq\pi_{i0}$（$i=1, 2, \cdots, k$）。π_{i0} 是根据要检验的分布特征计算的总体中各类别的频率，据此计算的样本期望频次为 $E_i=n\pi_{i0}$。上述类别变量的取值、样本的频次分布、原假设的频率分布以及根据原假设计算的期望频次分布可归结为表 14-1。

表 14-1　单变量分布期望频次的计算

A	A_1	A_2	…	A_k
n_i	n_1	n_2	…	n_k
π_i	π_{10}	π_{20}	…	π_{k0}
E_i	$E_1=n\pi_{10}$	$E_2=n\pi_{20}$	…	$E_k=n\pi_{k0}$

2. 确定检验的统计量并计算样本统计量的值

χ^2 检验不仅适用于列联表，也适用于单变量分布的检验。根据观察频次与期望频次的差计算的 χ^2 值为：

$$\chi^2=\sum_{i=1}^{k}\frac{(n_i-E_i)^2}{E_i}\sim\chi^2(k-1) \qquad (14-1)$$

式中的 χ^2 就是类别变量单个总体分布特征检验的统计量。将样本数据代入式（14-1），即可计算出样本统计量的值。

3. 确定拒绝域并得出检验结论

根据显著性水平 α 和自由度 $k-1$ 可以查表确定临界值 $\chi^2_\alpha(k-1)$。因为 χ^2 值越大说明观察频次与期望频次的差异越大，所以 χ^2 检验是单侧检验。检验的拒绝域为 $\chi^2>\chi^2_\alpha(k-1)$。如果根据样本数据计算出的 χ^2 值大于 $\chi^2_\alpha(k-1)$，就拒绝原假设，认为总体不服从原假设的分布。

例 14－1

通过以往的调查得知，某校大学生对周边环境满意度的分布为 30%“满意”、40%“说不清”、30%“不满意”。现抽取 200 人进行校园周边环境满意度的调查，有 80 人“满意”，60 人“说不清”，60 人“不满意”。问：该校大学生对校园周边环境的满意度是否有变化？（$\alpha=0.05$。）

解：已知 $n=200$，$\alpha=0.05$。

提出原假设

H_0：$\pi_{10}=0.3$，　$\pi_{20}=0.4$，　$\pi_{30}=0.3$

H_1：上面等式不全成立

$E_1=0.3\times200=60$，　$E_2=0.4\times200=80$，　$E_3=0.3\times200=60$

可将以上数据收归表 14－2。

表 14－2　大学生对校园周边环境的满意度分布

指标	满意	说不清	不满意
π_{i0}	0.3	0.4	0.3
n_i	80	60	60
E_i	60	80	60

查表得 $\chi^2_{0.05}(3-1)=5.99$。检验统计量

$$\chi^2=\frac{(80-60)^2}{60}+\frac{(60-80)^2}{80}+\frac{(60-60)^2}{60}$$
$$=6.67+5+0=11.67$$

因为 $\chi^2>\chi^2_{0.05}(2)$，所以拒绝原假设，即认为该校大学生对校园周边环境的满意度有变化。

二、尺度变量分布特征的检验——Kolmogorov-Smirnov 单个样本检验

总体服从正态分布是进行两个样本的 t 检验、方差分析以及回归分析的前提。如何知道总体是否服从正态分布，或总体服从什么样的分布呢？非参数检验可以提供有效的方法。

（一）Kolmogorov-Smirnov 单个样本检验的统计思想

通过样本分布来检验总体分布特征的方法是柯尔莫可洛夫-斯米诺夫（Kolmogorov-Smirnov）检验，也称累计频率检验。检验的基本思想是根据原假设利用样本的特征值构造一个期望分布的分布函数，然后计算样本的累计频率与期望分布函数差的绝对值的最大值。这个值能够说明样本分布与期望分布之间的差异。这个值也称为 Kolmogorov-Smirnov 统计量。如果这个值很大，就说明这个样本不是来自期望分布的总体，可以拒绝原假设。在 SPSS 统计软件中提供了四种期望分布，即正态分布、均匀分布、泊松分布和

指数分布。考虑到应用最多的是检验总体是否服从正态分布，现以检验总体是否服从正态分布为例介绍 Kolmogorov-Smirnov 检验方法。

（二）小样本的 Kolmogorov-Smirnov 检验方法

设从未知总体中随机抽出一个容量为 n 的样本。设变量 x 是有 k 个取值的尺度变量，样本均值为 $\bar{x}$，样本标准差为 s。通过这个样本来检验总体是否服从正态分布，检验步骤如下。

1. 计算样本的累计频率

将样本的 x 值从小到大排列，如表 14－3 中的第一列所示，在该列中 $x_1<x_2<\cdots<x_k$。先计算样本中每个变量出现的频次，如表 14－3 中的第二列所示。然后根据 x 的取值从小到大计算累计频次，如表 14－3 中的第三列所示。在此基础上计算对应变量 x 各个值的累计频率 cf，如表 14－3 中的第四列所示。

表 14－3　累计频率表

x	频次	累计频次	累计频率 cf
x_1	n_1	n_1	n_1/n
x_2	n_2	n_1+n_2	$(n_1+n_2)/n$
⋮	⋮	⋮	⋮
x_k	n_k	$n_1+n_2+\cdots+n_k$	$(n_1+n_2+\cdots+n_k)/n$

2. 提出原假设与备择假设

Kolmogorov-Smirnov 单个样本的检验是非参数检验，因此，原假设不再是总体中的某个参数等于某个值，而是总体服从某个期望分布。如果要检验总体是否服从正态分布，Kolmogorov-Smirnov 单个样本检验的原假设是：在总体中变量 x 服从均值为 $\bar{x}$，方差为 s^2 的正态分布，即 H_0：$X\sim N(\bar{x},\ s^2)$。这个正态分布也称为期望分布。备择假设是总体不服从正态分布。

3. 计算期望分布的分布函数值

根据原假设，期望分布的分布函数为：

$$F(x)=\frac{1}{\sqrt{2\pi}s}\int_{-\infty}^{x}\mathrm{e}^{-\frac{(x-\bar{x})^2}{2s^2}}\mathrm{d}x \tag{14-2}$$

根据上式可以计算出对应于变量 x 每一个取值的分布函数 $F(x)$ 的值，这些值称为期望累计频率。可以利用标准正态分布表求得 $F(x)$ 的值。先将变量 x 标准化，可得

$$Z=\frac{x-\bar{x}}{s}$$

将上式代入式（14－2）可得

$$F(x)=\Phi(z)=\frac{1}{\sqrt{2\pi}}\int_{-\infty}^{z}\mathrm{e}^{-\frac{z^2}{2}}\mathrm{d}z \tag{14-3}$$

在式（14－3）中，对应于样本数据计算出的 z 值，可以从标准正态分布表中查出 $\Phi(z)$ 的值。

4. 计算期望累计频率与样本累计频率差的最大值

将期望累计频率与样本累计频率的值进行比较，即用样本累计频率减期望累计频率，可以计算出 k 个累计频率差。

$$d_i = cf_i - F(x_i),\quad i=1,2,\cdots,n \tag{14-4}$$

找到这 k 个差值绝对值的最大值，令这个值为 D，则有

$$D=\max(|d_1|,|d_2|,\cdots,|d_k|) \tag{14-5}$$

图 14－1 是变量 x 有 7 个取值的情况下期望累计频率与样本累计频率差的示意图。

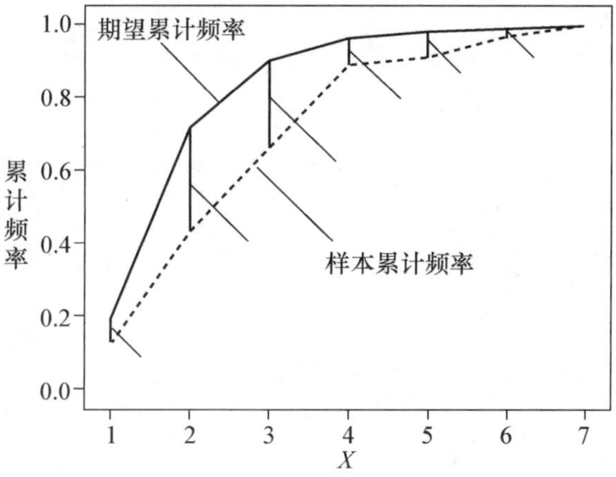

图 14－1　期望累计频率与样本累计频率分布示意图

5. 将 D 与临界值相比较得出检验结论

在样本容量 $n \leqslant 40$ 的情况下，统计学家根据 D 的分布制作了单个样本分布特征检验的 Kolmogorov-Smirnov 分布表，见书末的附表 6。对应样本容量和显著性水平可以直接查出临界值 D_α。用样本数据计算出 D 值后，如果 $D>D_\alpha$，就拒绝原假设。

但要注意，当样本容量很小时检验的结果不是很可信，因为样本容量越小，越容易与各种曲线拟合。比如，只有一个值，可以认为它是任何分布上的一点。只有两个值，也可以拟合各种曲线。只有样本容量很大时，样本的累计频率才能表现出分布曲线的特征。此时将其与期望的分布函数曲线进行比较才有价值。

例 14－2

某校在一次考试后随机抽取了 10 名学生，其考试成绩如表 14－4 的第二列所示。检验总体成绩是否服从正态分布。($\alpha=0.05$。)

表 14－4　考试成绩

序号	考试成绩 x	频率	累计频率	z 值	期望累计频率	d_i
1	60	0.1	0.1	−1.54	0.061 8	0.04
2	65	0.1	0.2	−0.77	0.220 6	−0.02

续表

序号	考试成绩 x	频率	累计频率	z 值	期望累计频率	d_i
3	66	0.1	0.3	−0.62	0.267 6	0.03
4	67	0.1	0.4	−0.46	0.322 8	0.08
5	68	0.1	0.5	−0.31	0.378 3	0.12
6	70	0.1	0.6	0.0	0.500 0	0.10
7	71	0.1	0.7	0.15	0.559 6	0.14
8	72	0.1	0.8	0.31	0.621 7	0.18
9	80	0.1	0.9	1.54	0.938 2	−0.04
10	81	0.1	1	1.69	0.954 5	0.05

解：已知 $n=10$。

计算观察值的频率及累计频率，如表 14－4 中的第三列和第四列所示。

根据表 14－4 中“考试成绩”的数据计算得

$$\bar{x}=\frac{60+65+66+67+68+70+71+72+80+81}{10}=70(\text{分})$$

$$s=\sqrt{\frac{(60-70)^2+(65-70)^2+\cdots+(81-70)^2}{9}}=6.5(\text{分})$$

原假设与备择假设为：

H_0：$X\sim N(70,\ 6.5^2)$，即总体服从 $\mu=70$，$\sigma=6.5$ 的正态分布

H_1：总体不服从正态分布

计算各观察值所对应的期望分布的 z 值，如表 14－4 中的第五列所示。计算方法为：

$$z=\frac{x-70}{6.5}$$

根据 z 值查标准正态分布表可得到期望分布函数的值，也就是期望累计频率值，如表 14－4 中的第六列所示。图 14－2 是根据表 14－4 中的第四列和第六列绘制的期望累计分布与样本累计分布的折线图。

计算样本累计频率与期望累计频率的差值，如表 14－4 中的第七列所示。可见，在 $x=72$ 时这个差值达到最大。即

$$D=0.18$$

查附表 6 得，当 $n=10$，$\alpha=0.05$ 时 D 的临界值为：$D_\alpha=0.409$。

因为 $D<D_\alpha$，所以接受原假设，认为样本来自正态分布的总体。

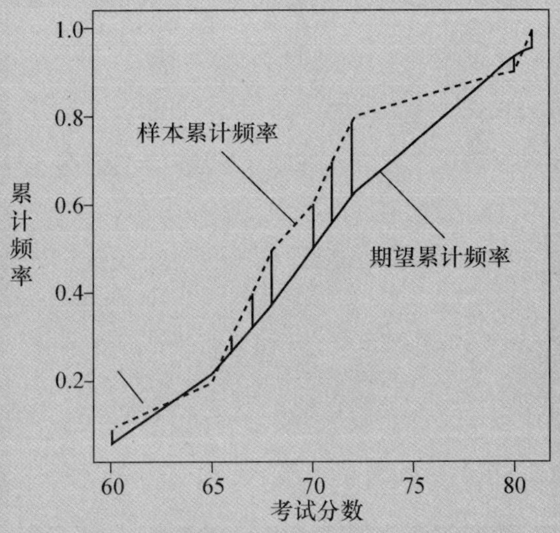

图 14-2　例 14-2 的期望累计频率与样本累计频率分布图

（三）大样本的 Kolmogorov-Smirnov 单个样本检验的方法

大样本的 Kolmogorov-Smirnov 检验过程与小样本相同。但是，当样本容量 $n>40$ 时，无法从书末的附表 6 中查到临界值 D_α。在大样本的情况下，检验总体分布特征时，先按照小样本检验的方法完成前 4 步，计算出 D 值。然后，对应样本容量和显著性水平，根据表 14-5 中提供的公式可以计算出临界值 D_α，如果 $D>D_\alpha$，就拒绝原假设。

表 14-5　临界值 D_α

显著性水平 α	0.1	0.05	0.02	0.01
D_α 的计算方法	$\frac{1.22}{\sqrt{n}}$	$\frac{1.36}{\sqrt{n}}$	$\frac{1.52}{\sqrt{n}}$	$\frac{1.63}{\sqrt{n}}$

例 14-3

某省高考结束后，随机抽取了 100 名考生。他们数学成绩的分布如表 14-6 中“考试成绩”与“频次”两列所示。

表 14-6　考生数学成绩分布

考试成绩	频次	累计频次	累计频率	z 值	期望累计频率	d_i
34	1	1	0.01	−3.03	0.00	0.01
37	1	2	0.02	−2.91	0.00	0.02
46	2	4	0.04	−2.55	0.01	0.03
55	1	5	0.05	−2.19	0.01	0.04
60	1	6	0.06	−1.99	0.02	0.04
63	1	7	0.07	−1.87	0.03	0.04
68	1	8	0.08	−1.67	0.05	0.03

续表

考试成绩	频次	累计频次	累计频率	z 值	期望累计频率	d_i
73	1	9	0.09	−1.48	0.07	0.02
75	2	11	0.11	−1.40	0.08	0.03
78	1	12	0.12	−1.28	0.10	0.02
79	1	13	0.13	−1.24	0.11	0.02
80	1	14	0.14	−1.20	0.12	0.02
83	1	15	0.15	−1.08	0.14	0.01
84	1	16	0.16	−1.04	0.15	0.01
85	1	17	0.17	−1.00	0.16	0.01
86	1	18	0.18	−0.96	0.17	0.01
87	1	19	0.19	−0.92	0.18	0.01
93	1	20	0.2	−0.68	0.25	−0.05
94	1	21	0.21	−0.64	0.26	−0.05
96	3	24	0.24	−0.56	0.29	−0.05
97	1	25	0.25	−0.52	0.30	−0.05
99	1	26	0.26	−0.44	0.33	−0.07
100	2	28	0.28	−0.40	0.35	−0.07
102	1	29	0.29	−0.32	0.38	−0.09
104	1	30	0.30	−0.24	0.41	−0.11
105	1	31	0.31	−0.2	0.42	−0.11
106	4	35	0.35	−0.16	0.44	−0.09
107	1	36	0.36	−0.12	0.45	−0.09
108	3	39	0.39	−0.08	0.47	−0.08
109	2	41	0.41	−0.04	0.48	−0.07
111	3	44	0.44	0.04	0.52	−0.08
112	3	47	0.47	0.08	0.53	−0.06
114	4	51	0.51	0.16	0.56	−0.05
115	3	54	0.54	0.20	0.58	−0.04
117	1	55	0.55	0.28	0.61	−0.06
118	2	57	0.57	0.32	0.63	−0.06
120	2	59	0.59	0.40	0.66	−0.07
121	2	61	0.61	0.44	0.67	−0.06
122	1	62	0.62	0.48	0.68	−0.06
123	2	64	0.64	0.52	0.70	−0.06
124	7	71	0.71	0.56	0.71	0.00
125	1	72	0.72	0.60	0.73	−0.01
127	6	78	0.78	0.68	0.75	0.03
128	1	79	0.79	0.72	0.76	0.03
129	1	80	0.80	0.76	0.78	0.02
130	3	83	0.83	0.80	0.79	0.04
135	3	86	0.86	1.00	0.84	0.02

续表

考试成绩	频次	累计频次	累计频率	z 值	期望累计频率	d_i
136	4	90	0.90	1.04	0.85	0.05
138	3	93	0.93	1.12	0.87	0.06
141	2	95	0.95	1.24	0.89	0.06
142	2	97	0.97	1.28	0.90	0.07
147	2	99	0.99	1.48	0.93	0.06
150	1	100	1	1.60	0.94	0.06

要求：检验总体中考生数学成绩是否服从正态分布。($\alpha=0.05$。)

解：已知 $n=100$，计算样本观察值的累计频次与累计频率，如表 14－6 中的第三列、第四列所示。

根据表 14－6 中"考试成绩"和"频次"的数据计算得

$$\bar{x}=\frac{34+37+\cdots+150}{100}=109.97(\text{分})$$

$$s=\sqrt{\frac{(34-109.97)^2+(37-109.97)^2+\cdots+(150-109.97)^2}{99}}=25.061(\text{分})$$

原假设与备择假设为：

H_0：$X\sim N(109.97,\ 25.061^2)$，即总体服从 $\mu=109.97$，$\sigma=25.061$ 的正态分布

H_1：总体不服从正态分布

计算各观察值所对应的期望分布的 z 值，如表 14－6 中的第五列所示。计算方法为：

$$z=\frac{x-109.97}{25.061}$$

根据 z 值查书末的附表 1 得到期望分布函数的值，即期望累计频率，如表 14－6 中的第六列所示。

计算累计频率与期望累计频率的差值，如表 14－6 中的第七列所示，可见，在 $x=105$ 时这个差值的绝对值达到最大。即

$$D=0.11$$

当 $n=100$，$\alpha=0.05$ 时，临界值

$$D_\alpha=\frac{1.36}{\sqrt{n}}=\frac{1.36}{\sqrt{100}}=0.136$$

因为 $D<D_\alpha$，所以接受原假设，即认为样本来自正态分布的总体。

第2节　两个总体分布一致性的检验——两个独立样本的检验

两个独立样本可能是研究者从两个独立总体中随机抽出的。如为研究两个城市在职职工的收入是否有差异，从每个城市中各抽出一个随机样本，这两个样本就是独立样本。两个独立样本也可能是将从一个总体中抽出的样本按照某种原则分为两类形成的。如从某高校中随机抽取了一个学生样本，分析男生和女生的学习成绩是否有差异。这时，男生样本和女生样本可以视为两个独立样本。两个独立样本还可能是从一个总体中随机抽出一个样本，这个样本又被随机地分为两部分，然后给予它们不同的对待形成的。如在社会学实验中将研究对象分为实验组和控制组，这两个组也可以被视为两个独立样本。

在参数检验中，利用两个独立样本的 t 检验方法，可以通过两个样本均值差的大小来确定这两个样本是否来自均值相同的总体。但 t 检验要求两个总体服从正态分布且分布方差相等。如果总体不满足这两个要求，t 检验得出的结论就是不可靠的。利用非参数检验的方法可以在对总体没有任何限定的情况下明确两个样本是否来自分布相同的总体。在非参数检验中有多种方法可以用来检验两个独立样本的分布是否具有一致性。本节介绍三种常用的方法。

一、秩和检验

秩和检验（Mann-Whitney U）适用于尺度变量两个独立样本分布的一致性检验。如果两个总体的分布不满足进行 t 检验的条件，则可采用秩和检验的方法达到 t 检验的目的。

（一）秩和检验的统计思想

在介绍秩和检验之前，先介绍“秩”的概念。变量 x 是一个尺度变量，将 n 个个体按照变量 x 取值的大小进行排序，并用 1，2，…，n 标出每个个体的等级，这些等级称为变量 x 的秩，用 $R(x)$ 表示。每个个体必须占有一个等级，秩的最小值为 1，最大值为 n。即

$$\min R(x)=1, \quad \max R(x)=n$$

如果有多个个体在变量 x 上取值相同，这些个体称为结，结的秩是这些取值相同的个体应该占有的所有等级的平均值。如表 14－7 所示是变量 x 的取值和对应的秩。其中 x 有两个结，一个是 3，一个是 7。它们对应的秩分别是 4 和 9.5。

表 14－7　变量 x 的秩

x	1	2	3	3	3	4	5	6	7	7
x 的秩 $R(x)$	1	2	4	4	4	6	7	8	9.5	9.5

秩和检验的统计思想为：如果两个总体具有相同的分布，从两个总体中分别抽出两个随机样本，则两个样本的分布不会有太大的差异。如果将两个样本的观测值混合排秩，这些秩会在两个样本的个体中交替出现。分别计算两个样本的秩和，任何一个样本的秩和非常大或非常小的可能性都很小。反之，如果来自一个样本的秩和太小（或太大），就意味着这个总体的变量值比另一个总体的变量值偏小（或偏大），也就说明两个样本的个体并

不是来源于两个分布相同的总体。有太多相同等级会影响检验的效果，因此这种检验方法适用于取值较多的尺度变量。

（二）小样本秩和检验的方法

设从总体 1 中抽出一个容量为 n_1 的样本 1，样本 1 中变量 x 的观察值为 x_{11}，x_{12}，…，x_{1n_1}；从总体 2 中抽出一个容量为 n_2 的样本 2，样本 2 中变量 x 的观察值为 x_{21}，x_{22}，…，x_{2n_2}。在两个独立样本的秩和检验中，小样本指的是 $n_1 \leqslant 10$，$n_2 \leqslant 10$。其中 $n_1 \leqslant n_2$，即始终将较小的样本视为样本 1。

1. 提出原假设与备择假设

由于秩和检验是非参数检验，检验的原假设与备择假设不再是数学表达式。原假设与备择假设为：

H_0：两个总体具有相同的分布，或两个总体的分布无显著差异

H_1：两个总体具有不同的分布，或两个总体的分布有显著差异

2. 确定秩和检验的统计量并计算样本统计量的值

将两样本混合后按变量值的大小排秩，然后计算样本 1 中所有取值的秩和，记为 T，即

$$T=R(x_{11})+R(x_{12})+\cdots+R(x_{1n_1}) \tag{14-6}$$

T 即为秩和检验的统计量。如果 T 非常大或者非常小，就说明这两个样本不是来自相同分布的总体。

3. 确定拒绝域并得出检验结论

在小样本的情况下（$n_1 \leqslant 10$，$n_2 \leqslant 10$），统计学家根据不同的显著性水平给出了 T 的下限 T_1 和上限 T_2 的值，见书末的附表 7。根据 α 查秩和检验表，可得到 T_1 和 T_2 的值。如果根据样本观察值计算出的 $T \leqslant T_1$ 或 $T \geqslant T_2$，就拒绝两个总体具有相同分布的原假设。

例 14-4

从某校学生中随机抽取了 15 名学生，调查他们一周内买零食的花费，结果如表 14-8 所示。问：男女学生买零食的花费有无差异？（$\alpha=0.05$。）

表 14-8　15 名学生买零食的花费

性别	买零食的花费 x							
男	2	15	9	8	4	3	10	6
女	5	11	18	20	7	16	9	

解：已知 $n_1=7$，$n_2=8$。

提出原假设与备择假设：

H_0：男女学生买零食的花费具有相同的分布

H_1：男女学生买零食的花费具有不同的分布

将上述 15 名学生买零食的花费按大小排秩，结果如表 14-9 所示。

表 14-9　15 名学生买零食花费的秩

性别	男	男	男	女	男	女	男	男	女	男	女	男	女	女	女
x	2	3	4	5	6	7	8	9	9	10	11	15	16	18	20
$R(x)$	1	2	3	4	5	6	7	8.5	8.5	10	11	12	13	14	15

计算女生的秩和：

$$T=4+6+8.5+11+13+14+15=71.5$$

查附表 7 秩和检验表得

$$T_1=41,\quad T_2=71$$

因为 $T>T_2$，所以拒绝原假设，即认为男女学生买零食的花费有显著差异，女生花费大于男生。

（三）大样本秩和检验的方法

大样本秩和检验的过程与小样本基本相同，只是当 $n_1>10$，$n_2>10$ 时，检验的临界值无法从秩和检验表中查出。在大样本的情况下进行秩和检验时，先按照小样本秩和检验的步骤计算出 T 值。统计学家已经证明了 T 服从正态分布，分布的均值为 μ_T，方差为 σ_T^2。即

$$T\sim N(\mu_T,\sigma_T^2) \tag{14-7}$$

式中

$$\mu_T=\frac{n_1(n_1+n_2+1)}{2} \tag{14-8}$$

$$\sigma_T^2=\frac{n_1n_2(n_1+n_2+1)}{12} \tag{14-9}$$

对式（14-7）进行标准化，可得

$$Z=\frac{T-\mu_T}{\sigma_T}\sim N(0,1) \tag{14-10}$$

式（14-10）中的 Z 即为大样本秩和检验的统计量。抽样结束后，可根据样本数据计算样本统计量的值 z。在大样本的情况下，可以通过查标准正态分布表来确定秩和检验的临界值与拒绝域。检验的拒绝域为：$|z|>z_{\alpha/2}$。

例 14-5

从某校学生中随机抽取了 24 名学生，他们的考试成绩如表 14-10 所示。

表 14-10　24 名学生的考试成绩

性别	考试成绩												
男	98	95	90	87	84	83	80	78	77	73	71	68	65
女	95	91	88	85	84	82	81	75	74	71	61		

问：男女学生的成绩有无差异？（$\alpha=0.05$。）

解：已知 $n_1=11$，$n_2=13$。

提出原假设与备择假设：

H_0：男女学生的成绩无显著差异

H_1：男女学生的成绩有显著差异

将男女生的考试成绩混合排秩，如表 14-11 所示。表中括号内的数据为秩。

表 14-11　24 名学生考试成绩的秩

性别	x，$R(x)$	性别	x，$R(x)$	性别	x，$R(x)$	性别	x，$R(x)$	性别	x，$R(x)$	性别	x，$R(x)$
男	98 (24)	男	90 (20)	男	84 (15.5)	女	81 (12)	女	75 (8)	女	71 (4.5)
女	95 (22.5)	女	88 (19)	女	84 (15.5)	男	80 (11)	女	74 (7)	男	68 (3)
男	95 (22.5)	男	87 (18)	男	83 (14)	男	78 (10)	男	73 (6)	男	65 (2)
女	91 (21)	女	85 (17)	女	82 (13)	男	77 (9)	男	71 (4.5)	女	61 (1)

计算女生考试成绩的秩和：

$$T=1+4.5+7+8+12+13+15.5+17+19+21+22.5=140.5$$

计算 T 的均值与方差：

$$\mu_T=n_1(n_1+n_2+1)/2=11\times(11+13+1)/2=137.5$$

$$\sigma_T^2=n_1n_2(n_1+n_2+1)/12=11\times13\times(11+13+1)/12=297.9$$

$$\sigma_T=\sqrt{297.9}=17.3$$

$$z=\frac{T-\mu_T}{\sigma_T}=\frac{140.5-137.5}{17.3}=0.173$$

查表得 $z_{0.025}=1.96$。

因为 $z<1.96$，所以接受两个总体具有相同分布的原假设，即认为男女学生的成绩没有显著差异。

例 14-6

从某校已毕业 10 年的毕业生中随机抽取了 79 名学生，他们的月收入如表 14-12 所示。

表 14-12　不同性别毕业生的收入

性别	月收入											
男	2 000	2 080	2 310	2 400	2 500	3 000	3 300	3 560	3 720	3 800	4 000	4 200
	4 280	4 350	4 500	4 630	4 880	5 220	5 350	5 400	5 420	5 470	5 500	5 800
	5 880	6 000	6 360	6 380	6 400	6 520	6 600	6 740	6 880	6 900	7 000	7 300
	7 500	7 750	7 900	8 000	8 400	8 800	9 000	9 400	9 800	9 800	10 000	10 500
	11 400	11 500	11 800	12 200	15 000	15 500	16 500	16 500	18 000	24 000	30 000	50 000
女	2 050	2 520	3 500	3 780	4 000	4 380	4 580	4 800	5 270	5 450	5 600	6 140
	6 500	6 800	7 860	8 600	9 500	11 300	14 000					

问：男女毕业生的月收入有无差异？（$\alpha=0.05$。）

解：已知 $n_1=19$，$n_2=60$。

提出原假设与备择假设：

H_0：男女毕业生的月收入无差异

H_1：男女毕业生的月收入有差异

将男女毕业生的月收入混合排秩的结果如表 14-13 所示。

表 14-13　男女毕业生月收入的秩

性别	月收入的秩																			
男	1	3	4	5	6	8	9	11	2	4	5.5	17	18	19	21	23	25	26	28	29	30
	32	33	35	36	37	39	40	41	43	44	45	47	48	49	50	51	52	54	55	56	58
	59	60	62.5	62.5	64	65	67	68	69	70	72	73	74.5	74.5	76	77	78	79			
女	2	7	10	13	15.5	20	22	24	27	31	34	38	42	46	53	57	61	66	71		

计算女生月收入的秩和：

$$\begin{aligned}T&=2+7+10+13+15.5+20+22+24+27+31+34+38+42+46+53\\&\quad+57+61+66+71\\&=639.5\end{aligned}$$

计算 T 的均值与方差：

$$\mu_T=\frac{n_1(n_1+n_2+1)}{2}=\frac{19\times(19+60+1)}{2}=760$$

$$\sigma_T^2=n_1n_2(n_1+n_2+1)/12=19\times60\times(19+60+1)/12=7\,600$$

$$\sigma_T=\sqrt{7\,600}=87.2$$

$$z=\frac{T-\mu_T}{\sigma_T}=\frac{639.5-760}{87.2}=-1.38$$

查表得 $|z_{0.025}|=1.96$。

因为 $z>-1.96$，所以，接受两个总体具有相同分布的原假设，即认为男女毕业生的收入没有显著差异。

二、游程检验

游程检验（Wald-Wolfowitz runs）适用于尺度变量的两个独立样本分布一致性的检验。如果两个总体的分布不符合 t 检验的条件，可采用游程检验的方法达到 t 检验的目的。

（一）游程检验的基本思想

将两个独立样本混合后，按大小排秩。如果两个总体有相同的分布，就不大可能出现来自一个总体的个体大部分是高秩而来自另一个总体的个体大部分是低秩的情况。两个样本的秩应是交错的。交错的次数越多，两个总体的一致性越强。根据交错的次数来判断总体分布是否相同的方法就是游程检验。

（二）小样本游程检验的方法

设从总体 1 中抽出一个容量为 n_1 的样本 1，样本 1 中变量 x 的观察值为 x_{11}，x_{12}，…，x_{1n_1}；从总体 2 中抽出一个容量为 n_2 的样本 2，样本 2 中变量 x 的观察值为 x_{21}，x_{22}，…，x_{2n_2}。两个独立样本游程检验的小样本指的是：$n_1 \leqslant 20$，$n_2 \leqslant 20$。其中 $n_1 \geqslant n_2$，即始终将较大的样本视为样本 1。

1. 提出原假设与备择假设

原假设与备择假设为：

H_0：两个总体具有相同的分布

H_1：两个总体具有不同的分布

2. 确定游程检验的统计量并计算样本统计量的值

游程检验的统计量是游程数，用 r 表示。现举例介绍游程数。假设抽取的两个样本如下：

样本 1：12　19　21　26　30

样本 2：13　17　23　25　29

将两个样本混合，并从小到大排秩。如果某个体属于样本 1，则在其秩下面写 0；如果某个体属于样本 2，则在其秩下面写 1。上述两个样本混合排秩的结果如表 14 - 14 所示。

表 14 - 14　游程检验的数据表

观察值	12	13	17	19	21	23	25	26	29	30
秩	1	2	3	4	5	6	7	8	9	10
0—1	0	1	1	0	0	1	1	0	1	0

根据表 14 - 14 做出的游程图如图 14 - 3 所示。

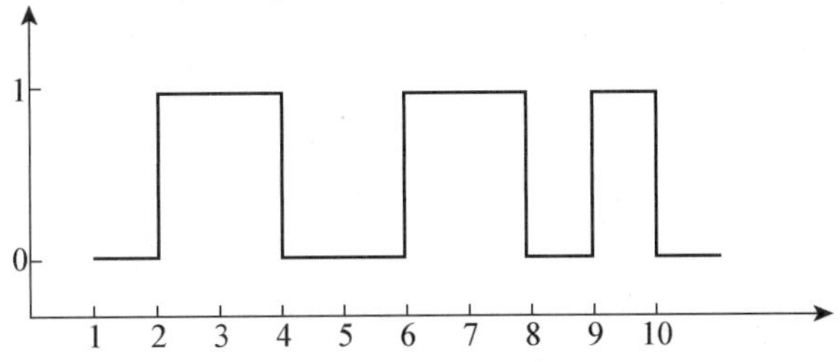

图 14 - 3　游程图

在游程图中，线段的一个持续称为一个游程。图14－3中有4个0游程、3个1游程，游程总数 $r=7$。

作为统计量，游程数反映的是在两个样本混合排秩的数列中两个样本交错出现的次数。如果两个总体具有相同的分布，那么将两个总体的个体混合排秩后，在数列中两个总体的个体交错的次数应该非常多，游程数也就非常多。如果两个总体的个体数均为 N，游程数最多可达 $2N$ 个。抽样结束，用样本数据混合排秩后即可计算出样本的游程数 r。

3. 确定拒绝域并得出检验结论

游程数 r 是一个统计量，其最小值为 $r_{\min}=2$。此时，来自总体1的数据为一个游程，来自总体2的数据为另一个游程。这种情况表明，两个总体具有完全不同的分布。如果两个总体具有相同的分布，则从两个总体中独立地抽出两个样本，样本中只有两个游程或游程数很小的可能性是很小的。在小样本的情况下（$n_1 \leqslant 20$，$n_2 \leqslant 20$），统计学家根据不同的显著性水平给出了最小游程数的下限 C_α，见书末的附表8。根据 α 查游程检验表，表中给出了下限的临界值 C_α。如果计算的样本游程数 $r<C_\alpha$，就拒绝两个总体具有相同分布的原假设。

例14－7

表14－15所示是从两所高校随机抽取的两组学生的英语四级考试成绩。

表14－15　两校学生的英语四级考试成绩

甲校	425	427	431	446	449	456	462	534	550	601
乙校	429	442	458	460	475	498	542	590	621	624

问：这两所高校学生的英语水平是否相同？（$\alpha=0.05$。）

解：已知 $n_1=10$，$n_2=10$。

提出原假设与备择假设：

H_0：两个总体具有相同的分布

H_1：两个总体具有不同的分布

将两校学生的考试成绩混合排秩的结果如表14－16所示。

表14－16　两校学生英语四级考试成绩的游程检验数据表

观察值	425	427	429	431	442	446	449	456	458	460	462	475	498	534	542	550	590	601	621	624
秩	1	2	3	4	5	6	7	8	9	10	11	12	13	14	15	16	17	18	19	20
0—1	0	0	1	0	1	0	0	0	1	1	0	1	1	0	1	0	1	0	1	1

根据表14－16绘制的游程图如图14－4所示。

计算得游程数 $r=14$。

查游程检验表得 $C_{0.05}=6$。

因为 $r>C_{0.05}$，所以接受两个总体具有相同分布的原假设，即认为两所高校学生的英语水平没有显著差异。

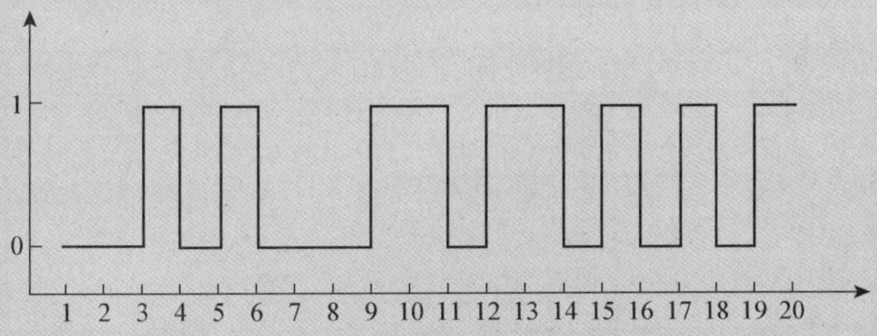

图 14－4　两校学生英语四级考试成绩的游程图

（三）大样本游程检验的方法

大样本游程检验的过程与小样本基本相同，只是当 $n_1>20$，$n_2>20$ 时，检验的临界值无法从游程检验表中查出。在大样本的情况下进行游程检验时，要先按照小样本游程检验的步骤计算出 r 值。统计学家已经证明，如果两个总体具有相同的分布，则样本的游程数 r 近似服从正态分布。即

$$r \sim N(\mu_r, \sigma_r^2) \tag{14-11}$$

式中

$$\mu_r=\frac{2n_1n_2}{n_1+n_2}+1 \tag{14-12}$$

$$\sigma_r^2=\frac{2n_1n_2(2n_1n_2-n_1-n_2)}{(n_1+n_2)^2(n_1+n_2-1)} \tag{14-13}$$

将式（14－11）标准化，可得

$$Z=\frac{r-\mu_r}{\sigma_r} \sim N(0,1) \tag{14-14}$$

在大样本的情况下，可以通过查标准正态分布表来确定游程检验的临界值与拒绝域。游程数越多越有利于接受原假设，因此，这是单侧检验。检验的拒绝域为：$z<-z_\alpha$。

例 14－8

从某城市的重点高中和普通高中各抽取 40 名学生，他们的家庭住房面积如表14－17所示。

表 14－17　两所学校学生家庭住房面积　　单位：平方米

住房面积	所在学校	住房面积	所在学校	住房面积	所在学校	住房面积	所在学校
10	普通高中 0	21	普通高中 0	30	普通高中 0	33	重点高中 1
12	普通高中 0	21	普通高中 0	30	普通高中 0	34	普通高中 0
20	普通高中 0	25	普通高中 0	30	普通高中 0	34	重点高中 1
20	普通高中 0	25	普通高中 0	30	普通高中 0	36	普通高中 0
20	普通高中 0	30	普通高中 0	33	重点高中 1	40	普通高中 0

续表

住房面积	所在学校	住房面积	所在学校	住房面积	所在学校	住房面积	所在学校
40	普通高中 0	50	重点高中 1	70	重点高中 1	85	普通高中 0
40	重点高中 1	50	重点高中 1	70	重点高中 1	90	普通高中 0
40	重点高中 1	54	重点高中 1	70	重点高中 1	90	重点高中 1
41	普通高中 0	56	重点高中 1	70	重点高中 1	90	重点高中 1
45	普通高中 0	56	重点高中 1	75	普通高中 0	90	重点高中 1
45	普通高中 0	60	普通高中 0	75	重点高中 1	95	重点高中 1
50	普通高中 0	60	普通高中 0	80	普通高中 0	100	重点高中 1
50	普通高中 0	60	普通高中 0	80	普通高中 0	100	重点高中 1
50	普通高中 0	60	普通高中 0	80	重点高中 1	100	重点高中 1
50	普通高中 0	60	重点高中 1	80	重点高中 1	100	重点高中 1
50	普通高中 0	60	重点高中 1	80	重点高中 1	100	重点高中 1
50	普通高中 0	60	重点高中 1	80	重点高中 1	120	重点高中 1
50	普通高中 0	60	重点高中 1	80	重点高中 1	130	重点高中 1
50	重点高中 1	66	普通高中 0	80	重点高中 1	130	重点高中 1
50	重点高中 1	69	重点高中 1	81	普通高中 0	150	普通高中 0

要求：用游程检验的方法检验普通高中和重点高中学生家庭的住房面积是否有显著差异。（$\alpha=0.05$。）

解：已知 $n_1=40$，$n_2=40$。

提出原假设与备择假设：

H_0：两个总体具有相同的分布

H_1：两个总体具有不同的分布

表 14-17 中的数据已经按照住房面积大小排序。用 0 表示普通高中，用 1 表示重点高中，从表 14-17 中可以看出共有 19 个游程。即

$$r=19$$

$$\mu_r=\frac{2n_1n_2}{n_1+n_2}+1=\frac{2\times40\times40}{40+40}+1=41$$

$$\sigma_r^2=\frac{2n_1n_2(2n_1n_2-n_1-n_2)}{(n_1+n_2)^2(n_1+n_2-1)}=\frac{2\times40\times40\times(2\times40\times40-40-40)}{(40+40)^2\times(40+40-1)}=19.75$$

$$\sigma_r=\sqrt{19.75}=4.44$$

$$z=\frac{r-\mu_r}{\sigma_r}=\frac{19-41}{4.44}=-4.95$$

查表得 $z_{0.05}=1.645$。

因为 $z<-1.645$，所以拒绝两个总体具有相同分布的原假设，即认为重点高中与普通高中学生的家庭住房面积有显著差异。

例 14－9

从两所高校中各随机抽取 50 名学生。用英语四级考试成绩进行游程检验，计算得游程数 $r=36$，问：这两所高校学生的英语水平是否相同？（$\alpha=0.05$。）

解：已知 $n_1=50$，$n_2=50$，$r=36$。

提出原假设与备择假设：

H_0：两个总体具有相同的分布

H_1：两个总体具有不同的分布

$$\mu_r=\frac{2n_1n_2}{n_1+n_2}+1=\frac{2\times50\times50}{50+50}+1=51$$

$$\sigma_r^2=\frac{2n_1n_2(2n_1n_2-n_1-n_2)}{(n_1+n_2)^2(n_1+n_2-1)}=\frac{2\times50\times50\times(2\times50\times50-50-50)}{(50+50)^2\times(50+50-1)}=24.7$$

$$\sigma_r=\sqrt{24.7}=4.97$$

$$z=\frac{r-\mu_r}{\sigma_r}=\frac{36-51}{4.97}=-3.02$$

查表得 $z_{0.05}=1.645$。

因为 $z<-1.645$，所以拒绝两个总体具有相同分布的原假设，即认为两校学生的英语水平差异显著。

三、累计频率检验——Kolmogorov-Smirnov 两个样本检验

（一）累计频率检验的统计思想

累计频率检验不仅可用于通过单个样本的分布来检验总体是否服从某一特定的分布，也可用于通过比较两个样本的分布来确定两个总体是否具有相同的分布。这种检验也称为 Kolmogorov-Smirnov 两个样本检验。该检验的统计思想是：按照变量取值的升序计算每个样本的累计频率，求出对应于每个变量值的两个样本累计频率差。变量有多少个取值，就能计算出多少个累计频率差，从中选择一个最大的。如果两个总体具有相同的分布，这个最大的累计频率差就不会很大。如果这个累计频率差大到一定程度，就可以认为两个总体不具有相同的分布。累计频率检验的优越之处在于它不仅适用于尺度变量，也适用于类别变量。在手工计算阶段，因为尺度变量的计算量过大，所以其主要应用于类别变量。用统计软件进行检验时则无此差别。

（二）累计频率检验的方法与过程

为讲解方便，设变量为类别变量，有 x_1，x_2，x_3，x_4，x_5 5 个取值。现从总体 1 中抽出容量为 n_1 的样本 1，样本 1 中对应于变量 5 个取值的频次为 n_{11}，n_{12}，n_{13}，n_{14}，n_{15}。从总体 2 中抽出容量为 n_2 的样本 2，样本 2 中对应于变量 5 个取值的频次为 n_{21}，n_{22}，n_{23}，n_{24}，n_{25}。

1. 提出原假设与备择假设

H_0：两个总体具有相同的分布

H_1：两个总体具有不同的分布

2. 确定累计频率检验的统计量并计算样本统计量的值

首先，计算每个样本的累计频率。两个样本累计频率的计算过程如表 14-18 所示。

表 14-18　两个样本累计频率的分布

变量值	样本 1 的频次	样本 1 的累计频率 cf_{1i}	样本 2 的频次	样本 2 的累计频率 cf_{2i}	累计频率差 d_i
x_1	n_{11}	$cf_{11}=\frac{n_{11}}{n_1}$	n_{21}	$cf_{21}=\frac{n_{21}}{n_2}$	$d_1=cf_{11}-cf_{21}$
x_2	n_{12}	$cf_{12}=\frac{n_{11}+n_{12}}{n_1}$	n_{22}	$cf_{22}=\frac{n_{21}+n_{22}}{n_2}$	$d_2=cf_{12}-cf_{22}$
x_3	n_{13}	$cf_{13}=\frac{n_{11}+n_{12}+n_{13}}{n_1}$	n_{23}	$cf_{23}=\frac{n_{21}+n_{22}+n_{23}}{n_2}$	$d_3=cf_{13}-cf_{23}$
x_4	n_{14}	$cf_{14}=\frac{n_{11}+n_{12}+n_{13}+n_{14}}{n_1}$	n_{24}	$cf_{24}=\frac{n_{21}+n_{22}+n_{23}+n_{24}}{n_2}$	$d_4=cf_{14}-cf_{24}$
x_5	n_{15}	$cf_{15}=1$	n_{25}	$cf_{25}=1$	$d_5=cf_{15}-cf_{25}$

然后，计算对应于变量各个取值的两个样本的累计频率差。设两个样本的累计频率差的绝对值为 d_i，则有

$$d_i=|cf_{1i}-cf_{2i}| \tag{14-15}$$

从 d_i 中选择一个最大的，记为 D，即

$$D=\max(d_i) \tag{14-16}$$

D 即为两个独立样本累计频率检验的统计量。如果两个总体具有相同的分布，则 D 非常大的可能性是很小的。抽样结束后，可利用样本数据计算 D。

3. 确定拒绝域并得出检验结论

设 D 的临界值为 D_α。不同显著性水平下，D_α 的计算公式如表 14-19 所示。

表 14-19　累计频率检验临界值计算

α	0.1	0.05	0.01	0.001
D_α	$1.22\sqrt{\frac{n_1+n_2}{n_1n_2}}$	$1.36\sqrt{\frac{n_1+n_2}{n_1n_2}}$	$1.52\sqrt{\frac{n_1+n_2}{n_1n_2}}$	$1.63\sqrt{\frac{n_1+n_2}{n_1n_2}}$

根据显著性水平和样本容量计算出 D_α 值，并将其与 D 比较，如果 $D>D_\alpha$，就拒绝两个总体具有相同分布的原假设。

例 14-10

在某城市随机抽取 883 人，男女居民文化程度的分布如表 14-20 中的第二、第三列所示。

表 14-20　男女居民文化程度分布的累计频率检验

文化程度	男性频次	女性频次	男性累计频率	女性累计频率	累计频率差的绝对值 d_i
没读过书	2	6	0.005	0.013	0.009
小学	13	35	0.035	0.091	0.056
初中	143	143	0.365	0.409	0.044
高中	99	126	0.594	0.689	0.095
中专技校	55	62	0.721	0.827	0.106
大专	74	54	0.891	0.947	0.055
大学本科及以上	47	24	1.000	1.000	0.000
总计	433	450			

要求：检验男女居民文化程度的分布是否一致。（$\alpha=0.01$。）

解：已知 $n_1=433$，$n_2=450$。

根据表 14-20 中男女居民文化程度的频次分布可以计算出男性累计频率和女性累计频率，以及男女居民累计频率差的绝对值，如表 14-20 中后三列所示。据此绘制的累计频率分布图如图 14-5 所示。

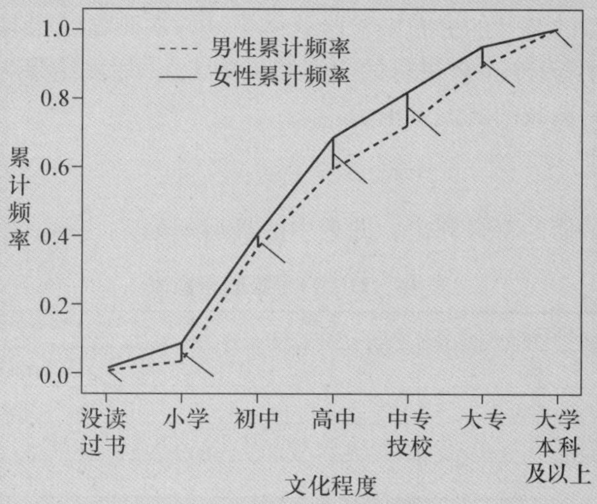

图 14-5　例 14-10 的累计频率分布图

从图 14-5 和表 14-20 的“累计频率差的绝对值”一列中都可以看出，d_5最大，即

$$D=d_5=0.106$$

原假设和备择假设为：

H_0：两个总体具有相同的分布

H_1：两个总体具有不同的分布

$$D_{0.01}=1.52\sqrt{\frac{n_1+n_2}{n_1n_2}}=1.52\sqrt{\frac{433+450}{433\times 450}}=0.102$$

因为 $D>D_\alpha$，所以拒绝两个总体具有相同分布的原假设，即认为男女居民的文化程度有显著差异。

第3节　两个总体分布一致性的检验——两个相关样本的检验

相关样本一般是对一组个体进行前后两次测量形成的结果。如果将这两次测量视为两个样本，这两个样本一般具有较强的相关性。一般也将相关样本称为配对样本。相关样本检验的目的是通过比较样本中两次测量结果的差异来估计总体中两次测量结果之间是否有显著差异。在参数检验中，可以通过配对样本的 t 检验来达到检验目的。非参数检验则通过比较两次测量的分布状况的一致性来达到检验目的。

一、符号检验

（一）符号检验的统计思想

符号检验是最古老的检验方法之一，早在1710年就开始使用。符号检验通过检验样本前后两次测量结果差的符号的分布来检验总体中这两次测量结果是否有显著差异。设样本中的个体数为 n，对第 i 个个体进行的前测结果为 x_{Ai}，后测结果为 x_{Bi}，即表14－21中的第二列、第三列。后测减前测的差值为：

$$d_i=x_{Bi}-x_{Ai} \tag{14-17}$$

即表中的第四列。将差值的符号列出，即表中的最后一列。

表14－21　符号检验示意表

个体编号	前测 x_{Ai}	后测 x_{Bi}	$d_i=x_{Bi}-x_{Ai}$	d_i 的符号
1	x_{A1}	x_{B1}	$d_1=x_{B1}-x_{A1}$	＋
2	x_{A2}	x_{B2}	$d_2=x_{B2}-x_{A2}$	－
⋮	⋮	⋮	⋮	⋮
n	x_{An}	x_{Bn}	$d_n=x_{Bn}-x_{An}$	＋

如果总体中前后测没有变化，d_i 的符号为正和为负的个数应该基本相等。设符号为正和为负的频率分别为 $P(+)$ 和 $P(-)$，则有

$$P(+)=P(-)=0.5$$

从上述总体中抽取一个样本，由于随机误差的存在，样本中 d_i 的符号为正和为负的个数可能不会相等，但是差异很大的可能性很小。符号检验就是通过比较样本中正号和负

号出现的频率来说明总体中正号和负号的频率是否相等的。

（二）小样本符号检验的方法

1. 计算相关样本中每一个体前后两次测量值的差 d_i

$$d_i = x_{Bi} - x_{Ai}$$

2. 分别计算差值 d_i 的正负号的数目

d_i 可能为正，也可能为负。将 d_i 的符号单独列出，若 $d_i=0$ 则略去不计。设 d_i 为“+”的数目为 n_+，d_i 为“−”的数目为 n_-，则 n_+ 和 n_- 的总数为 $n_+ + n_-$。

3. 提出原假设和备择假设

理论上，符号检验的原假设是总体中后测与前测相比没有发生变化。理想状况应是后测与前测相减差值为零。但由于各种无法控制的影响因素的存在，前后测略有一些差异。这些差异在有些个体上表现为正，在有些个体上表现为负。这些正负号是随机分布的，在总体中这些正负号的个数应该相等。因此，符号检验的原假设和备择假设为：

$$H_0: P(+) = P(-) = 0.5$$
$$H_1: P(+) \neq P(-)$$

4. 确定符号检验的统计量

首先计算累计概率值。选择 n_+ 和 n_- 中较小的一个记为 m_{min}，则 $m_{min}=\min(n_+, n_-)$，计算该符号个数从 m_{min} 个直到 0 个出现的概率的累计值。或者选择 n_+ 和 n_- 中较大的一个记为 m_{max}，则 $m_{max}=\max(n_+, n_-)$，计算该符号个数从 m_{max} 个直到 $n_+ + n_-$ 个出现的概率的累计值。这两个累计概率值就是检验的统计量。在原假设成立的条件下，这两个累计概率值是不会太小的。如果这两个累计概率值特别小，就拒绝两个配对样本具有相同分布的原假设。

5. 确定拒绝域并得出检验结论

由于符号检验直接使用了统计量分布的累计概率值，因此可以直接与小概率标准 α 进行比较。因为累计概率值过大或过小都要拒绝原假设，所以这种检验是双侧检验。如果检验的显著性为 α，将计算的累计概率值与 $\alpha/2$ 进行比较，如小于 $\alpha/2$ 就拒绝原假设。

例 14-11

从某学校学生中随机抽取 12 名，在入学时和毕业时分别进行对专业喜欢程度的测量，结果如表 14-22 的第二列和第三列所示。

表 14-22　学生对专业的喜欢程度的两次测量结果

学生编号	毕业时对专业的喜欢程度 x_{Bi}	入学时对专业的喜欢程度 x_{Ai}	$d_i = x_{Bi} - x_{Ai}$	d_i 的符号
1	86	72	14	+
2	78	63	15	+
3	74	56	18	+
4	55	62	−7	−
5	90	80	10	+

续表

学生编号	毕业时对专业的喜欢程度 x_{Bi}	入学时对专业的喜欢程度 x_{Ai}	$d_i=x_{Bi}-x_{Ai}$	d_i 的符号
6	60	76	−16	−
7	97	79	18	+
8	64	64	0	
9	46	54	−8	−
10	95	87	8	+
11	88	74	14	+
12	73	65	8	+

要求：检验经过四年的学习，学生对专业的喜欢程度是否有变化。($\alpha=0.05$。)

解：已知 $n=12$。

计算前后测的差值，如表 14-22 中的第四列所示。列出差值的符号，如表 14-22 中的第五列所示。计算正负号的个数：

$$n_+=8$$

$$n_-=3$$

提出原假设和备择假设：

$$H_0:P(+)=P(-)$$

$$H_1:P(+)\neq P(-)$$

计算累计概率值。在上述样本中有 3 个负号，8 个正号。如果总体中正号和负号的数目相等，则有

$$P(\text{负号数}=3)=C_{11}^3\times0.5^3\times0.5^8=0.080\,6$$

$$P(\text{负号数}=2)=C_{11}^2\times0.5^2\times0.5^9=0.026\,9$$

$$P(\text{负号数}=1)=C_{11}^1\times0.5^1\times0.5^{10}=0.005\,4$$

$$P(\text{负号数}=0)=C_{11}^0\times0.5^0\times0.5^{11}=0.000\,5$$

负号数小于等于 3 的样本出现的概率：

$$\begin{aligned}P(\text{负号数}\leqslant3)&=P(\text{负号数}=3)+P(\text{负号数}=2)+P(\text{负号数}=1)+P(\text{负号数}=0)\\&=0.080\,6+0.026\,9+0.005\,4+0.000\,5\\&=0.113\,4\end{aligned}$$

因为这个概率大于 0.025，所以不能拒绝总体中正号和负号的数目相等的原假设，即认为前后测没有显著差异。

从上述检验过程看，这是一个二项分布的检验。由于检验中只用到了前测和后测差值的符号，没有很好地利用全部的数据信息，因此不如参数检验精确（在参数检验中，该题的结论是拒绝原假设）。

（三）大样本符号检验的方法

在小样本的情况下，计算正号或负号出现次数的累计概率是可行的。但如果样本很大，则计算量会变得非常大。当样本容量大于 10 时，可以用正态分布来近似二项分布。设样本容量为 n，原假设为：

$$H_0: P(+)=P(-)=\frac{1}{2}$$

在原假设成立的条件下有：

$$\mu=np=\frac{n}{2}$$

$$\sigma^2=npq=\frac{n}{4}$$

根据小样本符号检验的步骤计算出 n_+ 和 n_- 后，令

$$x=\min(n_+,n_-)$$

则有

$$z=\frac{(x+0.5)-\mu}{\sigma}=\frac{(x+0.5)-\frac{n}{2}}{\frac{\sqrt{n}}{2}}\sim N(0,1) \tag{14-18}$$

式中的 x 加上 0.5 是为了把离散变量 x 变作连续变量 z 所做的修正，称作连续性修正。式（14－18）中的 z 是大样本符号检验的统计量。检验的拒绝域为：$|z|>z_{\alpha/2}$。抽样结束后可利用样本数据计算统计量的值 z。根据 z 是否处于拒绝域内来确定是否接受原假设。

例 14－12

用大样本符号检验的方法检验例 14－11 中学生对专业的喜欢程度是否有变化。（$\alpha=0.05$。）

解：已知 $n=12$，$n_+=8$，$n_-=3$。

提出原假设和备择假设

$$H_0: P(+)=P(-)$$

$$H_1: P(+)\neq P(-)$$

$$z=\frac{(x+0.5)-\mu}{\sigma}=\frac{(3+0.5)-\frac{12}{2}}{\frac{\sqrt{12}}{2}}=-1.443$$

查表得 $z_{0.025}=1.96$。

因为 $|z|<z_{\alpha/2}$，所以不能拒绝原假设，即认为总体中前后测没有显著差异。

从该例的计算结果可以看出，使用 Z 统计量和使用累计概率值进行检验的结果是相同的。

（四）符号检验方法应用的扩展——单个样本的符号检验

通过上面相关样本的检验可以看出，检验中只用到了差值的符号这一数据信息。如果将差值的符号视为二分变量，符号检验实际上是二项分布检验的应用。因此，它可以用于检验单个总体二分变量的分布情况。

例 14-13

某市上报的贫困人口领取低保金的中位数是 260 元。现从贫困人口中随机抽取了 10 人，只有一人领取的低保金高于 260 元。问：上报的中位数是否正确？（$\alpha=0.05$。）

解：设 n 为低保金高于 260 元的人数，P 为低保金高于 260 元的概率。如果上报的中位数正确，应有 $P=0.5$。

检验的原假设与备择假设为：

H_0：$P=0.5$

H_1：$P\neq 0.5$

计算领取低保金高于 260 元的人数的概率：

$$P(n\leqslant 1)=C_{10}^{1}\times 0.5^{1}\times 0.5^{9}+C_{10}^{0}\times 0.5^{0}\times 0.5^{10}=0.009\,8+0.001=0.010\,8$$

因为这个概率小于 0.025，所以拒绝原假设，即认为低保金的中位数不是 260 元。

例 14-14

某高校的学生中有 30%是女生。从今年招收的新生中随机抽取了 10 人，只有一人是女生。问：女生人数是否减少了？（$\alpha=0.05$。）

解：设 n 为女生人数，P 为总体中女生的比例。

检验的原假设与备择假设为：

H_0：$P=0.3$

H_1：$P<0.3$

$$P(n\leqslant 1)=C_{10}^{1}\times 0.3^{1}\times 0.7^{9}+C_{10}^{0}\times 0.3^{0}\times 0.7^{10}=0.121+0.028=0.149$$

因为这个概率大于 0.025，所以接受原假设，即认为女生的人数没减少。

二、符号秩检验

（一）符号秩检验的统计思想

用符号检验的方法检验样本前测与后测的差异时只利用了差值的符号，而没有用到差值本身，所以符号检验是比较粗糙的检验方法。差值的大小能够更好地反映前后测的差异。符号秩检验是对符号检验的改进，它既利用了差值的符号，又利用了差值的大小。因此，符号秩检验是比符号检验更好的检验。符号秩检验也称 Wilcoxon signed-ranks test。

设样本中的个体数为 n，对第 i 个个体进行前测的结果为 $x_{\mathrm{A}i}$，后测的结果为 $x_{\mathrm{B}i}$。后测减前测的差值为：$d_i = x_{\mathrm{B}i} - x_{\mathrm{A}i}$。符号秩检验的基本思想是：先对前后测差值的绝对值 $|d_i| = |x_{\mathrm{B}i} - x_{\mathrm{A}i}|$ 排秩，再将差值的符号赋予秩。如果总体中前测与后测结果基本相同，那么在样本中不仅出现正号和负号的次数基本相等，而且正号和负号在秩上的分布也均匀，即正秩和与负秩和应该相等。由于随机误差的存在，样本中正秩和与负秩和不会完全相等，但差异很大的可能性是很小的。根据这一思想，可以用样本的秩和对两总体是否有显著差异做出判断。

（二）小样本符号秩检验的方法

1. 计算相关样本中每个个体前后两次测量值的差 d_i

$$d_i = x_{\mathrm{B}i} - x_{\mathrm{A}i}$$

2. 用 d_i 的绝对值 $|d_i|$ 排秩

剔除 d_i 为 0 的数据后，将 $|d_i|$ 排秩。对数据排秩的方法见第 14 章第 2 节中的“秩和检验的统计思想”部分。秩作为一个变量用 $R(d_i)$ 表示。

3. 将 d_i 的符号赋予秩

当 $d_i>0$ 时，$R(d_i)$ 为正；当 $d_i<0$ 时，$R(d_i)$ 为负。

4. 分别计算正秩和与负秩和

设正秩和为 T_+，负秩和为 T_-，则有

$$T_+ = \sum R(d_i), \quad \text{当 } d_i > 0 \text{ 时}$$
$$T_- = \sum R(d_i), \quad \text{当 } d_i < 0 \text{ 时}$$

5. 提出原假设和备择假设

理论上，符号秩检验的原假设是总体中后测与前测没有显著差异，反映在秩和上就是正秩和与负秩和相等。因此，符号秩检验的原假设和备择假设为：

$$H_0: T_+ = |T_-|$$
$$H_1: T_+ \neq |T_-|$$

6. 确定检验统计量并计算样本统计量的值

比较 T_+ 和 T_-，取其中绝对值较小的一个记为 T，即

$$T = \min(T_+, |T_-|)$$

T 就是符号秩检验的统计量。在原假设成立的条件下，T 非常小的可能性是很小的。抽样结束后，可利用样本数据计算 T 值。

7. 确定拒绝域并得出检验结论

T 作为检验的统计量，在小样本的情况下（$n\leqslant 25$），统计学家根据不同的显著性水平给出了最小 T 值的临界值 T_α，见书末的附表 9。表中单元格的数据即为对应 α 和 n 的临界值 T_α。如果计算的样本统计量的值 T 小于临界值 T_α，就可以拒绝总体中 $T_+ = T_-$ 的原假设，认为前后测的结果存在显著差异。

例 14 - 15

用符号秩检验的方法检验例 14 - 11 中学生对专业的喜欢程度是否有变化。($\alpha=0.05$。)

解：已知 $n=12$。

计算 $d_i=x_{Bi}-x_{Ai}$，结果如表 14 - 23 中的第四列所示。

对 d_i 的绝对值 $|d_i|$ 排秩，并把 d_i 的符号赋给秩，结果如表 14 - 23 中的第五列所示。

表 14 - 23　学生对专业喜欢程度的符号秩检验

学生编号	毕业时专业喜欢程度 x_{Bi}	入学时专业喜欢程度 x_{Ai}	$d_i=x_{Bi}-x_{Ai}$	d_i 的符号秩
1	86	72	14	+6.5
2	78	63	15	+8
3	74	56	18	+10.5
4	55	62	−7	−1
5	90	80	10	+5
6	60	76	−16	−9
7	97	79	18	+10.5
8	64	64	0	
9	46	54	−8	−3
10	95	87	8	+3
11	88	74	14	+6.5
12	73	65	8	+3

提出原假设和备择假设：

$$H_0:\ T_+=|T_-|$$
$$H_1:\ T_+\neq|T_-|$$

计算 T_+ 和 T_-：

$$T_+=6.5+8+10.5+5+10.5+3+6.5+3=53$$
$$T_-=-1-9-3=-13$$

确定 T：

$$T=\min(T_+,|T_-|)=13$$

查符号秩检验表，得

$$T_\alpha=17$$

因为 $T<T_\alpha$，所以拒绝原假设，即认为后测与前测相比有显著差异，四年的学习使得学生的专业意识增强。

上面的检验结果表明，符号秩检验的结果与配对样本 t 检验的结果是一致的。由于符号秩检验比较充分地利用了数据的信息，因此它比符号检验更有效。

（三）大样本符号秩检验的方法

大样本符号秩检验的过程与小样本基本相同，只是当 $n>25$ 时，检验的临界值无法从符号秩检验表中查出。在大样本的情况下进行符号秩检验时，要先按照小样本符号秩检验的步骤计算出 T 值。统计学家已经证明，如果两个总体具有相同的分布，样本的 T 统计量近似服从正态分布，即

$$z=\frac{T-\mu_T}{\sigma_T}\sim N(0,1) \tag{14-19}$$

式中

$$\mu_T=\frac{n(n+1)}{4} \tag{14-20}$$

$$\sigma_T^2=\frac{n(n+1)(2n+1)}{24} \tag{14-21}$$

式（14－19）中的 z 是在大样本的情况下（$n>25$）符号秩检验的统计量。拒绝域为 $|z|>z_{\alpha/2}$。若利用样本数据计算的 z 处于拒绝域内，就拒绝原假设，认为总体的前后测有显著差异。

例 14－16

用大样本符号秩检验的方法检验例 10－10 中保健品是否有提高记忆力的功效。数据见表 14－24（与表 10－2 相同）。

表 14－24　服用保健品前后的记忆力

学生编号	服用保健品前记忆力 x_{Ai}	服用保健品后记忆力 x_{Bi}	$d_i=x_{Bi}-x_{Ai}$	d_i 的符号秩
1	52	50	−2	−11
2	38	36	−2	−11
3	42	44	2	11
4	46	45	−1	−3.5
5	53	55	2	11
6	51	46	−5	−30.5
7	62	58	−4	−25
8	38	43	5	30.5
9	37	32	−5	−30.5
10	44	46	2	11
11	61	57	−4	−25
12	54	56	2	11
13	55	50	−5	−30.5
14	35	36	1	3.5
15	34	41	7	34
16	33	29	−4	−25
17	41	39	−2	−11
18	48	46	−2	−11
19	37	41	4	25

续表

学生编号	服用保健品前记忆力 x_{Ai}	服用保健品后记忆力 x_{Bi}	$d_i=x_{Bi}-x_{Ai}$	d_i 的符号秩
20	51	51	0	
21	58	56	−2	−11
22	29	32	3	19
23	39	36	−3	−19
24	41	36	−5	−30.5
25	45	48	3	19
26	53	52	−1	−3.5
27	46	45	−1	−3.5
28	38	39	1	3.5
29	40	43	3	19
30	52	48	−4	−25
31	51	46	−5	−30.5
32	23	31	8	35
33	37	38	1	3.5
34	45	42	−3	−19
35	46	49	3	19
36	38	41	3	19

解：已知 $n=36$

利用表 14-24 中的第五列数据可以计算出：

$$T_+=274,\quad T_-=-356$$

则有 $T=274$

提出原假设与备择假设：

H_0：$T_+=|T_-|$

H_1：$T_+\neq|T_-|$

$$\mu_T=\frac{36\times(36+1)}{4}=333$$

$$\sigma_T^2=\frac{36\times(36+1)\times(2\times36+1)}{24}=4\,051.5$$

$$z=\frac{274-333}{\sqrt{4\,051.5}}=\frac{-59}{63.65}=-0.927$$

查表得 $z_{0.025}=1.96$。

因为 $|z|<1.96$，接受原假设，即认为总体中前后测无显著差异，保健品没有提高记忆力的功效。

第 4 节　多个总体分布一致性的检验——多个独立样本的检验

在社会学研究中，经常要分析一个尺度变量与一个类别变量之间的关系。在参数检验中，可以采用方差分析的方法。但方差分析要求总体中各个类别的分布具有正态性和等方差性，如果经检验总体不满足这些要求，原则上方差分析就不能应用了，即使勉强应用，分析的结果也不够可信。在这种情况下，可以考虑非参数检验。

一、单向方差秩分析

（一）单向方差秩分析的统计思想

单向方差秩分析也称为 Kruskal-Wallis test，是对应于一元方差分析的非参数检验方法，可用来分析一个尺度变量与一个类别变量之间的关系。当类别变量取一定值时，将对应的尺度变量视为一个样本。由于类别变量有多个取值，这多个取值所对应的多个样本就构成多个独立样本。单向方差秩分析通过分析多个独立样本的分布来检验多个总体的分布是否具有一致性。

设被分析的尺度变量为 y，类别变量为 x，x 共有 k 个取值，可据此将个体分为 k 类，可以将其视为 k 个总体。现从 k 个总体中随机抽取 k 个样本，结果如图 14－6 所示。

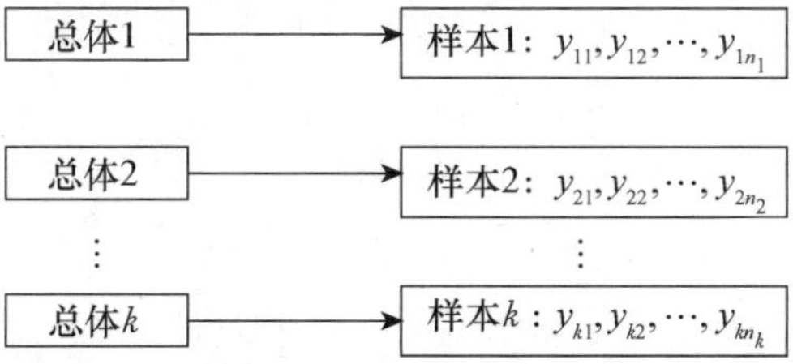

图 14－6　从 k 个总体中随机抽取 k 个样本

每个样本的容量均满足：$n_1 \geqslant 5$，$n_2 \geqslant 5$，…，$n_k \geqslant 5$。样本总容量为 n，则 $n = n_1 + n_2 + \cdots + n_k$。将 k 个样本观察值混合排秩（排秩的方法见第 14 章第 2 节中的“秩和检验的统计思想”部分）。将每个个体的秩记为 $R(y_{ij})$。如果 k 个总体具有相同的分布，那么 k 个类别样本秩的平均值差异很大的可能性是很小的。如果这些平均值的差异很大，就说明这多个独立样本并不是来自分布相同的总体。

（二）单向方差秩分析的步骤

根据上述单向方差秩分析的基本思想，归纳得出单向方差秩分析的步骤如下。

1. 计算每个样本的秩和 R_i

将 k 个样本的个体混合排秩，并根据下式计算每个样本的秩和。

$$R_i = \sum_{j=1}^{n_i} R(x_{ij}), \quad i = 1, 2, \cdots, k$$

2. 提出原假设和备择假设

H_0：k 个总体具有相同的分布

H_1：k 个总体具有不同的分布

3. 确定检验的统计量并计算样本统计量的值

根据上述统计思想，Kruskal 和 Wallis 提出了检验的统计量 H。H 服从自由度为 $k-1$ 的 χ^2 分布，即

$$H=\frac{12}{n(n+1)}\sum_{i=1}^{k}\frac{R_i^2}{n_i}-3(n+1)\sim\chi^2(k-1) \tag{14-22}$$

式中，$R_i=\sum_{j=1}^{n_i}R(x_{ij})$，即第 i 个样本的秩和。式（14-22）中的 H 就是单项方差秩分析检验的统计量。抽样结束后，可利用样本数据计算 H。

4. 确定拒绝域并得出检验结论

根据 α 查 χ^2 分布表，确定临界值 χ_α^2。拒绝域为 $H>\chi_\alpha^2$。将根据样本观察值计算出的 H 与 χ_α^2 进行比较。若 $H>\chi_\alpha^2$ 就拒绝原假设，认为 k 个总体不具有相同的分布。

例 14-17

用单向方差秩分析的方法分析例 5-2 中不同文化程度居民的住房面积是否有相同的分布。（$\alpha=0.05$。）

解：将不同文化程度居民的住房面积混合排秩，结果如表 14-25 所示。

表 14-25　不同文化程度居民的住房面积的单向方差秩分析

序号	小学及以下	R_{1j}	初中	R_{2j}	高中	R_{3j}	中专技校	R_{4j}	大专	R_{5j}	大学本科及以上	R_{6j}
1	26.5	2.0	20.4	1.0	28.0	3.0	36.0	8.0	38.7	11.0	56.4	25.0
2	36.8	9.0	28.2	4.0	32.5	6.0	44.5	15.0	47.3	18.0	67.2	28.0
3	40.2	12.0	30.1	5.0	42.3	14.0	48.7	20.0	55.5	24.0	75.5	37.0
4	45.1	16.0	34.7	7.0	47.6	19.0	57.6	26.0	68.0	29.0	99.1	43.0
5	70.0	33.0	37.2	10.0	52.9	22.0	68.6	30.0	70.8	35.0	120.8	46.0
6			41.0	13.0	68.7	31.0	76.4	38.0	80.2	39.5		
7			45.5	17.0	75.0	36.0	107.6	44.0	114.7	45.0		
8			50.6	21.0	97.4	41.0						
9			54.0	23.0	98.0	42.0						
10			58.6	27.0								
11			69.1	32.0								
12			70.7	34.0								
13			80.2	39.5								

提出原假设与备择假设：

H_0：不同文化程度的人的住房面积具有相同的分布

H_1：不同文化程度的人的住房面积具有不同的分布

$$R_1=\sum_{j=1}^{5}R_{1j}=2+9+12+16+33=72$$

$$R_2=\sum_{j=1}^{13}R_{2j}$$
$$=1+4+5+7+10+13+17+21+23+27+32+34+39.5=233.5$$

$$R_3=\sum_{j=1}^{9}R_{3j}=3+6+14+19+22+31+36+41+42=214$$

$$R_4=\sum_{j=1}^{7}R_{4j}=8+15+20+26+30+38+44=181$$

$$R_5=\sum_{j=1}^{7}R_{5j}=11+18+24+29+35+39.5+45=201.5$$

$$R_6=\sum_{j=1}^{5}R_{6j}=25+28+37+43+46=179$$

$$H=\frac{12}{n(n+1)}\sum_{i=1}^{k}\frac{R_i^2}{n_i}-3(n+1)$$
$$=\frac{12}{46(46+1)}\times\left(\frac{72^2}{5}+\frac{233.5^2}{13}+\frac{214^2}{9}+\frac{181^2}{7}+\frac{201.5^2}{7}+\frac{179^2}{5}\right)$$
$$-3\times(46+1)$$
$$=0.00555\times(1036.8+4194.02+5088.44+4680.14+5800.32$$
$$+6408.2)-141$$
$$=151-141=10$$

查表得 $\chi^2_{0.05}(5)=11.070$。

因为 $H<11.070$，所以接受原假设，即认为不同文化程度的人的住房面积具有相同的分布。

值得注意的是，使用方差分析对该例题中不同文化程度居民的住房面积进行检验时拒绝了原假设，而使用非参数检验则接受原假设。这说明非参数检验不如参数检验效能高。

二、中位数检验

（一）中位数检验的统计思想

中位数检验（median test）是一种重要的非参数检验方法，可以用于检验多个独立样本是否来自分布相同的总体。检验的统计思想是：设有 k 个独立样本。首先将 k 个独立样本的个体混合排序并找出中位数。然后以中位数为分割点，将每个样本中的个体分成小于等于中位数的和大于中位数的两部分。如果总体中的 k 个类别具有相同的分布，则在总体的每个类别中小于等于中位数和大于中位数的个体数应基本相等。即使这 k 个独立样本来自分布相同的总体，由于随机误差的存在，在每个样本中这两部分的个体数也不可能完全相等，但相差很大的可能性是很小的。以中位数为分割点，将每个独立样本中的个体分为两部分，可以制作出 $2\times k$ 的列联表，并用全部样本中被中位数分割成的两部分的比例计算每个独立样本这两部分的期望频次分布。最后，用 χ^2 检验的方法即可检验出多个独立样本是否来自分布相同的总体。

（二）中位数检验的步骤

1. 用样本中位数分割每个独立样本

将 k 个样本的个体混合排序并找出中位数，以中位数为分割点将每个样本中的个体分为小于等于中位数的和大于中位数的两部分，然后将 k 个样本的分割结果制作成 $2\times k$ 的列联表。

2. 提出原假设和备择假设

H_0：k 个总体具有相同的分布

H_1：k 个总体具有不同的分布

3. 确定检验的统计量并计算样本统计量的值

中位数检验的统计量是用上述 $2\times k$ 的列联表计算的 χ^2 统计量。抽样结束后，可根据样本数据计算 χ^2 值。

4. 确定拒绝域并得出检验结论

根据 α 查 χ^2 分布分位数表，确定临界值 χ^2_α。检验的拒绝域是：$\chi^2>\chi^2_\alpha$。如果利用样本数据计算出的 $\chi^2>\chi^2_\alpha$，就拒绝 k 个总体具有相同分布的原假设。

例 14－18

用中位数检验的方法分析表 14－26 中不同文化程度居民的住房面积是否有相同的分布。（$\alpha=0.05$。）

表 14－26　不同文化程度居民的住房面积分布的中位数检验

序号	初中及以下	高中、中专	大专及以上
1	20.4	28	38.7
2	26.5	32.5	47.3
3	28.2	36	55.5
4	30.1	42.3	56.4
5	34.7	44.5	67.2
6	36.8	47.6	68.0
7	37.2	48.7	70.8
8	40.2	52.9	75.5
9	41.0	57.6	80.2
10	45.1	68.6	99.1
11	45.5	68.7	114.7
12	50.6	75.0	120.8
13	54.0	76.4	
14	58.6	87.6	
15	69.1	97.4	
16	70.7	113.9	
17	80.2		

解：提出原假设和备择假设：

H_0：3 个总体具有相同的分布

H_1：3 个总体具有不同的分布

将表 14－26 中的全部数据混合排序后找出的中位数为：

$M_d=54$

小于等于 54 的个体数为 23，频率为 0.511。大于 54 的个体数为 22，频率为 0.489。

以中位数为分割点，将 3 个样本进行分割，情况如表 14－26 中的虚线所示。用分割结果制作的列联表如表 14－27 所示。表中括号的部分是期望频次分布。期望频次分布的计算方法如下：

$E_{11}=17\times0.511=8.7$，　$E_{12}=17\times0.489=8.3$

$E_{21}=16\times0.511=8.2$，　$E_{22}=16\times0.489=7.8$

$E_{31}=12\times0.511=6.1$，　$E_{32}=12\times0.489=5.9$

表 14－27　文化程度与中位数分组的交叉表

分组	初中及以下	高中、中专	大专及以上	总计
住房面积≤54	13（8.7）	8（8.2）	2（6.1）	23
住房面积＞54	4（8.3）	8（7.8）	10（5.9）	22
总计	17	16	12	45

$$\begin{aligned}\chi^2 &= \sum_{i=1}^{3}\sum_{j=1}^{2}\frac{(n_{ij}-E_{ij})^2}{E_{ij}} \\ &= \frac{(13-8.7)^2}{8.7}+\frac{(4-8.3)^2}{8.3}+\frac{(8-8.2)^2}{8.2}+\frac{(8-7.8)^2}{7.8}+\frac{(2-6.1)^2}{6.1} \\ &\quad +\frac{(10-5.9)^2}{5.9} \\ &= 9.97\end{aligned}$$

查表得 $\chi^2_{0.05}(2)=5.99$。

因为 $\chi^2>5.99$，所以拒绝原假设，即认为不同文化程度的人的住房面积具有不同的分布。

第 5 节　多个总体分布一致性的检验——多个相关样本的检验

一、多个相关样本的概念

多个相关样本有以下两种情况：一是对一个随机样本进行了多次内容相同的测量，这多次测量的结果形成了多个相关样本。如对随机抽取的 600 人的年收入进行连续 5 年的追踪，就得到了5个相关样本。二是由 k 个人对多个可比较的事物做出评价，就构成了 k 个相关样本。如随机抽取10名学生，要求他们对教授他们课程的8名教师的教学水平打分，就构成了10个相关样本。对多个相关样本进行检验的目的是通过比较多个样本之间的差异来检验在总体中这些变量是否具有相同的分布。如果没有相同的分布，就意味着这多个变量之间存在显著差异。

二、双向方差秩分析

（一）双向方差秩分析的统计思想

双向方差秩分析也称为Friedman检验，适用于顺序变量和尺度变量关系的检验。现以一个实例来说明双向方差秩分析的统计思想。假设在某大学中由A，B，C，D，E 5位教师分别为学生讲授5门课程。学校欲了解这5位教师的教学水平，在他们教授的学生中随机抽取了10名学生，要求他们按照一定的规则给这5位教师打分。打分结果如表14－28所示（表中括号内的数据为秩）。

双向方差秩分析是先按行对每个个体在各个变量上的取值排秩，排秩结果如表14－28括号中的数据所示。然后按列计算秩和，计算结果见表14－28中最下面一行。如果总体中这5位教师的教学水平没有显著差异，则这些秩和相差很大的可能性是很小的。根据这个思想，Friedman和Kendall给出了不同的检验统计量。Friedman检验也称为双向方差秩分析。Kendall的检验方法将在后面介绍。

表14－28　10名学生对5位教师的评价

学生编号	A	B	C	D	E
1	92（4）	94（5）	87（3）	65（1）	72（2）
2	88（5）	85（4）	76（3）	67（1）	68（2）
3	72（3）	87（5）	78（4）	62（1）	64（2）
4	91（5）	85（4）	82（3）	71（1）	73（2）
5	86（4）	92（5）	83（3）	76（2）	69（1）
6	78（4）	91（5）	68（1）	73（2.5）	73（2.5）
7	87（4）	89（5）	81（3）	72（2）	68（1）
8	93（4）	97（5）	88（3）	85（2）	78（1）
9	84（4）	89（5）	72（2）	76（3）	68（1）
10	83（4）	88（5）	78（3）	70（2）	63（1）
秩和 R	41	48	28	17.5	15.5

（二）双向方差秩分析的方法与步骤

1. 提出原假设与备择假设

H_0：k 个总体具有相同的分布

H_1：k 个总体具有不同的分布

2. 确定检验的统计量并计算样本统计量的值

对多个相关样本进行双向方差秩分析要先按行赋秩，然后按列计算秩和。其一般表达式如表14－29所示。

表 14-29　多个相关样本双向方差秩分析的一般表达式

个体	变量 A_1	变量 A_2	…	变量 A_k
1	$x_{11}R(x_{11})$	$x_{12}R(x_{12})$	…	$x_{1k}R(x_{1k})$
2	$x_{21}R(x_{21})$	$x_{22}R(x_{22})$	…	$x_{2k}R(x_{2k})$
⋮	⋮	⋮	⋮	⋮
n	$x_{n1}R(x_{n1})$	$x_{n2}R(x_{n2})$	…	$x_{nk}R(x_{nk})$
秩和	R_1	R_2	…	R_k

其中，$R(x_{ij})$ 是 x_{ij} 按行排的秩。R_1，R_2，…，R_k 是按列计算的秩和。

$$R_1=\sum_{i=1}^{n}R(x_{i1}),R_2=\sum_{i=1}^{n}R(x_{i2}),\cdots,R_k=\sum_{i=1}^{n}R(x_{ik})$$

在没有相同等级或相同等级很少的情况下，Friedman 给出的统计量是：

$$T=\frac{12}{nk(k+1)}\sum_{j=1}^{k}\left[R_j-\frac{n(k+1)}{2}\right]^2 \tag{14-23}$$

该统计量服从自由度为（$k-1$）的 χ^2 分布，即

$$T\sim\chi^2(k-1)$$

式（14-23）中的 T 是双向方差秩分析检验的统计量。抽样结束后，可根据样本数据计算统计量 T 的值。

3. 确定拒绝域并得出检验结论

根据 α 查 χ^2 分布表，确定临界值 χ^2_α。检验的拒绝域为：$T>\chi^2_\alpha$。若利用样本数据计算出的 $T>\chi^2_\alpha$，则拒绝原假设，认为 k 个总体不具有相同的分布。

例 14-19

检验表 14-28 中 5 位教师的教学水平是否有显著差异。（$\alpha=0.05$。）

解：已知 $n=10$，$k=5$，$R_1=41$，$R_2=48$，$R_3=28$，$R_4=17.5$，$R_5=15.5$。

原假设与备择假设为：

H_0：k 个总体具有相同的分布

H_1：k 个总体具有不同的分布

$$\begin{aligned}T&=\frac{12}{10\times5\times(5+1)}\sum_{j=1}^{5}\left[R_j-\frac{10\times(5+1)}{2}\right]^2\\&=\frac{1}{25}\times[(41-30)^2+(48-30)^2+(28-30)^2+(17.5-30)^2+(15.5-30)^2]\\&=32.62\end{aligned}$$

查表得 $\chi^2_{0.05}(4)=9.488$。

因为 $T>9.488$，所以拒绝原假设，认为 5 位教师的教学水平有显著差异。

三、Kendall's W 检验

Kendall's W 检验的统计思想与 Friedman 检验完全相同，检验的统计量也是 T 统计量，检验方法也完全相同。不同之处在于 Kendall 还给出了一个和谐系数 W，计算公式为：

$$W=\frac{12}{n^2k(k+1)(k-1)}\sum_{j=1}^{k}\left[R_j-\frac{n(k+1)}{2}\right]^2 \tag{14-24}$$

Kendall 和谐系数 W 的取值范围是 [0，1]。W 的值越接近 1，说明多个样本分布的差异越显著；越接近 0，说明分布的一致性越强。

Kendall 和谐系数 W 与 Friedman 统计量 T 的关系为：

$$W=\frac{T}{n(k-1)} \tag{14-25}$$

可见，二者的检验效果是等价的。但 Kendall 和谐系数使得多个相关样本分布的一致性有了定量的测量指标。

例 14-20

计算表 14-28 中 5 位教师教学水平的 Kendall 和谐系数 W。

解： $W=\frac{T}{n(k-1)}=\frac{32.62}{10\times(5-1)}=0.816$

因为 W 已经接近于 1，所以认为 5 位教师的教学水平有显著差异。

习 题

1. 根据以往资料，某地区 60 岁以上老人的养老方式中，与子女同住、同城与子女分开住和其他模式的比例为 1∶6∶3，一个研究机构随机调查了 500 位当地 60 岁以上的老人，发现采用这三种养老模式的人数分别为 78 人、306 人、116 人。

要求：用 χ^2 检验法检验这个地区 60 岁以上老人的养老模式是否发生了显著变化。($\alpha=0.05$。)

2. 从某市随机抽取了 200 个由独生子女组成的小家庭，调查他们在哪里过春节。其中，92 个家庭选择到男方父母家，80 个家庭选择去女方父母家，28 个家庭选择在自己的小家。而依据前些年的经验数据，三类的比例分别为 $\pi_1=0.55$，$\pi_2=0.3$，$\pi_3=0.15$。

要求：以 $\alpha=0.1$ 的显著性水平，用 χ^2 检验法检验现在的情况与经验数据相比是否发生了显著变化。

3. 按孟德尔遗传定律，开粉红花的豌豆随机授粉，子代可区分为红花、粉红花和白花三类，其比例为 1∶2∶1。为检验这一理论，特别安排了一个试验：结果为 100 株开粉红花的豌豆随机授粉后的子代中开红花的有 30 株，开粉红花的有 48 株，开白花的有

22 株。

要求：用 χ^2 检验法检验这一试验结果是否支持孟德尔的遗传定律。($\alpha=0.05$。)

4. 根据以往统计资料，某市家庭人均年收入低收入组、偏低收入组、中等收入组、偏高收入组和高收入组的构成情况为 1∶4∶2∶2∶1，2010 年随机抽取了 400 个家庭，其中，35 个家庭属于低收入组，129 个家庭属于偏低收入组，105 个家庭属于中等收入组，82 个家庭属于偏高收入组，49 个家庭属于高收入组。

要求：用 χ^2 检验法检验 2010 年该市家庭人均收入构成与往年相比是否有显著变化。($\alpha=0.05$。)

5. 下表所示是某妇产医院随机抽取的 25 名新生婴儿的身高数据。

25 名新生婴儿的身高数据　　　单位：厘米

身高	人数
46	1
48	1
49	2
50	6
51	8
52	4
55	2
57	1
合计	25

要求：用累计频率 Kolmogorov-Smirnov 检验法检验这个医院出生的新生婴儿的身高是否服从正态分布。($\alpha=0.05$。)

6. 下表所示是 250 个煤的样品中的含灰量。

250 个煤的样品中的含灰量数据　　　(%)

含灰量	频数	含灰量	频数	含灰量	频数	含灰量	频数
9.25	1	13.8	6	17.8	23	21.8	4
9.75	0	14.3	13	18.3	22	22.3	2
10.3	2	14.8	14	18.8	12	22.75	2
10.8	1	15.3	15	19.3	12	23.25	0
11.3	1	15.8	13	19.8	7	23.75	3
11.8	2	16.3	24	20.3	6	24.25	0
12.3	5	16.8	15	20.8	8	24.75	0
12.8	4	17.3	19	21.3	6	25.25	1
13.3	7						

要求：用累计频率检验法检验含灰量是否服从正态分布。($\alpha=0.05$。)

7. 下表所示是随机抽取的某校社会学专业入学新生对专业的了解程度数据。

某校社会学专业入学新生对专业了解程度数据

年份\编号	1	2	3	4	5	6	7	8	9
2008	73	87	79	75	82	95	84		
2009	86	81	91	84	88	90	92	85	83

要求：运用秩和检验法检验这两年社会学专业入学新生对专业的了解程度有无显著差异。($\alpha=0.05$。)

8. 为了解甲、乙两个城市社区志愿者的工作情况，分别随机选取了部分志愿者进行调查，下表所示是他们在过去的一个月里平均每周用于志愿工作的时间。

甲、乙两市志愿者工作时间调查结果　　单位：小时

编号	甲市志愿者工作时间	乙市志愿者工作时间	编号	甲市志愿者工作时间	乙市志愿者工作时间
1	5	7	9	9	8
2	2	9	10	7	8
3	5	9	11	14	5
4	7	12	12	10	2
5	6	12	13		6
6	11	14	14		15
7	4	9	15		18
8	9	16	16		9

要求：用秩和检验法检验这两个城市志愿者的工作时间是否存在显著差异。($\alpha=0.05$。)

9. 下表所示是分别从两个社区随机抽取的三人家庭每周购买蔬菜的消费金额数据。

两个社区三人家庭每周购买蔬菜的消费金额　　单位：元

第一社区	第二社区	第一社区	第二社区
38	46	67	58
56	48	35	91
29	52	77	112
40	38	48	138
52	82	36	78
41	67	28	86
42	65	38	95
65	44		99
44	64		68
59	78		72

要求：用游程检验法检验这两个社区三人家庭每周购买蔬菜的消费金额是否相同。($\alpha=0.05$。)

10. 某高校随机抽取了企业管理与会计专业的应届毕业生各30名，对他们的年收入水平进行游程检验，求得游程数为12。

问：该校这两个专业应届毕业生的年收入水平是否相同？($\alpha=0.05$。)

11. 从两个城市分别随机抽取了300名一年级小学生，他们课外补习的情况如下表所示。

两个城市一年级小学生课外补习情况

补课门数	甲市	乙市
0门	29	31
1门	58	62
2门	155	168
3门	46	32
3门以上	12	7

要求：用累计频率检验法检验这两个城市一年级小学生的课外补习情况是否相同。($\alpha=0.05$。)

12. 为检验某种新方法能否提高生产效率，随机抽取了10名工人，请他们分别用旧方法和新方法工作，测得组装一件产品所用时间如下表所示。

新旧两种方法组装一件产品所用时间　　单位：秒

方法＼编号	1	2	3	4	5	6	7	8	9	10
旧方法	65	80	75	101	82	58	87	79	80	94
新方法	60	74	78	102	75	50	89	75	70	90

要求：

(1) 用符号检验法检验新旧两种方法用时有无差异。($\alpha=0.05$。)

(2) 用符号秩检验法检验新旧两种方法用时有无差异。($\alpha=0.05$。)

13. 某企业随机抽取了20名顾客来为一款产品的两个外形设计方案打分，结果如下表所示。

对两个外形设计方案的评分

编号	A方案	B方案	编号	A方案	B方案
1	78	82	11	78	82
2	82	85	12	79	86
3	89	89	13	75	77
4	85	86	14	85	88
5	76	78	15	96	89
6	69	78	16	86	85
7	80	88	17	69	72
8	81	86	18	89	88
9	79	81	19	92	86
10	77	78	20	91	87

要求：

（1）用符号检验法检验两种设计方案有无差异。（$\alpha=0.05$。）

（2）用符号秩检验法检验两种设计方案有无差异。（$\alpha=0.05$。）

14. 下表所示是随机抽取的某图书馆在过去一年内部分读者的借书数目，其中教师、律师与医生这三种职业读者的借书情况如下表所示。

三种职业读者的借书数目

单位：本

教师	律师	医生	教师	律师	医生
18	2	14	24	35	27
4	16	30	7	45	19
5	21	11	34	6	15
9	24	1	30	9	22
20	5	7	45	1	10
26	2	5	2	24	20
7	50	14	45	36	
43	10	7	9	50	
20	7	14		44	
17	49	16		3	

要求：

（1）用单向方差秩检验法检验这三种职业读者借书数目的分布是否相同。（$\alpha=0.05$。）

（2）用中位数检验法检验这三种职业读者借书数目的分布是否相同。（$\alpha=0.05$。）

15. 下表所示是四名评委对四种竞标方案的评分结果。

四名评委对竞标方案的评分结果

评委编号	方案一	方案二	方案三	方案四
1	72	74	88	81
2	80	71	82	74
3	83	77	90	77
4	75	70	87	80

要求：

（1）用双向方差秩分析检验他们对四种方案的评分有无显著差异。（$\alpha=0.05$。）

（2）用 Kendall's W 检验法检验他们对四种方案的评分是否一致。

第 15 章 抽 样

用相对较小的样本来研究一个庞大的总体是统计学研究的目的，然而，样本与总体并不完全一致。样本与总体之间的差异越大，样本的代表性就越差。样本的抽取方式不同，样本的容量不同，样本对总体的代表性也不同。抽样误差便是描述样本代表性的重要统计量。

第 1 节 误差与抽样误差

一、误 差

任何一项社会调查都不是单变量的调查。每一份问卷都包含大量的问题，每一个问题都可能形成一个或多个变量。误差是指用样本观察值计算的某个变量的特征值与所对应的总体特征值的差异。这个差异的来源主要有以下两个方面。

（一）工作性误差

社会调查的过程也是收集统计数据的过程，在这个过程的每一个环节中都可能产生工作性误差。比如，被调查者没有认真填答问卷或有意填答了虚假信息；调查员不够认真，做了错误的记录，品德不好的调查员甚至做假来欺骗研究者以获取报酬。这部分在问卷登记过程中产生的误差称为登记性误差。如果用计算机进行统计分析，就要将调查结果录入到计算机中。在这个阶段，会出现录入员录入错误，这部分误差称为录入误差。在统计分析过程中，还要完成大量的计算工作。如果用手工计算，计算过程中也存在很多错误，这部分误差称为计算误差。这些工作性误差都是普遍存在的，而且随着调查对象的增多、调查内容的增多以及调查员的增多而增大。因此，即便是普查，由于工作性误差的存在，也会使调查结果与实际的真值有差异。

工作性误差的大小难以统计。在实际调查中，研究者也在采用各种方法尽可能地减少工作性误差。如挑选优秀的调查员，对调查员的调查结果进行回访和督导，可以减少一部分登记性误差。在录入阶段采用双人录入、对比纠错的方法①可以将录入误差基本消除。在手工计算时期，存在大量的而且往往是致命性的计算误差，这部分误差在应用计算机进行统计分析时已被消除。但计算机的计算是程序化的，有些特殊的计算还需要手工来完成，对这部分计算内容应进行多次计算，从而求得一致的计算结果，消除计算误差。

（二）抽样误差

抽样误差也称随机误差。抽样误差并不是用某个样本观察值计算的特征值与总体特征值之间的差异，而是在样本容量一定，并且不存在工作性误差的前提下，所有样本组合的特征值与总体特征值之间的平均误差。由于样本均值是样本所有特征值中最常用的一个，因此这里重点介绍样本均值的抽样误差。

设从均值为μ、方差为σ^2的总体中抽出容量为n的样本，样本均值为$\overline{X}$，是一个随机变量。令样本均值的抽样误差为$\sigma_{\overline{X}}$，则样本均值的抽样误差就是所有样本组合的均值与总体均值的平均误差。根据该定义有：

$$\sigma_{\overline{X}}=\sqrt{E(\overline{X}-\mu)^2} \tag{15-1}$$

式（15-1）中的$E(\overline{X}-\mu)^2$表示的是样本均值$\overline{X}$分布的方差。由中心极限定理可知，$\overline{X}$服从均值为μ、方差为$\frac{\sigma^2}{n}$的正态分布，即

$$\sigma_{\overline{X}}^2=\frac{\sigma^2}{n} \tag{15-2}$$

$$\sigma_{\overline{X}}=\frac{\sigma}{\sqrt{n}} \tag{15-3}$$

由此可知，对于样本均值而言，抽样误差就是样本均值分布的标准差。$\sigma_{\overline{X}}$既反映了样本均值与总体均值的离散程度，又反映了抽样的平均误差。因此，$\sigma_{\overline{X}}$也称标准误差。

在上述两种误差中，工作性误差难以把握也无法计算，抽样误差则是可以根据抽样分布来计算的。

二、个体的抽取方法

样本是被抽出的个体的集合。个体的抽取方法有两种：一种是放回抽样；另一种是不放回抽样。在抽样过程中，抽取个体的方法不同，抽样误差也不同。

（一）放回抽样

放回抽样是将抽出个体的特征记录以后，再将这个个体放回到总体中的抽样方法。这样做的目的是保证每次抽取时总体的容量相同，每个个体被抽取的机会均等。如果总体容量为N，则每次抽取前，每个个体被抽取的概率均为$\frac{1}{N}$。前一次抽取不影响后一次抽取时每个个体被抽取的概率。也就是说，对每一个个体的抽取都是相互独立的。用这种方法抽

① 尹海洁，刘耳．社会统计软件SPSS 15.0 FOR WINDOWS简明教程．北京：社会科学文献出版社，2008：299-314.

取的 n 个个体可以被视为 n 个独立同分布的随机变量。

这种抽取方法只保证了每次抽取时个体的等概率性，但就整个样本而言，等概率性并没有得到保证。因为放回，那些被抽中过的个体进入样本的概率远远超过未被抽中过的个体，这就破坏了随机原则。有些个体可能会被多次抽中。如果样本中包含被重复抽中的个体，则会大大降低样本对总体的代表性。

（二）不放回抽样

不放回抽样是将抽出个体的特征记录以后，不再将这个个体放回到总体中的抽样方法。这样，每一次抽取都会导致总体容量的减少，因此，各次抽取是相互不独立的。前一次抽取会影响后一次抽取时每个个体被抽取的概率。如果总体容量为 N，样本容量为 n，当样本容量能够满足 $n \ll N$ 时，可以认为样本的抽取对总体容量的改变不大，每个个体被抽取的概率改变得也很微小，抽样基本遵从随机原则。

通过上面对两种抽取方法的介绍可以看出，在一个有限总体中，严格遵循随机原则进行抽样是不可能的，不论采用哪种方法进行抽样，都会或多或少地破坏随机原则。严格的随机抽样应该是在无限总体中进行的不放回抽样，但这是不可操作的。因此，在实际研究中只要基本遵循随机原则就可以了。

三、抽样误差的计算

除了个体的抽取方法会影响抽样误差以外，整个样本的抽取方法[①]也会影响抽样误差。由于抽样误差是样本特征值与总体特征值的平均误差，因此，当变量的测量层次不同时，描述变量的特征值不同，抽样误差的计算方法也不同。下面介绍四种常用的样本抽取方法下均值抽样误差的计算。

（一）简单随机抽样

简单随机抽样是按照随机原则直接从总体中抽取样本的方法。先给总体中的每一个个体按顺序编号，即制定出抽样框。然后采用抽签、抓阄或随机数码表的方法抽出样本。它是后面要介绍的其他抽样方法的基础。

1. 尺度变量抽样误差的计算

尺度变量均值的抽样误差是容量为 n 的所有样本均值与总体均值的平均误差。当个体的抽取方法不同时，样本均值抽样误差的计算也不同。

（1）放回抽样。式（15－3）是在放回抽样的情况下样本均值抽样误差的计算公式。从式（15－3）可以看出，在放回抽样的情况下，抽样误差的大小只与样本容量和总体分布的标准差有关。样本容量越大，抽样误差就越小；总体分布的标准差越大，抽样误差就越大。但总体容量的大小对抽样误差没有影响，这是因为放回抽样可以被视为是在一个分布一定的无穷大总体中进行的。不论实际的总体有多大容量，由于放回，它都是一个永远抽不完的总体。

（2）不放回抽样。在不放回抽样的情况下，样本均值的抽样误差 $\sigma_{\bar{X}}$ 的计算公式为：

---

① 社会调查中的随机抽样也称概率抽样，具体抽样方法参见风笑天. 社会学研究方法. 北京：中国人民大学出版社，2009。

$$\sigma_{\bar{X}}=\frac{\sigma}{\sqrt{n}}\sqrt{\frac{N-n}{N-1}} \tag{15-4}$$

式中，N为总体容量，σ为总体分布的标准差，n为样本容量。在N满足$N\gg1$的条件下，式（15－4）可以简化为：

$$\sigma_{\bar{X}}=\frac{\sigma}{\sqrt{n}}\sqrt{1-\frac{n}{N}} \tag{15-5}$$

式（15－5）中的$\sqrt{1-\frac{n}{N}}$可以被视为在不放回抽样的情况下抽样误差计算的修正系数。当$N=n$，也就是总体全部被抽出时，修正系数等于0。此时，抽样误差等于0，即普查时不存在抽样误差。由于修正系数是小于1的数，因此，在样本容量一定的情况下，不放回抽样的抽样误差小于放回抽样的抽样误差。在不放回抽样的情况下，抽样误差与总体容量相关。总体容量越大，抽样误差也会越大。当$N=\infty$时，不放回抽样的抽样误差与放回抽样相等。

（3）抽样结束后估计抽样误差的方法。在抽样误差的计算公式中存在总体标准差σ。σ通常是未知的。调查结束后，可以用样本标准差S代替总体标准差σ来计算抽样误差。对于放回抽样，抽样误差的计算公式为：

$$\sigma_{\bar{X}}\approx\frac{S}{\sqrt{n}} \tag{15-6}$$

对于不放回抽样，当$N\gg1$时，抽样误差的计算公式为：

$$\sigma_{\bar{X}}\approx\frac{S}{\sqrt{n}}\sqrt{1-\frac{n}{N}} \tag{15-7}$$

例 15－1

从某大学5 000名新生中采用不放回抽样的方法随机抽取了50名学生，这50名学生数学成绩的平均值为75分，数学成绩分布的标准差为10分。计算样本均值的抽样误差。

解：已知$N=5\,000$，$n=50$，$s=10$。

$$\sigma_{\bar{x}}\approx\frac{s}{\sqrt{n}}\sqrt{1-\frac{n}{N}}=\frac{10}{\sqrt{50}}\sqrt{1-\frac{50}{5\,000}}=1.41(\text{分})$$

从上例可以看出，在5 000人的总体中做1%的抽样，样本平均成绩的抽样误差为1.41分。由于变量的取值范围是1～100分，因此1.41分的抽样误差还是比较小的。

2. 类别变量抽样误差的计算

类别变量的抽样误差是容量为n的所有样本中某一类别的频率与总体中该类别的频率的平均误差。

（1）放回抽样。设 π 为总体中某一类别的频率。用 σ_P 来表示样本频率的抽样误差，在放回抽样的情况下样本频率抽样误差的计算公式为：

$$\sigma_P=\sqrt{\frac{\pi(1-\pi)}{n}} \tag{15-8}$$

（2）不放回抽样。在不放回抽样的情况下样本频率抽样误差的计算公式为：

$$\sigma_P=\sqrt{\frac{\pi(1-\pi)}{n}\left(\frac{N-n}{N-1}\right)} \tag{15-9}$$

当 N 满足 $N\gg 1$ 的条件时，式（15－9）可以简化为：

$$\sigma_P\approx\sqrt{\frac{\pi(1-\pi)}{n}\left(1-\frac{n}{N}\right)} \tag{15-10}$$

（3）抽样结束后估计抽样误差的方法。在抽样误差的计算公式中存在总体频率 π。π 通常是未知的，调查结束后，可以用样本频率 p 代替总体频率 π 来计算抽样误差。对于放回抽样，抽样误差的计算公式为：

$$\sigma_P\approx\sqrt{\frac{p(1-p)}{n}} \tag{15-11}$$

对于不放回抽样，抽样误差的计算公式为：

$$\sigma_P\approx\sqrt{\frac{p(1-p)}{n}\left(1-\frac{n}{N}\right)} \tag{15-12}$$

例 15－2

从某大学 5 000 名新生中采用不放回抽样的方法随机抽取 50 名学生，这 50 名学生中有 20 名女生。计算女生频率的抽样误差。

解：已知 $N=5\,000$，$n=50$。

$$p=\frac{20}{50}=0.4$$

$$\sigma_P\approx\sqrt{\frac{p(1-p)}{n}(1-\frac{n}{N})}=\sqrt{\frac{0.4\times(1-0.4)}{50}\times\left(1-\frac{50}{5\,000}\right)}=0.069$$

从上例可以看出，在 5 000 人的总体中做 1%的抽样，样本频率的抽样误差为 0.069。由于频率的取值范围在 0～1 之间，因此近 7%的抽样误差还是比较大的。如果想减小抽样误差，就需要增大样本容量。

（二）分层抽样

1. 分层抽样的方法

分层抽样又称类型抽样，它是先将总体中的所有个体按某种特征（如性别、年龄、职业或地域等）分成若干类型或层次。然后，在各个类型或层次中采用简单随机抽样或等距抽样[①]的方法抽取一个子样本。最后，将这些子样本合起来构成总的样本。例如，在某大学中有一年级学生 3 000 人、二年级学生 3 000 人、三年级学生 2 000 人、四年级学生 2 000 人。如果分别从一年级和二年级学生中各抽取 30 人，从三年级和四年级学生中各抽取 20 人，这样抽出的 100 人便是分层抽样的样本。

2. 尺度变量抽样误差的计算

（1）放回抽样。设总体容量为 N，将总体分为 k 层，每层中的个体数为 N_i（$i=1,2,\cdots,k$）。样本容量为 n，每层中的抽样数为 n_i（$i=1,2,\cdots,k$）。在放回抽样的情况下，分层抽样样本均值抽样误差的计算公式为：

$$\sigma_{\overline{X}}=\sqrt{\frac{1}{n}\sum_{i=1}^{k}\frac{N_i\sigma_i^2}{N}} \tag{15-13}$$

式中，σ_i^2 是第 i 层的层内方差。层内方差是第 i 层的所有变量值 X_{ij} 与第 i 层的平均值 μ_i 的平均离差平方和，即

$$\sigma_i^2=\sum_{j=1}^{N_i}\frac{(X_{ij}-\mu_i)^2}{N_i} \tag{15-14}$$

式（15－13）中的 $\sum_{i=1}^{k}\frac{N_i\sigma_i^2}{N}$ 也称平均层内方差。

（2）不放回抽样。在不放回抽样的情况下，分层抽样误差的计算公式为：

$$\sigma_{\overline{X}}=\sqrt{\frac{1}{n}\sum_{i=1}^{k}\frac{N_i\sigma_i^2}{N}\left(1-\frac{n_i}{N_i}\right)} \tag{15-15}$$

在分层定比抽样（每一层中抽样比例皆相等）的情况下，有 $\frac{n_i}{N_i}=\frac{n}{N}$。此时，式（15－15）可转化为：

$$\sigma_{\overline{X}}=\sqrt{\frac{1}{n}(1-\frac{n}{N})\sum_{i=1}^{k}\frac{N_i\sigma_i^2}{N}} \tag{15-16}$$

从式（15－13）和式（15－16）中可以看出，除了样本容量以外，影响分层抽样误差大小的是平均层内方差，而层间差异对抽样误差没有影响。由于平均层内方差一般是小于总方差的，因此在样本容量相同的情况下，分层抽样的抽样误差要小于简单随机抽样。因此，分层抽样获取的样本对总体的代表性要好于简单随机抽样。

分层抽样可以被视为两阶段抽样，第一阶段是以层为抽样单位，以全部的层为抽样框。因为所有的层都被抽取了，所以这个阶段不存在抽样误差。第二阶段是以每层中的个体为抽样单位，以每层中的全部个体为抽样框。因为这个阶段只抽出了部分个体，所以存在抽样误差。由此可见，分层抽样适用于层间差异大、层内差异小的总体。

（3）抽样结束后估计抽样误差的方法。分层抽样误差的计算公式中存在总体中各层的

① 具体方法见“等距抽样”部分的介绍。

层内方差 σ_i^2。σ_i^2 通常是未知的，调查结束后，可以用样本的 S_i^2 代替总体的 σ_i^2 来计算抽样误差。对于放回抽样，抽样误差的计算公式为：

$$\sigma_{\overline{X}} \approx \sqrt{\frac{1}{n}\sum_{i=1}^{k}\frac{N_iS_i^2}{N}} \tag{15-17}$$

对于不放回抽样，抽样误差的计算公式为：

$$\sigma_{\overline{X}} \approx \sqrt{\frac{1}{n}\sum_{i=1}^{k}\frac{N_iS_i^2}{N}(1-\frac{n_i}{N_i})} \tag{15-18}$$

3. 类别变量抽样误差的计算

（1）放回抽样。用 σ_P 来表示样本频率的抽样误差。在放回抽样的情况下，分层抽样样本频率抽样误差的计算公式为：

$$\sigma_P = \sqrt{\frac{1}{n}\sum_{i=1}^{k}\frac{N_i\pi_i(1-\pi_i)}{N}} \tag{15-19}$$

式中，π_i 为总体中第 i 层某个类别的频率。

（2）不放回抽样。在不放回抽样的情况下，分层抽样样本频率抽样误差的计算公式为：

$$\sigma_P = \sqrt{\frac{1}{n}\sum_{i=1}^{k}\frac{N_i\pi_i(1-\pi_i)}{N}\left(1-\frac{n_i}{N_i}\right)} \tag{15-20}$$

式（15－19）和式（15－20）中的 $\sum_{i=1}^{k}\frac{N_i\pi_i(1-\pi_i)}{N}$ 是类别变量的平均层内方差。在分层定比抽样（每一层中抽样比例皆相等）的情况下，有 $\frac{n_i}{N_i}=\frac{n}{N}$。此时，式（15－20）可转化为：

$$\sigma_P = \sqrt{\frac{1}{n}\left(1-\frac{n}{N}\right)\sum_{i=1}^{k}\frac{N_i\pi_i(1-\pi_i)}{N}} \tag{15-21}$$

（3）抽样结束后估计抽样误差的方法。分层抽样误差计算公式中存在总体中各层的频率 π_i。π_i 是未知的，抽样结束后，可以用样本中第 i 层的频率 p_i 代替 π_i 进行抽样误差的计算。对于放回抽样，抽样误差的计算公式为：

$$\sigma_P \approx \sqrt{\frac{1}{n}\sum_{i=1}^{k}\frac{N_ip_i(1-p_i)}{N}} \tag{15-22}$$

对于不放回抽样，抽样误差的计算公式为：

$$\sigma_P \approx \sqrt{\frac{1}{n}\sum_{i=1}^{k}\frac{N_ip_i(1-p_i)}{N}\left(1-\frac{n_i}{N_i}\right)} \tag{15-23}$$

需要说明的是，由于类别变量的平均层内方差不一定小于总方差，因此类别变量分层抽样的抽样误差不一定小于简单随机抽样。

例 15－3

表 15－1 是某班级 32 名学生的外语口语成绩。该班级分为两个学习组。现以组为层，按照分层抽样的方法（不放回）从中随机抽取 1/4 的学生，结果见表中的括号部分。

表 15－1　某班级学生的成绩和性别

第一组	成绩	(65)	61	(76)	76	84	54	68	80	95	64	80	75	(68)	87	72	(79)
	性别	女	男	女	男	男	男	男	男	男	女	女	女	男	男	男	男
第二组	成绩	92	63	(88)	73	(82)	84	88	85	98	96	(95)	92	70	81	(90)	78
	性别	男	女	女	女	男	女	男	女	女	女	女	男	男	男	女	女

要求：计算口语成绩的抽样误差和女生比例的抽样误差。

解：已知 $N=32$，$N_1=16$，$N_2=16$，$k=2$。

$$n=32\times\frac{1}{4}=8,\ n_1=16\times\frac{1}{4}=4,\ n_2=16\times\frac{1}{4}=4$$

（1）计算口语成绩的抽样误差。

总体中各层的均值与方差为：

$$\mu_1=\frac{65+61+76+76+84+54+68+80+95+64+80+75+68+87+72+79}{16}=74(\text{分})$$

$$\sigma_1^2=\frac{(65-74)^2+(61-74)^2+\cdots+(79-74)^2}{15}=109.47$$

$$\mu_2=\frac{92+63+88+73+82+84+88+85+98+96+95+92+70+81+90+78}{16}=84.69(\text{分})$$

$$\sigma_2^2=\frac{(92-84.69)^2+(63-84.69)^2+\cdots+(78-84.69)^2}{15}=97.16$$

口语成绩的抽样误差为：

$$\sigma_{\bar{x}}=\sqrt{\frac{1}{n}\left(1-\frac{n}{N}\right)\sum_{i=1}^{k}\frac{N_i\sigma_i^2}{N}}$$

$$=\sqrt{\frac{1}{8}\left(1-\frac{8}{32}\right)\left(\frac{16\times 109.47}{32}+\frac{16\times 97.16}{32}\right)}=3.11(\text{分})$$

通过上述计算可知，从 32 名学生的总体中抽出 8 名学生，考试成绩的样本均值与总体均值的平均误差为 3.11 分。

如果上述抽样结果来自简单随机抽样，则有

$$\mu=\frac{65+61+\cdots+78}{32}=79.34(\text{分})$$

$$\sigma^2=\frac{(65-79.34)^2+(61-79.34)^2+\cdots+(78-79.34)^2}{31}=129.46$$

$$\sigma=\sqrt{129.46}=11.38(\text{分})$$

抽样误差为：

$$\sigma_{\bar{x}}=\frac{\sigma}{\sqrt{n}}\sqrt{1-\frac{n}{N}}=\frac{11.38}{\sqrt{8}}\sqrt{1-\frac{8}{32}}=3.48(\text{分})$$

可见，同样的样本如果是来自简单随机抽样，抽样误差就大于分层抽样。

（2）计算女生比例的抽样误差。

$$p_1=\frac{2}{4}=0.5，p_2=\frac{3}{4}=0.75$$

$$\begin{aligned}\sigma_P&=\sqrt{\frac{1}{n}\left(1-\frac{n}{N}\right)\sum_{i=1}^{k}\frac{N_ip_i(1-p_i)}{N}}\\&=\sqrt{\frac{1}{8}\left(1-\frac{8}{32}\right)\left(\frac{16\times0.5\times(1-0.5)}{32}+\frac{16\times0.75\times(1-0.75)}{32}\right)}\\&=0.1432\end{aligned}$$

通过上述计算可得知，在 32 名学生的总体中抽出 8 名学生，样本中女生比例与总体中女生比例的抽样误差为 0.143 2。14 个百分点的误差还是很大的。

如果上述抽样结果来自简单随机抽样，则有

$$p=\frac{5}{8}=0.625$$

$$\sigma_P=\sqrt{\frac{p(1-p)}{n}\left(1-\frac{n}{N}\right)}=\sqrt{\frac{0.625\times(1-0.625)}{8}\left(1-\frac{8}{32}\right)}=0.1482$$

可见，对于类别变量，分层抽样与简单随机抽样的抽样误差差距不太大。

（三）等距抽样

1. 等距抽样的方法

等距抽样又称系统抽样或机械抽样。在容量为 N 的总体中以等距抽样的方式抽取一个容量为 n 的样本，其具体步骤是：

（1）给总体中的每一个个体按顺序编号，即制定出抽样框。

（2）计算抽样间距 K。

$$K=\frac{\text{总体容量}}{\text{样本容量}}=\frac{N}{n} \tag{15-24}$$

根据计算出的间距将总体分成 n 个间距，每个间距中包含 K 个个体。

（3）在第一个间距中，采用简单随机抽样的方法抽取一个个体。这个个体的编号被称作随机抽样的起点。

（4）自起点开始，每隔 K 个个体抽取一个个体，直至结束，共抽取 n 个个体。

例如，要从某大学一年级3 000名学生中抽取一个容量为100的样本。首先给3 000名学生的姓名依次编上序号，然后按上述公式可求得抽样间距为：$K=\frac{3\,000}{100}=30$。在前30个个体中，采用简单随机抽样的方法抽取一个个体，假如抽到的是第12个，就以此为起点，每30人抽一个。这样，我们便可得到编号为12，42，72，…，2 982的100名学生。这100名学生就构成了被抽出的一个样本。

2. 抽样误差的计算

等距抽样可以被视为一种特殊的分层抽样，分的层数为 n，每层只抽一个个体。因此，不可能实施放回抽样。

对于尺度变量，样本均值抽样误差 $\sigma_{\bar{X}}$ 的计算公式为：

$$\sigma_{\bar{X}}=\sqrt{\frac{1}{n}\sum_{i=1}^{n}\frac{K\sigma_i^2}{N}\left(1-\frac{1}{K}\right)} \tag{15-25}$$

式中，K 为抽样间距，σ_i^2 为总体中每个抽样间距的方差。

将 $K=\frac{N}{n}$ 代入式（15-25）得

$$\sigma_{\bar{X}}=\sqrt{\frac{1}{n^2}\left(1-\frac{n}{N}\right)\sum_{i=1}^{n}\sigma_i^2} \tag{15-26}$$

对于类别变量，样本频率的抽样误差为：

$$\sigma_{\pi}=\sqrt{\frac{1}{n^2}\left(1-\frac{n}{N}\right)\sum_{i=1}^{k}\pi_i(1-\pi_i)} \tag{15-27}$$

式中，π_i 为总体中某个类别在每个抽样间距中的频率。

在式（15-26）和式（15-27）中，存在总体中每个抽样间距的方差 σ_i^2 和某个类别在每个抽样间距中的频率 π_i。这两个总体特征值都是未知的，抽样结束后，由于从每个抽样间距中只抽出了一个个体，无法计算相应的样本特征值，因此，等距抽样的抽样误差是无法计算的。在实际应用中，用简单随机抽样的误差计算公式来保守地估计等距抽样的抽样误差。

（四）整群抽样

1. 整群抽样的方法

整群抽样与前几种抽样方法的最大差别在于：它的抽样单位不是单个的个体，而是成群的个体。它是先从总体中随机抽取一些小的群体，然后由所抽出的若干小群体内的所有个体构成样本。假设某大学共有100个班级，从中随机抽取10个班级，这10个班级的全部学生构成的样本就是整群抽样的样本。整群抽样不采用放回抽样的方法。

由于社会分工的存在，每个人都有一个或几个所属群体，自然群体的存在使整群抽样的使用显得十分方便。由于抽样获得的样本比较集中，抽样工作比较容易组织，调查工作也可以相对集中地进行，因此能够降低收集资料的成本。

2. 尺度变量抽样误差的计算

设总体分为 K 群，从中随机抽出 k 群。整群抽样的样本均值抽样误差的计算公式为：

$$\sigma_{X}=\sqrt{\frac{K-k}{K-1}\cdot\frac{\sigma_b^2}{k}} \tag{15-28}$$

式中，σ_b^2 为总体均值的群间方差。σ_b^2 的计算公式为：

$$\sigma_b^2=\frac{\sum_{i=1}^{K}N_i\ (\mu_i-\mu)^2}{N} \tag{15-29}$$

式中，N 为总体容量，N_i 为第 i 群的容量，μ_i 为总体中第 i 群的均值，μ 为总体均值。

从式（15-28）中可以看出，抽出的群数 k 越大，抽样误差越小。此外，影响抽样误差的是群间方差 σ_b^2，群间方差 σ_b^2 越大，抽样误差越大。而群内差异对抽样误差没有影响。整群抽样也可以被视为特殊的二阶段抽样。第一阶段以总体群数为抽样框，从中随机抽取了一部分群，所以这个阶段存在抽样误差。第二阶段在抽出的群中做了全面调查，所以这个阶段不存在抽样误差。

在式（15-28）中存在总体的群间方差 σ_b^2。σ_b^2 通常是未知的，抽样结束后，可以用样本的群间方差 S_b^2 代替总体的群间方差 σ_b^2 来计算抽样误差。样本群间方差 S_b^2 的计算公式为：

$$S_b^2=\frac{\sum_{i=1}^{k}n_i\ (\bar{X}_i-\bar{X})^2}{\sum_{i=1}^{k}n_i} \tag{15-30}$$

式中，n_i 为样本中第 i 群的容量，$\bar{X}_i$ 为第 i 群的均值，$\bar{X}$ 为样本均值。

整群抽样均值的误差计算公式为：

$$\sigma_{X}=\sqrt{\frac{K-k}{K-1}\cdot\frac{S_b^2}{k}} \tag{15-31}$$

整群抽样方法的运用要与分层抽样的方法相区别。整群抽样适用于群间差异小、群内差异大的情况，分层抽样则适用于层间差异大、层内差异小的情况。

例 15-4

从某大学 100 个新生班级中抽取 10 个班级。这 10 个班级的人数和数学平均成绩分别为：$n_1=34$，$\bar{x}_1=67$；$n_2=31$，$\bar{x}_2=81$；$n_3=42$，$\bar{x}_3=69$；$n_4=48$，$\bar{x}_4=73$；$n_5=38$，$\bar{x}_5=79$；$n_6=42$，$\bar{x}_6=76$；$n_7=40$，$\bar{x}_7=80$；$n_8=32$，$\bar{x}_8=78$；$n_9=39$，$\bar{x}_9=75$；$n_{10}=46$，$\bar{x}_{10}=71$。求数学成绩的抽样误差。

解：已知 $K=100$，$k=10$。

先计算样本总平均值：

$$\bar{x}=\frac{\sum_{i=1}^{k}n_i\bar{x}_i}{\sum_{i=1}^{k}n_i}$$

$$=\frac{n_1\bar{x}_1+n_2\bar{x}_2+n_3\bar{x}_3+n_4\bar{x}_4+n_5\bar{x}_5+n_6\bar{x}_6+n_7\bar{x}_7+n_8\bar{x}_8+n_9\bar{x}_9+n_{10}\bar{x}_{10}}{n_1+n_2+n_3+n_4+n_5+n_6+n_7+n_8+n_9+n_{10}}$$

$$=\frac{34\times 67+31\times 81+42\times 69+48\times 73+38\times 79+42\times 76}{34+31+42+48+38+42+40+32+39+46}$$

$$+\frac{40\times 80+32\times 78+39\times 75+46\times 71}{34+31+42+48+38+42+40+32+39+46}$$

$$=74.67(\text{分})$$

然后计算群间方差：

$$s_b^2=\frac{\sum_{i=1}^{k}n_i\ (\bar{x}_i-\bar{x})^2}{\sum_{i=1}^{k}n_i}=\frac{n_1\ (\bar{x}_1-\bar{x})^2+n_2\ (\bar{x}_2-\bar{x})^2+\cdots+n_{10}\ (\bar{x}_{10}-\bar{x})^2}{n_1+n_2+\cdots+n_{10}}$$

$$=\frac{34\times(67-74.67)^2+31\times(81-74.67)^2+\cdots+46\times(71-74.67)^2}{34+31+42+48+38+42+40+32+39+46}$$

$$=19.6$$

最后计算抽样误差：

$$\sigma_{\bar{x}}=\sqrt{\frac{K-k}{K-1}\cdot\frac{s_b^2}{k}}=\sqrt{\frac{100-10}{100-1}\times\frac{19.6}{10}}=1.33(\text{分})$$

可见，从100个群中随机抽出10个群，抽样误差仅为1.33分。

3. 类别变量抽样误差的计算

用 σ_P 来表示样本频率的抽样误差。整群抽样样本频率抽样误差的计算公式仍然为：

$$\sigma_P=\sqrt{\frac{K-k}{K-1}\cdot\frac{\sigma_b^2}{k}}\tag{15-32}$$

式中，σ_b^2 为总体频率的群间方差。σ_b^2 的计算公式为：

$$\sigma_b^2=\frac{\sum_{i=1}^{K}N_i\ (\pi_i-\pi)^2}{N}\tag{15-33}$$

式中，N 为总体容量，N_i 为第 i 群的容量，π_i 为总体中第 i 群的频率，π 为总体频率。

在式（15－32）中存在总体的群间方差 σ_b^2。σ_b^2 通常是未知的，抽样结束后，可以用样本频率的群间方差 S_b^2 代替总体频率的群间方差 σ_b^2 来计算抽样误差。样本群间方差 S_b^2 的计算公式为：

$$S_b^2=\frac{\sum_{i=1}^{k}n_i\,(P_i-P)^2}{\sum_{i=1}^{k}n_i} \tag{15－34}$$

式中，n_i 为样本中第 i 群的容量，P_i 为第 i 群的频率，P 为样本的频率。

整群抽样频率的误差计算公式为：

$$\sigma_\pi=\sqrt{\frac{K-k}{K-1}\cdot\frac{S_b^2}{k}} \tag{15－35}$$

例 15－5

从某大学 100 个新生班级中抽取 10 个班级。这 10 个班级的人数和女生人数分别为：$n_1=34$，$m_1=9$；$n_2=31$，$m_2=10$；$n_3=42$，$m_3=12$；$n_4=48$，$m_4=16$；$n_5=38$，$m_5=11$；$n_6=42$，$m_6=8$；$n_7=40$，$m_7=6$；$n_8=32$，$m_8=6$；$n_9=39$，$m_9=10$；$n_{10}=46$，$m_{10}=16$。求女生频率的抽样误差。

解：已知 $K=100$，$k=10$。

先计算样本女生频率：

$$p=\frac{\sum_{i=1}^{k}m_i}{\sum_{i=1}^{k}n_i}=\frac{m_1+m_2+m_3+m_4+m_5+m_6+m_7+m_8+m_9+m_{10}}{n_1+n_2+n_3+n_4+n_5+n_6+n_7+n_8+n_9+n_{10}}$$

$$=\frac{9+10+12+16+11+8+6+6+10+16}{34+31+42+48+38+42+40+32+39+46}$$

$$=0.27$$

然后计算频率的群间方差：

$$s_b^2=\frac{\sum_{i=1}^{k}n_i\,(p_i-p)^2}{\sum_{i=1}^{k}n_i}=\frac{n_1\,(p_1-p)^2+n_2\,(p_2-p)^2+\cdots+n_{10}\,(p_{10}-p)^2}{n_1+n_2+\cdots+n_{10}}$$

$$=\frac{34\times\left(\frac{9}{34}-0.27\right)^2+31\times\left(\frac{10}{31}-0.27\right)^2+\cdots+46\times\left(\frac{16}{46}-0.27\right)^2}{34+31+42+48+38+42+40+32+39+46}$$

$$=0.000\,423$$

最后求频率的抽样误差：

$$\sigma_{\pi}=\sqrt{\frac{K-k}{K-1}\cdot\frac{s_b^2}{k}}=\sqrt{\frac{100-10}{100-1}\times\frac{0.000\,423}{10}}=0.006\,2$$

可见，从100个群中随机抽出10个群，女生频率的抽样误差仅为0.006 2。

第2节　样本容量的确定

样本容量即抽样数目。通过对抽样误差的分析可以发现，样本容量对抽样的精度有重要影响。样本容量越大，抽样误差就越小。但样本容量与抽样误差并不是线性关系。当样本容量大到一定程度以后，再增大样本容量对减小抽样误差的边际效用会很低。而且，样本容量增大必然要增加调查成本。因此，根据调查精度要求确定恰当的样本容量，是调查设计中的一项重要工作。

一、确定样本容量的基本思想

样本容量的确定主要取决于调查的精度要求和推论的把握程度。设计抽样时要在经费一定的情况下使精度达到最高，或者在精度要求一定的情况下使调查的费用最少。样本容量的确定方法可以由区间估计的思想推演出来。下面以样本均值区间估计为例来说明确定样本容量的方法。

从一个均值为μ、标准差为σ的总体中随机抽取一个容量为n的样本。在置信度为$1-\alpha$且为大样本的情况下，样本均值的区间估计可以通过下式来表达：

$$P\left(|\bar{X}-\mu|\leqslant z_{\alpha/2}\frac{\sigma}{\sqrt{n}}\right)=1-\alpha \tag{15-36}$$

式中，$|\bar{X}-\mu|$可以被视为允许误差，一般用Δ来表示，即$\Delta=|\bar{X}-\mu|$。$1-\alpha$是置信度，也被视为估计的把握程度。$z_{\alpha/2}$被称为概率度。$\frac{\sigma}{\sqrt{n}}$就是抽样误差。在置信度$1-\alpha$一定的情况下允许误差的最大值可以表示为：

$$\Delta=z_{\alpha/2}\frac{\sigma}{\sqrt{n}} \tag{15-37}$$

在式（15－37）中，允许误差Δ和置信度$1-\alpha$是根据调查精度和推论的把握程度由研究者提出的。概率度$z_{\alpha/2}$可以根据$1-\alpha$查正态分布表得出。如果总体分布的标准差已知，抽样数目n就可以确定。这个抽样数由于是为了保证推论要求必须达到的抽样数，因此称为必要抽样数目，实际的抽样数目还应在此基础上进行修正。

二、根据尺度变量确定必要抽样数目

任何一项社会调查都包含很多项目，都是多变量调查。必要抽样数目只能根据一个变量来确定，而且变量的测量层次不同，确定必要抽样数目的计算公式也不同。下面介绍根

据尺度变量确定必要抽样数目的方法。个体抽取的方式不同，抽样误差就不同，由此导致了必要抽样数目的不同。不同的抽样方法产生的抽样误差不同，对抽样数目的要求也不同。本书只介绍在简单随机抽样的情况下必要抽样数目的确定方法。

（一）放回抽样必要抽样数目的计算

由式（15－37）可导出采用放回抽样方法的情况下，确定必要抽样数目的公式：

$$n=\frac{z_{\alpha/2}^2\sigma^2}{\Delta^2} \tag{15－38}$$

式（15－38）是计算必要抽样数目的最基本方法。由式（15－38）可以看出，允许误差越小，也就是调查的精度越高，要求的样本容量越大；推论的把握程度越高，总体分布的离散性越强，要求的样本容量越大。

（二）不放回抽样必要抽样数目的计算

采用不放回抽样方法的情况下，确定必要抽样数目的公式为：

$$n=\frac{Nz_{\alpha/2}^2\sigma^2}{N\Delta^2+z_{\alpha/2}^2\sigma^2} \tag{15－39}$$

式中，N 为总体容量。

不论是在采用放回抽样的情况下还是在采用不放回抽样的情况下，公式中都存在一个未知量，即总体标准差 σ。有些教材介绍可以用样本的标准差 s 来代替它。但抽样数目应该在调查进行之前确定，而调查前样本标准差也是未知的，如果选择用来确定必要抽样数目的变量有以前的参考数据，可以借用这些数据。例如，选择用人均收入确定抽样数目，而且有去年或前年的标准差数据，则可以借用这些数据来计算必要抽样数目。如果没有可参考的数据，则可以先估计变量的全距 R，用全距的 1/6 作为变量标准差的参考值来计算必要抽样数目。

$$\sigma\approx\frac{R}{6} \tag{15－40}$$

例 15－6

某省高考结束后需要抽出具有代表性的试卷先批阅，以掌握考试情况。选择数学成绩作为确定抽样数目的变量。去年数学最高分为 148 分，最低分为 20 分。今年该省共有 6 万考生，要做到保证样本均值与总体均值的允许误差不大于 1 分，推论把握程度为 95%，必要抽样数目为多少？

解：已知 $N=60\,000$，$1-\alpha=0.95$，$\Delta=1$，$R=148-20=128$。

确定数学成绩标准差的参考值为：$\sigma\approx\frac{128}{6}=21.33$。

查表得 $z_{\alpha/2}=1.96$。

采用放回抽样方法的情况下，确定抽样数目：

$$n=\frac{z_{\alpha/2}^2\sigma^2}{\Delta^2}=\frac{1.96^2\times21.33^2}{1^2}=1\,748(\text{人})$$

采用不放回抽样方法的情况下，确定抽样数目：

$$n=\frac{Nz_{\alpha/2}^2\sigma^2}{N\Delta^2+z_{\alpha/2}^2\sigma^2}=\frac{60\,000\times1.96^2\times21.33^2}{60\,000\times1^2+1.96^2\times21.33^2}=1\,699(\text{人})$$

由此例可以看出，用放回抽样公式计算的抽样数目要大于用不放回抽样公式计算的抽样数目。在实际应用中，为了计算方便和估计稳妥，一般采用放回抽样的公式确定抽样数目。

三、根据类别变量确定必要抽样数目

每一项社会调查中都包含大量的类别变量，有的调查为方便填答，甚至将全部变量都设计成了无序类别变量和有序类别变量。此时确定必要抽样数目就要选用类别变量了。

（一）放回抽样必要抽样数目的计算

采用放回抽样方法的情况下，确定抽样数目的公式为：

$$n=\frac{z_{\alpha/2}^2\pi(1-\pi)}{\Delta^2} \tag{15-41}$$

式中，π 为总体中某类别出现的频率。

（二）不放回抽样必要抽样数目的计算

采用不放回抽样方法的情况下，确定抽样数目的公式为：

$$n=\frac{Nz_{\alpha/2}^2\pi(1-\pi)}{N\Delta^2+z_{\alpha/2}^2\pi(1-\pi)} \tag{15-42}$$

式中，N 为总体容量。

用类别变量确定必要抽样数目时同样存在总体频率 π 未知的问题。但 $\pi(1-\pi)$ 有一个极大值，即当 $\pi=0.5$ 时，$\pi(1-\pi)=0.5\times0.5=0.25$，为极大值。因此可以直接用 $\pi=0.5$ 来估算必要抽样数目。

例 15－7

某城市共有居民 400 万人，调查内容为居民的生活满意度。主要变量均有从“非常满意”到“非常不满”五个取值。要保证样本中每个取值出现的频率与总体中每个取值出现的频率的允许误差不大于 0.01，推论把握程度为 95%，样本容量为多大？

解：已知 $N=4\,000\,000$，$1-\alpha=0.95$，$\Delta=0.01$。

查表得 $z_{\alpha/2}=1.96$。

用 $\pi=0.5$ 作为某个取值出现频率的参考值。

采用放回抽样方法的情况下，确定抽样的数目：

$$n=\frac{z_{\alpha/2}^2\pi(1-\pi)}{\Delta^2}=\frac{1.96^2\times0.5\times(1-0.5)}{0.01^2}=9\,604(\text{人})$$

采用不放回抽样方法的情况下，确定抽样数目：

$$n=\frac{Nz_{\alpha/2}^2\pi(1-\pi)}{N\Delta^2+z_{\alpha/2}^2\pi(1-\pi)}=\frac{4\,000\,000\times1.96^2\times0.5\times(1-0.5)}{4\,000\,000\times0.01^2+1.96^2\times0.5\times(1-0.5)}$$
$$=9\,581(\text{人})$$

四、最终抽样数目的确定

用上述方法计算得出的抽样数目都是必要抽样数目，也就是达到统计推论要求的最小抽样数目。在实际调查中，可能存在拒绝访问的情况或者出现无效问卷，使得有效问卷的回收率不能达到 100%。为保证有效问卷数不低于计算出的数目，应根据经验适当增加抽样数目。

不同的调查方法，有效问卷的回收率是不同的。如果对问卷调查的回收率能有较准确的估计，则可以用必要抽样数目除以回收率来估算最终的抽样数目。设以往同类调查的有效问卷回收率为 r，则最终确定的抽样数目应为：

$$\text{实施调查的抽样数}=\frac{\text{必要抽样数}}{r} \tag{15-43}$$

例 15-8

某省有 30 000 000 人口，对其要进行残疾人抽样调查。从总体中抽出一个随机样本，对样本中的残疾人进行详细调查。以往所知的残疾人的比例为 4%。抽样的精度要求为样本残疾人频率与总体残疾人频率的误差不大于 0.1%。以往的同类调查有效问卷的回收率为 92%。推论的把握程度为 0.95，求抽样数目。

解： 已知 $N=30\,000\,000$，$\pi=0.04$，$\Delta=0.001$，$r=0.92$，$1-\alpha=0.95$。

查正态分布表得 $z_{0.025}=1.96$。

$$n=\frac{Nz_{\alpha/2}^2\pi(1-\pi)}{N\Delta^2+z_{\alpha/2}^2\pi(1-\pi)}$$
$$=\frac{30\,000\,000\times1.96^2\times0.04\times(1-0.04)}{30\,000\,000\times0.001^2+1.96^2\times0.04\times(1-0.04)}=146\,798(\text{人})$$

$$\text{实施调查的抽样数}=\frac{\text{必要抽样数}}{r}=\frac{146\,798}{0.92}=159\,563(\text{人})$$

习 题

1. 某妇产医院从 1 000 名新生婴儿中采用不放回抽样方式随机抽取 20 名，这些婴儿体重的平均值是 3.5 千克，标准差为 0.5 千克。请计算抽样误差。

2. 若习题 1 中采用的是放回抽样方式，请计算抽样误差。

3. 从某地方性大学3 000名新生中随机抽取30名学生，其中有12人来自本省。分别计算采用放回抽样方法和不放回抽样方法抽样时本省学生频率的抽样误差。

4. 某大学某年参加英语四级考试的一年级、二年级、三年级学生数分别为1 528名、425名和69名，采用不放回抽样方法，从三个年级分别随机抽取了100名、30名和10名学生，他们的平均成绩分别为72分、75分、69分（已转化为百分制），标准差分别为8分、5分、6分。计算抽样误差。

5. 某工科大学本科生中有男生10 256人，女生2 893人。为了解学生对食堂菜价的满意度，采用放回抽样的方法从男生中随机抽取100人，从女生中随机抽取30人，其中有62名男生和14名女生对菜价满意。请计算满意比例的抽样误差。

6. 某公交公司运行的16条线路长度与拥堵程度相差不大，从中随机抽取了5条线路，这5条线路在某个时段内运行的班次与每次平均运行时间分别为：$n_1=5$次，$\bar{x}_1=37$分钟；$n_2=5$次，$\bar{x}_2=35$分钟；$n_3=6$次，$\bar{x}_3=30$分钟；$n_4=7$次，$\bar{x}_4=27$分钟；$n_5=5$次，$\bar{x}_5=38$分钟。求这个时段内每次运行时间的抽样误差。

7. 从某大学100个新生班级中随机抽取5个班级。这5个班级的人数和第一志愿录取的人数分别为：$n_1=30$，$m_1=27$；$n_2=35$，$m_2=29$；$n_3=42$，$m_3=35$；$n_4=38$，$m_4=26$；$n_5=30$，$m_5=29$。求第一志愿录取频率的抽样误差。

8. 要了解某地区取消农业税对农村家庭人均可支配年收入的影响。根据以往的资料，这个地区农村家庭年人均可支配收入的标准差为1 850元。若允许误差为100元，显著性水平$\alpha=0.05$，在采用放回抽样方法的情况下，必要抽样数目应为多少？

9. 某市共有养老院326家，月收费的标准差为300元。若想构建这个城市养老院月均收费的95%置信区间，允许误差为100元，在采用不放回抽样方式的情况下，必要抽样数目应为多少？

10. 某小区共有9 250户人家，为调查业主对物业管理的满意程度，主要变量均有从“非常满意”到“非常不满”五个取值。要做到保证样本中每个取值出现的频率与总体中每个取值出现的频率的允许误差不大于0.02，推论把握程度为95%，样本容量应取多大？

（1）采用放回抽样方法；

（2）采用不放回抽样方法。

11. 某研究机构想了解所在地区60周岁及以上老人所占的比例。已知调查地区共有居民21 058人，若允许误差为1%，显著性水平$\alpha=0.05$，问：

（1）采取不放回抽样方法，必要抽样数目应为多少？

（2）若有效问卷的回收率为65%，则最终确定的抽样数目为多少？

第 16 章 时间序列分析

前面各章节所介绍的统计分析方法都是针对截面数据的。截面数据是通过一次调查所获得的数据，描述的是某一社会现象在某一个时间点上的状态。在社会学研究中，为研究事物发展变化的规律，也需要对同一现象在不同时间点上做内容相同的调查与分析，这样的研究称为纵贯研究。纵贯研究的结果是获得了与时间相关的数据，这类数据就是时间序列数据，如历年的人口数、公民的收入水平等。

社会学者除通过自己调查获取数据之外，还可以通过各种统计年鉴等资料性文件获取大量的时间序列资料。对时间序列数据进行分析的目的是发现所研究的现象随时间变化的规律，并根据此规律对未来的情况进行预测。时间序列数据与截面数据有较大差异，分析方法也不同。

第 1 节 时间序列概述

一、时间序列的概念及数据类型

（一）时间序列的概念

为描述现象随时间发展变化的特征，按时间顺序将这一现象在不同时间上的相继观察值排成的序列，称为时间序列。根据观察时间的不同，时间序列中的时间可以是年份、季度、月份或其他时间形式。表 16－1 中的人口数与国内生产总值都是时间序列。

通常用 Y_t，Z_t 等符号表示一个时间序列变量，下标 t 是时间标号，表示第 t 次观察，具体的观察值为 y_t，z_t。如若用 Y_t 表示表 16－1 中的中国人口数时间序列，则 y_1 表示第 1 次观察值 96 259 万人，即 1978 年的人口数；y_{42} 表示第 42 次观察值 140 005 万人，即 2019 年的人口数。

表 16-1　中国 1978—2019 年人口数与国内生产总值

年份	t	人口数 y_t（万人）	国内生产总值 z_t（亿元）	年份	t	人口数 y_t（万人）	国内生产总值 z_t（亿元）
1978	1	96 259	3 678.7	1999	22	125 786	90 564.4
1979	2	97 542	4 100.5	2000	23	126 743	100 280.1
1980	3	98 705	4 587.6	2001	24	127 627	110 863.1
1981	4	100 072	4 935.8	2002	25	128 453	121 717.4
1982	5	101 654	5 373.4	2003	26	129 227	137 422.0
1983	6	103 008	6 020.9	2004	27	129 988	161 840.2
1984	7	104 357	7 278.5	2005	28	130 756	187 318.9
1985	8	105 851	9 098.9	2006	29	131 448	219 438.5
1986	9	107 507	10 376.2	2007	30	132 129	270 092.3
1987	10	109 300	12 174.6	2008	31	132 802	319 244.6
1988	11	111 026	15 180.4	2009	32	133 450	348 517.7
1989	12	112 704	17 179.7	2010	33	134 091	412 119.3
1990	13	114 333	18 872.9	2011	34	134 735	487 940.2
1991	14	115 823	22 005.6	2012	35	135 404	538 580.0
1992	15	117 171	27 194.5	2013	36	136 072	592 963.2
1993	16	118 517	35 673.2	2014	37	136 782	643 563.1
1994	17	119 850	48 637.5	2015	38	137 462	688 858.2
1995	18	121 121	61 339.9	2016	39	138 271	746 395.1
1996	19	122 389	71 813.6	2017	40	139 008	832 035.9
1997	20	123 626	79 715.0	2018	41	139 538	919 281.1
1998	21	124 761	85 195.5	2019	42	140 005	990 865.1

资料来源：国家统计局．中国统计年鉴：2020．北京：中国统计出版社，2020：31，56.

（二）时间序列数据的类型

1. 时期数据

时期数据是在时间序列所标识时间跨度内累计形成的数据。如表 16-1 中的国内生产总值是一年内的累积数据。时期数据一般是连续登记的，具有可加性，数据的大小与标识的时间跨度大小有关。

2. 时点数据

时点数据反映的是现象在某一时间点上所达到的水平。如表 16-1 中人口数的标识时间虽然是年，但实际上是人口普查或人口抽样调查标准时点上的数据。中国人口普查的标准时点是 11 月 1 日 0 时，2010 年的人口数 134 091 万人指的是 2010 年 11 月 1 日 0 时的人口数。不同时间点上的时点数据是不能累加的，累加了也没有实际意义。

二、时间序列的特征及分析目的

（一）时间序列的特征

由于时间序列的观察值是同一现象在不同时刻的实现，因此其相继观察值通常是不独立的，这是时间序列非常重要的一个特征。正是这一不独立性，使得后续观察值会受到前面观察值的影响，从而形成了时间序列分析的预测问题，即可依据过去观察值提供的信息来预测未来值。如果用时间序列能够完全准确地预测未来，则称为确定的时间序列。但是，多数时间序列受到多种因素的影响，其过去值只能部分地影响未来值，只能由过去观察值预测达到一定概率分布的未来值。

（二）时间序列分析的目的

在社会学研究中，时间序列分析的目的有两个：一是描述现象随时间变化的特征和规律；二是利用现象的变化趋势对未来进行预测。对现象变化的特征和规律进行描述时一般采用统计表或统计图的方法。尤其是统计图，可以直观地反映所研究的现象是否随着时间推移呈现出一定的趋势、季节性变化等。此外，还要计算一些描述现象变化速度的指标，如增长率等。社会学领域也常常面临预测的问题。例如，人口统计学家需要预测未来 10 年、20 年人口数的变化。对现象进行预测需要先把握其变化趋势和规律，其趋势和规律不同，预测方法也不同。利用时间序列进行预测其实暗含这样一个观点：那些决定过去观察值变化趋势和规律的因素会稳定地延续至未来。

三、时间序列的构成因素

时间序列的形成是多个因素共同作用的结果。有些因素对现象的变化起着长期的作用，有些因素起着临时的作用。归纳起来，这些因素大致可以分为四类：长期趋势、季节性波动、循环波动及随机波动。

1. 长期趋势

长期趋势是时间序列在长期内呈现出来的持续上升或持续下降的变动状态。如拥有汽车的家庭数量持续上升，文盲率持续下降，等等。长期趋势的存在说明有某种决定性的因素对所研究的现象形成了持续的影响。时间序列中的长期趋势可能是线性的，也可能是非线性的。

2. 季节性波动

季节性波动是指时间序列在一年或更短的时间内表现出的具有稳定性的周期性变化。由于自然季节的存在，很多社会、经济现象呈现出以年为周期的规律性变化。如每年春节前都是盗窃等危害社会行为的高发时期，啤酒等商品的销售在夏季明显更好，寒暑假通常是学生旅游的旺季等。也有些现象以周或日为周期变动。如人们的休闲时间以周为周期变化，公共交通的乘车人数以日为周期变化。这样一些具有周期性变动规律的现象都可以采用季节指数的方法进行分析与预测。

3. 循环波动

循环波动是指时间序列呈现出的从低到高再从高到低的反复波动。循环波动通常没有比较固定的规律，没有稳定的波动周期。波动通常持续一年以上，甚至长达十几年、几十年。如某一国家的货币对美元的比价在数年内会呈现上升、下降，再上升、再下降的不规则波动。由于这类波动无规律可循，只能用过去的数据进行描述，难以对其进行预测。

4. 随机波动

随机波动是指除上述三种因素外其他一些偶然因素使时间序列呈现出的不规则波动。也有一些时间序列仅受到随机波动的影响，其观察值基本上围绕某个固定水平做振幅大致恒定的波动，不同的时间段波动的程度不同，不存在什么规律。

第2节　时间序列的描述性分析

一、时间序列的图表描述

图表可以直观地显示出观察数据随时间的变化情况，从中可以找到现象的发展趋势，为下一步的分析和预测奠定基础。因此，图表是描述时间序列的重要方法。

（一）统计表

表16-2是2011—2019年中国城镇人口数和中国邮政业务总量的时间序列。

表16-2　2011—2019年中国城镇人口数与邮政业务总量

年份	t	城镇人口数（万人）	邮政业务总量（亿元）
2011	1	69 079	1 607.71
2012	2	71 182	2 036.84
2013	3	73 111	2 725.08
2014	4	74 916	3 696.08
2015	5	77 116	5 078.72
2016	6	79 298	7 397.24
2017	7	81 347	9 763.71
2018	8	83 137	12 345.19
2019	9	84 843	16 229.63

资料来源：2012—2020年中国统计年鉴。

从表中大致可以看出，2011—2019年间，城镇人口数与邮政业务总量都呈现出一定的增长趋势，但其增长模式、增长速度并不能很直观地显示出来。为了更直观、明晰地显示时间序列的增长模式与速度，通常需要借助折线图方法。

（二）折线图

图16-1、图16-2是表16-2中两个时间序列相应的折线图。可以很明显地看出，2011—2019年间，中国城镇人口数序列呈现出线性增长趋势，邮政业务总量序列则呈现出指数增长趋势。

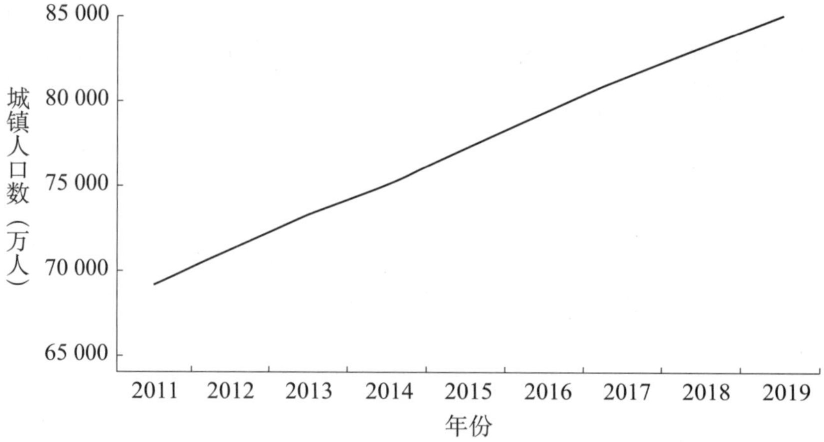

图16-1　2011—2019年中国城镇人口数折线图

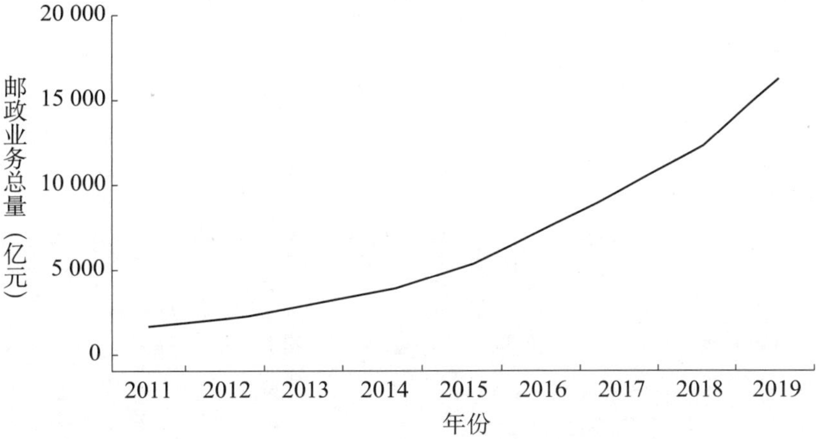

图 16－2　2011—2019 年中国邮政业务总量折线图

二、时间序列的增长率分析

对时间序列，不仅需要了解其绝对数量的变化情况，很多时候还需要了解其相对变化的情况。增长率就是描述现象在不同时间的变化速度的特征值。

（一）几个相关的概念

1. 报告期水平与基期水平

在时间序列中，我们经常要将所研究的变量在某一时间点上的观察值与以前一个时间点上的观察值进行比较，以发现该变量的变化情况。我们所关注的时间点称为报告期，所研究变量在该时间点上的观察值称为报告期水平，一般用 Y_t 表示，t 为对应的时间点或时间序号。用以比较的以前那个时间点称为基期，所研究变量在该时间点上的观察值称为基期水平，一般用 Y_0 表示。

2. 增长量与增长率

增长量是报告期水平与基期水平之差，即

$$\text{增长量}=Y_t-Y_0 \qquad (16-1)$$

增长率也称增长速度，是增长量与基期水平的比。设增长率为 G（增长率的观察值为 g），则有

$$G_t=\frac{Y_t-Y_0}{Y_0}\times 100\% \qquad (16-2)$$

增长率是一个相对指标，通常以百分数表示，表明与基期相比，报告期增长了百分之多少。根据选择的基期不同，增长率分为环比增长率和定基增长率。

（二）环比增长率与定基增长率

环比增长率是报告期水平同前一时期水平相比较的增长量与前一期水平之比，说明现象逐期变化的速度。报告期的环比增长率为：

$$G_t=\frac{Y_t-Y_{t-1}}{Y_{t-1}}=\frac{Y_t}{Y_{t-1}}-1 \qquad (16-3)$$

定基增长率是报告期水平同某一基期水平相比的增长量与这一基期水平之比，说明现象在一段时间内总的变化速度。报告期的定基增长率为：

$$G_t=\frac{Y_t-Y_0}{Y_0}=\frac{Y_t}{Y_0}-1 \tag{16-4}$$

例 16-1

请计算表 16-2 中邮政业务总量 2019 年的环比增长率及与 2011 年相比的定基增长率。

解：由题意可得，2019 年、2018 年与 2011 年对应的 t 分别为 9，8 和 1，$y_9=16\ 229.63$，$y_8=12\ 345.19$，$y_0=y_1=1\ 607.71$。

2019 年的环比增长率为：

$$g_9=\frac{y_9}{y_8}-1=\frac{16\ 229.63}{12\ 345.19}-1=31.47\%$$

2019 年与 2011 年相比的定基增长率为：

$$g_9=\frac{y_9}{y_0}-1=\frac{16\ 229.63}{1\ 607.71}-1=909.49\%$$

即 2019 年邮政业务总量较 2018 年增长了 31.47%，较 2011 年增长了 909.49%，增长非常快。

（三）平均增长率

平均增长率也称平均增长速度，说明现象在一个较长时期内的逐期平均变化程度。由于增长率是相对指标，因此计算平均增长率不能使用算术平均值，而应使用几何平均值。设平均增长率为 $\bar{G}$，则有

$$\bar{G}=\sqrt[t-1]{\frac{Y_2}{Y_1}\times\frac{Y_3}{Y_2}\times\cdots\times\frac{Y_t}{Y_{t-1}}}-1=\sqrt[t-1]{\frac{Y_t}{Y_1}}-1 \tag{16-5}$$

例 16-2

请计算表 16-2 中邮政业务总量 2011—2019 年的平均增长率。

解：由题意可得，2019 年与 2011 年对应的 t 分别为 9 和 1，$y_9=16\ 229.63$，$y_1=1\ 607.71$。

$$\bar{g}=\sqrt[9-1]{\frac{y_9}{y_1}}-1=\sqrt[8]{\frac{16\ 229.63}{1\ 607.71}}-1=33.51\%$$

即 2011—2019 年间邮政业务总量平均每年增长 33.51%。

例 16－3

党的十二大提出，从 1980 年到 20 世纪末我国经济建设的奋斗目标是国民生产总值翻两番。要实现这一目标，计算这一阶段的最低年平均增长速度。

解：从 1980 年到 1999 年共为 20 年，则 $t=20$。

生产总值翻两番意味着报告期的生产总值是基期的 4 倍，则有 $\frac{y_{20}}{y_1}=4$。

年平均增长速度为：

$$\bar{g}=\sqrt[19]{\frac{y_{20}}{y_1}}-1=\sqrt[19]{4}-1=1.0757-1=0.0757=7.57\%$$

即要实现国民生产总值翻两番的奋斗目标，国民生产总值的年平均增长速度不能低于 7.57%。

（四）增长率分析中应注意的问题

增长率分析可以广泛地应用于大多数社会现象的时间序列分析，在实际应用中，还需要注意以下两个问题。

一是增长率分析不适用于观察值中存在 0 或负数的时间序列。例如，某社区连续 5 个月前来进行失业登记的人数分别为 15，8，2，0，4，则无法计算第 5 个月的环比增长率。

二是作为相对数的增长率，其大小还受到基期观察值大小的影响。高的增长率并不一定对应大的增长量，很多时候需要将增长率与绝对增长量相结合进行分析。

例如，表 16－3 是江苏省与内蒙古自治区两个地区 2011 年与 2019 年公共交通车辆运营数的情况。

表 16－3　江苏省与内蒙古自治区年末公共汽车电车运营数

年份	江苏		内蒙古	
	运营车数（辆）	增长率（%）	运营车数（辆）	增长率（%）
2011	29 205	—	5 646	—
2019	44 967	53.97	8 862	56.96

资料来源：中华人民共和国国家统计局. 中国统计年鉴：2012. 北京：中国统计出版社，2012；国家统计局. 中国统计年鉴：2020. 北京：中国统计出版社，2020.

由表 16－3 可以看出，2019 年末内蒙古自治区公共汽车电车运营数较 2011 年增长了 56.96%，高于江苏省的 53.97%。但内蒙古自治区增加一个百分点对应的绝对增量为 56.46 辆，而江苏省相应的绝对增量为 292.05 辆。可见，将相对信息与绝对信息结合起来可以帮助我们更全面地了解所研究的问题。

第 3 节　时间序列的预测方法

利用时间序列数据进行预测时，实际上是假定过去的变化趋势会延续到未来，只有这样，根据已有的形态或模式进行预测才有意义。预测过程分为两步：先利用观察值描述出变量随时间变化的规律，然后利用这个规律预测未来一个或多个时间点上变量的值。不同因素构成的时间序列有不同的预测方法。本书只介绍一些最常用的方法。

一、平滑法

平滑法的基本原理是通过对时间序列进行平滑，消除其包含的随机波动，以便更好地观察序列随时间变化的趋势。图16-3为2020年10月16日至2021年3月1日在岸人民币兑美元汇率日K线图，虽然两个箭头所指的小波段是上升的，但总体呈下降趋势，通过图中10日移动平均线可以观察得更加清晰。

平滑法用平滑值作为预测值。这里主要介绍移动平均法和指数平滑法。

图16-3　2020年10月16日至2021年3月1日在岸人民币兑美元汇率日K线图

资料来源：https：//finance. sina. com. cn/money/forex/hq/USDCNY. shtml.

（一）移动平均法

移动平均法就是将最近 k 期观察值的平均值作为下一期的预测值。

设某一时间序列为 Y_1，Y_2，…，Y_t，则 $t+1$ 期的移动平均法预测值为：

$$\hat{Y}_{t+1}=\frac{Y_{t-k+1}+Y_{t-k+2}+\cdots+Y_{t-1}+Y_t}{k} \tag{16-6}$$

式中，k（$1<k<t$）称为移动间隔或移动步长。

同样，$t+2$ 期的移动间隔为 k 的简单移动平均法预测值为：

$$\hat{Y}_{t+2}=\frac{Y_{t-k+2}+Y_{t-k+3}+\cdots+Y_t+Y_{t+1}}{k} \tag{16-7}$$

依此类推。

可见，移动平均法赋予最近的 k 期数据各 $\frac{1}{k}$ 的权重，而之前各期的数据权重均为 0，这些数据在对未来值的预测中是不起作用的，体现出近期数据较远期数据对预测更有意义的思想。

下面以图 16－3 中最近的 30 个交易日为例，来说明移动平均法的计算。

例 16－4

表 16－4 所示是图 16－3 中最近的 30 个交易日在岸人民币兑美元收盘价数据，计算 2021 年 1 月 12 日—3 月 1 日在岸人民币兑美元收盘价的 10 步移动平均法预测值。

表 16－4　2021 年 1 月 12 日—3 月 1 日在岸人民币兑美元收盘价数据　　单位：元

日期	t	收盘价 y_t	日期	t	收盘价 y_t
1 月 12 日	1	6.463 6	2 月 2 日	16	6.457 4
1 月 13 日	2	6.468 3	2 月 3 日	17	6.462 0
1 月 14 日	3	6.474 6	2 月 4 日	18	6.471 8
1 月 15 日	4	6.480 9	2 月 5 日	19	6.465 8
1 月 18 日	5	6.492 8	2 月 8 日	20	6.448 6
1 月 19 日	6	6.479 0	2 月 9 日	21	6.435 3
1 月 20 日	7	6.466 4	2 月 10 日	22	6.458 2
1 月 21 日	8	6.462 0	2 月 18 日	23	6.487 9
1 月 22 日	9	6.481 9	2 月 19 日	24	6.457 7
1 月 25 日	10	6.480 0	2 月 22 日	25	6.464 8
1 月 26 日	11	6.465 2	2 月 23 日	26	6.466 7
1 月 27 日	12	6.483 6	2 月 24 日	27	6.456 9
1 月 28 日	13	6.449 5	2 月 25 日	28	6.455 0
1 月 29 日	14	6.428 3	2 月 26 日	29	6.473 7
2 月 1 日	15	6.467 9	3 月 1 日	30	6.466 0

资料来源：https：//finance. sina. com. cn/money/forex/hq/USDCNY. shtml.

解：$k=10$ 时，移动平均法预测值从 $t=11$ 计算。

$t=11$ 对应的日期为 1 月 26 日，预测值为：

$$\hat{y}_{11}=\frac{y_1+y_2+\cdots+y_{10}}{10}=\frac{6.463\,6+6.468\,3+\cdots+6.480\,0}{10}=6.475\,0$$

$t=12$ 对应的日期为 1 月 26 日，预测值为：

$$\hat{y}_{12}=\frac{y_2+y_3+\cdots+y_{11}}{10}=\frac{6.468\,3+6.474\,6+\cdots+6.465\,2}{10}=6.475\,1$$

依此类推。3月1日对应的 t 为30，预测值为：

$$\hat{y}_{30}=\frac{y_{20}+y_{21}+\cdots+y_{29}}{10}=\frac{6.4488+6.4353+\cdots+6.4737}{10}=6.4605$$

同理，可计算3月2日的预测值为 $\hat{y}_{31}=6.4622$。最终的预测结果如表16-5所示。

表16-5　2021年1月12日—3月2日在岸人民币兑美元收盘价的移动平均法预测结果

单位：元

日期	t	收盘价 y_t	预测值 $\hat{y}_t$	日期	t	收盘价 y_t	预测值 $\hat{y}_t$
1月12日	1	6.4636	—	2月3日	17	6.4620	6.4642
1月13日	2	6.4683	—	2月4日	18	6.4718	6.4638
1月14日	3	6.4746	—	2月5日	19	6.4658	6.4648
1月15日	4	6.4809	—	2月8日	20	6.4486	6.4632
1月18日	5	6.4928	—	2月9日	21	6.4353	6.4600
1月19日	6	6.4790	—	2月10日	22	6.4582	6.4570
1月20日	7	6.4664	—	2月18日	23	6.4879	6.4545
1月21日	8	6.4620	—	2月19日	24	6.4577	6.4583
1月22日	9	6.4819	—	2月22日	25	6.4648	6.4613
1月25日	10	6.4800	—	2月23日	26	6.4667	6.4610
1月26日	11	6.4652	6.4750	2月24日	27	6.4569	6.4619
1月27日	12	6.4836	6.4751	2月25日	28	6.4550	6.4614
1月28日	13	6.4495	6.4766	2月26日	29	6.4737	6.4597
1月29日	14	6.4283	6.4741	3月1日	30	6.4660	6.4605
2月1日	15	6.4679	6.4689	3月2日	31	—	6.4622
2月2日	16	6.4574	6.4664	—	—	—	—

图16-4是利用表16-5中的数据制作的折线图，由于消除了最近10期的随机波动，相对于观察值序列，预测值序列的波幅明显变小，同时显示出这段时间在岸人民币兑美元汇率比较稳定的特征。

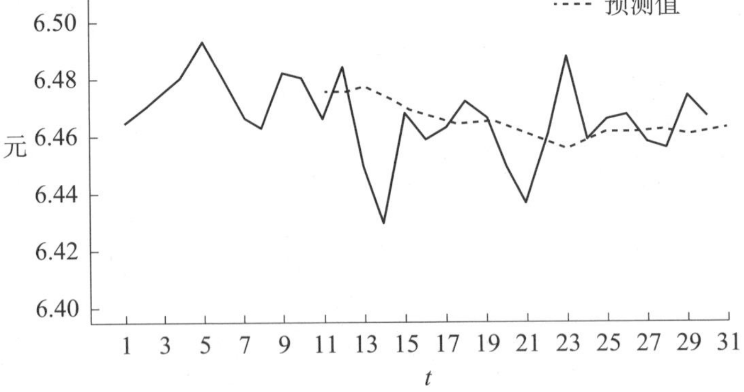

图16-4　2021年1月12日—3月2日在岸人民币兑美元收盘价的移动平均预测值线图

对同一个时间序列，采用不同的移动间隔预测的效果是不同的。k 越小，预测值对观察值的变化反应越灵敏，但平滑的效果相对就差一些。如何确定合理的移动间隔 k，需要结合具体的情况进行选择。

（二）指数平滑法

指数平滑法是将 t 期的实际观察值与 t 期的预测值分别加权再相加作为 $t+1$ 期的预测值。

设某一时间序列为 Y_1，Y_2，…，Y_t，则 $t+1$ 期的指数平滑法预测值为：

$$\hat{Y}_{t+1}=\alpha Y_t+(1-\alpha)\hat{Y}_t \tag{16-8}$$

式中，α 为平滑系数，$0<\alpha<1$。

由于在开始计算时还没有 1 期的预测值 $\hat{Y}_1$，通常设 $\hat{Y}_1=Y_1$。

则 2 期的预测值为：

$$\hat{Y}_2=\alpha Y_1+(1-\alpha)\hat{Y}_1=\alpha Y_1+(1-\alpha)Y_1=Y_1$$

3 期的预测值为：

$$\hat{Y}_3=\alpha Y_2+(1-\alpha)\hat{Y}_2=\alpha Y_2+(1-\alpha)Y_1$$

4 期的预测值为：

$$\hat{Y}_4=\alpha Y_3+(1-\alpha)\hat{Y}_3=\alpha Y_3+\alpha(1-\alpha)Y_2+(1-\alpha)^2Y_1$$

依此类推。一般有

$$\begin{aligned}\hat{Y}_{t+1}&=\alpha Y_t+(1-\alpha)\hat{Y}_t\\&=\alpha Y_t+\alpha(1-\alpha)Y_{t-1}+\alpha(1-\alpha)^2Y_{t-2}+\cdots+\alpha(1-\alpha)^{t-2}Y_2\\&\quad+(1-\alpha)^{t-1}Y_1\end{aligned} \tag{16-9}$$

可见，预测值 $\hat{Y}_{t+1}$ 实际就是以前所有的实际观察值的加权平均值。由于平滑系数 α 是个小于 1 的正数，所以，越接近预测期的观察值被赋予的权重越大，而越远离预测期的观察值，其权重越呈现出指数下降的趋势，体现出近期数据较远期数据对预测更具意义的思想。

例 16－5

根据表 16－4 中的数据，取平滑系数 $\alpha=0.3$，计算 2021 年 1 月 12 日—3 月 2 日在岸人民币兑美元收盘价的指数平滑预测值。

解：已知 $\alpha=0.3$。

2021 年 1 月 12 日对应的 t 为 1，预测值为：

$$\hat{y}_1=y_1=6.4636$$

1月3日对应的 t 为2，预测值为：

$$\hat{y}_2=0.3y_1+(1-0.3)\hat{y}_1=0.3\times6.4636+0.7\times6.4636=6.4636$$

1月14日对应的 t 为3，预测值为：

$$\hat{y}_3=0.3y_2+(1-0.3)\hat{y}_2=0.3\times6.4683+0.7\times6.4636=6.4650$$

依此类推。3月2日对应的 t 为31，预测值为：

$$\hat{y}_{31}=0.3y_{30}+(1-0.3)\hat{y}_{30}=0.3\times6.4660+0.7\times6.4640=6.4646$$

预测结果如表16-6所示。

表16-6　2021年1月12日—3月2日在岸人民币兑美元收盘价的指数平滑法预测结果

单位：元

日期	t	收盘价 y_t	预测值 $\hat{y}_t$	日期	t	收盘价 y_t	预测值 $\hat{y}_t$
1月12日	1	6.463 6	6.463 6	2月3日	17	6.462 0	6.459 0
1月13日	2	6.468 3	6.463 6	2月4日	18	6.471 8	6.459 9
1月14日	3	6.474 6	6.465 0	2月5日	19	6.465 8	6.463 5
1月15日	4	6.480 9	6.467 9	2月8日	20	6.448 6	6.464 2
1月18日	5	6.492 8	6.471 8	2月9日	21	6.435 3	6.459 5
1月19日	6	6.479 0	6.478 1	2月10日	22	6.458 2	6.452 2
1月20日	7	6.466 4	6.478 4	2月18日	23	6.487 9	6.454 0
1月21日	8	6.462 0	6.474 8	2月19日	24	6.457 7	6.464 2
1月22日	9	6.481 9	6.470 9	2月22日	25	6.464 8	6.462 2
1月25日	10	6.480 0	6.474 2	2月23日	26	6.466 7	6.463 0
1月26日	11	6.465 2	6.476 0	2月24日	27	6.456 9	6.464 1
1月27日	12	6.483 6	6.472 7	2月25日	28	6.455 0	6.462 0
1月28日	13	6.449 5	6.476 0	2月26日	29	6.473 7	6.459 9
1月29日	14	6.428 3	6.468 0	3月1日	30	6.466 0	6.464 0
2月1日	15	6.467 9	6.456 1	3月2日	31	—	6.464 6
2月2日	16	6.457 4	6.459 7	—	—	—	—

图16-5是利用表16-6的数据制作的折线图。从图中可以看出，相对于观察值序列，预测值序列的波幅变小，同样也显示出这段时间在岸人民币兑美元汇率比较稳定的特征。

确定一个合适的平滑系数是使用指数平滑法的关键。由式（16-9）可知，α 越接近1，近期观察值的权数越大，预测值对时间序列变化的反应越灵敏。因此，若时间序列存在较大的随机波动，宜选用较大的 α，预测值能尽量反映近期的变化。反之，宜选用较小的 α。实际应用中，到底选择多大的 α，还要结合研究的具体问题来考虑。

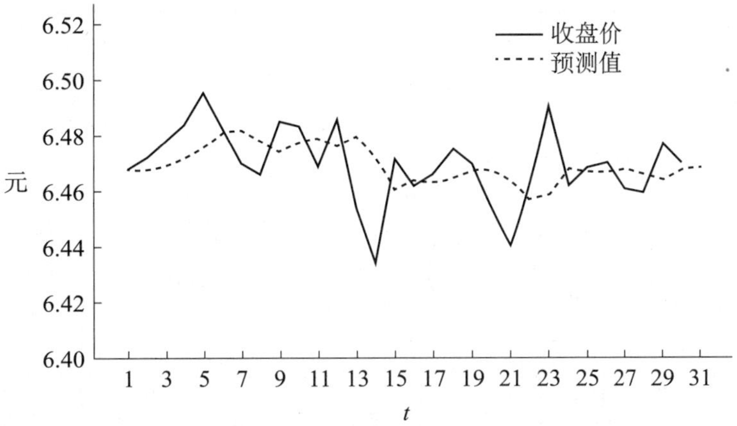

图 16－5　2021 年 1 月 12 日—3 月 2 日在岸人民币兑美元收盘价的指数平滑法预测值线图

（三）预测误差

时间序列的预测是根据已有数据对未来的情况进行估计，不可能百分之百准确。我们这里采用均方误差这个指标来衡量预测误差的大小，即观察值与预测值的平均离差平方和的平方根。计算公式为：

$$S_y=\sqrt{\frac{\sum_{t=1}^{n}(Y_t-\hat{Y}_t)^2}{m}} \tag{16-10}$$

式中，n 为观察值的个数；m 为预测值的个数。

表 16－7 所示是运用前述两种平滑法预测 2021 年 1 月 12 日—3 月 1 日在岸人民币兑美元收盘价的预测误差。

表 16－7　两种平滑预测方法的预测误差平方

日期	t	收盘价 y_t	移动平均法 $(y_t-\hat{y}_t)^2$	指数平滑法 $(y_t-\hat{y}_t)^2$
1 月 12 日	1	6.463 6	—	0
1 月 13 日	2	6.468 3	—	0.000 022 09
1 月 14 日	3	6.474 6	—	0.000 092 16
1 月 15 日	4	6.480 9	—	0.000 169 00
1 月 18 日	5	6.492 8	—	0.000 441 00
1 月 19 日	6	6.479 0	—	0.000 000 81
1 月 20 日	7	6.466 4	—	0.000 144 00
1 月 21 日	8	6.462 0	—	0.000 163 84
1 月 22 日	9	6.481 9	—	0.000 121 00
1 月 25 日	10	6.480 0	—	0.000 033 64
1 月 26 日	11	6.465 2	0.000 096 04	0.000 116 64
1 月 27 日	12	6.483 6	0.000 072 25	0.000 118 81
1 月 28 日	13	6.449 5	0.000 734 41	0.000 702 25

续表

日期	t	收盘价 y_t	移动平均法$(y_t-\hat{y}_t)^2$	指数平滑法$(y_t-\hat{y}_t)^2$
1月29日	14	6.428 3	0.002 097 64	0.001 576 09
2月1日	15	6.467 9	0.000 001 00	0.000 139 24
2月2日	16	6.457 4	0.000 081 00	0.000 005 29
2月3日	17	6.462 0	0.000 004 84	0.000 009 00
2月4日	18	6.471 8	0.000 064 00	0.000 141 61
2月5日	19	6.465 8	0.000 001 00	0.000 005 29
2月8日	20	6.448 6	0.000 213 16	0.000 243 36
2月9日	21	6.435 3	0.000 610 09	0.000 585 64
2月10日	22	6.458 2	0.000 001 44	0.000 036 00
2月18日	23	6.487 9	0.001 115 56	0.001 149 21
2月19日	24	6.457 7	0.000 000 36	0.000 042 25
2月22日	25	6.464 8	0.000 012 25	0.000 006 76
2月23日	26	6.466 7	0.000 032 49	0.000 013 69
2月24日	27	6.456 9	0.000 025 00	0.000 051 84
2月25日	28	6.455 0	0.000 040 96	0.000 049 00
2月26日	29	6.473 7	0.000 196 00	0.000 190 44
3月1日	30	6.466 0	0.000 030 25	0.000 004 00
合计	31	—	0.005 429 74	0.006 373 95

计算可得，$k=10$ 的简单移动平均法的预测误差：

$$s_y=\sqrt{\frac{\sum_{t=1}^{n}(y_t-\hat{y}_t)^2}{m}}=\sqrt{\frac{0.005\,429\,74}{20}}=0.016\,5$$

$\alpha=0.3$ 时的指数平滑法的预测误差：

$$s_y=\sqrt{\frac{\sum_{t=1}^{n}(y_t-\hat{y}_t)^2}{m}}=\sqrt{\frac{0.006\,373\,95}{30}}=0.014\,6$$

可见，对2021年1月12日—3月1日在岸人民币兑美元收盘价这个时间序列，$\alpha=0.3$ 时的一次指数平滑法的预测误差要比移动间隔 $k=10$ 的简单移动平均法的预测误差小一些。

二、趋势外推法

统计资料表明，社会经济现象的发展主要是渐进的，相对于时间具有一定的规律性。因此，当预测现象依时间变化呈现某种上升或下降的趋势，无明显的季节性波动，能找到一条合适的函数曲线反映这种变化趋势时，就可以以时间 t 为自变量，时间序列 Y_t 为因变量，建立趋势模型：

$$Y_t=f(t) \tag{16-11}$$

当有理由相信这种趋势能够延伸到未来，直观表现为观测值在趋势线附近波动的幅度大致相等时，赋予变量 t 所需要的值，就可以得到相应时刻的时间序列的预测值，这就是趋势外推法。趋势外推大致可分为线性趋势外推与非线性趋势外推两类。

（一）线性趋势外推法

以时间 t 为横轴，以时间序列 Y_t 为纵轴，在坐标系内画出散点图。如果这些点基本呈现为直线，或在一条直线的附近上下波动，可拟合线性趋势模型并进行预测。

线性趋势模型的一般形式为：

$$\hat{Y}_t = b_0 + b_1 t \tag{16-12}$$

式中，b_0 与 b_1 是模型待定的未知系数。

根据最小二乘法确定的待定系数为：

$$b_0 = \bar{Y} - b_1 \bar{t} \tag{16-13}$$

$$b_1 = \frac{\sum_{t=1}^{n}(t-\bar{t})(Y_t-\bar{Y})}{\sum_{t=1}^{n}(t-\bar{t})^2} = \frac{\sum_{t=1}^{n} tY_t - n\bar{t}\bar{Y}}{\sum_{t=1}^{n} t^2 - n\bar{t}^2} \tag{16-14}$$

式中　$\bar{t} = \frac{1}{n}\sum_{t=1}^{n} t$，$\bar{Y} = \frac{1}{n}\sum_{t=1}^{n} Y_t$

例 16－6

根据表 16－2 中的中国城镇人口数数据，选择合适的模型进行拟合，计算各期的预测值、预测误差及 2020 年的预测值。

解：根据中国城镇人口数时间序列折线图 16－1，选择线性趋势模型。

由题意计算可得：

$$\bar{t} = \frac{1+2+\cdots+9}{9} = 5$$

$$\bar{y} = \frac{69\ 079 + 71\ 182 + \cdots + 84\ 843}{9} = 77\ 114.3$$

计算 $(t-\bar{t})^2$ 和 $(t-\bar{t})(y_t-\bar{y})$ 的过程列于表 16－8 中的第 4、第 6 列中，求得 $\sum_{t=1}^{9}(t-\bar{t})^2 = 60$，$\sum_{t=1}^{9}(t-\bar{t})(y_t-\bar{y}) = 119\ 775.0$。

根据式（16－13）与式（16－14）计算可得：

$$b_1 = \frac{\sum_{t=1}^{9}(t-\bar{t})(y_t-\bar{y})}{\sum_{t=1}^{9}(t-\bar{t})^2} = \frac{119\ 775.0}{60} = 1\ 996.3$$

$$b_0 = \bar{y} - b_1\bar{t} = 77\ 114.3 - 1\ 996.3 \times 5 = 67\ 133.1$$

即预测模型为 $\hat{y}_t=67\ 133.1+1\ 996.3t$，表明时间每增长 1 年，中国城镇人口数平均增加 1 996.3 万人。

计算模型的拟合优度。计算$(y_t-\bar{y})^2$ 的过程列于表 16－8 中的第 5 列，并据此计算出 $\sum_{t=1}^{n}(y_t-\bar{y})^2=239\ 307\ 180.00$，代入拟合优度的计算公式可得

$$R^2=r^2=\frac{\left[\sum_{t=1}^{9}(t-\bar{t})(y_t-\bar{y})\right]^2}{\sum_{t=1}^{9}(t-\bar{t})^2\sum_{t=1}^{9}(y_t-\bar{y})^2}=\frac{119\ 775.0^2}{60\times 239\ 307\ 180.00}=0.999\ 1。$$

将 $t=1$，2，…，9 代入趋势模型，计算出的各年的预测值列于表 16－8 中第 7 列。

表 16－8　城镇人口数预测情况

年份	t	y_t	$(t-\bar{t})^2$	$(y_t-\bar{y})^2$	$(t-\bar{t})(y_t-\bar{y})$	预测值 y_t	$(y_t-\hat{y}_t)^2$
2011	1	69 079	16	64 566 528.21	32 141.2	69 129.3	2 533.44
2012	2	71 182	9	35 192 539.23	17 796.9	71 125.6	3 182.84
2013	3	73 111	4	16 026 651.09	8 006.6	73 121.8	117.36
2014	4	74 916	1	4 832 654.79	2 198.3	75 118.1	40 837.67
2015	5	77 116	0	2.79	0	77 114.3	2.78
2016	6	79 298	1	4 768 414.67	2 183.7	79 110.6	35 125.01
2017	7	81 347	4	17 915 495.33	8 465.4	81 106.8	57 680.03
2018	8	83 137	9	36 272 553.93	18 068.1	83 103.1	1 150.34
2019	9	84 843	16	59 732 339.97	30 914.8	85 099.3	65 706.78
合计	—	—	60	239 307 180.00	119 775.0	—	206 336.25

计算 $(y_t-\hat{y}_t)^2$ 如表 16－8 中的第 8 列。预测误差为：

$$s_y=\sqrt{\frac{\sum_{t=1}^{9}(y_t-\hat{y}_t)^2}{9}}=\sqrt{\frac{206\ 336.25}{9}}=151.4$$

2020 年对应的时间标号 t 为 10，代入预测模型中，可得 2020 年的预测值为：

$$\hat{y}_{10}=67\ 133.1+1\ 996.3\times 10=87\ 096.1\ (万人)$$

将各年的预测值与原序列绘制成图，得到图 16－6，可以看出预测值与观察值的两条线基本重合。

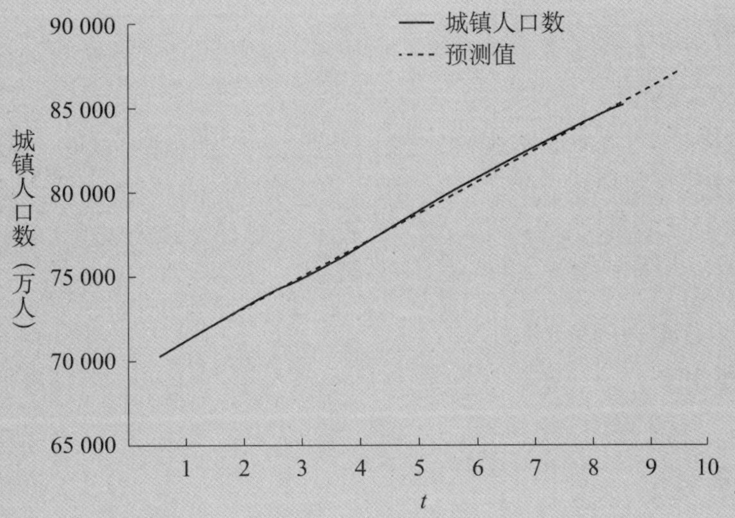

图 16-6　中国城镇人口数线性模型预测情况

（二）非线性趋势外推法

非线性趋势预测模型非常多，第 4 章中列出的统计软件 SPSS 提供的 10 种模型基本涵盖了社会学分析常用的模型。限于篇幅，这里仅介绍较常用的指数曲线模型与二次曲线模型。

1. 指数曲线模型

以时间 t 为横轴，以时间序列 Y_t 为纵轴，在坐标系内画出散点图。如果这些点基本呈现为曲线上升的趋势，则可采用指数曲线进行预测。

指数曲线预测模型为：

$$\hat{Y}_t = b_0 e^{b_1 t} \tag{16-15}$$

式中，b_0，b_1 为待定系数，对其求解一般采用线性化的方法，即对预测模型两边取对数：

$$\ln \hat{Y}_t = \ln b_0 + b_1 t \tag{16-16}$$

然后根据最小二乘法，按直线形式的系数确定方法，求得

$$b_1 = \frac{\sum_{t=1}^{n}(t\ln Y_t) - n\bar{t}\,\overline{\ln Y}}{\sum_{t=1}^{n} t^2 - n\bar{t}^2} \tag{16-17}$$

$$\ln b_0 = \overline{\ln Y} - b_1 \bar{t} \tag{16-18}$$

式中，$\overline{\ln Y} = \frac{1}{n}\sum_{t=1}^{n}\ln Y_t$。

再取反对数，即得到 b_0。

非线性预测模型的计算量通常都非常大，一般需借助于各种统计软件求解。

例 16－7

根据表 16－2 中邮政业务总量的数据，选择合适的模型进行拟合，计算各期的预测值、预测误差及 2015 年的预测值。

解：由图 16－2 可以看出，2011—2019 年间，中国邮政业务总量呈现指数增长的变化趋势，可以采用指数曲线预测模型。

根据式（16－17）与式（16－18）计算可得（因计算过程过于复杂，故省略）

$$\ln b_0 = 7.050,\quad b_1 = 0.298。$$

模型的拟合优度：$R^2=0.998$

求反对数得

$$b_0 = 1\ 152.859$$

所以预测模型为：

$$\hat{y}_t = b_0 e^{b_1 t} = 1\ 152.859e^{0.298t}$$

将 $t=1$，2，…，9 代入趋势方程，得到各年的预测值，列于表 16－9 中。

表 16－9　邮政业务总量的预测情况

年份	t	邮政业务总量（亿元）	预测值 $\hat{y}_t$	$(y_t-\hat{y}_t)^2$
2011	1	1 607.71	1 552.88	3 006.59
2012	2	2 036.84	2 092.67	3 117.12
2013	3	2 725.08	2 820.10	9 029.10
2014	4	3 696.08	3 800.39	10 881.21
2015	5	5 078.72	5 121.44	1 825.19
2016	6	7 397.24	6 901.70	245 560.48
2017	7	9 763.71	9 300.79	214 295.62
2018	8	12 345.19	12 533.82	35 582.51
2019	9	16 229.63	16 890.69	436 997.17
合计	—	—	—	960 294.99

预测误差为：

$$s_y = \sqrt{\frac{\sum_{t=1}^{9}(y_t-\hat{y}_t)^2}{9}} = \sqrt{\frac{960\ 294.99}{9}} = 326.65$$

2020 年对应的时间标号 t 为 10，代入预测模型中，可得 2020 年的预测值为：

$$\hat{y}_0 = 1\ 152.859e^{0.298\times10} = 22\ 762.04（亿元）$$

将各年的预测值与原序列绘制成图，得到图 16－7，可以看到中国邮政业务总量的预测结果。

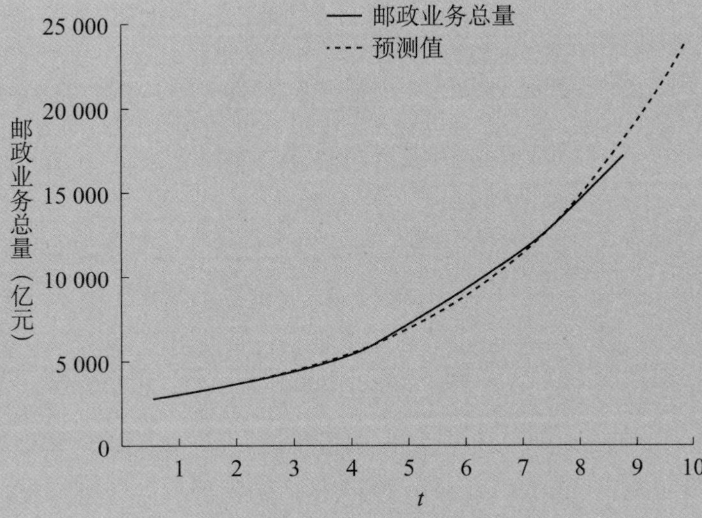

图 16－7　中国邮政业务总量指数曲线模型预测情况

2. 二次曲线模型

以时间 t 为横轴，以时间序列 Y_t 为纵轴，在坐标系内画出散点图。如果这些点基本呈现为∪形或∩形，可采用二次曲线模型进行预测。

二次曲线模型为：

$$\hat{Y}_t = b_0 + b_1 t + b_2 t^2 \tag{16-19}$$

二次曲线模型的待定系数仍可通过最小二乘法求得，其中

$$b_2 = \frac{(\overline{t^2Y} - \overline{t^2} \cdot \bar{Y})(\bar{t}^2 - \overline{t^2}) - (\overline{t^3} - \bar{t} \cdot \overline{t^2})(\bar{t} \cdot \bar{Y} - \overline{tY})}{(\overline{t^3} - \bar{t} \cdot \overline{t^2})^2 + [\overline{t^4} - (\overline{t^2})^2](\bar{t}^2 - \overline{t^2})} \tag{16-20}$$

$$b_1 = \frac{\bar{t} \cdot \bar{Y} - \overline{tY}}{\bar{t}^2 - \overline{t^2}} + \frac{\overline{t^3} - \bar{t}\,\overline{t^2}}{\bar{t}^2 - \overline{t^2}} b_2 \tag{16-21}$$

$$b_0 = \bar{Y} - b_1 \bar{t} - b_2 \overline{t^2} \tag{16-22}$$

式中，$\bar{Y} = \frac{1}{n}\sum_{t=1}^{n} Y_t$；$\bar{t} = \frac{1}{n}\sum_{t=1}^{n} t$；$\overline{t^2} = \frac{1}{n}\sum_{t=1}^{n} t^2$；$\overline{t^3} = \frac{1}{n}\sum_{t=1}^{n} t^3$；$\overline{t^4} = \frac{1}{n}\sum_{t=1}^{n} t^4$；$\overline{tY} = \frac{1}{n}\sum_{t=1}^{n} tY_t$；$\overline{t^2Y} = \frac{1}{n}\sum_{t=1}^{n} t^2 Y_t$。

例 16－8

表 16－10 是中国 2005—2019 年内地居民初婚登记数据，选择合适的模型进行拟合，计算各期的预测值、预测误差及 2020 年的预测值。

表 16-10　中国 2005—2019 年内地居民初婚登记人数　　单位：万人

年份	内地居民初婚登记人数	年份	内地居民初婚登记人数
2005	1 483.0	2013	2 386.0
2006	1 705.6	2014	2 286.8
2007	1 779.7	2015	2 109.0
2008	1 972.5	2016	1 913.3
2009	2 168.8	2017	1 746.3
2010	2 200.9	2018	1 598.7
2011	2 309.88	2019	1 398.7
2012	2 361.2		

资料来源：国家统计局．中国统计年鉴：2020. 北京：中国统计出版社，2020：722.

解：绘制中国 2005—2019 年内地居民初婚登记人数的折线图，得到图 16-8，登记数呈现出先上升后下降的趋势，所以可以采用二次曲线模型进行拟合。

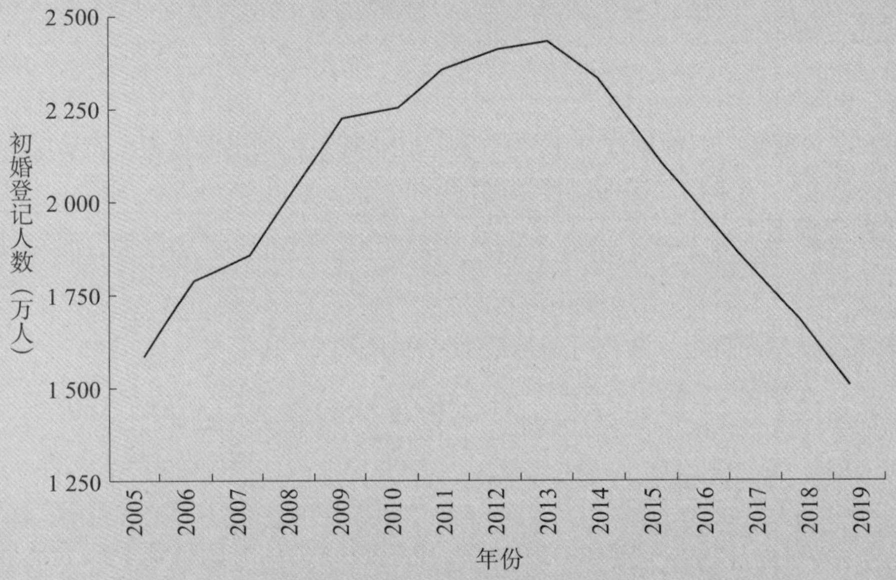

图 16-8　中国 2005—2019 年内地居民初婚登记人数折线图

根据式（16-20）至式（16-22）计算可得（因计算过程过于复杂，故省略）

$b_0=1\ 153.9$，$b_1=295.2$，$b_2=-18.8$

即预测模型为 $\hat{y}_t=1\ 153.9+295.2t-18.8t^2$。模型的拟合优度：$R^2=0.968\ 9$。

将 $t=1$，2，…，15 代入趋势方程，得到各年的预测值列于表 16-11 中的第 4 列。

表 16-11　中国 2005—2019 年内地居民初婚登记人数序列的预测情况

年份	t	内地居民初婚登记人数 y_t	预测值 $\hat{y}_t$	$(y_t-\hat{y}_t)^2$
2005	1	1 483.0	1 430.3	2 777.29
2006	2	1 705.6	1 669.1	1 332.25

续表

年份	t	内地居民初婚登记人数 y_t	预测值 $\hat{y}_t$	$(y_t-\hat{y}_t)^2$
2007	3	1 779.7	1 870.3	8 208.36
2008	4	1 972.5	2 033.9	3 769.96
2009	5	2 168.8	2 159.9	79.21
2010	6	2 200.9	2 248.3	2 246.76
2011	7	2 309.88	2 299.1	116.64
2012	8	2 361.2	2 312.3	2 391.21
2013	9	2 386.0	2 287.9	9 623.61
2014	10	2 286.8	2 225.9	3 708.81
2015	11	2 109.0	2 126.3	299.29
2016	12	1 913.3	1 989.1	5 745.64
2017	13	1 746.3	1 814.3	4 624
2018	14	1 598.7	1 601.9	10.24
2019	15	1 398.7	1 351.9	2 190.24
合计	—	—	—	47 123.51

预测误差为：

$$s_y=\sqrt{\frac{\sum_{t=1}^{15}(y_t-\hat{y}_t)^2}{15}}=\sqrt{\frac{47\ 123.51}{15}}=56.0$$

2020 年对应的时间标号 t 为 16，代入预测模型中，可得 2020 年的预测值为：

$$\hat{y}_{16}=1\ 153.9+295.2\times16-18.8\times16^2=1\ 064.3\text{（万人）}$$

将各年的预测值与原序列绘制成图，得到图 16－9，可以看出中国 2005—2019 年内地居民初婚登记人数的预测结果。

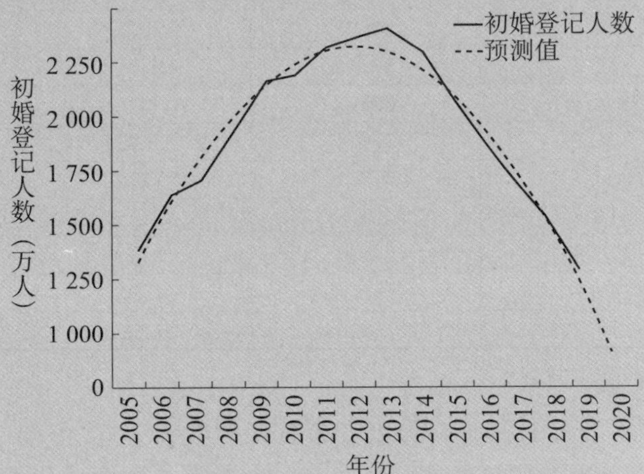

图 16－9　中国 2005—2019 年内地居民初婚登记人数二次曲线模型预测情况

三、季节指数法

对于包含周期性变动规律，但没有明显的上升或下降趋势的时间序列数据，重要的是将其周期性变动规律描述出来，然后利用这个规律进行预测。描述周期性变动规律的方法就是季节指数法。

对于以一年为一个变动周期的时间序列，季节指数通过某一季度或月份的平均值与全年平均值的比较来描述研究现象在一个年度内的季节特征。高于全年平均的季节，称为旺季；低于全年平均的季节，称为淡季。

由于存在随机因素的影响，不同年份同一季度或同一月份的数据不可能完全一致。为消除随机性的影响，季节指数的计算需要具有至少连续3年各季度或各月份的数据。季节指数的计算方法也有很多种，这里介绍较常用的平均法。

对于只含季节性波动和随机波动的时间序列，季节指数的计算主要包括以下三个步骤：

第1步：计算各年同季度（月份）的平均值。

第2步：计算全部数据的季度（月份）总平均值。

第3步：用各年同季度（月份）平均值除以总平均值即求得对应季度（月份）的季节指数。

如果现象的发展没有季节变化，则各期的季节指数均为1；如果某一季度或月份的数值有明显的变化，则这期的季节指数应大于或小于1。季节指数的平均值等于1。

下面通过2016—2019年乌鲁木齐市日照时数（见表16-12）的例子说明季节指数的计算方法与过程。

表16-12　2016—2019年乌鲁木齐市日照时数

月份＼年份	2016	2017	2018	2019
1	90.4	129.6	113.7	138.9
2	182.5	160.5	160.1	145.2
3	246.5	132.2	210.7	226.1
4	268.4	205.8	250.2	269
5	317.6	325.9	276.2	235.2
6	334.9	295.2	264.8	277.9
7	304.2	350.4	307.7	314.4
8	258.8	318.7	318.2	273.4
9	314.7	281.5	275.3	250.4
10	173.9	232.4	251.8	247.6
11	149.7	152.3	180.5	156
12	78.2	83.4	140.6	131.4

资料来源：2017—2020年中国统计年鉴。

由图16-10可见，总的规律是乌鲁木齐市日照时数在1、2月与11、12月较低，5、6、7、8月四个月较高，具有明显的季节特征。但由于随机因素的影响，不同年份又有不同的表现。

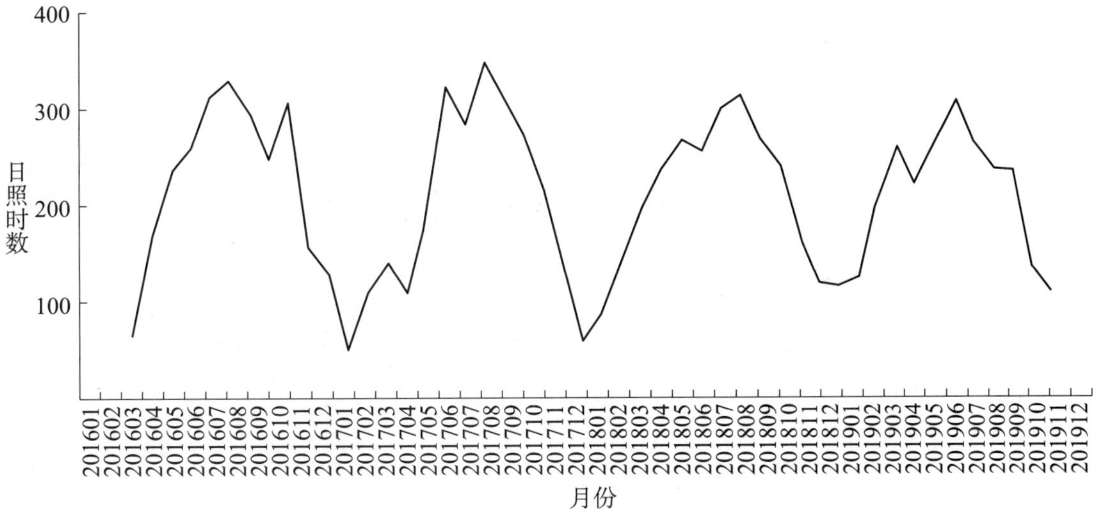

图 16－10　2016—2019 年乌鲁木齐市日照时数折线图

1 月的均值为：

(90.4＋129.6＋113.7＋138.9)÷4＝118.15（小时）

依此类推，计算得到的各月份的均值见表 16－13 中的第 6 列。

2016—2019 年乌鲁木齐市日照时数总的月份均值为：

(90.4＋129.6＋…＋140.6＋131.4)÷48＝225.062 5（小时）

1 月的季节指数为：

118.15÷225.062 5＝0.525

依此类推，得到其他 11 个月的季节指数，列于表 16－13 中的第 7 列。

表 16－13　季节指数计算过程

月份＼年份	2016	2017	2018	2019	月平均值	季节指数
1	90.4	129.6	113.7	138.9	118.15	0.525
2	182.5	160.5	160.1	145.2	162.08	0.720
3	246.5	132.2	210.7	226.1	203.88	0.906
4	268.4	205.8	250.2	269.0	248.35	1.103
5	317.6	325.9	276.2	235.2	288.73	1.283
6	334.9	295.2	264.8	277.9	293.20	1.303
7	304.2	350.4	307.7	314.4	319.17	1.418
8	258.8	318.7	318.2	273.4	292.28	1.299
9	314.7	281.5	275.3	250.4	280.48	1.246
10	173.9	232.4	251.8	247.6	226.43	1.006
11	149.7	152.3	180.5	156.0	159.63	0.709
12	78.2	83.4	140.6	131.4	108.40	0.482
总均值	—	—	—	—	225.06	1.000

由表16－13可见，1、2、3、11、12月的季节指数小于1，表明这5个月的日照时数低于全年的平均值。其中，12月的季节指数最低为0.482，是日照总时数最短的月份。其余7个月的季节指数大于1，表明这7个月的日照时数高于全年的平均值。其中，7月的季节指数最高为1.418，是日照总时数最长的月份。

在没有下一年数据的情况下，可以用所求得的各月平均值作为各年相应月份的预测值并预测下一年乌鲁木齐市相应月份的日照时数。观察值与预测值的图形如图16－11所示。

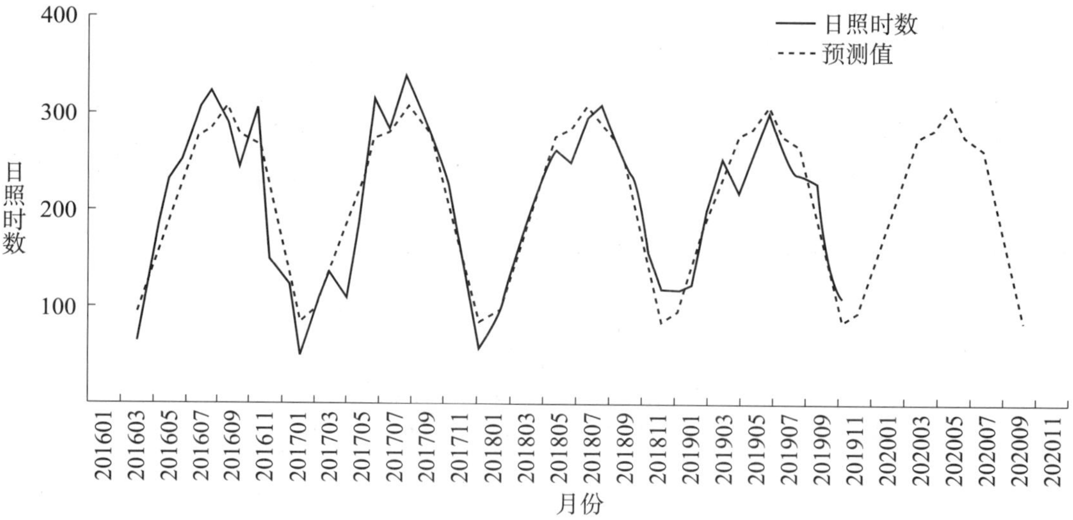

图16－11 用简单平均法预测乌鲁木齐市日照时数的情况

下面计算预测误差。

计算 $(y_t-\hat{y}_t)^2$，结果列于表16－14中。

表16－14 预测误差计算过程

时间	日照时数 y_t	预测值 $\hat{y}_t$	$(y_t-\hat{y}_t)^2$	时间	日照时数 y_t	预测值 $\hat{y}_t$	$(y_t-\hat{y}_t)^2$
2016年1月	90.4	118.2	772.84	2017年1月	129.6	118.2	129.96
2016年2月	182.5	162.1	416.16	2017年2月	160.5	162.1	2.56
2016年3月	246.5	203.9	1 814.76	2017年3月	132.2	203.9	5 140.89
2016年4月	268.4	248.4	400.00	2017年4月	205.8	248.4	1 814.76
2016年5月	317.6	288.7	835.21	2017年5月	325.9	288.7	1 383.84
2016年6月	334.9	293.2	1 738.89	2017年6月	295.2	293.2	4.00
2016年7月	304.2	319.2	225.00	2017年7月	350.4	319.2	973.44
2016年8月	258.8	292.3	1 122.25	2017年8月	318.7	292.3	696.96
2016年9月	314.7	280.5	1 169.64	2017年9月	281.5	280.5	1.00
2016年10月	173.9	226.4	2 756.25	2017年10月	232.4	226.4	36.00
2016年11月	149.7	159.6	98.01	2017年11月	152.3	159.6	53.29
2016年12月	78.2	108.4	912.04	2017年12月	83.4	108.4	625.00

续表

时间	日照时数 y_t	预测值 $\hat{y}_t$	$(y_t-\hat{y}_t)^2$	时间	日照时数 y_t	预测值 $\hat{y}_t$	$(y_t-\hat{y}_t)^2$
2018 年 1 月	113.7	118.2	20.25	2019 年 1 月	138.9	118.2	428.49
2018 年 2 月	160.1	162.1	4.00	2019 年 2 月	145.2	162.1	285.61
2018 年 3 月	210.7	203.9	46.24	2019 年 3 月	226.1	203.9	492.84
2018 年 4 月	250.2	248.4	3.24	2019 年 4 月	269	248.4	424.36
2018 年 5 月	276.2	288.7	156.25	2019 年 5 月	235.2	288.7	2 862.25
2018 年 6 月	264.8	293.2	806.56	2019 年 6 月	277.9	293.2	234.09
2018 年 7 月	307.7	319.2	132.25	2019 年 7 月	314.4	319.2	23.04
2018 年 8 月	318.2	292.3	670.81	2019 年 8 月	273.4	292.3	357.21
2018 年 9 月	275.3	280.5	27.04	2019 年 9 月	250.4	280.5	906.01
2018 年 10 月	251.8	226.4	645.16	2019 年 10 月	247.6	226.4	449.44
2018 年 11 月	180.5	159.6	436.81	2019 年 11 月	156	159.6	12.96
2018 年 12 月	140.6	108.4	1 036.84	2019 年 12 月	131.4	108.4	529.00

各期预测值与观察值之间的预测误差平方和为 $\sum_{t=1}^{48}(y_t-\hat{y}_t)^2=34\ 113.50$，预测误差为 $s_y=\sqrt{\dfrac{34\ 113.460\ 0}{48}}=26.7$。

当获得下一周期部分数据后，可以将新数据引入模型修正预测结果。

例如，获得 2020 年 1 月的日照时数为 120 小时，则可求得新的 1 月的日照平均时数为 $(90.4+129.6+113.7+138.9+120)\div 5=118.5$ 小时。将其除以 1 月的季节指数 0.525，就可以估算出 2016—2020 年 5 年总的日照时数月份平均值为 $118.5\div 0.525=225.7$ 小时。再用 225.7 分别乘以 2—12 月的季节指数，就可以得到各月日照时数的预测值了。如 $225.7\times 0.720=162.5$ 就是 2 月的预测值，$225.7\times 1.104=249.2$ 就是 4 月的预测值，依此类推，预测结果如表 16－15 所示。

表 16－15　获得 2020 年 1 月观察值后的预测情况

月份	季节指数	预测值	月份	季节指数	预测值
1	0.525	118.5	7	1.418	320.0
2	0.720	162.5	8	1.299	293.2
3	0.906	204.5	9	1.246	281.2
4	1.104	249.2	10	1.006	227.1
5	1.283	289.6	11	0.709	160.0
6	1.303	294.1	12	0.482	108.8

若又经过一个月，获得了 2020 年 2 月的日照时数为 165 小时，同样可以求得新的 2 月的日照平均时数为 $(182.5+160.5+160.1+145.2+165)\div 5=162.7$ 小时。除以 2 月的季节指数 0.720 得到对 2011—2015 年 5 年总的日照时数月份平均值的又一个估计值 $162.7\div 0.720=226.0$ 小时。我们可以将 226.0 与前一估计值 225.7 的均值 225.9 作为此时 2016—2020 年 5 年总的日照时数月份平均值。同样，用 225.9 分别乘以各月的季节指数，

就可以得到各月日照时数的预测值了。如 225.9×0.525＝118.6 就是 1 月的预测值，225.9×1.104＝249.4 就是 4 月的预测值，依此类推，预测结果如表 16－16 所示。

表 16－16　获得 2015 年 1、2 月观察值后的预测情况

月份	季节指数	预测值	月份	季节指数	预测值
1	0.525	118.6	7	1.418	320.3
2	0.720	162.6	8	1.299	293.4
3	0.906	204.7	9	1.246	281.5
4	1.104	249.4	10	1.006	227.3
5	1.283	289.8	11	0.709	160.2
6	1.303	294.3	12	0.482	108.9

当获得新数据后，新的预测值与之前的预测值比较，会有一定的差异。

四、分解法

在实际的社会现象中，有些时间序列可能受到四种因素的共同影响，这样的序列称为复合型时间序列，可以表示为：

$$Y_t=f(T_t,S_t,C_t,I_t) \tag{16-23}$$

式中，Y_t 仍表示时间序列，T_t 表示长期趋势，S_t 表示季节性波动，C_t 表示循环波动，I_t 表示随机波动。

运用分解法对复合型时间序列进行预测，就是将上述四个因素依次分解出来，然后进行预测。当观察值序列不够长时，通常很难将循环波动这一影响因素提取出来，因此本教材主要针对其他三种因素的影响进行分解。

时间序列的分解模型很多，我们采用较常用的乘法模型：

$$Y_t=T_t\times S_t\times I_t \tag{16-24}$$

下面通过分析中国 2016—2019 年快递量月份数据（见表 16－17）的例子说明复合型时间序列的分解过程。

表 16－17　中国 2016—2019 年快递量　　单位：亿件

月份＼年份	2016	2017	2018	2019
1	21.55	22.11	39.86	45.23
2	12.46	23.44	19.89	27.60
3	23.69	30.35	39.43	48.64
4	23.73	29.82	37.53	49.19
5	25.31	33.41	41.78	52.33
6	25.76	34.05	42.29	54.61
7	24.96	32.05	40.81	52.48
8	25.23	32.64	41.01	53.02
9	28.27	36.06	44.76	55.97
10	30.26	37.48	46.92	57.57

续表

月份＼年份	2016	2017	2018	2019
11	37.64	47.15	58.64	71.24
12	33.95	42.00	54.18	67.34

资料来源：国家统计局网站，www.stats.gov.cn.

利用表 16－17 的数据绘制了图 16－12。从图中可以看出，2016—2019 年中国的快递量持续上升。每一年中，3—10 月的快递数量相对波动不大，1—2 月的数量明显低，而 11—12 月的数量明显高，呈现出鲜明的季节特征，说明这是既包含长期趋势又包含季节性波动的复合型时间序列。

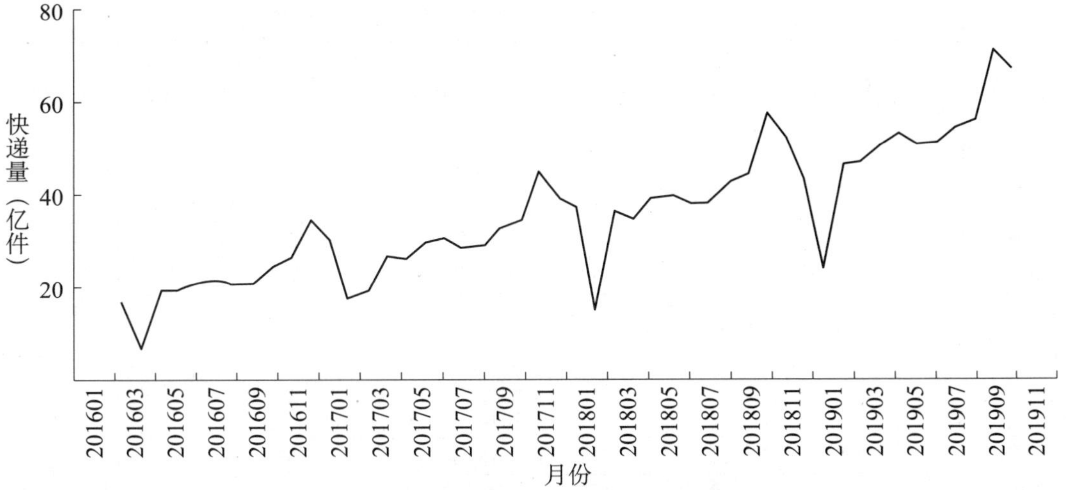

图 16－12　中国 2016—2019 年快递量线图

（一）计算季节指数

对于包含长期趋势的复合型时间序列，季节指数的计算不能采用简单平均法，需采用移动平均法。移动平均法包括计算移动平均值、计算季节比率、计算季节指数三个步骤。

1. 计算移动平均值

季节指数的移动平均值是以最近 k 期观察值的平均值作为移动中项的预测值。

当移动间隔 k 为奇数时，只需做一次移动平均。以第 1 期、第 2 期、第 3 期的平均值作为第 2 期的预测值，以第 2 期、第 3 期、第 4 期的平均值作为第 3 期的预测值，依此类推。

当移动间隔 k 为偶数时，则需做两次移动平均。以第 1 期、第 2 期、第 3 期、第 4 期的平均值作为第 2.5 期的预测值，以第 2 期、第 3 期、第 4 期、第 5 期的平均值作为第 3.5 期的预测值，再将第 2.5 期和第 3.5 期的预测值的平均值作为第 3 期的预测值。这个均值也称为中心化移动平均值。

对于包含季节性波动的时间序列，为消除季节性波动的影响，移动间隔通常取季节周期。若是季度数据，则取 $k=4$ 做移动平均；若是月份数据，则取 $k=12$ 做移动平均。当然，移动平均的过程中也消除了部分随机波动，即中心化移动平均值仅包含长期趋势和部分随机波动。

本例为月份数据，所以取移动间隔 $k=12$。

第一个移动平均值为：

$$(21.55+12.46+\cdots+37.64+33.95)\div 12=26.07(\text{亿件})$$

第二个移动平均值为：

$$(12.46+23.69+\cdots+33.95+22.11)\div 12=26.11(\text{亿件})$$

两者的中心化移动平均值（26.07＋26.11）÷2＝26.09 与 2016 年 7 月对应。

依此类推，所得结果列于表 16－18 中。

表 16－18　快递量中心化移动平均值与比值的计算

时间	快递量（亿件）	中心化移动平均值（亿件）	比值	时间	快递量（亿件）	中心化移动平均值（亿件）	比值
2016 年 1 月	21.55	—	—	2018 年 1 月	39.86	37.71	1.057
2016 年 2 月	12.46	—	—	2018 年 2 月	19.89	38.43	0.518
2016 年 3 月	23.69	—	—	2018 年 3 月	39.43	39.14	1.007
2016 年 4 月	23.73	—	—	2018 年 4 月	37.53	39.89	0.941
2016 年 5 月	25.31	—	—	2018 年 5 月	41.78	40.77	1.025
2016 年 6 月	25.76	—	—	2018 年 6 月	42.29	41.75	1.013
2016 年 7 月	24.96	26.09	0.957	2018 年 7 月	40.81	42.48	0.961
2016 年 8 月	25.23	26.57	0.950	2018 年 8 月	41.01	43.03	0.953
2016 年 9 月	28.27	27.31	1.035	2018 年 9 月	44.76	43.73	1.024
2016 年 10 月	30.26	27.84	1.087	2018 年 10 月	46.92	44.60	1.052
2016 年 11 月	37.64	28.43	1.324	2018 年 11 月	58.64	45.53	1.288
2016 年 12 月	33.95	29.11	1.166	2018 年 12 月	54.18	46.48	1.166
2017 年 1 月	22.11	29.75	0.743	2019 年 1 月	45.23	47.48	0.953
2017 年 2 月	23.44	30.36	0.772	2019 年 2 月	27.60	48.47	0.569
2017 年 3 月	30.35	30.99	0.979	2019 年 3 月	48.64	49.43	0.984
2017 年 4 月	29.82	31.62	0.943	2019 年 4 月	49.19	50.34	0.977
2017 年 5 月	33.41	32.31	1.034	2019 年 5 月	52.33	51.31	1.020
2017 年 6 月	34.05	33.04	1.031	2019 年 6 月	54.61	52.39	1.042
2017 年 7 月	32.05	34.12	0.939	2019 年 7 月	52.48	—	—
2017 年 8 月	32.64	34.71	0.940	2019 年 8 月	53.02	—	—
2017 年 9 月	36.06	34.94	1.032	2019 年 9 月	55.97	—	—
2017 年 10 月	37.48	35.64	1.052	2019 年 10 月	57.57	—	—
2017 年 11 月	47.15	36.31	1.299	2019 年 11 月	71.24	—	—
2017 年 12 月	42.00	37.00	1.135	2019 年 12 月	67.34	—	—

2. 计算季节比率

由于中心化移动平均值只包含长期趋势 T_t 和部分随机波动，将原序列的各观察值除以相应的中心化移动平均值，所得比值就只包含季节性波动和部分随机波动。比值也列于

表 16－18 中。

将得到的这些比值按季度或月份重新排列，计算出各年同季度或月份的平均值，进一步消除随机波动，所得结果就只反映季节性波动了，这些平均值称为季节比率。例如，1 月份的季节比率为（0.743＋1.057＋0.934）÷3＝0.918。计算结果列于表16－19 的第 6 列中。

表 16－19　季节比率与季节指数的计算

月份＼时间	2016	2017	2018	2019	季节比率	季节指数
1	—	0.743	1.057	0.953	0.918	0.919
2	—	0.772	0.518	0.569	0.620	0.621
3	—	0.979	1.007	0.984	0.990	0.991
4	—	0.943	0.941	0.977	0.954	0.955
5	—	1.034	1.025	1.020	1.026	1.027
6	—	1.031	1.013	1.042	1.029	1.030
7	0.957	0.939	0.961	—	0.952	0.953
8	0.95	0.940	0.953	—	0.948	0.949
9	1.035	1.032	1.024	—	1.030	1.031
10	1.087	1.052	1.052	—	1.064	1.065
11	1.324	1.299	1.288	—	1.304	1.305
12	1.166	1.135	1.166	—	1.156	1.157
均值	—	—	—	—	0.999	1.000

3. 计算季节指数

将所得各季度或月份的季节比率除以所有比值的总平均值，就得到最终的季节指数。

$$季节指数=\frac{季节比率}{比值的总平均值} \tag{16-25}$$

本例中，所有比值的平均值为（0.743＋1.057＋…＋1.135＋1.166）÷36＝0.999，1 月份的季节指数为$\frac{0.918}{0.999}$＝0.919，依此类推，结果列于表 16－19 的最后一列中。

从计算结果看，11、12 月的季节指数最高，分别为 1.305 和 1.157，表明从平均角度看，这两个月是中国快递业的旺季。2 月的季节指数最低，其次为 1 月，分别为 0.621 和 0.919，说明这两个月是中国快递业的淡季。与图 16－12 呈现的情况是一致的。

（二）分离季节性成分

计算出季节指数后，将原时间序列各观察值分别除以相应的季节指数，就将季节性波动从时间序列中分离出来了，所得新序列仅包含长期趋势与随机因素的影响。用公式表示为：

$$\frac{T_t \times S_t \times I_t}{S_t}=T_t \times I_t \tag{16-26}$$

季节因素分离后的序列列于表 16－20 中，反映了在没有季节性波动的情况下时间序列的变化形态，如 2016 年 1 月分离后的值为 21.55/0.919＝23.45。

表 16-20　季节性波动分离后序列

时间	t	分离后的序列（亿件）	时间	t	分离后的序列（亿件）
2016 年 1 月	1	23.45	2018 年 1 月	25	43.37
2016 年 2 月	2	20.06	2018 年 2 月	26	32.03
2016 年 3 月	3	23.91	2018 年 3 月	27	39.79
2016 年 4 月	4	24.85	2018 年 4 月	28	39.30
2016 年 5 月	5	24.64	2018 年 5 月	29	40.68
2016 年 6 月	6	25.01	2018 年 6 月	30	41.06
2016 年 7 月	7	26.19	2018 年 7 月	31	42.82
2016 年 8 月	8	26.59	2018 年 8 月	32	43.21
2016 年 9 月	9	27.42	2018 年 9 月	33	43.41
2016 年 10 月	10	28.41	2018 年 10 月	34	44.06
2016 年 11 月	11	28.84	2018 年 11 月	35	44.93
2016 年 12 月	12	29.34	2018 年 12 月	36	46.83
2017 年 1 月	13	24.06	2019 年 1 月	37	49.22
2017 年 2 月	14	37.75	2019 年 2 月	38	44.44
2017 年 3 月	15	30.63	2019 年 3 月	39	49.08
2017 年 4 月	16	31.23	2019 年 4 月	40	51.51
2017 年 5 月	17	32.53	2019 年 5 月	41	50.95
2017 年 6 月	18	33.06	2019 年 6 月	42	53.02
2017 年 7 月	19	33.63	2019 年 7 月	43	55.07
2017 年 8 月	20	34.39	2019 年 8 月	44	55.87
2017 年 9 月	21	34.98	2019 年 9 月	45	54.29
2017 年 10 月	22	35.19	2019 年 10 月	46	54.06
2017 年 11 月	23	36.13	2019 年 11 月	47	54.59
2017 年 12 月	24	36.30	2019 年 12 月	48	58.20

图 16-13 是快递量观察值序列与分离季节性波动后序列的折线图，分离季节性波动后的序列只包含长期趋势与随机波动。

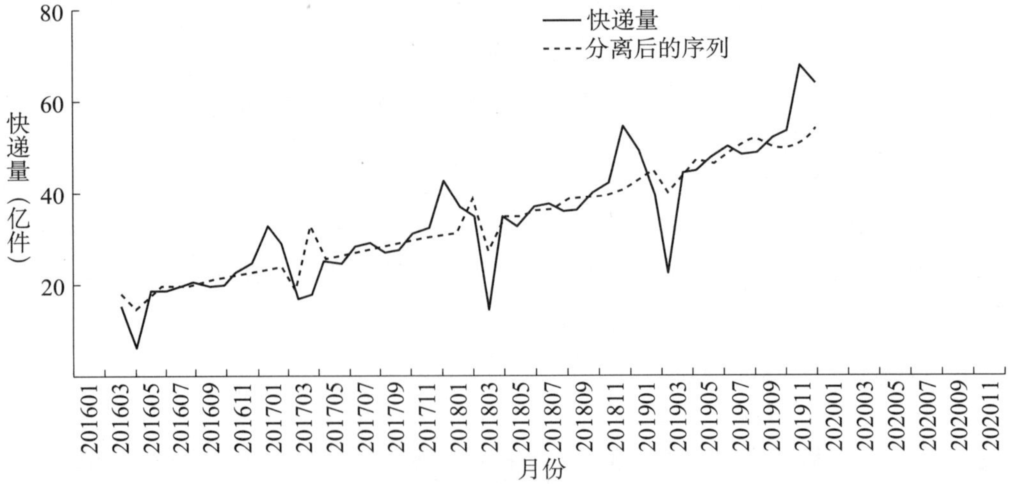

图 16-13　快递量观察值与季节分离后序列的线图

（三）建立预测模型并进行预测

观察剔除了季节性波动后的序列，选择合适的模型拟合其长期趋势。

由图 16－13 中的虚线可以看出，剔除了季节性波动后的序列呈现线性增长的长期趋势，可以构建一元线性回归模型 $\hat{Y}_t'=b_0+b_1t$。这里，$\hat{Y}_t'$ 表示不包含季节性波动的回归预测值。

由最小二乘法解得 $b_0=20.21$，$b_1=0.74$，即一元线性回归预测方程为：

$$\hat{y}_t'=20.21+0.74t$$

模型的拟合优度 $R^2=0.9533$。

根据这个回归预测方程就可以计算出各月未包含季节性波动的回归预测值。如 2016 年 1 月的回归预测值为 20.21＋0.74×1＝20.95。回归预测结果列于表 16－21 的第 4 列。

表 16－21　线性模型预测结果

时间	t	快递量 y_t（亿件）	回归预测值 $\hat{y}_t'$（亿件）	最终预测值 $\hat{y}_t$（亿件）	$(y_t-\hat{y}_t)^2$（亿件）
2016 年 1 月	1	21.55	20.95	19.25	5.290 0
2016 年 2 月	2	12.46	21.69	13.47	1.020 1
2016 年 3 月	3	23.69	22.43	22.23	2.131 6
2016 年 4 月	4	23.73	23.17	22.13	2.560 0
2016 年 5 月	5	25.31	23.91	24.56	0.562 5
2016 年 6 月	6	25.76	24.65	25.39	0.136 9
2016 年 7 月	7	24.96	25.39	24.20	0.577 6
2016 年 8 月	8	25.23	26.13	24.80	0.184 9
2016 年 9 月	9	28.27	26.87	27.70	0.324 9
2016 年 10 月	10	30.26	27.61	29.40	0.739 6
2016 年 11 月	11	37.64	28.35	37.00	0.409 6
2016 年 12 月	12	33.95	29.09	33.66	0.084 1
2017 年 1 月	13	22.11	29.83	27.41	28.090 0
2017 年 2 月	14	23.44	30.57	18.98	19.891 6
2017 年 3 月	15	30.35	31.31	31.03	0.462 4
2017 年 4 月	16	29.82	32.05	30.61	0.624 1
2017 年 5 月	17	33.41	32.79	33.68	0.072 9
2017 年 6 月	18	34.05	33.53	34.54	0.240 1
2017 年 7 月	19	32.05	34.27	32.66	0.372 1
2017 年 8 月	20	32.64	35.01	33.22	0.336 4
2017 年 9 月	21	36.06	35.75	36.86	0.640 0
2017 年 10 月	22	37.48	36.49	38.86	1.904 4
2017 年 11 月	23	47.15	37.23	48.59	2.073 6
2017 年 12 月	24	42.00	37.97	43.93	3.724 9
2018 年 1 月	25	39.86	38.72	35.58	18.318 4

续表

时间	t	快递量 y_t	回归预测值 $\hat{y}'_t$	最终预测值 $\hat{y}_t$	$(y_t-\hat{y}_t)^2$
2018年2月	26	19.89	39.46	24.50	21.252 1
2018年3月	27	39.43	40.20	39.84	0.168 1
2018年4月	28	37.53	40.94	39.10	2.464 9
2018年5月	29	41.78	41.68	42.81	1.060 9
2018年6月	30	42.29	42.42	43.69	1.960 0
2018年7月	31	40.81	43.16	41.13	0.102 4
2018年8月	32	41.01	43.90	41.66	0.422 5
2018年9月	33	44.76	44.64	46.02	1.587 6
2018年10月	34	46.92	45.38	48.33	1.988 1
2018年11月	35	58.64	46.12	60.19	2.402 5
2018年12月	36	54.18	46.86	54.22	0.001 6
2019年1月	37	45.23	47.60	43.74	2.220 1
2019年2月	38	27.60	48.34	30.02	5.856 4
2019年3月	39	48.64	49.08	48.64	0.000 0
2019年4月	40	49.19	49.82	47.58	2.592 1
2019年5月	41	52.33	50.56	51.93	0.160 0
2019年6月	42	54.61	51.30	52.84	3.132 9
2019年7月	43	52.48	52.04	49.59	8.352 1
2019年8月	44	53.02	52.78	50.09	8.584 9
2019年9月	45	55.97	53.52	55.18	0.624 1
2019年10月	46	57.57	54.26	57.79	0.048 4
2019年11月	47	71.24	55.00	71.78	0.291 6
2019年12月	48	67.34	55.74	64.49	8.122 5

将未包含季节性波动的回归预测值乘以相应的季节指数，就得到最终预测值 $\hat{Y}_t$。

$$\hat{Y}_t=\hat{Y}'_t\times\text{季节指数} \tag{16-27}$$

根据式（16-27）计算的最终预测值 $\hat{y}_t$ 列于表16-21的第5列。

如2016年1月的最终预测值为 $20.95\times0.919=19.25$。

表16-21的最后一列是各期最终预测值与观察值之间的预测误差平方 $(y_t-\hat{y}_t)^2$ 的值，进一步可求得 $\sum_{t=1}^{48}(y_t-\hat{y}_t)^2=164.168\ 5$，预测误差 $s_y=\sqrt{\dfrac{164.168\ 5}{48}}=1.849\ 4$。

图16-14是根据中国2016—2020年快递量观察值和线性回归模型计算的预测值的折线图，可以看出，预测效果还是比较好的。

将 $t=49,50,\cdots,60$ 代入模型中，可以求得2020年中国各月快递量的预测值，结果列在表16-22中。

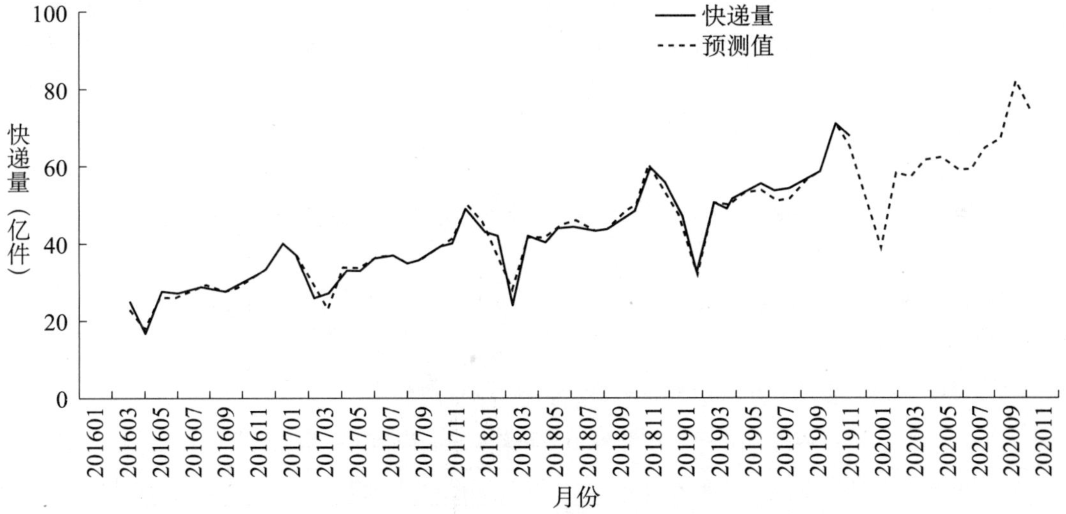

图 16－14　快递量观察值与线性回归模型计算的最终预测值线图

表 16－22　2020 年的预测结果　　单位：亿件

时间	t	回归预测值 $\hat{y}_t'$	最终预测值 $\hat{y}_t$	时间	t	回归预测值 $\hat{y}_t'$	最终预测值 $\hat{y}_t$
1	49	56.48	51.91	7	55	60.92	58.06
2	50	57.22	35.53	8	56	61.66	58.52
3	51	57.96	57.44	9	57	62.40	64.33
4	52	58.70	56.06	10	58	63.14	67.24
5	53	59.44	61.04	11	59	63.88	83.36
6	54	60.18	61.99	12	60	64.62	74.77

习　题

1. 下表是中国 2010—2019 年人均日生活用水量数据。

中国 2010—2019 年人均日生活用水量　　单位：升

年份	人均日生活用水量	年份	人均日生活用水量
2010	171.43	2015	174.46
2011	170.94	2016	176.86
2012	171.79	2017	178.89
2013	173.51	2018	179.70
2014	173.73	2019	179.97

资料来源：国家统计局网站，www.stats.gov.cn.

要求：

(1) 绘制中国 2010—2019 年人均日生活用水量的线图，并描述其变化趋势。

（2）计算2019年人均日生活用水的环比增长率与以2010年为基期的定增增长率。

（3）采用简单平均法预测中国2010—2020年人均日生活用水量，并计算相应的均方误差。

（4）采用3期移动平均法预测中国2010—2020年人均日生活用水量，并计算相应的均方误差。

（5）采用$\alpha=0.3$指数平滑法预测中国2010—2020年人均日生活用水量，并计算相应的均方误差。

（6）在一幅图中绘制中国2010—2020年人均日生活用水量观察值与上述三种预测方法预测值的折线图。

2. 下表是中国2010—2019年城镇非私营单位在岗职工平均工资数据。

中国2010—2019年城镇非私营单位在岗职工平均工资　　单位：万元

年份	平均工资	年份	平均工资
2010	3.71	2015	6.32
2011	4.25	2016	6.90
2012	4.76	2017	7.61
2013	5.24	2018	8.47
2014	5.74	2019	9.34

资料来源：国家统计局．中国统计年鉴：2020. 北京：中国统计出版社，2020：120.

要求：

（1）绘制中国2010—2019年城镇非私营单位在岗职工平均工资的线图，并描述其变动趋势。

（2）构建中国城镇非私营单位在岗职工平均工资的线性回归预测模型，计算拟合优度。

（3）用构建的模型预测中国2010—2020年城镇非私营单位在岗职工平均工资，并计算相应的预测误差。

（4）在一幅图中绘制中国2010—2020年城镇非私营单位在岗职工平均工资观察值与线性回归预测模型预测值的折线图。

3. 下表是中国2010—2019年城镇登记失业人数数据。

中国2010—2019年城镇登记失业人数　　单位：万人

年份	失业人数	年份	失业人数
2010	908	2015	966
2011	922	2016	982
2012	917	2017	972
2013	926	2018	974
2014	952	2019	945

资料来源：国家统计局．中国统计年鉴：2020. 北京：中国统计出版社，2020：132.

要求：

（1）绘制中国2010—2019年城镇登记失业人数的线图，并描述其变动趋势。

(2) 构建中国城镇登记失业人数的二次曲线预测模型。

(3) 用构建的模型预测中国 2010—2020 年城镇登记失业人数，并计算相应的预测误差。

(4) 在一幅图中绘制中国 2010—2020 年城镇登记失业人数观察值与二次曲线预测模型预测值的折线图。

4. 下表是郑州市 2016—2019 年月平均气温数据。

郑州市 2016—2019 年月平均气温　　单位：摄氏度

月份＼年份	2016	2017	2018	2019
1	0.5	2.9	0.4	1.4
2	5.5	5.8	4.7	2.5
3	12.2	10.5	12.2	12.8
4	18.6	18.7	18.2	16.6
5	22.1	25.1	23.1	23.8
6	27.0	26.8	28.3	28.8
7	28.9	29.9	29.9	29.8
8	27.6	27.9	29.1	27.3
9	24.4	23.5	22.6	23.0
10	16.6	15.0	17.4	16.6
11	8.6	10.4	9.8	11.0
12	5.2	4.5	2.4	4.5

资料来源：2017—2020 年中国统计年鉴。

要求：

(1) 绘制郑州市 2016—2019 年月平均气温的线图，并描述其变动趋势。

(2) 用平均法计算各月的季节指数。

(3) 预测郑州市 2017—2020 年月平均气温。

5. 下表是中国 2016—2019 年社会消费品零售总额的季度数据。

中国 2016—2019 年社会消费品零售总额季度数据　　单位：万亿元

季度＼年份	2016	2017	2018	2019
1	4.26	4.93	5.55	6.21
2	4.29	4.89	5.53	6.21
3	4.50	5.12	5.81	6.50
4	5.04	5.77	6.56	7.32

资料来源：国家统计局网站，www.stats.gov.cn.

要求：

(1) 绘制中国 2016—2019 年社会消费品零售总额的线图，并描述其变动趋势。

(2) 计算各季度的季节指数。

(3) 对 (2) 的结果剔除季节影响，计算季节因素分离后的趋势方程，并对模型的显

著性进行 F 检验。(α=0.05。)

(4) 预测 2016—2020 年中国各季度的社会消费品零售总额。

(5) 在一张图中绘制 2016—2020 年各季度的社会消费品零售总额观察值与预测值的折线图。

6. 下表是中国 2016—2019 年民航客运量的月份数据。

中国 2016—2019 年民航客运量月份数据

单位：千万人

年份 月份	2016	2017	2018	2019
1	3.74	4.39	4.65	5.34
2	3.90	4.28	4.84	5.38
3	3.89	4.43	5.14	5.35
4	4.00	4.40	5.07	5.31
5	3.90	4.50	5.01	5.45
6	3.80	4.37	4.94	5.34
7	4.35	4.86	5.38	5.93
8	4.64	5.05	5.66	6.12
9	4.17	4.66	5.03	5.48
10	4.37	4.88	5.41	5.70
11	3.97	4.65	5.01	5.31
12	4.04	4.67	5.02	5.28

资料来源：国家统计局网站，www.stats.gov.cn.

要求：

(1) 绘制中国 2016—2019 年民航客运量的线图，并描述其变动趋势。

(2) 计算各月的季节指数。

(3) 对 (2) 的结果剔除季节影响，计算季节因素分离后的趋势方程，并对模型的显著性进行 F 检验。(α=0.05。)

(4) 预测 2016—2020 年中国各月民航客运量。

(5) 在一张图中绘制 2016—2020 年中国各月份的民航客运量观察值与预测值的折线图。

附表 1 标准正态分布表

$$\Phi(z)=\int_{-\infty}^{+z}\frac{1}{\sqrt{2\pi}}e^{-\frac{x^2}{2}}dx=P(x\leqslant z)$$

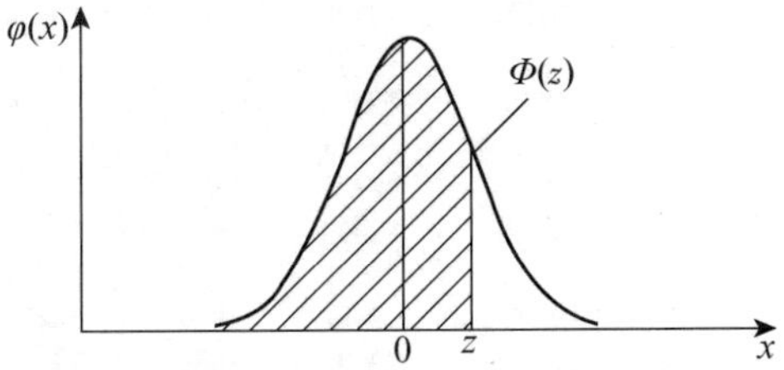

利用 Excel 提供的统计函数“*NORMSDIST*”，可以生成标准正态分布表，步骤如下。

首先，在 A1 单元格中输入 z，在 A2、A3 单元格中分别输入 0.0 与 0.1，之后选中这两个单元格，将光标放置于 A3 单元格的右下角，此时光标会变成一个小十字形状，向下拖曳至 A42 单元格，生成含 1 位小数点的 z 值；在 B1、C1 单元格中分别输入 0.00 与 0.01，之后选中这两个单元格，将光标放置于 C1 单元格的右下角，待光标会变成一个小十字形状后向右拖曳至 K1 单元格，生成 z 值小数点后第二位的值，从而生成如下图所示的标准正态分布表的表头。

	A	B	C	D	E	F	G	H	I	J	K
1	z	0.00	0.01	0.02	0.03	0.04	0.05	0.06	0.07	0.08	0.09
2	0.0										
3	0.1										
4	0.2										
5	0.3										
6	0.4										
7	0.5										
8	0.6										
9	0.7										
10	0.8										

然后，在 B2 单元格中输入公式“$=$*NORMSDIST* (\$A2$+$B\$1)”，按回车后 B2 单元格就显示出 0.5000，即 $\Phi(0)=0.5000$ 。

	A	B	C	D	E
1	z	0.00	0.01	0.02	0.03
2	0.0	=NORMSDIST($A2+B$1)			
3	0.1	NORMSDIST (数值)			
4	0.2				
5	0.3				
6	0.4				
7	0.5				
8	0.6				
9	0.7				
10	0.8				

	A	B	C	D	E
1	z	0.00	0.01	0.02	0.03
2	0.0	0.5000			
3	0.1				
4	0.2				
5	0.3				
6	0.4				
7	0.5				
8	0.6				
9	0.7				
10	0.8				

接着选中 B2 单元格，用同样方法向右拖曳至 K2 单元格，生成 z 值为 0.00～0.09 时 $\Phi(z)$ 的值。再同时选中 B2 至 K2 单元格，同样方法向下拖曳至第 42 行，生成 z 值为 0.10～4.99 时 $\Phi(z)$ 的值，从而得到如下的标准正态分布表。

	A	B	C	D	E	F	G	H	I	J	K
1	**z**	**0.00**	**0.01**	**0.02**	**0.03**	**0.04**	**0.05**	**0.06**	**0.07**	**0.08**	**0.09**
2	**0.0**	0.5000	0.5040	0.5080	0.5120	0.5160	0.5199	0.5239	0.5279	0.5319	0.5359
3	**0.1**	0.5398	0.5438	0.5478	0.5517	0.5557	0.5596	0.5636	0.5675	0.5714	0.5753
4	**0.2**	0.5793	0.5832	0.5871	0.5910	0.5948	0.5987	0.6026	0.6064	0.6103	0.6141
5	**0.3**	0.6179	0.6217	0.6255	0.6293	0.6331	0.6368	0.6406	0.6443	0.6480	0.6517
6	**0.4**	0.6554	0.6591	0.6628	0.6664	0.6700	0.6736	0.6772	0.6808	0.6844	0.6879
7	**0.5**	0.6915	0.6950	0.6985	0.7019	0.7054	0.7088	0.7123	0.7157	0.7190	0.7224
8	**0.6**	0.7257	0.7291	0.7324	0.7357	0.7389	0.7422	0.7454	0.7486	0.7517	0.7549
9	**0.7**	0.7580	0.7611	0.7642	0.7673	0.7704	0.7734	0.7764	0.7794	0.7823	0.7852
10	**0.8**	0.7881	0.7910	0.7939	0.7967	0.7995	0.8023	0.8051	0.8078	0.8106	0.8133
11	**0.9**	0.8159	0.8186	0.8212	0.8238	0.8264	0.8289	0.8315	0.8340	0.8365	0.8389
12	**1.0**	0.8413	0.8438	0.8461	0.8485	0.8508	0.8531	0.8554	0.8577	0.8599	0.8621
13	**1.1**	0.8643	0.8665	0.8686	0.8708	0.8729	0.8749	0.8770	0.8790	0.8810	0.8830
14	**1.2**	0.8849	0.8869	0.8888	0.8907	0.8925	0.8944	0.8962	0.8980	0.8997	0.9015
15	**1.3**	0.9032	0.9049	0.9066	0.9082	0.9099	0.9115	0.9131	0.9147	0.9162	0.9177
16	**1.4**	0.9192	0.9207	0.9222	0.9236	0.9251	0.9265	0.9279	0.9292	0.9306	0.9319
17	**1.5**	0.9332	0.9345	0.9357	0.9370	0.9382	0.9394	0.9406	0.9418	0.9429	0.9441
18	**1.6**	0.9452	0.9463	0.9474	0.9484	0.9495	0.9505	0.9515	0.9525	0.9535	0.9545
19	**1.7**	0.9554	0.9564	0.9573	0.9582	0.9591	0.9599	0.9608	0.9616	0.9625	0.9633
20	**1.8**	0.9641	0.9649	0.9656	0.9664	0.9671	0.9678	0.9686	0.9693	0.9699	0.9706
21	**1.9**	0.9713	0.9719	0.9726	0.9732	0.9738	0.9744	0.9750	0.9756	0.9761	0.9767
22	**2.0**	0.9772	0.9778	0.9783	0.9788	0.9793	0.9798	0.9803	0.9808	0.9812	0.9817
23	**2.1**	0.9821	0.9826	0.9830	0.9834	0.9838	0.9842	0.9846	0.9850	0.9854	0.9857
24	**2.2**	0.9861	0.9864	0.9868	0.9871	0.9875	0.9878	0.9881	0.9884	0.9887	0.9890
25	**2.3**	0.9893	0.9896	0.9898	0.9901	0.9904	0.9906	0.9909	0.9911	0.9913	0.9916
26	**2.4**	0.9918	0.9920	0.9922	0.9925	0.9927	0.9929	0.9931	0.9932	0.9934	0.9936
27	**2.5**	0.9938	0.9940	0.9941	0.9943	0.9945	0.9946	0.9948	0.9949	0.9951	0.9952
28	**2.6**	0.9953	0.9955	0.9956	0.9957	0.9959	0.9960	0.9961	0.9962	0.9963	0.9964
29	**2.7**	0.9965	0.9966	0.9967	0.9968	0.9969	0.9970	0.9971	0.9972	0.9973	0.9974
30	**2.8**	0.9974	0.9975	0.9976	0.9977	0.9977	0.9978	0.9979	0.9979	0.9980	0.9981
31	**2.9**	0.9981	0.9982	0.9982	0.9983	0.9984	0.9984	0.9985	0.9985	0.9986	0.9986
32	**3.0**	0.9987	0.9987	0.9987	0.9988	0.9988	0.9989	0.9989	0.9989	0.9990	0.9990
33	**3.1**	0.9990	0.9991	0.9991	0.9991	0.9992	0.9992	0.9992	0.9992	0.9993	0.9993
34	**3.2**	0.9993	0.9993	0.9994	0.9994	0.9994	0.9994	0.9994	0.9995	0.9995	0.9995
35	**3.3**	0.9995	0.9995	0.9995	0.9996	0.9996	0.9996	0.9996	0.9996	0.9996	0.9997
36	**3.4**	0.9997	0.9997	0.9997	0.9997	0.9997	0.9997	0.9997	0.9997	0.9997	0.9998
37	**3.5**	0.9998	0.9998	0.9998	0.9998	0.9998	0.9998	0.9998	0.9998	0.9998	0.9998
38	**3.6**	0.9998	0.9998	0.9999	0.9999	0.9999	0.9999	0.9999	0.9999	0.9999	0.9999
39	**3.7**	0.9999	0.9999	0.9999	0.9999	0.9999	0.9999	0.9999	0.9999	0.9999	0.9999
40	**3.8**	0.9999	0.9999	0.9999	0.9999	0.9999	0.9999	0.9999	0.9999	0.9999	0.9999
41	**3.9**	1.0000	1.0000	1.0000	1.0000	1.0000	1.0000	1.0000	1.0000	1.0000	1.0000
42	**4.0**	1.0000	1.0000	1.0000	1.0000	1.0000	1.0000	1.0000	1.0000	1.0000	1.0000

附表 2

标准正态分布分位数表

$P(x \geqslant z_p) = p$

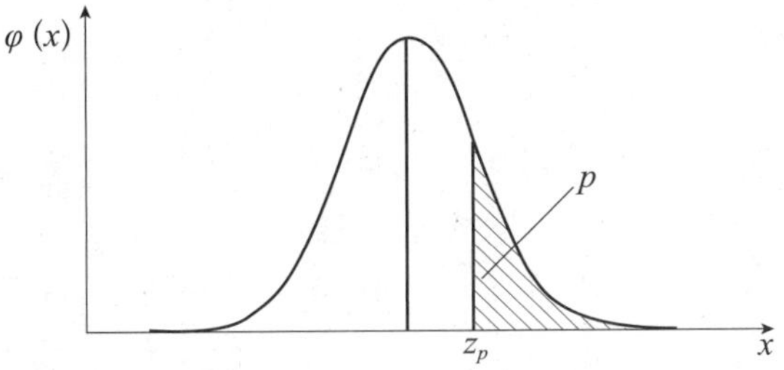

利用 Excel 提供的统计函数“*NORM. S. INV*”，可以生成标准正态分布分位数表，步骤如下。

首先，采用标准正态分布表表头生成方法，生成如下标准正态分布分位数表的表头。

	A	B	C	D	E	F	G	H	I	J	K
1	p	0.000	0.001	0.002	0.003	0.004	0.005	0.006	0.007	0.008	0.009
2	0.00										
3	0.01										
4	0.02										
5	0.03										
6	0.04										
7	0.05										
8	0.06										
9	0.07										
10	0.08										

然后，在 C2 单元格中输入公式“$=$*NORM. S. INV*（1－($A2＋C$1))”，按回车后 C2 单元格就显示出 3. 090，即 $z_{0.001}=3.090$。

	A	B	C	D	E
1	p	0.00	0.001	0.002	0.003
2	=NORM.S.INV(1-($A2+C$1))				
3	0.(NORM.S.INV(probability)				
4	0.02				
5	0.03				
6	0.04				
7	0.05				
8	0.06				
9	0.07				
10	0.08				

	A	B	C	D	E
1	p	0.000	0.001	0.002	0.003
2	0.00		3.090		
3	0.01				
4	0.02				
5	0.03				
6	0.04				
7	0.05				
8	0.06				
9	0.07				
10	0.08				

仍采用标准正态分布表中数据生成方法，得到如下标准正态分布分位数表。

	A	B	C	D	E	F	G	H	I	J	K
1	**p**	**0.000**	**0.001**	**0.002**	**0.003**	**0.004**	**0.005**	**0.006**	**0.007**	**0.008**	**0.009**
2	**0.00**	——	3.090	2.878	2.748	2.652	2.576	2.512	2.457	2.409	2.366
3	**0.01**	2.326	2.290	2.257	2.226	2.197	2.170	2.144	2.120	2.097	2.075
4	**0.02**	2.054	2.034	2.014	1.995	1.977	1.960	1.943	1.927	1.911	1.896
5	**0.03**	1.881	1.866	1.852	1.838	1.825	1.812	1.799	1.787	1.774	1.762
6	**0.04**	1.751	1.739	1.728	1.717	1.706	1.695	1.685	1.675	1.665	1.655
7	**0.05**	1.645	1.635	1.626	1.616	1.607	1.598	1.589	1.580	1.572	1.563
8	**0.06**	1.555	1.546	1.538	1.530	1.522	1.514	1.506	1.499	1.491	1.483
9	**0.07**	1.476	1.468	1.461	1.454	1.447	1.440	1.433	1.426	1.419	1.412
10	**0.08**	1.405	1.398	1.392	1.385	1.379	1.372	1.366	1.359	1.353	1.347
11	**0.09**	1.341	1.335	1.329	1.323	1.317	1.311	1.305	1.299	1.293	1.287
12	**0.10**	1.282	1.276	1.270	1.265	1.259	1.254	1.248	1.243	1.237	1.232
13	**0.11**	1.227	1.221	1.216	1.211	1.206	1.200	1.195	1.190	1.185	1.180
14	**0.12**	1.175	1.170	1.165	1.160	1.155	1.150	1.146	1.141	1.136	1.131
15	**0.13**	1.126	1.122	1.117	1.112	1.108	1.103	1.098	1.094	1.089	1.085
16	**0.14**	1.080	1.076	1.071	1.067	1.063	1.058	1.054	1.049	1.045	1.041
17	**0.15**	1.036	1.032	1.028	1.024	1.019	1.015	1.011	1.007	1.003	0.999
18	**0.16**	0.994	0.990	0.986	0.982	0.978	0.974	0.970	0.966	0.962	0.958
19	**0.17**	0.954	0.950	0.946	0.942	0.938	0.935	0.931	0.927	0.923	0.919
20	**0.18**	0.915	0.912	0.908	0.904	0.900	0.896	0.893	0.889	0.885	0.882
21	**0.19**	0.878	0.874	0.871	0.867	0.863	0.860	0.856	0.852	0.849	0.845
22	**0.20**	0.842	0.838	0.834	0.831	0.827	0.824	0.820	0.817	0.813	0.810
23	**0.21**	0.806	0.803	0.800	0.796	0.793	0.789	0.786	0.782	0.779	0.776
24	**0.22**	0.772	0.769	0.765	0.762	0.759	0.755	0.752	0.749	0.745	0.742
25	**0.23**	0.739	0.736	0.732	0.729	0.726	0.722	0.719	0.716	0.713	0.710
26	**0.24**	0.706	0.703	0.700	0.697	0.693	0.690	0.687	0.684	0.681	0.678
27	**0.25**	0.674	0.671	0.668	0.665	0.662	0.659	0.656	0.653	0.650	0.646
28	**0.26**	0.643	0.640	0.637	0.634	0.631	0.628	0.625	0.622	0.619	0.616
29	**0.27**	0.613	0.610	0.607	0.604	0.601	0.598	0.595	0.592	0.589	0.586
30	**0.28**	0.583	0.580	0.577	0.574	0.571	0.568	0.565	0.562	0.559	0.556
31	**0.29**	0.553	0.550	0.548	0.545	0.542	0.539	0.536	0.533	0.530	0.527
32	**0.30**	0.524	0.522	0.519	0.516	0.513	0.510	0.507	0.504	0.502	0.499
33	**0.31**	0.496	0.493	0.490	0.487	0.485	0.482	0.479	0.476	0.473	0.470
34	**0.32**	0.468	0.465	0.462	0.459	0.457	0.454	0.451	0.448	0.445	0.443
35	**0.33**	0.440	0.437	0.434	0.432	0.429	0.426	0.423	0.421	0.418	0.415
36	**0.34**	0.412	0.410	0.407	0.404	0.402	0.399	0.396	0.393	0.391	0.388
37	**0.35**	0.385	0.383	0.380	0.377	0.375	0.372	0.369	0.366	0.364	0.361
38	**0.36**	0.358	0.356	0.353	0.350	0.348	0.345	0.342	0.340	0.337	0.335
39	**0.37**	0.332	0.329	0.327	0.324	0.321	0.319	0.316	0.313	0.311	0.308
40	**0.38**	0.305	0.303	0.300	0.298	0.295	0.292	0.290	0.287	0.285	0.282
41	**0.39**	0.279	0.277	0.274	0.272	0.269	0.266	0.264	0.261	0.259	0.256
42	**0.40**	0.253	0.251	0.248	0.246	0.243	0.240	0.238	0.235	0.233	0.230
43	**0.41**	0.228	0.225	0.222	0.220	0.217	0.215	0.212	0.210	0.207	0.204
44	**0.42**	0.202	0.199	0.197	0.194	0.192	0.189	0.187	0.184	0.181	0.179
45	**0.43**	0.176	0.174	0.171	0.169	0.166	0.164	0.161	0.159	0.156	0.154
46	**0.44**	0.151	0.148	0.146	0.143	0.141	0.138	0.136	0.133	0.131	0.128
47	**0.45**	0.126	0.123	0.121	0.118	0.116	0.113	0.111	0.108	0.105	0.103
48	**0.46**	0.100	0.098	0.095	0.093	0.090	0.088	0.085	0.083	0.080	0.078
49	**0.47**	0.075	0.073	0.070	0.068	0.065	0.063	0.060	0.058	0.055	0.053
50	**0.48**	0.050	0.048	0.045	0.043	0.040	0.038	0.035	0.033	0.030	0.028
51	**0.49**	0.025	0.023	0.020	0.018	0.015	0.013	0.010	0.008	0.005	0.003

附表 3

χ^2 分布分位数表

$$P[\chi^2(n) > \chi^2_\alpha(n)] = \alpha$$

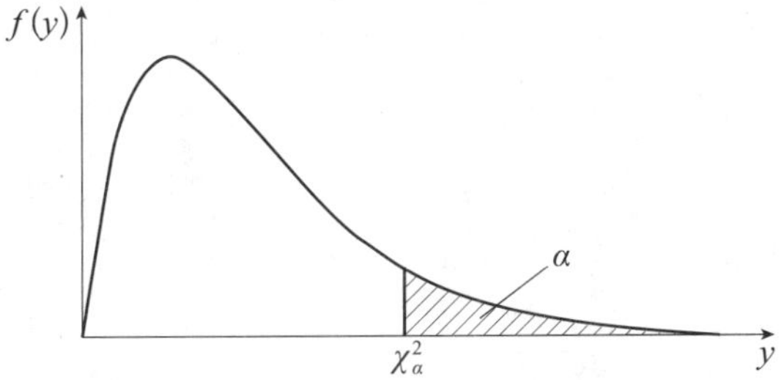

利用 Excel 提供的统计函数“*CHISQ. INV*”，可以生成 χ^2 分布分位数表，步骤如下。

首先，生成如下所示的 χ^2 分布分位数表的表头，A2 单元格及之下是自由度，B1 单元格及之右是常用的一些显著性水平。

	A	B	C	D	E	F	G	H	I	J	K
1	n/α	0.995	0.990	0.975	0.950	0.900	0.100	0.050	0.025	0.010	0.005
2	1										
3	2										
4	3										
5	4										
6	5										
7	6										
8	7										
9	8										

然后在 B2 单元格输入公式“=*CHISQ. INV*（1−B$1，A$2)”，按回车后 B2 单元格就显示出 0.000，即 $\chi^2_{0.995}(1)=0.000$。

	A	B	C	D	E
1	n/α	0.995	0.990	0.975	0.950
2	1	=CHISQ. INV(1-B$1, $A2)			
3	2				
4	3				
5	4				
6	5				
7	6				
8	7				
9	8				

	A	B	C	D	E
1	n/α	0.995	0.990	0.975	0.950
2	1	0.000			
3	2				
4	3				
5	4				
6	5				
7	6				
8	7				
9	8				

仍采用在标准正态分布表中数据生成方法，得到如下的 χ^2 分布分位数表。

	A	B	C	D	E	F	G	H	I	J	K
1	**n/α**	**0.995**	**0.990**	**0.975**	**0.950**	**0.900**	**0.100**	**0.050**	**0.025**	**0.010**	**0.005**
2	**1**	0.000	0.000	0.001	0.004	0.016	2.706	3.841	5.024	6.635	7.879
3	**2**	0.010	0.020	0.051	0.103	0.211	4.605	5.991	7.378	9.210	10.597
4	**3**	0.072	0.115	0.216	0.352	0.584	6.251	7.815	9.348	11.345	12.838
5	**4**	0.207	0.297	0.484	0.711	1.064	7.779	9.488	11.143	13.277	14.860
6	**5**	0.412	0.554	0.831	1.145	1.610	9.236	11.070	12.833	15.086	16.750
7	**6**	0.676	0.872	1.237	1.635	2.204	10.645	12.592	14.449	16.812	18.548
8	**7**	0.989	1.239	1.690	2.167	2.833	12.017	14.067	16.013	18.475	20.278
9	**8**	1.344	1.646	2.180	2.733	3.490	13.362	15.507	17.535	20.090	21.955
10	**9**	1.735	2.088	2.700	3.325	4.168	14.684	16.919	19.023	21.666	23.589
11	**10**	2.156	2.558	3.247	3.940	4.865	15.987	18.307	20.483	23.209	25.188
12	**11**	2.603	3.053	3.816	4.575	5.578	17.275	19.675	21.920	24.725	26.757
13	**12**	3.074	3.571	4.404	5.226	6.304	18.549	21.026	23.337	26.217	28.300
14	**13**	3.565	4.107	5.009	5.892	7.042	19.812	22.362	24.736	27.688	29.819
15	**14**	4.075	4.660	5.629	6.571	7.790	21.064	23.685	26.119	29.141	31.319
16	**15**	4.601	5.229	6.262	7.261	8.547	22.307	24.996	27.488	30.578	32.801
17	**16**	5.142	5.812	6.908	7.962	9.312	23.542	26.296	28.845	32.000	34.267
18	**17**	5.697	6.408	7.564	8.672	10.085	24.769	27.587	30.191	33.409	35.718
19	**18**	6.265	7.015	8.231	9.390	10.865	25.989	28.869	31.526	34.805	37.156
20	**19**	6.844	7.633	8.907	10.117	11.651	27.204	30.144	32.852	36.191	38.582
21	**20**	7.434	8.260	9.591	10.851	12.443	28.412	31.410	34.170	37.566	39.997
22	**21**	8.034	8.897	10.283	11.591	13.240	29.615	32.671	35.479	38.932	41.401
23	**22**	8.643	9.542	10.982	12.338	14.041	30.813	33.924	36.781	40.289	42.796
24	**23**	9.260	10.196	11.689	13.091	14.848	32.007	35.172	38.076	41.638	44.181
25	**24**	9.886	10.856	12.401	13.848	15.659	33.196	36.415	39.364	42.980	45.559
26	**25**	10.520	11.524	13.120	14.611	16.473	34.382	37.652	40.646	44.314	46.928
27	**26**	11.160	12.198	13.844	15.379	17.292	35.563	38.885	41.923	45.642	48.290
28	**27**	11.808	12.879	14.573	16.151	18.114	36.741	40.113	43.195	46.963	49.645
29	**28**	12.461	13.565	15.308	16.928	18.939	37.916	41.337	44.461	48.278	50.993
30	**29**	13.121	14.256	16.047	17.708	19.768	39.087	42.557	45.722	49.588	52.336
31	**30**	13.787	14.953	16.791	18.493	20.599	40.256	43.773	46.979	50.892	53.672
32	**31**	14.458	15.655	17.539	19.281	21.434	41.422	44.985	48.232	52.191	55.003
33	**32**	15.134	16.362	18.291	20.072	22.271	42.585	46.194	49.480	53.486	56.328
34	**33**	15.815	17.074	19.047	20.867	23.110	43.745	47.400	50.725	54.776	57.648
35	**34**	16.501	17.789	19.806	21.664	23.952	44.903	48.602	51.966	56.061	58.964
36	**35**	17.192	18.509	20.569	22.465	24.797	46.059	49.802	53.203	57.342	60.275
37	**36**	17.887	19.233	21.336	23.269	25.643	47.212	50.998	54.437	58.619	61.581
38	**37**	18.586	19.960	22.106	24.075	26.492	48.363	52.192	55.668	59.893	62.883
39	**38**	19.289	20.691	22.878	24.884	27.343	49.513	53.384	56.896	61.162	64.181
40	**39**	19.996	21.426	23.654	25.695	28.196	50.660	54.572	58.120	62.428	65.476
41	**40**	20.707	22.164	24.433	26.509	29.051	51.805	55.758	59.342	63.691	66.766

附表 4　t 分布分位数表

$P[t(n) \geqslant t_\alpha(n)] = \alpha$

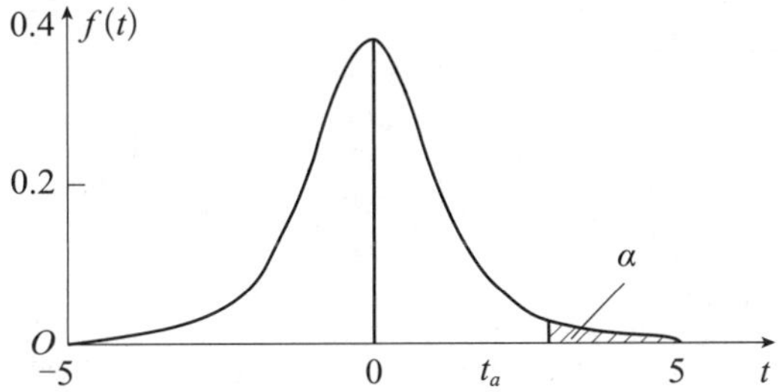

利用 Excel 提供的统计函数 “*TINV*”，可以生成 t 分布分位数表，步骤如下。

首先，生成如下所示的 t 分布分位数表的表头，A2 单元格及之下是自由度，B1 单元格及之右是常用的一些显著性水平。

	A	B	C	D	E	F	G
1	n/α	0.100	0.050	0.025	0.010	0.005	0.001
2	1						
3	2						
4	3						
5	4						
6	5						
7	6						
8	7						
9	8						

然后，在 B2 单元格输入公式 “$= TINV$ (B\$1 ∗ 2，\$A2)”，按回车后 B2 单元格就显示出 3.078，即 $t_{0.10}(1)=3.078$。

	A	B	C	D	E
1	n/α	0.100	0.050	0.025	0.010
2	=TINV(B$1*2,$A2)				
3	2	TINV（分布概率，自由度）			
4	3				
5	4				
6	5				
7	6				
8	7				
9	8				

	A	B	C	D	E
1	n/α	0.100	0.050	0.025	0.010
2	1	3.078			
3	2				
4	3				
5	4				
6	5				
7	6				
8	7				
9	8				

仍采用在标准正态分布表部分所示方法，得到如下的 t 分布分位数表。

	A	B	C	D	E	F	G
1	**n/α**	**0.100**	**0.050**	**0.025**	**0.010**	**0.005**	**0.001**
2	**1**	3.078	6.314	12.706	31.821	63.657	318.309
3	**2**	1.886	2.920	4.303	6.965	9.925	22.327
4	**3**	1.638	2.353	3.182	4.541	5.841	10.215
5	**4**	1.533	2.132	2.776	3.747	4.604	7.173
6	**5**	1.476	2.015	2.571	3.365	4.032	5.893
7	**6**	1.440	1.943	2.447	3.143	3.707	5.208
8	**7**	1.415	1.895	2.365	2.998	3.499	4.785
9	**8**	1.397	1.860	2.306	2.896	3.355	4.501
10	**9**	1.383	1.833	2.262	2.821	3.250	4.297
11	**10**	1.372	1.812	2.228	2.764	3.169	4.144
12	**11**	1.363	1.796	2.201	2.718	3.106	4.025
13	**12**	1.356	1.782	2.179	2.681	3.055	3.930
14	**13**	1.350	1.771	2.160	2.650	3.012	3.852
15	**14**	1.345	1.761	2.145	2.624	2.977	3.787
16	**15**	1.341	1.753	2.131	2.602	2.947	3.733
17	**16**	1.337	1.746	2.120	2.583	2.921	3.686
18	**17**	1.333	1.740	2.110	2.567	2.898	3.646
19	**18**	1.330	1.734	2.101	2.552	2.878	3.610
20	**19**	1.328	1.729	2.093	2.539	2.861	3.579
21	**20**	1.325	1.725	2.086	2.528	2.845	3.552
22	**21**	1.323	1.721	2.080	2.518	2.831	3.527
23	**22**	1.321	1.717	2.074	2.508	2.819	3.505
24	**23**	1.319	1.714	2.069	2.500	2.807	3.485
25	**24**	1.318	1.711	2.064	2.492	2.797	3.467
26	**25**	1.316	1.708	2.060	2.485	2.787	3.450
27	**26**	1.315	1.706	2.056	2.479	2.779	3.435
28	**27**	1.314	1.703	2.052	2.473	2.771	3.421
29	**28**	1.313	1.701	2.048	2.467	2.763	3.408
30	**29**	1.311	1.699	2.045	2.462	2.756	3.396
31	**30**	1.310	1.697	2.042	2.457	2.750	3.385
32	**31**	1.309	1.696	2.040	2.453	2.744	3.375
33	**32**	1.309	1.694	2.037	2.449	2.738	3.365
34	**33**	1.308	1.692	2.035	2.445	2.733	3.356
35	**34**	1.307	1.691	2.032	2.441	2.728	3.348
36	**35**	1.306	1.690	2.030	2.438	2.724	3.340
37	**36**	1.306	1.688	2.028	2.434	2.719	3.333
38	**37**	1.305	1.687	2.026	2.431	2.715	3.326
39	**38**	1.304	1.686	2.024	2.429	2.712	3.319
40	**39**	1.304	1.685	2.023	2.426	2.708	3.313
41	**40**	1.303	1.684	2.021	2.423	2.704	3.307

附表 5

F 分布分位数表

$$P[F(n_1,n_2)>F_\alpha(n_1,n_2)]=\alpha$$

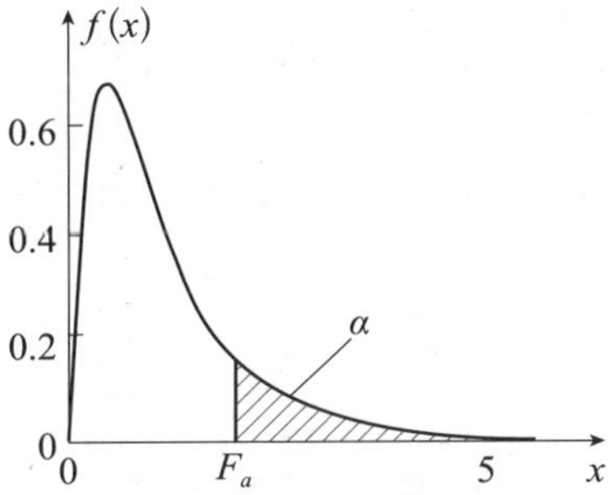

利用 Excel 提供的统计函数“*FINV*”，可以生成 *F* 分布分位数表，步骤如下。

首先，生成如下所示的 *F* 分布分位数表的表头，B1 单元格是显著性水平，B2 单元格及之右是第一自由度 n_1，A3 单元格及之下是第二自由度 n_2。

	A	B	C	D	E	F	G	H	I	J	K
1	α=	0.05									
2	n2/nl	1	2	3	4	5	6	7	8	9	10
3	1										
4	2										
5	3										
6	4										
7	5										
8	6										
9	7										
10	8										

然后在 B3 单元格输入公式“＝*FINV*（B1，B$2，$A3)”，按回车后 B3 单元格就显示出 161.448，即 $F_{0.05}(1,1)=161.448$。

	A	B	C	D	E	F
1	α=	0.05				
2	n2/nl	1	2	3	4	5
3	1	=FINV(B1,B$2,$A3)				
4	2	FINV（分布概率，分子自由度，分母自由度）				
5	3					
6	4					
7	5					
8	6					
9	7					
10	8					

	A	B	C	D	E	F
1	α=	0.05				
2	n2/nl	1	2	3	4	5
3	1	161.448				
4	2					
5	3					
6	4					
7	5					
8	6					
9	7					
10	8					

仍采用在标准正态分布表中数据生成方法，得到如下的 *F* 分布分位数表。

	A	B	C	D	E	F	G	H	I	J	K
1	**α=**	**0.05**									
2	**n2/n1**	**1**	**2**	**3**	**4**	**5**	**6**	**7**	**8**	**9**	**10**
3	**1**	161.448	199.500	215.707	224.583	230.162	233.986	236.768	238.883	240.543	241.882
4	**2**	18.513	19.000	19.164	19.247	19.296	19.330	19.353	19.371	19.385	19.396
5	**3**	10.128	9.552	9.277	9.117	9.013	8.941	8.887	8.845	8.812	8.786
6	**4**	7.709	6.944	6.591	6.388	6.256	6.163	6.094	6.041	5.999	5.964
7	**5**	6.608	5.786	5.409	5.192	5.050	4.950	4.876	4.818	4.772	4.735
8	**6**	5.987	5.143	4.757	4.534	4.387	4.284	4.207	4.147	4.099	4.060
9	**7**	5.591	4.737	4.347	4.120	3.972	3.866	3.787	3.726	3.677	3.637
10	**8**	5.318	4.459	4.066	3.838	3.687	3.581	3.500	3.438	3.388	3.347
11	**9**	5.117	4.256	3.863	3.633	3.482	3.374	3.293	3.230	3.179	3.137
12	**10**	4.965	4.103	3.708	3.478	3.326	3.217	3.135	3.072	3.020	2.978
13	**11**	4.844	3.982	3.587	3.357	3.204	3.095	3.012	2.948	2.896	2.854
14	**12**	4.747	3.885	3.490	3.259	3.106	2.996	2.913	2.849	2.796	2.753
15	**13**	4.667	3.806	3.411	3.179	3.025	2.915	2.832	2.767	2.714	2.671
16	**14**	4.600	3.739	3.344	3.112	2.958	2.848	2.764	2.699	2.646	2.602
17	**15**	4.543	3.682	3.287	3.056	2.901	2.790	2.707	2.641	2.588	2.544
18	**16**	4.494	3.634	3.239	3.007	2.852	2.741	2.657	2.591	2.538	2.494
19	**17**	4.451	3.592	3.197	2.965	2.810	2.699	2.614	2.548	2.494	2.450
20	**18**	4.414	3.555	3.160	2.928	2.773	2.661	2.577	2.510	2.456	2.412
21	**19**	4.381	3.522	3.127	2.895	2.740	2.628	2.544	2.477	2.423	2.378
22	**20**	4.351	3.493	3.098	2.866	2.711	2.599	2.514	2.447	2.393	2.348
23	**21**	4.325	3.467	3.072	2.840	2.685	2.573	2.488	2.420	2.366	2.321
24	**22**	4.301	3.443	3.049	2.817	2.661	2.549	2.464	2.397	2.342	2.297
25	**23**	4.279	3.422	3.028	2.796	2.640	2.528	2.442	2.375	2.320	2.275
26	**24**	4.260	3.403	3.009	2.776	2.621	2.508	2.423	2.355	2.300	2.255
27	**25**	4.242	3.385	2.991	2.759	2.603	2.490	2.405	2.337	2.282	2.236
28	**26**	4.225	3.369	2.975	2.743	2.587	2.474	2.388	2.321	2.265	2.220
29	**27**	4.210	3.354	2.960	2.728	2.572	2.459	2.373	2.305	2.250	2.204
30	**28**	4.196	3.340	2.947	2.714	2.558	2.445	2.359	2.291	2.236	2.190
31	**29**	4.183	3.328	2.934	2.701	2.545	2.432	2.346	2.278	2.223	2.177
32	**30**	4.171	3.316	2.922	2.690	2.534	2.421	2.334	2.266	2.211	2.165
33	**31**	4.160	3.305	2.911	2.679	2.523	2.409	2.323	2.255	2.199	2.153
34	**32**	4.149	3.295	2.901	2.668	2.512	2.399	2.313	2.244	2.189	2.142
35	**33**	4.139	3.285	2.892	2.659	2.503	2.389	2.303	2.235	2.179	2.133
36	**34**	4.130	3.276	2.883	2.650	2.494	2.380	2.294	2.225	2.170	2.123
37	**35**	4.121	3.267	2.874	2.641	2.485	2.372	2.285	2.217	2.161	2.114
38	**36**	4.113	3.259	2.866	2.634	2.477	2.364	2.277	2.209	2.153	2.106
39	**37**	4.105	3.252	2.859	2.626	2.470	2.356	2.270	2.201	2.145	2.098
40	**38**	4.098	3.245	2.852	2.619	2.463	2.349	2.262	2.194	2.138	2.091
41	**39**	4.091	3.238	2.845	2.612	2.456	2.342	2.255	2.187	2.131	2.084
42	**40**	4.085	3.232	2.839	2.606	2.449	2.336	2.249	2.180	2.124	2.077
43	**60**	4.001	3.150	2.758	2.525	2.368	2.254	2.167	2.097	2.040	1.993
44	**120**	3.920	3.072	2.680	2.447	2.290	2.175	2.087	2.016	1.959	1.910

L	M	N	O	P	Q	R	S	T	U	V
α=	0.05									
n2/n1	**11**	**12**	**13**	**14**	**15**	**16**	**17**	**18**	**19**	**20**
1	242.983	243.906	244.690	245.364	245.950	246.464	246.918	247.323	247.686	248.013
2	19.405	19.413	19.419	19.424	19.429	19.433	19.437	19.440	19.443	19.446
3	8.763	8.745	8.729	8.715	8.703	8.692	8.683	8.675	8.667	8.660
4	5.936	5.912	5.891	5.873	5.858	5.844	5.832	5.821	5.811	5.803
5	4.704	4.678	4.655	4.636	4.619	4.604	4.590	4.579	4.568	4.558
6	4.027	4.000	3.976	3.956	3.938	3.922	3.908	3.896	3.884	3.874
7	3.603	3.575	3.550	3.529	3.511	3.494	3.480	3.467	3.455	3.445
8	3.313	3.284	3.259	3.237	3.218	3.202	3.187	3.173	3.161	3.150
9	3.102	3.073	3.048	3.025	3.006	2.989	2.974	2.960	2.948	2.936
10	2.943	2.913	2.887	2.865	2.845	2.828	2.812	2.798	2.785	2.774
11	2.818	2.788	2.761	2.739	2.719	2.701	2.685	2.671	2.658	2.646
12	2.717	2.687	2.660	2.637	2.617	2.599	2.583	2.568	2.555	2.544
13	2.635	2.604	2.577	2.554	2.533	2.515	2.499	2.484	2.471	2.459
14	2.565	2.534	2.507	2.484	2.463	2.445	2.428	2.413	2.400	2.388
15	2.507	2.475	2.448	2.424	2.403	2.385	2.368	2.353	2.340	2.328
16	2.456	2.425	2.397	2.373	2.352	2.333	2.317	2.302	2.288	2.276
17	2.413	2.381	2.353	2.329	2.308	2.289	2.272	2.257	2.243	2.230
18	2.374	2.342	2.314	2.290	2.269	2.250	2.233	2.217	2.203	2.191
19	2.340	2.308	2.280	2.256	2.234	2.215	2.198	2.182	2.168	2.155
20	2.310	2.278	2.250	2.225	2.203	2.184	2.167	2.151	2.137	2.124
21	2.283	2.250	2.222	2.197	2.176	2.156	2.139	2.123	2.109	2.096
22	2.259	2.226	2.198	2.173	2.151	2.131	2.114	2.098	2.084	2.071
23	2.236	2.204	2.175	2.150	2.128	2.109	2.091	2.075	2.061	2.048
24	2.216	2.183	2.155	2.130	2.108	2.088	2.070	2.054	2.040	2.027
25	2.198	2.165	2.136	2.111	2.089	2.069	2.051	2.035	2.021	2.007
26	2.181	2.148	2.119	2.094	2.072	2.052	2.034	2.018	2.003	1.990
27	2.166	2.132	2.103	2.078	2.056	2.036	2.018	2.002	1.987	1.974
28	2.151	2.118	2.089	2.064	2.041	2.021	2.003	1.987	1.972	1.959
29	2.138	2.104	2.075	2.050	2.027	2.007	1.989	1.973	1.958	1.945
30	2.126	2.092	2.063	2.037	2.015	1.995	1.976	1.960	1.945	1.932
31	2.114	2.080	2.051	2.026	2.003	1.983	1.965	1.948	1.933	1.920
32	2.103	2.070	2.040	2.015	1.992	1.972	1.953	1.937	1.922	1.908
33	2.093	2.060	2.030	2.004	1.982	1.961	1.943	1.926	1.911	1.898
34	2.084	2.050	2.021	1.995	1.972	1.952	1.933	1.917	1.902	1.888
35	2.075	2.041	2.012	1.986	1.963	1.942	1.924	1.907	1.892	1.878
36	2.067	2.033	2.003	1.977	1.954	1.934	1.915	1.899	1.883	1.870
37	2.059	2.025	1.995	1.969	1.946	1.926	1.907	1.890	1.875	1.861
38	2.051	2.017	1.988	1.962	1.939	1.918	1.899	1.883	1.867	1.853
39	2.044	2.010	1.981	1.954	1.931	1.911	1.892	1.875	1.860	1.846
40	2.038	2.003	1.974	1.948	1.924	1.904	1.885	1.868	1.853	1.839
60	1.952	1.917	1.887	1.860	1.836	1.815	1.796	1.778	1.763	1.748
120	1.869	1.834	1.803	1.775	1.750	1.728	1.709	1.690	1.674	1.659

W	X	Y	Z	AA	AB	AC	AD	AE	AF	AG
α=	0.05									
n2/n1	21	22	23	24	25	26	27	28	29	30
1	248.309	248.579	248.826	249.052	249.260	249.453	249.631	249.797	249.951	250.095
2	19.448	19.450	19.452	19.454	19.456	19.457	19.459	19.460	19.461	19.462
3	8.654	8.648	8.643	8.639	8.634	8.630	8.626	8.623	8.620	8.617
4	5.795	5.787	5.781	5.774	5.769	5.763	5.759	5.754	5.750	5.746
5	4.549	4.541	4.534	4.527	4.521	4.515	4.510	4.505	4.500	4.496
6	3.865	3.856	3.849	3.841	3.835	3.829	3.823	3.818	3.813	3.808
7	3.435	3.426	3.418	3.410	3.404	3.397	3.391	3.386	3.381	3.376
8	3.140	3.131	3.123	3.115	3.108	3.102	3.095	3.090	3.084	3.079
9	2.926	2.917	2.908	2.900	2.893	2.886	2.880	2.874	2.869	2.864
10	2.764	2.754	2.745	2.737	2.730	2.723	2.716	2.710	2.705	2.700
11	2.636	2.626	2.617	2.609	2.601	2.594	2.588	2.582	2.576	2.570
12	2.533	2.523	2.514	2.505	2.498	2.491	2.484	2.478	2.472	2.466
13	2.448	2.438	2.429	2.420	2.412	2.405	2.398	2.392	2.386	2.380
14	2.377	2.367	2.357	2.349	2.341	2.333	2.326	2.320	2.314	2.308
15	2.316	2.306	2.297	2.288	2.280	2.272	2.265	2.259	2.253	2.247
16	2.264	2.254	2.244	2.235	2.227	2.220	2.212	2.206	2.200	2.194
17	2.219	2.208	2.199	2.190	2.181	2.174	2.167	2.160	2.154	2.148
18	2.179	2.168	2.159	2.150	2.141	2.134	2.126	2.119	2.113	2.107
19	2.144	2.133	2.123	2.114	2.106	2.098	2.090	2.084	2.077	2.071
20	2.112	2.102	2.092	2.082	2.074	2.066	2.059	2.052	2.045	2.039
21	2.084	2.073	2.063	2.054	2.045	2.037	2.030	2.023	2.016	2.010
22	2.059	2.048	2.038	2.028	2.020	2.012	2.004	1.997	1.990	1.984
23	2.036	2.025	2.014	2.005	1.996	1.988	1.981	1.973	1.967	1.961
24	2.015	2.003	1.993	1.984	1.975	1.967	1.959	1.952	1.945	1.939
25	1.995	1.984	1.974	1.964	1.955	1.947	1.939	1.932	1.926	1.919
26	1.978	1.966	1.956	1.946	1.938	1.929	1.921	1.914	1.907	1.901
27	1.961	1.950	1.940	1.930	1.921	1.913	1.905	1.898	1.891	1.884
28	1.946	1.935	1.924	1.915	1.906	1.897	1.889	1.882	1.875	1.869
29	1.932	1.921	1.910	1.901	1.891	1.883	1.875	1.868	1.861	1.854
30	1.919	1.908	1.897	1.887	1.878	1.870	1.862	1.854	1.847	1.841
31	1.907	1.896	1.885	1.875	1.866	1.857	1.849	1.842	1.835	1.828
32	1.896	1.884	1.873	1.864	1.854	1.846	1.838	1.830	1.823	1.817
33	1.885	1.873	1.863	1.853	1.844	1.835	1.827	1.819	1.812	1.806
34	1.875	1.863	1.853	1.843	1.833	1.825	1.817	1.809	1.802	1.795
35	1.866	1.854	1.843	1.833	1.824	1.815	1.807	1.799	1.792	1.786
36	1.857	1.845	1.834	1.824	1.815	1.806	1.798	1.790	1.783	1.776
37	1.848	1.837	1.826	1.816	1.806	1.798	1.789	1.782	1.775	1.768
38	1.841	1.829	1.818	1.808	1.798	1.790	1.781	1.774	1.766	1.760
39	1.833	1.821	1.810	1.800	1.791	1.782	1.774	1.766	1.759	1.752
40	1.826	1.814	1.803	1.793	1.783	1.775	1.766	1.759	1.751	1.744
60	1.735	1.722	1.711	1.700	1.690	1.681	1.672	1.664	1.656	1.649
120	1.645	1.632	1.620	1.608	1.598	1.588	1.579	1.570	1.562	1.554

AH	AI	AJ	AK	AL	AM	AN	AO	AP	AQ	AR	AS	AT
α=	**0.05**											
n2/n1	**31**	**32**	**33**	**34**	**35**	**36**	**37**	**38**	**39**	**40**	**60**	**120**
1	250.230	250.357	250.476	250.588	250.693	250.793	250.888	250.977	251.062	251.143	252.196	253.253
2	19.463	19.464	19.465	19.466	19.467	19.468	19.469	19.469	19.470	19.471	19.479	19.487
3	8.614	8.611	8.609	8.606	8.604	8.602	8.600	8.598	8.596	8.594	8.572	8.549
4	5.742	5.739	5.735	5.732	5.729	5.727	5.724	5.722	5.719	5.717	5.688	5.658
5	4.492	4.488	4.484	4.481	4.478	4.474	4.472	4.469	4.466	4.464	4.431	4.398
6	3.804	3.800	3.796	3.792	3.789	3.786	3.783	3.780	3.777	3.774	3.740	3.705
7	3.371	3.367	3.363	3.359	3.356	3.352	3.349	3.346	3.343	3.340	3.304	3.267
8	3.075	3.070	3.066	3.062	3.059	3.055	3.052	3.049	3.046	3.043	3.005	2.967
9	2.859	2.854	2.850	2.846	2.842	2.839	2.835	2.832	2.829	2.826	2.787	2.748
10	2.695	2.690	2.686	2.681	2.678	2.674	2.670	2.667	2.664	2.661	2.621	2.580
11	2.565	2.561	2.556	2.552	2.548	2.544	2.541	2.537	2.534	2.531	2.490	2.448
12	2.461	2.456	2.452	2.447	2.443	2.439	2.436	2.432	2.429	2.426	2.384	2.341
13	2.375	2.370	2.366	2.361	2.357	2.353	2.349	2.346	2.342	2.339	2.297	2.252
14	2.303	2.298	2.293	2.289	2.284	2.280	2.277	2.273	2.270	2.266	2.223	2.178
15	2.241	2.236	2.232	2.227	2.223	2.219	2.215	2.211	2.208	2.204	2.160	2.114
16	2.188	2.183	2.178	2.174	2.169	2.165	2.161	2.158	2.154	2.151	2.106	2.059
17	2.142	2.137	2.132	2.127	2.123	2.119	2.115	2.111	2.107	2.104	2.058	2.011
18	2.102	2.096	2.091	2.087	2.082	2.078	2.074	2.070	2.066	2.063	2.017	1.968
19	2.066	2.060	2.055	2.050	2.046	2.042	2.037	2.034	2.030	2.026	1.980	1.930
20	2.033	2.028	2.023	2.018	2.013	2.009	2.005	2.001	1.997	1.994	1.946	1.896
21	2.004	1.999	1.994	1.989	1.984	1.980	1.976	1.972	1.968	1.965	1.916	1.866
22	1.978	1.973	1.968	1.963	1.958	1.954	1.949	1.945	1.942	1.938	1.889	1.838
23	1.955	1.949	1.944	1.939	1.934	1.930	1.925	1.921	1.918	1.914	1.865	1.813
24	1.933	1.927	1.922	1.917	1.912	1.908	1.904	1.900	1.896	1.892	1.842	1.790
25	1.913	1.908	1.902	1.897	1.892	1.888	1.884	1.879	1.876	1.872	1.822	1.768
26	1.895	1.889	1.884	1.879	1.874	1.869	1.865	1.861	1.857	1.853	1.803	1.749
27	1.878	1.872	1.867	1.862	1.857	1.852	1.848	1.844	1.840	1.836	1.785	1.731
28	1.863	1.857	1.851	1.846	1.841	1.837	1.832	1.828	1.824	1.820	1.769	1.714
29	1.848	1.842	1.837	1.832	1.827	1.822	1.818	1.813	1.809	1.806	1.754	1.698
30	1.835	1.829	1.823	1.818	1.813	1.808	1.804	1.800	1.796	1.792	1.740	1.683
31	1.822	1.816	1.811	1.805	1.800	1.796	1.791	1.787	1.783	1.779	1.726	1.670
32	1.810	1.804	1.799	1.794	1.789	1.784	1.779	1.775	1.771	1.767	1.714	1.657
33	1.799	1.793	1.788	1.783	1.777	1.773	1.768	1.764	1.760	1.756	1.702	1.645
34	1.789	1.783	1.777	1.772	1.767	1.762	1.758	1.753	1.749	1.745	1.691	1.633
35	1.779	1.773	1.768	1.762	1.757	1.752	1.748	1.743	1.739	1.735	1.681	1.623
36	1.770	1.764	1.758	1.753	1.748	1.743	1.738	1.734	1.730	1.726	1.671	1.612
37	1.761	1.755	1.750	1.744	1.739	1.734	1.730	1.725	1.721	1.717	1.662	1.603
38	1.753	1.747	1.741	1.736	1.731	1.726	1.721	1.717	1.712	1.708	1.653	1.594
39	1.745	1.739	1.733	1.728	1.723	1.718	1.713	1.709	1.704	1.700	1.645	1.585
40	1.738	1.732	1.726	1.721	1.715	1.710	1.706	1.701	1.697	1.693	1.637	1.577
60	1.642	1.636	1.630	1.624	1.618	1.613	1.608	1.603	1.599	1.594	1.534	1.467
120	1.547	1.540	1.534	1.527	1.521	1.516	1.510	1.505	1.500	1.495	1.429	1.352

附表 6 单个样本 K-S 检验统计量分布的临界值表

双侧检验的右尾概率

n	0.200	0.100	0.050	0.020	0.010	n	0.200	0.100	0.050	0.020	0.010
1	0.900	0.950	0.975	0.990	0.995	21	0.226	0.259	0.287	0.321	0.344
2	0.684	0.776	0.842	0.900	0.929	22	0.221	0.253	0.281	0.314	0.337
3	0.565	0.636	0.708	0.785	0.829	23	0.216	0.247	0.275	0.307	0.330
4	0.493	0.565	0.624	0.689	0.734	24	0.212	0.242	0.269	0.301	0.323
5	0.447	0.509	0.563	0.627	0.669	25	0.208	0.238	0.264	0.295	0.317
6	0.410	0.468	0.519	0.577	0.617	26	0.204	0.233	0.259	0.290	0.311
7	0.381	0.436	0.483	0.538	0.576	27	0.200	0.229	0.254	0.284	0.305
8	0.358	0.410	0.454	0.507	0.542	28	0.197	0.225	0.250	0.279	0.300
9	0.339	0.387	0.430	0.480	0.513	29	0.193	0.221	0.246	0.275	0.295
10	0.323	0.369	0.409	0.457	0.489	30	0.190	0.218	0.242	0.270	0.290
11	0.308	0.352	0.391	0.437	0.468	31	0.187	0.214	0.238	0.266	0.285
12	0.296	0.338	0.375	0.419	0.449	32	0.184	0.211	0.234	0.262	0.281
13	0.285	0.325	0.361	0.404	0.432	33	0.182	0.208	0.231	0.258	0.277
14	0.275	0.314	0.349	0.390	0.418	34	0.179	0.205	0.227	0.254	0.273
15	0.266	0.304	0.338	0.377	0.404	35	0.177	0.202	0.224	0.251	0.269
16	0.258	0.295	0.327	0.366	0.392	36	0.174	0.199	0.221	0.247	0.265
17	0.250	0.286	0.318	0.355	0.381	37	0.172	0.196	0.218	0.244	0.262
18	0.244	0.279	0.309	0.346	0.371	38	0.170	0.194	0.215	0.241	0.258
19	0.237	0.271	0.310	0.337	0.361	39	0.168	0.191	0.213	0.238	0.255
20	0.232	0.265	0.294	0.329	0.352	40	0.165	0.189	0.210	0.235	0.252

附表 7 秩和检验表

（表中给出了秩和下限与上限的值）

$\alpha=0.05$								$\alpha=0.025$							
n_1	n_2	T_1	T_2	n_1	n_2	T_1	T_2	n_1	n_2	T_1	T_2	n_1	n_2	T_1	T_2
2	4	3	11	5	5	19	36	2	6	3	15	5	6	19	41
2	5	3	13	5	6	20	40	2	7	3	17	5	7	20	45
2	6	4	14	5	7	22	43	2	8	3	19	5	8	21	49
2	7	4	16	5	8	23	47	2	9	3	21	5	9	22	53
2	8	4	18	5	9	25	50	2	10	4	22	5	10	24	56
2	9	4	20	5	10	26	54	3	4	6	18	6	6	26	52
2	10	5	21	6	6	28	50	3	5	6	21	6	7	28	56
3	3	6	15	6	7	30	54	3	6	7	23	6	8	29	61
3	4	7	17	6	8	32	58	3	7	8	25	6	9	31	65
3	5	7	20	6	9	33	63	3	8	8	28	6	10	33	69
3	6	8	22	6	10	35	67	3	9	9	30	7	7	37	68
3	7	9	24	7	7	39	66	3	10	9	33	7	8	39	73
3	8	9	27	7	8	41	71	4	4	11	25	7	9	52	67
3	9	10	29	7	9	43	76	4	5	12	28	7	10	43	83
3	10	11	31	7	10	46	80	4	6	12	32	8	8	49	87
4	4	12	24	8	8	52	84	4	7	13	35	8	9	51	93
4	5	13	27	8	9	54	90	4	8	14	38	8	10	54	98
4	6	14	30	8	10	57	95	4	9	15	41	9	9	63	108
4	7	15	33	9	9	66	105	4	10	16	44	9	10	66	114
4	8	16	36	9	10	69	111	5	5	18	37	10	10	79	131
4	9	17	39	10	10	93	127								
4	10	18	42												

附表 8 游程检验（$n_1 \geq n_2$）

$\alpha=0.025$

n_1 \ n_2	2	3	4	5	6	7	8	9	10	11	12	13	14	15	16	17	18	19	20
2																			
3																			
4																			
5			2	2															
6		2	2	3	3														
7		2	2	3	3	3													
8		2	3	3	3	4	4												
9		2	3	3	4	4	5	5											
10		2	3	3	4	5	5	5	6										
11		2	3	4	4	5	5	6	6	7									
12	2	2	3	4	4	5	6	6	7	7	7								
13	2	2	3	4	5	5	6	6	7	7	8	8							
14	2	2	3	4	5	5	6	7	7	8	8	9	9						
15	2	3	3	4	5	6	6	7	7	8	8	9	9	10					
16	2	3	4	4	5	6	6	7	8	8	9	9	10	10	11				
17	2	3	4	4	5	6	7	7	8	9	9	10	10	11	11	11			
18	2	3	4	5	5	6	7	8	8	9	9	10	10	11	11	12	12		
19	2	3	4	5	6	6	7	8	8	9	10	10	11	11	12	12	13	13	
20	2	3	4	5	6	6	7	8	9	9	10	10	11	12	12	13	13	13	14

$\alpha=0.05$

n_1 \ n_2	2	3	4	5	6	7	8	9	10	11	12	13	14	15	16	17	18	19	20
2																			
3																			
4			2																
5		2	2	3															
6		2	3	3	3														
7		2	3	3	4	4													
8	2	2	3	3	4	4	5												
9	2	2	3	4	4	5	5	6											
10	2	2	3	4	5	5	6	6	6										
11	2	3	3	4	5	5	6	6	7	7									
12	2	3	4	4	5	6	6	7	7	8	8								
13	2	3	4	4	5	6	6	7	8	8	9	9							
14	2	3	4	5	5	6	7	7	8	8	9	9	10						
15	2	3	4	5	6	6	7	8	8	9	9	10	10	11					
16	2	3	4	5	6	6	7	8	8	9	10	10	11	11	11				
17	2	3	4	5	6	7	7	8	9	9	10	10	11	11	12	12			
18	2	3	4	5	6	7	8	8	9	10	10	11	11	12	12	13	13		
19	2	3	4	5	6	7	8	8	9	10	10	11	12	12	13	13	14	14	
20	2	3	4	5	6	7	8	9	9	10	11	11	12	12	13	13	14	14	15

附表 9

符号秩检验表

n \ α	0.05（单侧） 0.1（双侧）	0.025（单侧） 0.05（双侧）	0.005（单侧） 0.01（双侧）
5	0		
6	2	0	
7	3	2	
8	5	3	0
9	8	5	1
10	10	8	3
11	13	10	5
12	17	13	7
13	21	17	9
14	25	21	12
15	30	25	15
16	35	29	19
17	41	34	23
18	47	40	27
19	53	46	32
20	60	52	37
21	67	58	42
22	75	65	48
23	83	73	54
24	91	81	61
25	100	89	68

参考文献

[1] CONOVER W J. 实用非参数统计：第 3 版．北京：人民邮电出版社，2006.

[2] 卢淑华．社会统计学．3 版．北京：北京大学出版社，2005.

[3] 希尔德布兰德，爱沃森，奥尔德里奇，等．社会统计方法与技术．北京：社会科学文献出版社，2005.

[4] 浙江大学数学系高等数学教研组．工程数学：概率论与数理统计．北京：人民教育出版社，1979.

[5] 尹海洁，刘耳．社会统计软件 SPSS 15.0 FOR WINDOWS 简明教程．北京：社会科学文献出版社，2008.

[6] 何书元．概率论与数理统计．北京：高等教育出版社，2006.

[7] 贾俊平，何晓群，金勇进．统计学．3 版．北京：中国人民大学出版社，2007.

[8] 同济大学概率统计教研组．概率统计．2 版．上海：同济大学出版社，2000.

[9] 易丹辉．时间序列分析：方法与应用．北京：中国人民大学出版社，2011.

[10] 汉密尔顿．时间序列分析．北京：中国社会科学出版社，1999.

中国人民大学出版社　理工出版分社

教师教学服务说明

中国人民大学出版社理工出版分社以出版经典、高品质的统计学、数学、心理学、物理学、化学、计算机、电子信息、人工智能、环境科学与工程、生物工程、智能制造等领域的各层次教材为宗旨。

为了更好地为一线教师服务，理工出版分社着力建设了一批数字化、立体化的网络教学资源。教师可以通过以下方式获得免费下载教学资源的权限：

- 在中国人民大学出版社网站 www.crup.com.cn 进行注册，注册后进入“会员中心”，在左侧点击“我的教师认证”，填写相关信息，提交后等待审核。我们将在一个工作日内为您开通相关资源的下载权限。

- 如您急需教学资源或需要其他帮助，请加入教师 QQ 群或在工作时间与我们联络。

中国人民大学出版社　理工出版分社

教师 QQ 群： 229223561(统计2组) 982483700(数据科学) 361267775(统计1组)
教师群仅限教师加入，入群请备注（学校+姓名）

联系电话： 010-62511967，62511076

电子邮箱： lgcbfs@crup.com.cn

通讯地址： 北京市海淀区中关村大街 31 号中国人民大学出版社 507 室（100080）